Deutschland online

Springer
Berlin
Heidelberg
New York
Barcelona
Hongkong
London
Mailand
Paris
Tokio

Erwin Staudt

Herausgeber

Deutschland online

Standortwettbewerb
im Informationszeitalter

Projekte und Strategien
für den Sprung an die Spitze

Mit einem Geleitwort des Bundeskanzlers

 Springer

Erwin Staudt
Vorsitzender der Geschäftsführung
der IBM Deutschland GmbH
Pascalstraße 100
70569 Stuttgart
Deutschland
erwin_staudt@de.ibm.com

ISBN 3-540-43435-6 Springer-Verlag Berlin Heidelberg New York

Die Deutsche Bibliothek – CIP-Einheitsaufnahme
Deutschland online: Standortwettbewerb im Informationszeitalter; Projekte und Strategien für den Sprung an die Spitze / Hrsg. Erwin Staudt. – Berlin; Heidelberg; New York; Barcelona; Hongkong; London; Mailand; Paris; Tokio: Springer, 2002
ISBN 3-540-43435-6

Dieses Werk ist urheberrechtlich geschützt. Die dadurch begründeten Rechte, insbesondere die der Übersetzung, des Nachdrucks, des Vortrags, der Entnahme von Abbildungen und Tabellen, der Funksendung, der Mikroverfilmung oder der Vervielfältigung auf anderen Wegen und der Speicherung in Datenverarbeitungsanlagen, bleiben, auch bei nur auszugsweiser Verwertung, vorbehalten. Eine Vervielfältigung dieses Werkes oder von Teilen dieses Werkes ist auch im Einzelfall nur in den Grenzen der gesetzlichen Bestimmungen des Urheberrechtsgesetzes der Bundesrepublik Deutschland vom 9. September 1965 in der jeweils geltenden Fassung zulässig. Sie ist grundsätzlich vergütungspflichtig. Zuwiderhandlungen unterliegen den Strafbestimmungen des Urheberrechtsgesetzes.

Springer-Verlag Berlin Heidelberg New York
ein Unternehmen der BertelsmannSpringer Science+Business Media GmbH

http://www.springer.de

© Springer-Verlag Berlin Heidelberg 2002
Printed in Germany

Die Wiedergabe von Gebrauchsnamen, Handelsnamen, Warenbezeichnungen usw. in diesem Werk berechtigt auch ohne besondere Kennzeichnung nicht zu der Annahme, dass solche Namen im Sinne der Warenzeichen- und Markenschutz-Gesetzgebung als frei zu betrachten wären und daher von jedermann benutzt werden dürften.

Umschlaggestaltung: Erich Kirchner, Heidelberg
SPIN 10874922   42/2202-5 4 3 2 1 0 – Gedruckt auf säurefreiem Papier

Geleitwort

Die Informations- und Telekommunikationstechnologie hat sich zu einem der dynamischsten Wirtschaftsbereiche entwickelt. Mit mehr als 800.000 Beschäftigten zählt sie zu den größten Arbeitgebern in Deutschland. Innovation, Kreativität und Zukunftsorientierung - dies sind Attribute, die wir mit den neuen Technologien rund um Internet, Multimedia und Telekommunikation verbinden.

Das vorliegende Werk verdeutlicht, dass Deutschland bereits jetzt in vielen Bereichen der Informations- und Telekommunikationswirtschaft Spitze ist. Hierfür gibt es eine Reihe von Beispielen; die hohe Güte des Telekommunikationsnetzes in Deutschland und die weite Verbreitung der Mobilfunktechnologie gehören dazu. Im Bildungsbereich haben wir große Fortschritte durch die Vernetzung der Schulen gemacht, die inzwischen flächendeckend mit Internetanschlüssen ausgestattet sind. Und beim E-Commerce ist Deutschland europäischer Spitzenreiter. Dass wir dies erreichen konnten, ist auch ein Erfolg des von der Bundesregierung initiierten Programms „Internet für alle".

Wichtig für die Positionierung Deutschlands in der internationalen Informationsgesellschaft ist ein enges Zusammenwirken von Wirtschaft und Politik auf der bisherigen erfolgreichen Linie, die wir zum Beispiel mit der Zusammenarbeit zwischen Bundesregierung und der Initiative D21 verfolgen. Ich möchte allen in der Initiative D21 zusammengeschlossenen Unternehmen herzlich für ihre engagierte und konstruktive Mitarbeit danken.

Nur mit einer Bündelung der maßgeblichen gesellschaftlichen Kräfte wird es möglich sein, im Bereich der Informations- und Telekommunikationstechnologie auch weiterhin den Fortschritt zu erreichen, den Deutschland benötigt, um im internationalen Standortwettbewerb dauerhaft zu bestehen.

Dem vorliegenden Werk, das sich mit diesem Thema befasst und Wege zur Sicherung des Standorts Deutschland im Informationszeitalter aufzeigt und diskutiert, wünsche ich viele interessierte Leserinnen und Leser.

Berlin, im Mai 2002   Gerhard Schröder

Inhaltsverzeichnis

Geleitwort V
Gerhard Schröder

Einleitung

IT-Weltmacht Deutschland – Die zweite Chance 1
Erwin Staudt

Staat und Wirtschaft

Online-Standort Deutschland 19
Klaus Eierhoff

Arbeitsmarkt- und Beschäftigungspolitik im Informationszeitalter 31
Lothar Späth

Vernetzte Unternehmen

Vernetzung als Wettbewerbsvorteil 37
Klaus Mangold

„The Consumer Is King" 47
Hubert Burda

Internetfirmen nach dem Crash 55
Bernd Kolb

Technologie

Die technologische Revolution 61
Herbert Kircher

Breitbandtechnik in Deutschland 71
Josef Brauner

Der rechtliche Rahmen

IT-Sicherheit nach dem 11. September 81
Dirk Henze

Datenschutz im Internet 89
Alexander Roßnagel und Andreas Pfitzmann

Wettbewerbspolitik im Informationszeitalter 99
Ulf Böge

E-Government

BundOnline 2005 107
Brigitte Zypries

Die Internet-Kommune 117
Jürgen Zieger

Gesundheit online 127
Roland Sing

Bildung und Weiterbildung

Bildungspolitik im Informationszeitalter 135
Uwe Thomas

Mehr als ein Mausklick 149
Birgitta Mogge-Stubbe

Perspektiven und Qualität von E-Learning 159
Katrin Andruschow und Alfred Töpper

Politik und Parteien

Internet für alle 179
Nicola Söhlke

Öffentliche Internetwahlen 189
Dieter Otten

Von der Politik *im* Internet zur Politik *mit dem* Internet 199
Thomas Heilmann

Dokumentation

Frauen in der Informationsgesellschaft 209
Jennifer Neumann

Dokumentation der Initiative D[21] 217
Norbert Eder

Autorenverzeichnis 239

IT-Weltmacht Deutschland – Die zweite Chance

Standortwettbewerb im Informationszeitalter

Erwin Staudt

Nicht wenige Leser werden den Titel dieses Beitrags als Wunschdenken abtun: Macht es Sinn, Deutschland im Bereich der neuen Informations- und Kommunikationstechnologien als eine „Weltmacht" zu bezeichnen?

Tatsächlich ist die Position der „Informationsgesellschaft Deutschland" im internationalen Wettbewerb sehr durchwachsen. Sie ist gekennzeichnet durch deutliche Defizite in der Software- und Hardware-Produktion, mittlere Plätze in der Verbreitung von Personalcomputern und Internetanschlüssen und Spitzenpositionen in der mobilen Kommunikation.

Um es klar zu sagen: Die Bezeichnung Deutschlands als „IT-Weltmacht" soll keine Realität beschreiben – sie ist eine Provokation! Sie soll uns vor Augen führen, worum es in den nächsten Jahren gehen wird. Entweder wir schaffen es, uns auf diesem Feld eine Führungsposition zu erarbeiten, oder wir können uns für immer aus dem Kreis der großen Wirtschaftsmächte verabschieden.

Nur dann brauchen wir nicht um die Zukunft der heute noch zweitgrößten Handelsnation der Welt bangen, wenn wir zielstrebig auf eine Doppelstrategie setzen: Es gilt erstens, Innovationskräfte und Unternehmergeist in den neuen Technologiesektoren zu entfesseln; das betrifft nicht nur die Informations- und Kommunikationsbranche, die Entwicklung neuer Werkstoffe oder den Bau neuer Robotergenerationen, sondern auch die hierzulande kritisch beäugte Biotechnologie. Und es gilt zweitens, das Innovations- und Produktivitätspotenzial, das die neuen Technologien auch für alte Industrien, das Dienstleistungsgewerbe und für den staatlichen Sektor mit sich bringt, voll auszuschöpfen.

Die erste Phase der informationstechnologischen Revolution, die ihren Höhepunkt während der 90er Jahre erreichte, spielte sich primär innerhalb der als „New Economy" bezeichneten Branchen ab. Nicht wenige Nationen, allen voran die Vereinigten Staaten von Amerika, zogen auf diesem Feld und in diesem Zeitraum an Deutschland vorbei.

Heute befinden wir uns am Beginn der zweiten Phase, einer Transformationsphase, in welcher alle wirtschaftlichen und gesellschaftlichen Aktivitäten von den neuen Informations- und Kommunikationstechnologien durchdrungen und verändert werden. Und in eben dieser zweiten Phase erhält Deutschland seine zweite Chance. Ob wir sie nutzen werden?

Die Beiträge dieses Buches zeigen, wie wir es diesmal besser machen können: wie traditionelle Industrieunternehmen als „Netzwerke" neu organisiert werden können; wie sich staatliche Bürokratien in effiziente und transparente Online-Dienstleistungseinrichtungen verwandeln lassen; wie das Internet althergebrachte Bildungssysteme und Ausbildungswege transformiert; wie Wahlen und Abstimmungen ins Internet verlagert werden können. Nur dann, wenn wir – was die Tiefe, die Breite und die Dynamik dieser Transformation angeht – nicht halbherzig und ängstlich zu Werke gehen, können wir unsere zweite Chance realisieren.

In diesem Einleitungsbeitrag geht es vor allem darum, eine Grundlinie zu ziehen, die verschiedene Teilprojekte und Einzelstrategien dieses Transformationsprozesses zu verbinden hilft. Meine zentrale These lautet: Jenseits vom grassierenden wirtschaftspolitischen Aktionismus müssen wir uns auf die wichtigste Aufgabe einer Standortpolitik im Informationszeitalter konzentrieren, deren Botschaft „Nur technologische Innovationen können unseren Wohlstand langfristig sichern!" man gar nicht oft und laut genug wiederholen kann.

Im internationalen Wettlauf um Innovationen und Produktivitätsvorteile wird sich unser wirtschaftliches Schicksal entscheiden – was natürlich nicht heißt, dass wir bei allen Erfindungen und Anwendungen die Ersten sein müssen. Innovationskraft ist immer auch Adaptionskraft! Wir kommen nur voran, wenn in Deutschland eine Veränderungsmentalität die Oberhand gewinnt, die auch zu einer größeren Lernbereitschaft nach außen führt – um aus dem permanenten Prozess weltweit stattfindender Innovationen so schnell wie möglich das Wichtigste herauszulesen und bei uns umzusetzen.

Wenn in diesem Einleitungsbeitrag das gemeinsame Ziel der Teilprojekte und Einzelstrategien, die in diesem Buch versammelt sind, unter dem Titel „IT-Weltmacht Deutschland" zusammengefasst wird, dann geht es natürlich nicht darum, an nationalistische Größenwahnvorstellungen anzuknüpfen. Und dass im Rahmen der Erweiterung und Vertiefung der Europäischen Union die Frage einer „deutschen" immer zugleich in die einer „europäischen" Standortpolitik eingebettet sein muss, ist mir ebenfalls bewusst.

Wenn hier dennoch von der „IT-Weltmacht Deutschland" die Rede ist, dann um eins deutlich zu machen: So friedensorientiert und partnerschaftlich-europäisch unsere Nation auch geworden ist, so sind wir, was unsere technologische und wirtschaftliche Wettbewerbsfähigkeit angeht, allein auf uns angewiesen. Kein Weißer Ritter zieht uns aus dem Sumpf. Wir können das nur selber tun.

Die historische Perspektive

Dass große Kulturgesellschaften ihren technologischen Vorsprung vor neuen Wettbewerbern verlieren und von der Bildfläche verschwinden, ist nichts Neues in der Menschheitsgeschichte. Erinnert sei an den klassischen Fall des Untergangs des alten chinesischen Reiches und des gleichzeitigen Aufstiegs Europas im Zeitalter der Renaissance. Auf unzähligen Innovationsfeldern – zum Beispiel mit der Erfindung von Hochofen und Eisenguss, von Eisenpflug und komplexen Bewässerungssystemen, von Papier und Druck, von Kompass und Schießpulver – war China dem mittelalterlichen Europa um Jahrhunderte voraus. Und dennoch spielte dieses Land, als es dann zur industriellen Revolution am Beginn der Neuzeit kam, keine nennenswerte Rolle mehr. Erst im 20. Jahrhundert konnte China wieder Anschluss gewinnen an die moderne Welt.

Oder nehmen wir den Verlauf der industriellen Revolution selber, in dem sich – wie die Geschichtswissenschaft nachgezeichnet hat – zwei deutlich abgrenzbare Phasen unterscheiden lassen: Die Erfindung der Dampfmaschine im letzten Drittel des 18. Jahrhunderts steht im Zentrum der ersten Phase. Sie führte zu einer rasanten Industrialisierung und Vormachtstellung Großbritanniens. Rund 100 Jahre später – gegründet auf technologische Entwicklungen wie Elektrizität und Verbrennungsmotor sowie auf neue Erfindungen in Chemie und Fernsprechwesen – verlagerte sich das Zentrum der industriellen Revolution nach Deutschland und in die Vereinigten Staaten. Auch Japan konnte in dieser Phase prosperieren. Die alte Vormacht Großbritannien fiel gegenüber diesen neuen Wettbewerbern zurück, und es dauerte nach dem Zweiten Weltkrieg fast zwei Generationen, bis dieses Land seine wirtschaftliche und technologische Stagnation überwinden konnte.

Dieses Auf und Ab von Standorten kann man auch heute in jenem Prozess verfolgen, für den sich der Begriff „informationstechnologische Revolution" festgesetzt hat.

Diese Revolution spielt sich vor allem in den drei Bereichen Mikroelektronik, Computer und Telekommunikation ab. Der Ursprungsmythos und das geographisches Zentrum dieses Prozesses dürfte mittlerweile jedem Schulkind bekannt sein: Zwei junge Studienabbrecher aus dem Silicon Valley, Steve Wozniak und Steve Jobs, konstruierten Mitte der 70er Jahre in der elterlichen Garage „Apple", den ersten erfolgreichen Mikrocomputer der Welt. Nur wenig später sollte IBM eine eigene Version des Mikrocomputers unter dem Namen „Personal Computer" vorstellen, dessen Kürzel „PC" sich dann für den allgemeinen Aufbruch ins Informationszeitalter einprägen sollte.

Sicherlich, zahlreiche Vorläufer und Einzelkomponenten der informationstechnologischen Revolution weisen in frühere Jahrzehnte zurück: Denken wir nur an die Erfindung des Telefons (1876), des deutschen Z-3-Computers (1941), des Transistors (1947) oder des integrierten Schaltkreises (1957). Doch erst in den 70er Jahren kam es zu den entscheidenden Durchbrüchen, etwa der Erfindung des Mikroprozessors, der Entwicklung digitaler Schaltungen und einfacher Betriebssysteme für Mikrocomputer sowie der Herstellung von Glasfaserkabeln. Nicht zuletzt ging 1969 das erste Computer-Netzwerk ARPANET online, das sich allmählich von seinen militärischen und wissenschaftlichen Vorläufern zum „Internet" emanzipieren konnte.

Das Internet wurde zum eigentlichen Fokus der informationstechnologischen Revolution. Seine Dynamik war von Anfang an atemberaubend: Brauchte das Radio rund 40 Jahre und das Fernsehen rund 15 Jahre, bis sie sich als weltweite Massenmedien durchsetzen konnten, so brauchte das Internet dafür nur 5 Jahre. Spätestens als das Unternehmen Netscape Mitte der 90er Jahre mit seinem Internetbrowser 80 Prozent des Weltmarktes binnen zweier Monate erobern konnte, führte ein riesiges Feuerwerk an der Technologiebörse NASDAQ aller Welt vor Augen, wohin die Reise ging.

Auf dem mächtigen Strom aller dieser Technologien konnten nicht wenige Länder den alten Tanker „Made in Germany" hinter sich lassen, und es ist ja alles andere als ein Zufall, dass Länder wie zum Beispiel Kanada, Finnland, Japan oder Südkorea auch in den internationalen Bildungsvergleichen der PISA-Studie weit vor Deutschland rangieren, dessen Bildungssystem einst Weltruhm genoss. Der Aufstieg wie der Niedergang von Wirtschaftsmächten entscheidet sich immer kurz unter dem Scheitel.

Vor allem aber bildeten diese neuen Technologien die wirtschaftliche Grundlage für die einzigartige Weltmachtstellung der Vereinigten Staaten von Amerika. Ein hochinnovatives Milieu aus freiem Unternehmergeist, technischer Intelligenz und Risikokapital, das sich im Brennpunkt Silicon Valley herausgebildet hatte und von dort aus alle nationalen Kräfte motivierte, war der entscheidende Grund dafür, dass die Vereinigten Staaten alle konkurrierenden Länder abschütteln konnten.

Wenn wir den heutigen Standortwettbewerb des Informationszeitalters mit seinen historischen Vorläufern vergleichen, dann liegt ein erster Unterschied auf der Hand: Der Aufstieg und Abstieg von Nationen und die Schwerpunktverlagerungen innerhalb der globalen Ökonomie gehen heute weitaus schneller vor sich als in früheren Wirtschaftsepochen. Früher zählte man nach Jahrhunderten und Jahrzehnten, heute zählt man nach Jahren – in Zukunft werden es Monate sein, die über die Position eines Landes entscheiden können! Weil der durchschnittliche Lebenszyklus von Innovationen und Produkten der Informations- und Kommunikationstechnologie immer kürzer wird, muss letztlich auch der Standortwettbewerb von Regionen und Nationen an Dynamik gewinnen. Eine Dynamik, die jede Schlafmützigkeit, ob nun von Ingenieuren, Managern oder Politikern verursacht, gnadenlos abstraft.

Wettbewerb um mobile Produktionsfaktoren

Die kurzen Innovationszyklen der IT-Branche sind nicht die einzige Ursache für historisch neuartige Turbulenzen im Standortwettbewerb. Eine weitere ist die größere Mobilität der Produktionsfaktoren Kapital und Wissen, aber auch diese allgemein als „Globalisierung" bezeichnete Besonderheit gegenüber früheren Stadien der Weltwirtschaft führt uns letztlich zu den neuen Informations- und Kommunikationstechnologien zurück.

Unter Globalisierung darf nicht nur eine Zunahme der internationalen Arbeitsteilung verstanden werden. Diese ist für die gesamte Neuzeit typisch und übrigens – was Globalisierungskritiker nicht beachten – niemals ein Nullsummenspiel, in dem der eine gewinnt, was der andere verliert. Die internationale Arbeitsteilung erlaubt bei funktionsfähigen Märkten jeder Nation, ihre jeweiligen Vorteile zu nutzen. Deutschland selber hat dies in seiner Geschichte zweimal erfolgreich vorexerziert, zum einen während seiner „verspäteten Industrialisierung" im 19. Jahrhundert, zum anderen nach dem Zweiten Weltkrieg, als ein völlig ausgebombtes Land binnen einer Generation zum „Exportweltmeister" aufsteigen konnte. Unter Globalisierung darf man auch nicht allein die beschleunigte Liberalisierung des Welthandels, die Herausbildung multinationaler Konzerne oder die riesigen Fortschritte im Transportwesen verstehen.

Die eigentliche Zäsur zwischen „alter" und „neuer" Weltwirtschaft liegt in der Informations- und Kommunikationstechnologie begründet, aus der sich auch eine neue Dimension der Mobilität ergibt. Moderne Satellitensysteme und weltweite Verkabelung, Digitalisierung, Miniaturisierung und andere Leistungssteigerungen in der Datenverarbeitung, Internet und mobile Kommunikation ermöglichen es heute, unzählige Informationen über Kapital- und Warenbewegungen, über Arbeitsmarktentwicklungen und Währungsrelationen in Bruchteilen von Sekunden weltweit abzurufen und zu verarbeiten.

Die Vorteile dieser Technologien liegen in der Beschleunigung, Vereinfachung und Transparenz von Geschäftsabläufen: Während die Koordination weltweiter Aktivitäten und die Kommunikation mit ausländischen Tochtergesellschaften oder Vertretungen früher die Domäne weniger Imperien und Konzerne war, kann heute jede Firma – unabhängig von ihrer Größe – solche Aufgaben bewältigen. Und noch in unserer Generation werden Abermillionen einzelner Wirtschaftsakteure per Internet in der Lage sein, auf globaler Ebene zu operieren: ihr Portfolio zu steuern, Einkommens- und Preisvergleiche durchzuführen, Verträge abzuschließen oder Honorare zu kassieren.

Erst auf dieser technologischen Basis konnten die Produktionsfaktoren Kapital und Wissen eine Mobilität entwickeln, die unsere heutige von allen früheren Epochen der Weltwirtschaft unterscheidet:

- Nehmen wir erstens das grenzüberschreitende Investitionskapital, das in den letzten zwei Jahrzehnten dreimal so stark wie der Weltexport zunahm. Nur in einer transparenten Welt wagen sich die scheuen Rehe des Kapitals aus ihren heimatlichen Revieren heraus. Die Kritik am Standort Deutschland berief sich in den 90er Jahren bekanntlich vor allem darauf, dass ausländische Direktinvestoren einen Bogen um die Bundesrepublik schlugen, während die deutschen Investitionen im Ausland immer weiter anstiegen. Diese Flaute der 90er Jahre gilt heute als überwunden, was nicht nur an der Anziehungskraft deutscher Absatzmärkte für ausländische Unternehmen liegen kann, die sich einen direkten Zugang sichern wollen – dieses Motiv gab es auch schon in den 90er Jahren. Offensichtlich haben die Steuerreform und die Konsolidierungspolitik der letzten Jahre den Zustrom internationaler Investoren erleichtert; die seit Beginn des Jahres konkurrenzfähige Unternehmensbesteuerung sowie die geltende Steuerfreiheit auf Veräußerungsgewinne werden diesen Zustrom noch vergrößern.

- Ein zweiter wichtiger Punkt ist die Mobilität des Portfoliokapitals, das auf der Basis elektronischer Transaktionstechnologien blitzschnell von Land zu Land wandern kann: Die Leichtigkeit, mit der Anlage suchendes Kapital heutzutage umgeschichtet wird, sanktioniert Länder und Wirtschaftsregionen, die ihre monetäre Stabilität vernachlässigen, notfalls durch Abwertungen und Währungskrisen. Wenn selbst linke, also traditionell „ausgabenfreundliche" Regierungen heute eine stärkere Stabilitätsorientierung an den Tag legen als früher, ist dies im Grunde nur der Reflex eines sich verschärfenden Standortwettbewerbs – keine politische Kraft kann auf Dauer dem Druck der internationalen Finanzmärkte standhalten.

- Drittens ist schließlich die Mobilität von Wissen enorm gewachsen: Die neuen Informations- und Kommunikationsmedien streuen den jeweils höchsten technischen oder organisatorischen Wissensstand schneller und breiter als dies traditionelle Medien in früheren Epochen vermochten. Wer vernetzt ist und über den Zugang zu den Quellen verfügt, kann jederzeit und an jedem Ort der Welt am Informationsfluss und an der Wissensproduktion partizipieren. Wirtschaftsunternehmen und Forschungseinrichtungen setzen auf globales Wissensmanagement: Ein Projekttag ihrer weltweit verteilten Teams umfasst nicht 8, sondern 24 Stunden. Fehlen an einem Unternehmensstandort Programmierer oder Informatiker, wechselt man ohne Zeitaufwand und große Kosten in andere Länder und Kontinente – wo nun die Wertschöpfung stattfindet. Handelt es sich dabei um Schwellenländer wie Indien, ermöglicht ein im internationalen Vergleich niedriges Lohn- und Einkommensniveau zusätzliche Kosteneinsparungen.

- Mobilität von Wissen heißt aber auch, dass wir es viertens mit immer größeren Wanderungsbewegungen hochspezialisierter Wissenschaftler, Ingenieure oder Techniker zu tun bekommen. Alle Länder konkurrieren um die besten Zugangsbedingungen für diese weltweit mobilen Expertengruppen. Selbst ein Land wie die Bundesrepublik, in dem weitere Zuwanderung auf starke Widerstände in Politik und Gesellschaft stößt, kann es sich nicht erlauben, hochqualifizierten ausländischen Arbeitskräften die Tür vor der Nase zuzuschlagen. Nicht zuletzt die von der Initiative D21 angestoßene Green-Card-Debatte hat dies einer breiten Öffentlichkeit deutlich gemacht.

Neben der Verkürzung von Innovations- und Produktzyklen auf globalen Märkten ist es diese historisch neuartige Mobilität von Produktionsfaktoren, die den Standortwettbewerb zwischen den Nationen anheizt und den Handlungsspielraum der nationalen politischen Eliten stärker als früher einschränkt. Ein Land oder eine Wirtschaftsregion mag noch so attraktive Standortqualitäten aufweisen: Infrastruktur, Bildungssystem, öffentliche Forschungseinrichtungen, politische und gesellschaftliche Stabilität, eine intakte Umwelt, interessante Kultur- und Freizeitangebote. Alles schön und gut, aber diese Faktoren verlieren dann an Bedeutung, wenn Nationen nicht in der Lage sind, auf der durch die Globalisierung erweiterten Klaviatur des Standortwettbewerbs zu spielen.

Zwar mindern internationale Regelungen zuweilen die Schärfe des Standortwettbewerbs: Angleichung von Arbeits- und Sozialnormen, Durchsetzung internationaler Umweltstandards, Klimaschutzvereinbarungen, Begrenzung spekulativer

Finanzströme, um nur einige zu nennen. Aber nicht allein die praktische Erfahrung, dass solche Verhandlungsprozesse auf globaler Ebene kompliziert und langwierig sind, auch die theoretische Einsicht sollte uns auf den Boden der Tatsachen holen: Selbst wenn wir unterstellen, dass es eine starke Weltregierung gäbe, so könnte es selbst dieser nicht gelingen, den nationalen oder regionalen Standortwettbewerb auf das begrenzte Maß früherer Zeiten zurückzudrehen – weil die technologischen Innovationen, die dieser Prozessdynamik zugrunde liegen, irreversibel sind. Notwendige internationale Vereinbarungen dürfen also nie als Alternative, sondern immer nur als komplementäres Programm einer forcierten nationalen Standortpolitik begriffen werden.

Woran soll man Politiker messen?

Die politische Öffentlichkeit in Deutschland schwankt gegenwärtig zwischen einer diffusen Globalisierungskritik und wirtschaftspolitischem Aktionismus: Mal unterstellen die Medien, die Politik sei „ohnmächtig" gegenüber weltwirtschaftlichen und technologischen Zwängen, dann wiederum erwarten sie von ihr unmittelbar wirksame Maßnahmen, seien es traditionelle Konjunkturprogramme oder möglichst viele „Strukturreformen", um Arbeitslosigkeit, Wachstumsflauten oder Insolvenzen zu bekämpfen. In einem solchen Klima fällt es schwer, für klare Richtungsentscheidungen zu werben, auch wenn sie sich nicht schon am nächsten Tag in veränderten Konjunkturdaten und neuen Arbeitsplätzen niederschlagen – obwohl langfristig gesehen einzig und allein sie unseren zukünftigen Wohlstand bestimmen werden.

Nicht nur die Medien, auch die Politik selber hantiert mit der falschen Messlatte. Erinnern wir uns an den Bundestagswahlkampf 1998: Bereits vor der Wahl zeichnete sich ein Konjunkturaufschwung ab, und der damalige Herausforderer überraschte viele Beobachter mit der Behauptung: „Das ist mein Aufschwung". Heute, vier Jahre später, wenn der neue Herausforderer mit der Devise „Wählen Sie den Aufschwung" vor die Wähler tritt, wird das gleiche Spiel versucht. Dies setzt sich dann in Talkshows und Wirtschaftskommentaren fort, in denen darüber gestritten wird, wer sich den abzeichnenden Aufschwung des Jahres 2002 an die Fahne heften darf.

Das Auf und Ab von Konjunkturen folgt weder Wahlterminen noch der „Wirtschaftskompetenz" dieses oder jenes Kandidaten, sondern wirtschaftlichen Faktoren, die sich der unmittelbaren Einflussnahme der Politik in aller Regel entziehen. Auch dort, wo etwas differenzierter argumentierende Journalisten von der Politik überfällige „Strukturreformen" einklagen – ob es gegen einen rigide regulierten Arbeitsmarkt, gegen bürokratisch deformierte Solidarsysteme oder gegen ein völlig undurchsichtiges Steuerwesen geht –, auch dort wird schnell vergessen, dass selbst solche Reformen, so sinnvoll und notwendig sie zweifelsohne sind, sich nur selten direkt in Konjunkturverläufen oder in Arbeitslosenstatistiken niederschlagen. Gerade bei „Strukturreformen" – nehmen wir zum Beispiel die Lockerung des Kündigungsschutzes – kann niemand ausschließen, dass sie vorübergehend mehr negative als positive Auswirkungen auf die Beschäftigungszahlen mit sich bringen – je nach dem wirtschaftlichen Umfeld, auf das sie konkret stoßen. Dennoch muss eine der Hauptforderungen der Wirtschaft lauten: Flexibilisierung der Arbeitsbedingungen.

Kanzlerkandidaten und konkurrierende Parteien lassen sich also nur sehr oberflächlich anhand schlichter Konjunkturdaten bewerten, auch wenn sie sich selber mit diesen Daten von Wahlkampf zu Wahlkampf durchfechten müssen. Es wäre an der Zeit, dass die Öffentlichkeit lernt, angemessenere Maßstäbe anzulegen und gerechtere Zensuren zu verteilen. Fragen wir also, was die Politik dazu beitragen kann, um die Herausforderungen des Standortwettbewerbs im Informationszeitalter besser zu bewältigen. Wie sähe diese Messlatte aus, die wir an ihre Konzepte und Handlungen anlegen können?

Schlüsselfaktor Produktivität

Um den strategischen Dreh- und Angelpunkt zu erkennen, von dem aus sich die Herausforderungen des neuen Standortwettbewerbs bewältigen lassen, muss man nach dem Kern dessen fragen, was gemeinhin als „Informationsgesellschaft" bezeichnet wird. Was ist das, eine Informationsgesellschaft? Und worin liegt, da Information kein Selbstzweck sein kann, ihr gesellschaftlicher Nutzen?

Blenden wir einmal zehn Jahre zurück, als Begriffe wie „Informationsgesellschaft" oder „Wissensgesellschaft" in Mode kamen. Esther Dyson, Alvin Toffler und andere prominente Wortführer feierten diese Gesellschaft damals in einer „Magna Charta" schon als den endgültigen „Sturz der Materie". Fast schien es, als ob die Menschheit in Zukunft nicht von Brötchen, sondern von der Idee des Brötchens satt werden sollte. Und diese verzerrte Realitätswahrnehmung wiederholte sich, als viele Beobachter im Aufstieg der New Economy bereits den völligen Untergang konventioneller Gewerbe und Industrien erkennen wollten. Um im Bild zu bleiben: Als ob man in nicht allzu ferner Zukunft im PC auch noch Brötchen backen könnte.

Nun, wir gehen es etwas nüchterner und exakter an. Als Kern dessen, was wir mit dem Begriff der Informationsgesellschaft bezeichnen, steht eine allgemeine Funktion aller bisherigen Gesellschaften, die sich enorm verselbständigt und ausdifferenziert hat. Seit Urzeiten haben Menschen Informationen gesammelt und ausgewertet, haben Ideen entwickelt, haben mit Hilfe dieser Ideen ihre Arbeitsprozesse produktiver gestaltet und neue Werte geschaffen. Mit den Printmedien und Wissenschaften der frühen Neuzeit beginnt jedoch eine technologische und sozialstrukturelle Spezialisierung dieses Funktionsbereichs der Informationsbeschaffung und Ideenproduktion, die schließlich im letzten Drittel des 20. Jahrhunderts auf ein zuvor unbekanntes Fundament gestellt wurde – wir sprechen hier zurecht von einer „Revolution". Denn mittlerweile können wir innerhalb von Tagen oder Stunden Datenmengen erheben und Informationsprozesse absolvieren, für die man in früheren Menschheitsepochen Jahrhunderte oder Jahrtausende gebraucht hätte. Auch wenn solche historischen Vergleiche – aufgrund der Unterschiedlichkeit dessen, was wir jeweils als Information und Wissen einordnen – immer hinken, so haben kluge Köpfe doch ausgerechnet, dass sich das verfügbare Wissen von der Erfindung des Buchdrucks bis zur Aufklärung innerhalb von drei Jahrhunderten verdoppelte, während es dazu heute nur fünf Jahre braucht. Und in zwanzig Jahren soll eine Verdopplung des verfügbaren Wissens gerade noch 72 Tage dauern.

Wie auch immer: Der Nutzen der „Informationsgesellschaft" liegt in ihrem ungeheuren Innovations- und Produktivitätspotenzial. Erst durch die neuen Informations- und Kommunikationstechnologien erlangt der Produktionsfaktor Wissen für die Wertschöpfung von Unternehmen und Nationen eine Bedeutung, neben der Faktoren wie Kapital, Arbeitskraft oder Boden schließlich zu Restgrößen schrumpfen.

Technologisch begründetes Produktivitätswachstum, also die Steigerung des Ertrags pro geleisteter Arbeitszeit durch den Einsatz neuer Technik, war der zentrale Schlüssel für wirtschaftlichen Fortschritt in der gesamten Menschheitsgeschichte. Auch in Zukunft wird dies die intelligenteste Methode sein, über die Menschen verfügen, um ihren Wohlstand zu mehren. Sicherlich, sie könnten auch länger und intensiver arbeiten; sie könnten im Arbeitsprozess mehr Kapital einsetzen und alternative Aufwendungen – etwa für Kultur, Freizeit oder Gesundheit – entsprechend reduzieren; sie könnten für eine gewisse Zeit auch die natürlichen Ressourcen des wirtschaftlichen Wachstums noch stärker ausbeuten, als dies bislang schon der Fall ist. Aber bei derartigen Strategien ist im Unterschied zur Strategie technologisch begründeter Produktivitätssteigerungen das Scheitern schon vorprogrammiert.

Die Statistiker in den meisten westlichen Industrieländern waren jedoch nicht wenig überrascht, als sie feststellen mussten, dass ausgerechnet in dem Zeitraum, in dem die neuen Informations- und Kommunikationstechnologien zum Durchbruch gelangten – Mitte der 70er bis Mitte der 90er Jahre –, sich die durchschnittlichen Wachstumsraten der Produktivität verringerten oder gar stagnierten. Dieser als „Produktivitätsparadoxon" bezeichnete Sachverhalt war freilich nicht völlig überraschend. Immer schon gab es erhebliche Verzögerungen zwischen technischer Innovation und wirtschaftlichem Produktivitätswachstum. Bekannt ist das Beispiel des Elektromotors, der sich erst vierzig Jahre nach seiner Einführung in nennenswerten Produktivitätszuwächsen niederschlagen konnte.

Es war der Ökonom Robert Gordon, der Ende der 90er Jahre, als er die Produktivitätszuwächse nach Sektoren aufgliederte, feststellen musste, dass die Produktivitätssteigerung im US-Computer-Sektor von 1995 bis 1999 jährlich mehr als 41 Prozent betrug, während sich die Produktivität im Rest der verarbeitenden Industrie wie in der Gesamtwirtschaft nur sehr träge entwickelte. Auch Untersuchungen auf Unternehmensebene, die der MIT-Ökonom Eric Brynjolfsson durchführte, belegten, dass informationstechnologische Investitionen signifikant positive Auswirkungen auf Firmenerträge haben. Seitdem hat sich allgemein die Einsicht durchgesetzt, dass Innovationen bei Querschnittstechnologien zunächst ihre Ursprungssektoren beflügeln, bevor sie sich in Produktivitätszuwächsen anderer Branchen und Unternehmen niederschlagen können. Ob früher oder später – irgendwann werden diese Zuwächse überall zu verzeichnen sein.

Am Wettlauf um Innovationen und Produktivitätsvorteile müssen sich natürlich ausnahmslos alle Industrieländer beteiligen. Die Frage für einzelne Unternehmen wie für die Nationen ist nur: Wer hat die Nase vorn? Deutschland nimmt, was die Gesamtaufwendungen für Forschung und Entwicklung im Verhältnis zum Bruttoinlandsprodukt angeht, gerade mal Platz sieben ein (Stifterverband für die Deutsche Wissenschaft). Wir kämpfen doch sonst gern um Weltmeisterschaften und Olympisches Gold! Dann sollten wir auch im wirtschaftlichen Wettbewerb nicht für Platz sieben investieren, sondern für den Platz an der Spitze!

Technologische Innovationen und Produktivitätssteigerungen sind der Schlüsselfaktor im internationalen Standortwettbewerb, und dieser Faktor muss auch die „Messlatte" stärker prägen, die wir an Regierungen, Politiker und Parteien anlegen. Nicht konventionelle Konjunkturprogramme oder spektakuläre Rettungsaktionen für insolvente Unternehmen, sondern alle direkten Maßnahmen und indirekten Wirkungen der Politik, die diesen Schlüsselfaktor stärken oder schwächen, entscheiden über unsere wirtschaftliche Zukunft.

Technologische Innovationen und Produktivitätssteigerungen, so könnte man einwenden, sind aber per Definition immer auch „Jobkiller". Oder genauer gesagt: Jede Zunahme der Arbeitsproduktivität wirkt sich bei gegebenem Wirtschaftswachstum und gleichbleibender Arbeitszeit beschäftigungsmindernd aus. Erst wenn das Wirtschaftswachstum deutlich über den Produktivitätsanstieg hinaus geht, werden zusätzliche Arbeitskräfte nachgefragt.

Die 80er und 90er Jahre demonstrieren jedoch eindrucksvoll, wie das Wachstum der neuen Wirtschaftssektoren ihre Produktivitätszuwächse mühelos kompensieren konnte. Weil mit neuen Produkten neue globale Märkte geschaffen werden konnten und ein lang anhaltender Aufschwung gesichert wurde, entwickelten sie sich zu regelrechten „Job-Maschinen".

In Deutschland sind in den Jahren 1999 und 2000, als viele Branchen dramatische Beschäftigungseinbrüche verzeichnen mussten, in der Informationstechnik und Telekommunikation 110.000 zusätzliche Arbeitsplätze entstanden; gegenwärtig arbeiten 822.000 Menschen in dieser Branche (BITKOM). Allerdings sind in ihrem Krisenjahr 2001 wesentlich weniger zusätzliche Stellen geschaffen worden.

Der Hinweis auf die beschäftigungsdämpfenden Effekte von Produktivitätssteigerungen macht gleichwohl deutlich, dass dieser zentrale Hebel im Standortwettbewerb nicht als Alternative zu „Strukturreformen" verstanden werden darf. Selbst wenn Deutschland bereits heute eine IT-Weltmacht wäre und neben seinen traditionellen Exportgütern die globalen Märkte mit Hightech-Produkten aufmischen würde – zur Vollbeschäftigung reichte es damit noch lange nicht! Ein solches Ziel können wir (langfristig) nur erreichen, wenn ein nachhaltiges Wirtschaftswachstum mit arbeitsmarktpolitischen Strukturreformen verbunden wird: Dezentralisierung der Tarifpolitik, Ausdehnung des Niedriglohnsektors, flexible Arbeitszeitregelungen, ausreichende Abstände zwischen Arbeits- und Transfereinkommen.

Was heißt „New Economy"?

Im Jahr 2001 haben allein die dreißig im DAX geführten deutschen Unternehmen rund 17 Milliarden DM investiert, um ihren eigenen informations- und kommunikationstechnologischen Wandel zu beschleunigen. Doch trotz solcher beträchtlichen Investitionen stehen wir heute immer noch am Beginn der Transformation alter Wirtschaftssektoren.

Zurückhaltung und Verzögerungen vor allem im Bereich kleiner und mittlerer Firmen sind nicht selten ein Reflex auf die verrückten Kapriolen der New Economy selber. „The Decline of the Old Economy!", so lautete die beliebteste Schlagzeile der 90er Jahre, und nicht wenige New-Economy-Botschafter stellten noch vor zwei oder drei Jahren die Prognose auf: „Stetiges Wachstum ohne Inflation!", „Ende des Konjunkturzyklus!". Sie haben sich gründlich blamiert. Die Kurse an den internationalen Technologiebörsen stürzten steiler ab, als sie zuvor aufgestiegen waren, und es brauchte nicht erst den Terroranschlag vom 11. September 2001, um die Weltwirtschaft erneut ins Wanken zu bringen.

In den 90er Jahren galt unter Analysten die Auffassung, dass die Marktanteile der neuen Internet- oder Software-Firmen alles, Gewinne dagegen recht wenig bedeuten würden. Venture-Capital-Unternehmen und Wall-Street-Investoren haben Hunderte von Dotcom-Firmen über Jahre freigiebig mit Kapital ausgestattet, selbst wenn diese über keine klare Gewinnstrategie verfügten. Nach den dramatischen Kursstürzen wissen wir alle, dass die Spielregeln für traditionelle Industrieunternehmen und junge Ideenfabriken letztlich doch die selben sind: Hier wie dort entscheidet am Ende, ob sie rentabel sind oder nicht.

Auch wenn hierzulande noch Hunderte und weltweit Tausende von Start-ups und Dotcoms auf der Strecke bleiben werden, ist das im Rahmen einer Wettbewerbs-Ökonomie nur normal. Bekanntlich gab es in Deutschland vor 100 Jahren rund 300 kleine Fabriken, in denen Automobile hergestellt wurden. Damals waren sie die Pioniere einer New Economy. Sie revolutionierten den Transport von Waren und Personen und beschleunigten den gesamten Wirtschaftsprozess. Heute gibt es bekanntlich nur noch fünf deutsche Autohersteller – aber diese zählen zu den erfolgreichsten auf dem Weltmarkt!

Der scharfe Selektionsprozess, der heute unter den jungen Knowledge Companies stattfindet, bedeutet allerdings nicht, dass in wiederum 100 Jahren wie im Automobilbau nur eine Handvoll Internet- oder Softwarefirmen überlebt haben werden. Mit Sicherheit werden es beträchtlich mehr sein, denn zu den vergleichsweise niedrigen Einstiegskosten etwa in die Software-Produktion kommt hinzu, dass die Dynamik der Informationsgesellschaft immer wieder einen Wettbewerbsvorteil für kleine flexible Einheiten mit sich bringen wird. Es wäre also verheerend, wenn jene „Kultur der Selbständigkeit", die sich in Deutschland in den vergangenen Jahren herausgebildet hat, von den abgestürzten Dotcom-Firmen zugeschüttet würde. Wenn sich heute zwei Drittel der Jugendlichen vorstellen können, in ihrem späteren Berufsleben einmal ein Unternehmen zu gründen, dürfen wir uns auf diesem Ergebnis einer FORSA-Umfrage nicht ausruhen. Initiativen auf

Schul- und Hochschulebene, die die Motivation und Wissensvermittlung zur Selbständigkeit verbessern helfen, müssen unbedingt fortgesetzt werden.

Trotz aller Turbulenzen und Pleiten der vergangenen zwei Jahre ist es also nicht die New Economy, sondern ein falsches Verständnis von ihr, das zu Grabe getragen werden muss! Sie ist weder die Bezeichnung für eine exklusive Branche von Newcomern noch die Verheißung eines „goldenen Zeitalters". Sie ist in Wirklichkeit nur eine weitere Stufe im beständigen Prozess der Modernisierung, den Wirtschaft und Gesellschaft seit Beginn der industriellen Revolution im späten 18. Jahrhundert durchlaufen. Die New Economy wird industrielles Arbeiten und marktwirtschaftliche Regeln nicht „verdrängen" oder „überwinden", sondern sie wird alle Wirtschaftssektoren und Marktprozesse durchdringen, weil sie mit Reizen locken kann, auf die Unternehmen seit eh und je scharf waren: Produktivitätsvorteile, Senkung von Transaktionskosten, Produktinnovationen, neue Geschäftsmodelle.

Betrachten wir die Transformation der Old Economy, denn hier spielt heute die Musik: In allen Industrieunternehmen wird der Anteil der „stofflichen" Produktion an der Wertschöpfung (gemessen in Herstellungskosten) immer geringer und der Anteil der „Ideen"-Produktion an der Wertschöpfung (gemessen in Entwicklungskosten) entsprechend größer. Gleichwohl handelt es sich hier streng genommen um keinen Substitutionsprozess: Die stoffliche Produktion wird durch Ideenproduktion, durch Informationstechnologie und durch E-Business nicht ersetzt, sondern immer nur verändert – eine Veränderung allerdings, die radikal ist und die weit über den unmittelbaren Produktionsprozess hinaus alle Unternehmensbereiche erfasst: Einkauf auf Internet-Marktplätzen, IT-gestützte Entwicklung und Konstruktion, computerbasierte Produktionsverfahren, Produkte, die mit Mikroprozessoren vollgestopft sind, Vertriebskanäle mit vernetztem Multikanal-Management, Intranet und Extranet in allen Kommunikationsprozessen des Unternehmens.

Kurzum, immer mehr alte Industrieunternehmen und Dienstleistungsgewerbe entpuppen sich vor unseren Augen als E-Business-fähige Mitglieder der Neuen Ökonomie! Während die meisten jungen Internet- oder Softwarefirmen ihren wirtschaftlichen Erfolg von Teilaspekten der Internettechnologie abhängig machten, gelang es vielen etablierten Unternehmen aus der klassischen Wirtschaft – denken wir in Deutschland etwa an Allianz, Audi, Bayer, Bertelsmann, DaimlerChrysler, Deutsche Bank, Preussag oder Siemens –, die Vision einer vernetzten Welt in ihre bewährten Geschäftsmodelle entlang der jeweiligen Wertschöpfungskette zu integrieren.

Ich darf an dieser Stelle dem Leser kurz das Unternehmen vor Augen führen, für das ich selber tätig bin: IBM ist nicht nur führender Anbieter von IT-Lösungen, sondern lebt mit dem eigenen Unternehmen vor, wie E-Business erfolgreich umgesetzt wird. Es erfasst weltweit alle Unternehmensbereiche von E-Commerce und E-Procurement über E-Learning bis hin zum mobilen Arbeitsplatz E-Place. Die komplette Unternehmenskultur dieses traditionsreichen Unternehmens wurde auf E-Business und Internet abgestimmt. Denn gerade in Zeiten des Dotcom-Sterbens wollen wir zeigen, wie das Internet die Basis für eine Erfolgsstory sein kann: Durch unsere E-Business-Investitionen haben wir in den letzten vier Jahren über 6 Milliarden Dollar eingespart. Die Basis dieses Erfolgs ist eine fundierte IT-Infrastruktur aus Hardware und Software sowie ein Netz, das jeden Bereich des Unternehmens erfasst. 300.000 Mitarbeiter sind in Intranet und Internet eingebunden, über 33.000 Lieferanten und Millionen von Kunden.

Nun wäre allerdings die Annahme falsch, ausnahmslos alle Unternehmen der Old Economy hätten in den kommenden Jahren einen Transformationsprozess zu durchlaufen wie in diesem Beispiel IBM. Ein Unternehmen, das in seinem täglichen Geschäftsbetrieb auf Wasser, Gas, oder Strom angewiesen ist, baut sich deswegen noch lange kein eigenes Wasser-, Gas- oder Elektrizitätswerk – oder gründet eine eigene Telefongesellschaft, weil seine Mitarbeiter telefonieren müssen. Dies alles zählt mittlerweile zu den selbstverständlichen „Utilities", auf denen unsere Zivilisation beruht. Das gilt aber zunehmend auch für Funktionalitäten und Infrastrukturen, die man für ein erfolgreiches E-Business benötigt: Nicht jedes Unternehmen wird in dessen Aufbau und Unterhaltung Millionen von Euro und Tausende von Arbeitsstunden investieren können oder wollen.

Mit „e-business on demand" von IBM können Unternehmen alles, was sie für ein erfolgreiches E-Business benötigen, auch übers Internet beziehen – schnell, zuverlässig, kosteneffizient und flexibel. Ohne immense Vorlaufinvestitionen oder lange Technologiedebatten können Infrastruktur, Integrations- oder Implementierungsprobleme einfach den externen E-Business-Spezialisten überlassen werden, sei es nur vorübergehend oder langfristig. Vor allem mittelständische Unternehmer, die über IT-Investitionen nachdenken müssen, können sich so aus „Alles-oder-nichts"-Entscheidungssituationen befreien.

Das jeweilige Ausmaß und die jeweilige Form mag also unterschiedlich sein, trotzdem wird die informationstechnologische Revolution an keinem Betrieb und an keinem Büro achtlos vorbeiziehen. Und ihre rasante Geschwindigkeit lässt sich etwa daran ablesen, dass Unternehmen weltweit bereits bis zum Jahr 2005 zwei Drittel ihrer gesamten zwischenbetrieblichen Umsätze online abwickeln werden (Forrester). Kurzum, es wird kein Jahrzehnt mehr dauern und alle Industrie- und Dienstleistungsunternehmen, ob jung oder alt, ob groß oder klein, werden vollwertige Mitglieder der Neuen Ökonomie sein – wenn diese nicht vorher zur „alten" erklärt worden ist, weil die nächste Generation visionärer Erfinder und Geschäftsleute schon in den Startlöchern steht.

Zentrale Innovationsfelder

Im Wettkampf um Innovationen und Produktivitätsgewinne wird keine Branche und kein öffentlicher Sektor beiseite stehen können. Für Unternehmer, Wissenschaftler, Verwaltungschefs und Politiker heißt es: Wach bleiben! Mitarbeiter motivieren! Die Gesellschaft auf Zukunftsprojekte konzentrieren!

Dennoch möchte ich im folgenden vier Innovationsfelder hervorheben, die strategisch von großer Bedeutung sind und denen unsere besondere Aufmerksamkeit gelten muss:

- Trotz ihrer im internationalen Vergleich nachteiligen Kostenstruktur haben es viele deutsche Unternehmen, darunter nicht wenige mittelständische Firmen, zum Titel eines „Weltmarktführers" gebracht. Hunderte wenn nicht Tausende von deutschen Firmen spielen in Europa oder weltweit zumindest in der Spitzengruppe ihrer Branche mit. Zu den deutschen Exportschlagern zählen vor allem Maschinen, Automobile, chemische und pharmazeutische Produkte sowie elektrotechnische Güter. Sie werden auch in den kommenden Jahrzehnten zum Schwergewicht unserer Wirtschaft zählen. Wie viel hunderte von Mikroprozessoren auch in vielen dieser Produkte bereits stecken mögen – es haftet ihnen doch häufig das Etikett „mittlere Technologien" an. Wenn wir gegen eine wachsende internationale Konkurrenz die Führungsposition auf diesen Märkten behalten wollen, braucht es beständige Innovationen, die dieses Etikett widerlegen helfen. Nur dann, wenn die jeweiligen Produktpaletten beständig durch informations- und kommunikationstechnologische Komponenten aufgewertet und erweitert werden, können die „deutschen Disziplinen" auch in Zukunft gewonnen werden.

- Wie im nationalen Rahmen verschiebt sich auch in der Weltwirtschaft das Sektorengefüge zugunsten der Hightech-Branchen. Wir brauchen mehr deutsche Unternehmen, die es auch hier zum World-Champion bringen. In der Informations- und Kommunikationsbranche finden zur Zeit interessante Technologiewettläufe statt, in denen die Bundesrepublik gute Ausgangspositionen erworben hat. Die jüngste Vergleichsstudie von BITKOM verweist vor allem auf die neuen Standards für mehr Bandbreite, mehr Mobilität und mehr technologische Konvergenz: UMTS und MHP, in deren Umfeld in den nächsten Jahren zahlreiche neue Dienstleistungs- und Hightech-Unternehmen entstehen werden. Wie schnell jedoch Technologievorsprünge und Standortvorteile durch falsche industriepolitische Entscheidungen verloren gehen können, zeigt sich ebenfalls im Mobilfunkbereich und bei der Einführung des digitalen Fernsehens. Bislang galt, dass Deutschland den Vereinigten Staaten von Amerika hier um Jahre voraus sei, doch der Vorsprung wird immer kleiner. Zum Beispiel hat das Einstreichen der UMTS-Lizenzen den deutschen Finanzminister zwar um 51 Milliarden Euro reicher gemacht, dafür aber das Investitions- und Innovationspotenzial der betroffenen Unternehmen deutlich geschwächt. Statt sich darüber zu streiten, ob und wie die Lizenzeinnahmen auf Bund und Länder zu verteilen sind, sollte sich die Politik schnellstens auf Maßnahmen verständigen, wie die Entwicklung und Verbreitung von UMTS-Diensten besser gefördert werden kann.

- Die „biotechnologische Revolution" und ihr eigentlicher Schwerpunkt, die Gentechnik, verläuft seit ihrem Einsatz in den 70er Jahren nahezu parallel zur informationstechnologischen Revolution – was sich aus einem inneren Zusammenhang ergibt, denn ohne Deep Computing und andere Informationstechnologien wäre es zum Beispiel nicht möglich, Genome zu dechiffrieren oder selbst-regeneratives Wachstum von Zellen und Organen zu analysieren. So notwendig es ohne Frage ist, über die ethischen Grenzen gentechnologischer Eingriffe zu streiten, so dringend braucht Deutschland schon allein deswegen ein aufgeschlossenes Verhältnis zur Biotechnologie, weil alle neuen Technologiebranchen als Verbundsysteme mit wechselseitigen Innovationsimpulsen funktionieren. Oder anders gesagt: Kein Land wird zur „IT-Weltmacht", wenn es sich in der Biotechnologie mit hinteren Plätzen zufrieden gibt.

- Dasselbe gilt für Innovationen in Dienstleistungs- und Staatssektoren. An oberster Stelle steht hier natürlich die Aufgabe, mit Hilfe des Internets das Riesensystem der öffentlichen Verwaltung zu entstauben und zu verschlanken. Alle staatlichen Behörden können effizienter und serviceorientierter arbeiten, kein Aktenroller oder Ärmelschoner darf im Zeitalter des E-Government überleben. Wo der Bürger im elektronischen Austausch mit staatlichen Behörden steht, lassen sich viele Aufgaben konzentrieren und Ämter streichen. Auch hier, im staatlich-politischen Bereich, fallen neuartige Dienstleistungen und Software-Programme an, die sich als „Exportschlager" kommerzialisieren ließen. Selbst wenn sich der Gesamtumsatz in Grenzen halten dürfte, so kommt solchen Innovationen zumindest eine ungeheure Symbol- und Mobilisierungskraft zu. Ein Beispiel: Personenwahlen und Sachabstimmungen – ob in Politik, Betrieb, Hochschule, Sportverein oder Industrieverband – sind eine Wachstumsbranche moderner Gesellschaften. Hier Computer und Internet einzusetzen, kommt zumindest mittel- und langfristig billiger als die traditionellen Wahl- und Abstimmungsprozeduren. Der Personalaufwand wird geringer, die Ergebnisse lassen sich schneller und genauer ermitteln. Deutschland sollte nicht abwarten und zuschauen, wie andere Länder das Know-how und die Reputation erwerben, sondern vorangehen und die Bundestagswahl 2006 als weltweit erste Internetwahl in einem großen Industrieland veranstalten. Griechenland erfand die Demokratie, England den Parlamentarismus – Deutschland sollte zur Geburtsstätte der Online-Demokratie werden!

Natürlich wären zahlreiche weitere Innovationsfelder anzuführen, in denen wir gute Chancen haben und die für unser wirtschaftliches Wachstum genau so wichtig werden können: etwa die als „Ubiquitous Computing" bezeichnete Vernetzung von Geräten, Raumsensoren und anderen Komponenten in Haushalten oder Betrieben, Software und Services für das E-Learning, Technologien zur Sicherheit und zum Datenschutz im Internet, die Entwicklung optischer Netze – um nur diese zu nennen. Hier ging es jedoch nicht um Vollständigkeit, sondern darum, die vier besonders kritischen Felder zu skizzieren, auf denen sich die Frage der „IT-Weltmacht Deutschland" entscheiden wird.

Der aktivierende Staat

Immer neue Technologien der Informations- und Kommunikationsbranche werden das gesamte 21. Jahrhundert in Atem halten, aber kein Forschungsminister könnte derzeit die Frage beantworten, welche konkrete Technologie den deutschen Unternehmen in zehn oder zwanzig Jahren welche Größenordnung von Umsätzen generieren hilft – und entsprechend intervenieren.

Der Staat kann für eine effiziente Grundlagenforschung sorgen; er kann deren Umsetzung in die angewandte Forschung beschleunigen; er kann sinnvolle Förderprogramme auflegen, etwa um Forschungsvorhaben kleiner und mittlerer Unternehmen überhaupt erst zu ermöglichen (als Beispiel sei das Förderprogramm „IT-Forschung 2006" der Bundesregierung genannt); er kann die Verbreitung neuer Technologien steuerpolitisch fördern. Und dennoch muss er die entscheidende und kostenträchtige Suche nach neuen technologischen Gewinnoptionen den privaten Firmen, Forschern und Ingenieuren überlassen! Wie er deren Risiken nicht übernehmen und mögliche Verluste nicht „sozialisieren" sollte, so darf er aber auch umgekehrt nicht einfach abkassieren, wenn tatsächlich Gewinne anfallen – ohne das Urmotiv der Gewinnerzielung funktioniert kein Innovationsprozess.

Was sind die Hauptaufgaben eines Staates, der technologische Innovationen anreizen will?

- Er muss den Unternehmen investitionsfreundliche Rahmenbedingungen schaffen durch weniger Bürokratie und weniger Marktregulierung. Vor allem hat er die Steuersätze für Gewinne und Einkommen so zu gestalten, dass sie Investoren und hochqualifizierte Arbeitskräfte nicht ins Ausland verdrängen.

- Er muss für einen fairen Wettbewerb auf den Güter- und Dienstleistungsmärkten sorgen, der Innovationen fördert. Dies betrifft nicht nur den Abbau alter Monopole bei Post, Bahn oder Telefongesellschaften, sondern auch die Zurückdrängung neuer Monopole, die sich etwa in der Software- und Internetbranche bilden konnten.

- Er muss in Schulen und Hochschulen für Humankapital sorgen, das dem beständig ansteigenden Bedarf der Informationsgesellschaft entsprechen kann. Ohne ausreichend qualifizierte Menschen gibt es keine Innovationen und keine höhere Arbeitsproduktivität. Zu den elementaren Qualifikationen zählen im Zeitalter der Informationsgesellschaft auch Medienkompetenz und Teamfähigkeit. Zum einen bildet der versierte Umgang mit den neuen Medien das Fundament dieser Gesellschaft. Alle Schüler müssen am Ende ihrer Schullaufbahn Medienkompetenz besitzen, wobei die neuen Technologien die herkömmlichen Kulturtechniken nicht ablösen, sondern ergänzen sollen. Zum anderen ist die Dynamik und Komplexität der Informations- und Kommunikationstechnologie nur von teamfähigen Akteuren zu bewältigen. Projekt- und Gruppenarbeit an Schulen und Hochschulen sind zumindest genauso wichtig wie individuelle Leistungszeugnisse.

Hat die Politik in Deutschland diese Aufgaben erfüllt? Auch wenn es in diesem Beitrag nicht darum geht, Zensuren an einzelne Politiker oder Parteien zu verteilen – die Antwort auf diese Frage lautet: Es gibt mehr zu tun, als bislang getan wurde! Ob wir an die enttäuschenden bildungspolitischen Ergebnisse der PISA-Studie, an verbliebene Monopolstrukturen oder an die im internationalen Vergleich immer noch hohen Spitzensteuersätze denken – alle Parteien, die in den vergangenen zehn Jahren Regierungsverantwortung trugen, sind dafür verantwortlich.

Für eine pauschale „Schlusslicht-Deutschland"-Kritik gibt es allerdings keinen Grund. Wirtschaft und Politik haben in den vergangenen Jahren durchaus gemeinsame Erfolge errungen. Zu einer privat-staatlichen Gemeinschaftsinitiative, in der auch die meisten Autoren dieses Buches mitarbeiten, einige Bemerkungen.

Die „Initiative D21", im Jahr 1999 gegründet und mittlerweile die größte Public-Private-Partnership dieses Landes, hat sich zum Ziel gesetzt, die Transformation von der Industrie- zur Informationsgesellschaft in Deutschland zu beschleunigen. Rund 300 Wirtschaftsunternehmen und Institutionen tragen diesen gemeinnützigen, branchen- und parteiübergreifenden Verein. Zahlreiche Persönlichkeiten des öffentlichen Lebens, an ihrer Spitze Bundeskanzler Gerhard Schröder als Vorsitzender des Beirats und der ehemalige Bundespräsident Roman Herzog als Ehrenvorsitzender, unterstützen diese Initiative. Ihre bildungs- und arbeitsmarktpolitischen Projekte (Internet-Klassenzimmer, Ambassador-Programm, Green Card usw.) werden in einem gesonderten Beitrag dieses Buches dokumentiert. Deshalb möchte ich mich hier auf die Grundfrage beschränken: Worin liegt der Sinn einer solchen privat-staatlichen Gemeinschaftsinitiative?

Offensichtlich unterscheidet sie sich von drei Modellen, dem neoliberalen, dem staatsinterventionistischen und dem korporatistischen. Das erste Modell setzt, wenn es um die Korrektur wirtschaftlicher Fehlentwicklungen geht, ausschließlich auf die Selbstregulation des Marktes; dass die wirtschaftlichen und technologischen Schwachpunkte der Informationsgesellschaft Deutschland keinen bloßen „Rahmensetzer-Staat" zulassen, versteht sich von selbst. Allein schon, wenn es um die Durch- und Umsetzung von E-Government geht, wird er zum entscheidenden Akteur.

Aber auch jede interventionistische Politik würde sich an der Aufgabe, wirtschaftliche Fehlentwicklungen der Informationsgesellschaft zu korrigieren, die Zähne ausbeißen; die Sachkompetenz der Ministerialbürokratie hält sich bei komplexen Technologiefragen in engen Grenzen. Die parlamentarischen und administrativen Entscheidungsprozeduren sind den Geschwindigkeitsvorgaben vieler wirtschaftlicher und technologischer Problemlagen nicht gewachsen. Schließlich reicht auch das korporatistische Modell, in dem Regierungen und Verbände versuchen zu Konsensentscheidungen zu kommen und das in Deutschland nur allzu häufig den Status quo fortgeschrieben hat, nicht aus, wenn es um drängende und gesamtgesellschaftliche Herausforderungen geht.

Die Initiative D21 versteht sich statt dessen als Teilnehmer an einem neuen Versuch, das Zusammenspiel von staatlichem und privatem Handeln zu optimieren: Auf möglichst niedrigem Institutionalisierungsniveau wird die wirtschaftliche und technologische Kompetenz der Unternehmen genutzt und es werden gleichzeitig Felder bestimmt, auf denen dem Staat eine Vorreiterrolle zukommt. Es geht also darum, die selbstregulativen Kräfte in Wirtschaft und Gesellschaft zu entfalten und sie gleichzeitig mit den politischen Faktoren der Mobilisierung und Verbindlichkeit zu kombinieren – auch diese Voraussetzung ist zu erfüllen, damit Deutschland seine zweite Chance realisieren kann.

Online-Standort Deutschland

Potenziale und Perspektiven der Internetnutzung

Klaus Eierhoff

„Investition in Wissen zahlt die besten Zinsen"
(Benjamin Franklin)

„Internet-Standort Deutschland" – ein Synonym für die Zukunftsfähigkeit unseres Landes und zugleich ein Begriff mit Fragezeichen. Nach dem Einbruch der Dotcom-Firmen an der Börse fühlen sich jene bestätigt, die auch bisher bei Investitionen in Informationstechnologien eher zögerlich waren. Das Internet ist zunehmend aus den Schlagzeilen verschwunden, der öffentliche Druck zu digitaler Modernisierung hat nachgelassen.

Doch so sehr ein Abschwellen der aufgeblähten Interneteuphorie den nüchternen Blick auf die tatsächlichen Chancen der Webwelt freigibt, so fahrlässig wäre es, das Internet im selben Atemzug zu den Akten zu legen und den Vorgang abzuschließen. Die Wissensgesellschaft, getrieben vom Motor Internet, ist Realität. Entlang der von den Möglichkeiten des Internet gezeichneten Pfade entwickelt sie sich mit großer Dynamik. Umfassende Verbreitung und Nutzung des globalen Netzes sind deshalb nicht nur Gradmesser für die Zukunftschancen eines Standortes, sondern eine notwendige Voraussetzung für künftige Prosperität.

Es besteht die Gefahr, dass Deutschland gegenüber den Vorreitern der Internetentwicklung ins Hintertreffen zu gerät. Dieser Beitrag ist ein Plädoyer für fortgesetzte uns intensivierte Anstrengungen von Wirtschaft, Gesellschaft und Staat zum Ausbau des Internetstandortes Deutschland. Die Agenda, die unterbreitet wird, ist das Ergebnis von intensiven Diskussionen im Rahmen der Initiative D21 sowie des BDI und seiner Gremien.

„Die Gegenwart ist der Zustand zwischen der guten alten Zeit und der schöneren Zukunft."
(Zarko Petan)

Das Internet hat sich in Deutschland in atemberaubender Geschwindigkeit zu einem Massenmedium entwickelt. Es ist zum festen Bestandteil des Alltags vieler Menschen geworden. Das gilt gleichermaßen für die berufliche wie für die private Nutzung des Internets. 30 Millionen Deutsche, also rund 37 Prozent der Bevölkerung, sind heute online.[1] Betrachtet man die Nutzungsdauer, so steht Deutschland

---

[1] BITKOM: Wege in die Informationsgesellschaft, Februar 2002

mit 8 h 15 min pro Monat an der Spitze der Internetnutzung in Europa, deutlich über dem Durchschnitt von 7 h 2 min.[2]

Auch in vielen Unternehmen ist das Internet hierzulande integraler Bestandteil zahlreicher Arbeits- und Kommunikationsprozesse. Über 80 Prozent aller Unternehmen in Deutschland nutzen beispielsweise E-Mail.[3] Auch der Handel über das Internet gewinnt an Schwung: Während der B2C-Bereich mit einem Volumen von rund 5 Mrd. Euro[4] noch am Anfang steht, wurde im Jahr 2001 im B2B-Bereich bereits ein Vielfaches dieser Summe umgesetzt. Derzeit existieren in Deutschland rund 400 bis 500 elektronische Marktplätze für Geschäfte zwischen Unternehmen.

Aber das ist nur die eine Seite der Medaille: Während für viele Menschen das Internet kaum mehr wegzudenken ist, bleiben 44 Millionen Menschen in Deutschland offline.[5] Der Anteil der Bundesbürger, die das Internet bisher nicht nutzen liegt deutlich höher als in den führenden Online-Nationen, insbesondere im Vergleich zu den USA und den skandinavischen Ländern, wo jeweils rund 55 bis 60 Prozent der Bevölkerung online sind.[6] Der Begriff der „digitalen Spaltung" beschreibt diese Teilung der Gesellschaft in Surfer und Nicht-Surfer zutreffend. Der digitale Graben verläuft gut erkennbar zwischen Jungen und Alten, zwischen Ärmeren und Reicheren. Das Durchschnittsalter aller Internetnutzer liegt in Deutschland um mehr als fünf Jahre niedriger als das Durchschnittsalter der Gesamtbevölkerung. Ähnlich deutlich weicht der Einkommensschnitt der „Onliner" von der der Gesamtbevölkerung ab.[7]

Auch auf Seiten der Wirtschaft bestehen noch Defizite. Zwar wäre es fatal, die Potenziale des Internets auf die Misserfolge von Online-Unternehmen, die die übertriebenen Erwartungen an ihre Geschäftsentwicklung nicht erfüllen konnten, zu reduzieren, doch machten E-Commerce-Umsätze im Jahr 2001 erst 1,3 Prozent des deutschen Einzelhandelsvolumens aus.[8] Hinzu kommt, dass nur 22 Prozent der im Hauptverband des deutschen Einzelhandels (HdE) organisierten Online-Anbieter Gewinn machen.[9] Einzelne Branchen, vor allem aber Kleinbetriebe, haben noch deutlichen Nachholbedarf bei Online-Anwendungen. So nutzen weniger als 50 Prozent der Handwerksbetriebe das Internet.[10]

---

[2] ACNielsen eRatings.com (http://www.eratings.com/news/2002/20020215.htm), Januar 2002
[3] empirica: Stand und Entwicklungsperspektiven des elektronischen Geschäftsverkehrs in Deutschland Europa und den USA unter besonderer Berücksichtigung der Nutzung in KMU in 1999 und 2001, November 2001
[4] HdE: HdE-Umfrage eCommerce 2001 (B2C)
[5] TNS Emnid: Der Verweigereratlas – Basiserhebung, Mai 2001
[6] BITKOM: Wege in die Informationsgesellschaft, Februar 2002
[7] GfK: GfK Online-Monitor 7. Welle, 2001
[8] HdE: HdE-Umfrage eCommerce 2001 (B2C)
[9] HdE: HdE-Umfrage eCommerce 2001 (B2C)
[10] IG Metall: E-Commerce in Klein- und Mittelbetrieben, November 2001

„Das Große kommt nicht allein durch Impuls zustande, sondern ist eine Aneinanderkettung kleiner Dinge, die zu einem Ganzen vereint worden sind."
(Vincent van Gogh)

Der dargestellte Status quo der Internetnutzung in der Bundesrepublik ist das Resultat einer zunächst sich selbst überlassenen, später in zunehmendem Maße von unterschiedlichen öffentlichen und privaten Organisationen gelenkten Entwicklung.

Vor dem Hintergrund der enormen Bedeutung des Internets für die Wettbewerbsfähigkeit und den Wohlstand der Bundesrepublik sind zahlreiche Initiativen entstanden, die in der überwiegenden Mehrheit darauf abzielen, die Verbreitung und Nutzung des Internets zu fördern. Zwei wesentliche inhaltliche Schwerpunkte wurden dabei gesetzt: Erstens ging es darum, Bildungseinrichtungen durch eine entsprechende technische Ausstattung in die Lage zu versetzen, Medienkompetenz zu vermitteln; zum anderen lag ein Schwerpunkt der Aktivitäten darauf, bisher im Internet unterrepräsentierte Personengruppen an das Medium heranzuführen. Die Wirtschaft hat sich in diesem Rahmen stark engagiert. In Vielfalt und Umfang sind die angestoßenen Programme bislang wohl ohne Beispiel.

Gleichzeitig belegen viele Einzelprojekte, an denen sich staatliche Stellen und Unternehmen beteiligt haben, die Effektivität derartiger gemeinsamer Anstrengungen. So gelang es mit der Initiative „Schulen ans Netz" innerhalb von fünf Jahren, Schulen flächendeckend mit Hardware und Internetzugängen auszustatten. Ein weiteres Beispiel für das gemeinsame Engagement von Staat und Wirtschaft ist die Initiative D21, die rund 300 Unternehmen und Institutionen zusammenbringt, um Konzepte für den Übergang in die Informationsgesellschaft zu erarbeiten und umzusetzen. Neben solchen breit angelegten Initiativen ist eine imposante Zahl von zielgruppenspezifischen Angeboten entstanden. Dabei reicht die Palette von regionalspezifischen Initiativen wie n-21, einem Programm, das mittels Public Private Partnerships Schüler und Schülerinnen in Niedersachsen Kompetenz im Umgang mit dem Internet vermitteln will, bis hin zu Initiativen für mittelständische Unternehmen. Hier ist beispielhaft das MediaMit-Programm des Deutschen Industrie- und Handelstages und der Handelskammern unter Beteiligung von Sponsorenunternehmen anzuführen. Spezifische Angebote existieren daneben für Frauen, Senioren, arbeitslose oder behinderte Menschen sowie für Menschen in ländlichen Regionen. Auch diese Programme sind vielfach Kooperationen zwischen Staat und Unternehmen.

Ergänzt wird dies durch rein privatwirtschaftliche Initiativen, wie sie viele Unternehmen entwickelt haben. Damit existiert in Deutschland ein dichtes Geflecht von Programmen und Aktionen zur Förderung der Internetnutzung. Die Zahl der „Offliner" bleibt aber dennoch hoch.

Wenn 44 Millionen Deutsche sich derzeit noch gegen die Nutzung des Internets entscheiden, so muss die Frage nach den Gründen hierfür gestellt werden. Drei

Ansatzpunkte sind dabei von herausragender Bedeutung. Zum ersten stellt sowohl die Technik als auch die überwältigende Masse der Inhalte für viele potenzielle Nutzer eine schwer zu überwindende Hürde dar. Die Ausführungen zur Verbesserung der Medienkompetenz weiter unten in diesem Beitrag, setzen genau hier an. Zum zweiten werden Internetangebote deshalb nicht genutzt, weil es an Vertrauen in Seriosität und Leistungsfähigkeit der Anbieter fehlt. Auch auf diesen Aspekt wird später eingegangen. Der dritte Grund, der in einem späteren Abschnitt aufgegriffen wird, ist der für einen Teil der potenziellen User nicht erkennbare Nutzen, den das Internet bietet. Hier sind Leitanwendungen mit hohen Potenzial an Mehrwert notwendig, wie sie staatliche Stellen aber auch die Wirtschaft anbieten können. Neben diesen Aspekten spielen auch die mit der Internetnutzung verbundenen Kosten eine Rolle, wenn es um die Suche nach Gründen für eine zögerliche Haltung gegenüber dem Netz geht. Diskussionen um zusätzliche Gebühren und Abgaben auf PCs wie beispielsweise Planungen für eine Ausdehnung der Rundfunkgebühr auf multimediafähige PCs wirken hier kontraproduktiv.

„Die Notwendigkeit ist der beste Ratgeber."
(Johann Wolfgang von Goethe)

Nicht nur die Frage nach den Ursachen für die Nichtnutzung des Internets ist von Interesse, zu klären ist auch, ob angesichts der Vielzahl von Offlinern eine flächendeckende Verbreitung des Internets überhaupt wünschenswert und notwendig ist.

Drei Gründe sprechen für die Beantwortung dieser Frage mit einem klaren „Ja": ein ökonomischer, ein gesellschaftspolitischer, und ein arbeitsmarktpolitischer.

Der ökonomischer Grund hängt unmittelbar mit der Technologie des Internets zusammen, denn ähnlich wie beim Telefon steigt der Wert des gesamten Netzes und der Nutzen für jeden Teilnehmer mit der Zahl der angeschlossenen Menschen. Ein Telefonnetz mit nur einem Teilnehmer macht ebenso wenig Sinn wie das Internet mit nur einem User. Je mehr Menschen aber das Internet nutzen, desto wertvoller wird das Netz für alle. Insofern ist die flächendeckende Internetverbreitung im Interesse aller gegenwärtigen und künftigen User.

Der gesellschaftspolitische Grund bezieht sich auf die Möglichkeit zur Teilhabe an den Chancen, die die Informationsgesellschaft bietet. Man muss kein Prophet sein um vorherzusehen, dass bestimmte Dienstleistungen in absehbarer Zeit vorwiegend oder sogar ausschließlich über das Netz angeboten werden. Dabei spielen Kostenüberlegungen eine wichtige Rolle, denn Experten schätzen, dass sich durch den Einsatz des Internets beispielsweise im Bereich der Bank- und Versicherungsdienstleistungen Einsparpotenziale von nahezu 90 Prozent realisieren lassen.[11] Unternehmen werden diese ausschöpfen und an ihre Kunden weitergeben. Davon

---

[11] iwd: Noch Sand im Online-Getriebe, in: Informationsdienst des Instituts der deutschen Wirtschaft (iwd), Nr. 7, 2000

profitieren aber nur solche Kunden, die Online-Dienstleistungen in Anspruch nehmen; Online-Verweigerer bleiben auf die teureren traditionellen Angebote angewiesen. Eine Spaltung der Gesellschaft in Internetgewinner und Offline-Verlierer gilt es aber unbedingt zu vermeiden.

Der arbeitsmarktpolitische Grund ergibt sich aus der Tatsache, dass die Kompetenz im Umgang mit dem Internet zu einer wesentlichen Voraussetzung für die Beschäftigungsfähigkeit in der Informationsgesellschaft geworden ist. Unternehmen haben das Internet inzwischen auf vielfältige Weise in ihre Produktionsprozesse und Kommunikationsabläufe integriert. Die konsequente Nutzung der Möglichkeiten der Informations- und Kommunikationstechnik ist entscheidend für die Sicherung von Wettbewerbsvorteilen in einer globalen Wirtschaftslandschaft geworden, zu deren zentralen Erfolgsfaktoren die Fähigkeit zur Verarbeitung von Information und Wissen zählt. Das stellt auch an die Medienkompetenz der Mitarbeiter erhöhte Anforderungen.

Die Frage ist folglich nicht, ob wir die Internetverbreitung und -nutzung fördern sollten, sondern allein, wie wir dies tun. Dabei können Vorbilder und konkrete Anleitung ebenso wie „sanfter Druck" hilfreich sein, um Berührungsängste und noch bestehende Technikskepsis zu überwinden.

„Die Schwierigkeiten wachsen, je näher man dem Ziel kommt."
(Johann Wolfgang von Goethe)

Was Johann Wolfgang von Goethe lange vor der Entwicklung des Internets formulierte, gilt uneingeschränkt auch für die gegenwärtige Situation. Tatsächlich hat Deutschland bereits einen guten Teil der Wegstrecke hin zu einer führenden Online-Nation geschafft. Erreicht ist das Ziel indes noch nicht und die bevorstehenden Etappen werden deutlich schwerer zu bewältigen sein als die bisherige Wegstrecke.

Internetpioniere wurden von ihrer Technikbegeisterung und von der Faszination weltumspannender Kommunikation getrieben. Diese Begeisterung war ansteckend. So stieg die Zahl der Internetnutzer in Deutschland anfänglich rapide an, ohne dass es dazu besonderer Impulse bedurft hätte. Jetzt aber stehen wir vor der Herausforderung weniger technikaffine Personen an das Medium Internet heranzuführen. Hierbei kommt es darauf an, gezielt die Fähigkeiten im Umgang mit dem Internet zu fördern und die Vorteile der Internetnutzung verständlich zu vermitteln. Die Menschen, die bislang aber zögerlich waren, müssen so dazu motiviert werden, ihre Chancen in der Online-Welt aktiv wahrzunehmen. Erschwert wird diese Aufgabe durch die deutlich spürbare Ernüchterung, der die Interneteuphorie zur Jahrtausendwende gewichen ist. Es zeichnet sich ab, dass der ermutigende Verlauf der Verbreitung des Internets in den vergangenen Jahren kein Garant für eine positive Zukunftsentwicklung der Internetnutzung in Deutschland ist.

Solange das Internet vor allem im Zusammenhang mit Dotcom-Pleiten genannt wird, kann es kaum gelingen, Internetskeptiker für das Medium zu gewinnen.

„Keine Zukunft vermag gutzumachen, was du in der Gegenwart versäumst."
(Albert Schweitzer)

Deutlicher als Albert Schweitzer kann man den Handlungsbedarf kaum ausdrücken. Gerade für das Internet gilt die Maxime des schnellen Handelns, denn Internetjahre zählen wie Hundejahre. Vielfältige Ansatzpunkte für die Förderung der Internetverbreitung existieren. Drei Aspekte sind allerdings von herausgehobener Bedeutung. Diese sind die Verbesserung der Medienkompetenz, die Stärkung des Vertrauens in das Internet und das Ausfüllen der Leitanwender-Rolle durch Staat und Wirtschaft.

1. Verbesserung der Medienkompetenz

Der kompetente Umgang mit Medien wird immer stärker zu einem Schlüsselfaktor für den ökonomischen Erfolg einer Gesellschaft und zugleich für eine funktionierende demokratische Meinungsbildung. In Zeiten stark steigender Informationsangebote ist es zum einen wichtig, allen Teilen der Bevölkerung einen technisch möglichst leichten Zugang zum Internet zu ermöglichen. Zum anderen ist es darüber hinaus essentiell, das Bewusstsein für einen verantwortungsvollen Umgang mit den Inhalten der neuen Medien zu schärfen. Angesichts der immer kürzeren Halbwertszeit von Wissen werden eine eigenständige Informationsgestaltung, Wissensmanagement und das Lernen von Methoden immer wichtiger und sollten daher auch zunehmend Bestandteil der Schulbildung werden.

Zu Recht hat die Ausstattung von Bildungseinrichtungen mit Internetanschlüssen und Multimedia-PCs daher in den vergangenen Jahren hohe Priorität genossen. Obwohl nahezu alle allgemeinbildenden Schulen am Netz sind, kann von einer gelungenen Integration des Internets dort noch keine Rede sein. Während sich in den USA und in Schweden fünf Schüler einen Computer teilen,[12] müssen in Deutschland je nach Schulform zwischen 15 und 31 Schüler mit einem PC auskommen.[13] Von einem Zustand wie in den USA, wo derzeit etwa die Hälfte aller Klassenräume mit einem Internetzugang ausgestattet ist, ist Deutschland noch weit entfernt. Dies behindert eine echte Integration des Internets in den täglichen Unterricht in den unterschiedlichsten Disziplinen. Einzelne Computeran-

---

[12] Breiter, Andreas: Ausstattung von Schulen mit Informations- und Kommunikations (IuK)-Technologien im internationalen Vergleich. Unveröffentlichte Ländersynopse im Auftrag der Bertelsmann Stiftung, 1999

[13] bmb+f: IT-Ausstattung der allgemein bildenden und beruflichen Schulen in Deutschland, März 2001

schlüsse oder Computerräume können die umfassende Ausstattung möglichst vieler Klassenräume nicht ersetzen. Reine Computerräume mögen im Rahmen des Informatikunterrichts sinnvoll sein; um Medienkompetenz zu schulen sind solche dagegen Räume wenig hilfreich. Tatsächlich ist die Gefahr erkennbar, dass Computerräumen abseits des Informatikunterrichts ein Schicksal vergleichbar dem der Sprachlabore droht. Hinzu kommt, dass die vorhandene Hard- und Software angesichts der rasch fortschreitenden technologischen Entwicklung innerhalb relativ kurzer Zeit veraltet und damit schon mittelfristig nur bedingt zu Vermittlung der notwendigen Kompetenz im Umgang mit dem Medium Internet geeignet sein wird. In Grundschulen sind lediglich ein Drittel der PCs multimediafähig. Fast 20 Prozent der Geräte verfügen nur über 286er oder 386er-Prozessoren. Selbst in den vergleichsweise gut ausgestatteten berufsbildenden Schulen sind lediglich knapp die Hälfte aller PCs multimediafähig.[14] Diese Zahlen belegen die Notwendigkeit längerfristiger Konzepte, die den Schulen eine angemessene Ausstattung dauerhaft ermöglichen. Kooperationen von Wirtschaft und Schulen sowie Sponsoringprogramme zum beiderseitigen Nutzen sollten verstärkt genutzt werden. Dem entgegenstehende Hemmnisse sollten zielgerichtet abgebaut werden. Daneben müssen Eltern verstärkt die Möglichkeit bekommen, sich an der Finanzierung der IT-Ausstattung der Schulen ihrer Kinder zu beteiligen. Hier sind zusätzliche steuerliche Anreize unbedingt zu befürworten.

Der zentrale Ansatzpunkt für die Förderung von Medienkompetenz ist neben der technischen Ausstattung die Vermittlung der Fähigkeit zur Nutzung des Internets und anderer Medien zur Informationssuche, Bewertung und Verknüpfung. Der Integration des Internets in die Lehrpläne sollte daher große Aufmerksamkeit geschenkt werden, wenn die Ausstattung der Schulen mit Internetanschlüssen und PCs nicht wirkungslos verpuffen soll. Auch die EU-Kommission hat in ihrem Aktionsplan eEurope nachdrücklich dazu aufgefordert, dass Schullehrpläne angepasst werden sollten. Noch liegt der Computereinsatz in deutschen Schulen nach einer Studie der Europäischen Kommission deutlich unterhalb des EU-Durchschnitts. Während 65 Prozent aller Lehrer in der EU Offline-Computer im Unterricht einsetzen, liegt deren Anteil in Deutschland bei weniger als 50 Prozent.[15] Beim Einsatz von Online-PCs ergibt sich ein ähnliche Bild. Hier liegen deutsche Lehrer sieben Prozentpunkte unterhalb des EU-Durchschnitts. Gerade älteren Lehrern fehlt die Affinität zum Medium Internet. Hier bietet der bevorstehende Generationswechsel in den Schulen eine Perspektive, denn fast 40 Prozent der Lehrer sind über 50 Jahre alt und werden in absehbarer Zeit aus dem Schuldienst ausscheiden. Um die Chance des Generationswechsels zu nutzen, muss sichergestellt werden, dass die nachrückenden jüngeren Lehrer über die notwendigen Qualifikationen zur Vermittlung von Medienkompetenz verfügen. Hierzu bedarf es schneller und umfassender Änderungen im Bereich der Lehrerausbildung.

---

[14] bmb+f: IT-Ausstattung der allgemein bildenden und beruflichen Schulen in Deutschland, März 2001

[15] EU-Kommision: European youth into the digital age, Oktober 2001

Die Schulung von Medienkompetenz muss ein fester Bestandteil aller Lehramtsstudiengänge werden. In Angeboten vergleichbar dem pädagogischen Begleitstudium sollte Lehramtsstudenten sowohl Technologiekompetenz als auch Nutzungskompetenz vermittelt werden. Je selbstverständlicher der Computer von Lehramtsstudenten und Referendaren genutzt wird, umso größer sind die Chancen, dass sie Schüler mit der gleichen Selbstverständlichkeit an PC und Internet heranführen. Während mit der Ergänzung der Lehramtsstudiengänge mittelfristig eine Verbesserung erzielt werden kann, sind kurzfristige Effekte durch eine Forcierung der Weiterbildung von Lehrern zu erreichen. Verstärkt sollte bei Qualifizierungsmaßnahmen im IT-Bereich auch die Kooperation mit der Wirtschaft gesucht werden, wie dics im Rahmen von D21 bereits vorbildlich geschehen ist. Weiterbildungen und die Nutzung von Internet und PCs im Unterricht müssen zudem durch Leistungsanreize für Lehrer gefördert werden. Nur so kann in den Schulen eine Grundausbildung zur Medienkompetenz sichergestellt werden.

Daneben ist es notwendig, auch außerhalb von Schulen Medienkompetenz zu fördern. Hier kommt der Wirtschaft eine tragende Rolle zu. Sie kann die Nutzung des Internets durch Arbeitnehmer sowohl am Arbeitsplatz als auch in der Freizeit gezielt fördern. Zu denken ist dabei an die Verbesserung des Zugangs zum Internet beispielsweise in Pausenzonen, aber auch an das Angebot von Schulungsmaßnahmen. An Bund, Länder und Kommunen richtet sich die Forderung, für die dortigen Bediensteten vergleichbare Bedingungen zu schaffen.

Um eine möglicht hohe Internetverbreitung zu erreichen, muss die Steigerung der Medienkompetenz mit einer deutlichen Vereinfachung der Handhabung von internetfähigen Endgeräten einhergehen. Hier ist die Industrie gefordert. Erst wenn der Weg ins Internet so leicht ist wie die Nutzung des Fernsehgerätes oder wenigstens so einfach wie die Bedienung eines Autos, haben wir dieses Ziel erreicht.

2. Stärkung des Vertrauens in das Internet

Das Internet entzieht sich aufgrund seiner Architektur und seiner globalen Struktur weitgehend nationalstaatlicher Regulierung. Diese Tatsache darf allerdings nicht dazu verführen, das Internet als rechtsfreien Raum zu betrachten. Ohne einen Rahmen, der dem Schutz der Internetnutzer dient, ist eine positive Entwicklung des Mediums ausgeschlossen. Dies gilt nicht nur, aber in besonderem Maße für wirtschaftliche Transaktionen über das Netz. Die Lücke, die durch die Schwierigkeiten einer angemessenen staatlicher Regulierung entsteht, muss die Wirtschaft ausfüllen. Die Schaffung von Vertrauen in das Medium und in die Akteure, die sich des Mediums bedienen, haben dabei im Vordergrund zu stehen. Einen wesentlichen Beitrag zur Vertrauensbildung im Internet können Trustmarks, also Gütesiegel, leisten, die einem Internetnutzer anzeigen, dass ein Anbieter klar definierte Anforderungen erfüllt. Diese Trustmarks werden von privatwirtschaftlichen Stellen vergeben, die über die Einhaltung der bescheinigten Standards wachen und sie sanktionieren. Um mögliche unerwünschte Effekte wie etwa Wettbewerbsbeschränkungen- oder Verzerrungen auszuschließen ist es notwendig, dass Trustmarks jeder Organisation zugänglich sind und die Nutzungskosten auch von kleineren und mittlere Unternehmen getragen werden können. Anderenfalls besteht die Gefahr der Errichtung von Marktzutrittsbarrieren. Auch muss der Missbrauch von derartigen Gütesiegeln verhindert und das Abweichen von den Vergabekriterien entschlossen verfolgt werden, ohne dabei regelmäßig Gerichte zu bemühen. Im Rahmen des Global Business Dialogue on Electronic Commerce (GBDe) wurden in einer konzertierten Aktion weltweit führender Unternehmen aus unterschiedlichen Branchen Empfehlungen für die Ausgestaltung und Umsetzung von Trustmark-Programmen formuliert. Diese Empfehlungen müssen Grundlage der Gestaltung von Gütesiegeln sein; dann ist davon auszugehen, dass Trustmarks ihre vertrauensfördernde Wirkung voll entfalten können und damit die Online-Nutzung gerade im B2C-Bereich des E-Commerce weiter voranbringen. Über dieses Anwendungsfeld hinaus sollten Trustmarks auch zur Kennzeichnung von jedweden Online-Inhalten verstärkt eingesetzt werden. Ausdrücklich zu unterstützen sind beispielsweise Gütesiegel im Bereich des Jugendschutzes.

3. Ausfüllen der Leitanwender-Rolle durch Staat und Wirtschaft

Staatlichen Stellen und der Wirtschaft kommt eine wichtige Vorbildfunktion beim Einsatz von zukunftsorientierten Online-Angeboten zu. So kann die Nutzung des Internets in der öffentlichen Verwaltung einen wesentlichen Beitrag zur Stärkung des Vertrauens in die neuen Medien leisten. Gleichzeitig ergeben sich gerade im Bereich der staatlich angebotenen Online-Dienstleistungen unmittelbare Vorteile für den Internetnutzer, wenn er Behördengänge und das Ausfüllen von Antragsformularen am PC erledigen kann. Deutsche E-Government-Angebote sind derzeit allerdings in Servicequalität und Angebotsbreite wesentlich schlechter als die der führenden Länder. Insgesamt liegt Deutschland laut einer Accenture-Studie im Bereich E-Government auf Rang 15 von 22 untersuchten Ländern in einer Gruppe mit Portugal, Spanien oder Irland.[16] Ausgaben für E-Government-Lösungen haben in Deutschland einen Anteil von 0,27 Prozent des Bruttoinlandsproduktes (BIP). Im EU-Durchschnitt liegt dieser Wert mit 0,34 Prozent deutlich höher.[17]

Informationsangebote dominieren bei der Nutzung von E-Government. Lediglich 3 Prozent der Deutschen haben bereits Transaktionen über E-Government-Angebote abgewickelt.[18] Solche Zahlen können nicht verwundern, da 60 Prozent der deutschen Behördenleiter ihre Behörde als Nachzügler bei der Internetnutzung sehen.[19]

---

[16] accenture: Anspruch und Wirklichkeit: eGovernment in Deutschland, Januar 2001
[17] BITKOM: Wege in die Informationsgesellschaft, Februar 2002
[18] TNS Emnid: Government Online, November 2001
[19] KPMG: Verwaltung der Zukunft – Status und Perspektiven für eGovernment 2000, 2000

E-Government umfasst gleichermaßen eine leistungsfähige technische Infrastruktur und einen modernen Internetauftritt von Behörden wie die Übertragung von Service- und Informationsangeboten in das Netz. Wie in einer realen Behörde muss der Nutzer im Internet mehr als nur Information finden. Die Übertragung von Behördendienstleistungen ins Netz bringt Vorteile für Bürger und Behörden. Während Bürgern beispielsweise der Weg zu einer Verwaltungsstelle erspart bleibt, können Staat und Verwaltung durch den Interneteinsatz Kostenvorteile erzielen, weil Vorgangsdaten unmittelbar digital vorliegen und nicht erst mit personellem Aufwand mehrfach erfasst werden müssen.

Voraussetzung für den Aufbau einer virtuellen Verwaltungsstelle im Internet ist eine kundenzentrierte Reorganisation bisheriger Verwaltungsabläufe. Das Kernproblem liegt weniger in der fehlenden IT-Kompetenz der Behördernmitarbeiter, sondern vielmehr in der bisher wenig ausgeprägten Kundenorientierung. Eine Befragung der Bertelsmann-Stiftung unter Verwaltungschefs belegt dies. Wird der Qualifizierungsbedarf von Verwaltungsmitarbeitern im Bereich „Computer-Fachwissen" bei mit 16 Prozent beziffert, so liegt dieser Wert im Bereich „Service-/Kundenorientierung" der Selbsteinschätzung der Befragten zu Folge bei 72 Prozent.[20]

Anzustreben ist dabei eine ganzheitliche Lösung, ein One-Stop-E-Government, also ein echtes Behördenportal, das Antworten auf sämtliche Bürgeranfragen unabhängig davon bietet, in wessen Zuständigkeitsbereich sie fallen und das durch konkrete Interaktions- und Transaktionsmöglichkeiten weit über eine Linksammlung zu Einzelbehörden hinausgeht. Gelingt der Aufbau eines solchen Portals, welches einen echten Mehrwert für die Nutzer darstellt, so wird es erheblich leichter sein, auch diejenigen zum Umdenken zu bewegen, die sich der Internetnutzung bisher verschließen. Die Initiative BundOnline 2005 der Bundesregierung ist ein wichtiger Schritt in diese Richtung. Was auf Bundesebene nun angestoßen wurde, muss ebenso auf der Ebene der Länder und Kommunen verstärkt in koordinierten Anstrengungen angegangen werden.

Bei der Realisierung derartiger E-Government-Lösungen sollte vermehrt auf Public Private Partnerships zurückgegriffen werden. Weder ist einzusehen, warum die öffentliche Verwaltung beispielsweise Eigentümer von IT-Infrastruktur sein muss, noch ist es sinnvoll, sämtliche Leistungen wie beispielsweise die IT-Entwicklung oder die Authentifizierung von Nutzern in der Verwaltung zu erledigen. Gezielt sollten hier Kooperationsmodelle mit der Wirtschaft gesucht werden, bei denen die jeweiligen Kompetenzen von privaten und öffentlichen Partnern optimal zum tragen kommen. Dass solches Vorgehen auf Akzeptanz stößt, beweisen die USA: Zwei Drittel der Amerikaner ziehen Public Private Partnerships bei der Realisierung von E-Government dem alleinigen staatlichen Handeln vor.

Nicht nur der Staat, auch die Wirtschaft muss ihre gesellschaftliche Funktion als treibende Kraft hinter der weiteren Internetverbreitung und -nutzung wahr-

---

[20] Bertelsmann-Stiftung: Virtuelle Medien als Chance für die Stadt der Zukunft, Oktober 2000

nehmen. Dafür stehen ihr zahlreiche Möglichkeiten offen, wie das Beispiel Bertelsmann belegt: Die Bertelsmann AG hat die Initiative „Alle ins Netz" gestartet, die zwei wesentliche Elemente umfasst: erstens die Abgabe von kostenlosen PCs an Mitarbeiter und zweitens den Aufbau eines Internetportals namens „planet B". In diese Aktivitäten hat Bertelsmann insgesamt rund 175 Millionen Mark investiert.

Bis heute wurden weltweit mehr als 50.000 Multimedia-PC-Pakete an Mitarbeiter ausgeliefert. Allein in Deutschland sind 21.500 Gratis-PCs verschickt worden. Gegen Zuzahlung konnten die Mitarbeiter auch einen aufgerüsteten PC für besonders anspruchsvolle Multimedia-Anwendungen oder einen Laptop ordern. Das Angebot ist auf hervorragende Resonanz bei den Mitarbeitern gestoßen: Mehr als 80 Prozent der teilnahmeberechtigten Mitarbeiter haben den Gratis-PC bestellt.

Daneben wurde „planet B" als Startseite für Bertelsmann-Mitarbeiter eingerichtet. Dieses Internetportal ist in fünf Sprachen und mit elf unterschiedlichen Länderseiten verfügbar. Es bietet Nachrichten aus der Medienwelt, nutzwertorientierte Freizeittipps und Unterhaltung. Außerdem liefert „planet B" interaktive Computer- und Internetkurse, eine eigene E-Mail-Adresse sowie genügend Speicherplatz für eine eigene Homepage und nützliche Links.

Durch solche Angebote von Unternehmen werden nicht nur Mitarbeiter, sondern vor allem auch deren Familien mit dem Medium Internet vertraut gemacht.

„Die Zukunft hat viele Namen. Für die Schwachen ist sie das Unerreichbare. Für die Furchtsamen ist sie das Unbekannte. Für die Tapferen ist sie die Chance."
(Victor Hugo)

Der Online-Standort Deutschland hat eine gute Ausgangsposition, um zur Spitzengruppe der Online-Nationen aufzuschließen. Voraussetzung dafür, dass wir die bestehenden Chancen nutzen, ist allerdings, dass es gelingt, Fortschritte bei der Medienkompetenz möglichst vieler Bürger zu erzielen und das Vertrauen der aktuellen und zukünftigen Nutzer in das Internet zu stärken. Werden parallel mehrwertstiftende Online-Angebote geschaffen, die auch Internetskeptiker von der Nützlichkeit des Netzes überzeugen, so ist der optimistische Blick in die Zukunft gerechtfertigt.

Das Internet wird Wirtschaft, Staat und Gesellschaft in den kommenden Jahren weiter verändern. Jetzt müssen die Rahmenbedingungen für die Zukunft geschaffen werden. Weder die Politik noch die Wirtschaft können dies alleine leisten. Nötig ist eine sinnvolle Arbeitsteilung, die Rechtssicherheit und Gestaltungsspielräume gleichermaßen fördert. Eine Säule der Arbeitsteilung wird die Selbstregulierung der Wirtschaft sein, die flexibler als gesetzliche Regelungen der Dynamik des Internet gerecht werden kann.

Der Online-Standort Deutschland hat Zukunft. Sie obliegt der aktiven Gestaltung von Chancen und Herausforderungen.

Arbeitsmarkt- und Beschäftigungspolitik im Informationszeitalter

Eine Reformalternative für die kommende Legislaturperiode

Lothar Späth

Das Thema Arbeitslosigkeit im Wahljahr

Es ist nichts Neues, dass Parteien und ihre Kandidaten im Bundestagswahlkampf ihr Profil schärfen und ihre Wirtschaftskompetenz unterstreichen wollen, um das Vertrauen der Wähler zu gewinnen. Im Wahljahr 2002 ist das nicht anders. Mit Bundeskanzler Gerhard Schröder und dem Ministerpräsident des wirtschaftsstarken Bundeslandes Bayern Edmund Stoiber sind zwei Kandidaten angetreten, die die Themen Wirtschaftspolitik und Arbeitslosigkeit besonders deutlich in den Mittelpunkt der Auseinandersetzungen stellen.

Obwohl in der vergangenen Legislaturperiode die Zahl der Arbeitslosen zwischenzeitlich sogar auf fast 3,6 Millionen gesunken war, bietet die Arbeitslosenstatistik – geschönt oder nicht – der Opposition die größte Angriffsfläche. Offenbar besteht in Ost und West nach nunmehr zwölf Jahren der Wiedervereinigung keine Toleranz mehr gegenüber hoher Langzeitarbeitsarbeitslosigkeit. Die Menschen in Deutschland erwarten von ihrer Regierung, dass sie Arbeitsplätze schafft. Bei dem derzeitigen Verhältnis von 4,3 Millionen Arbeitslosen auf der einen und 800.000 freien Stellen auf der anderen Seite kann man das Problem der Arbeitslosigkeit aber weder durch eine Änderung der Statistik noch durch eine Verbesserung der Stellenvermittlung lösen. Schafft es eine Regierung aber nicht, zumindest den Glauben an eine kompetente Arbeitsmarktpolitik aufrecht zu erhalten, wird sie vom Wähler abgestraft.

Abgestraft wird sie aber ebenso – und da wird die EU zwischen Schröder und Stoiber keinen Unterschied machen –, wenn sie statt Schulden zu tilgen weiterhin neue Kredite zur Konjunkturankurbelung aufnimmt. Was kann vor diesem Hintergrund nun von einer Regierung, ob neu oder alt, in der kommenden Legislaturperiode erwartet werden – und was kann man ihr raten?

Das Informationszeitalter hat bereits begonnen

Immer offensichtlicher wird, dass sich die alte Arbeitswelt der Industriegesellschaft verabschiedet. Der Weg vom Fließbandarbeiter zum Teammitglied eines

Projektes ist in der Automobilindustrie schon vor Jahren beschritten worden. Und das ist nur ein auffälliger Vorbote in der deutschen Industrielandschaft gewesen.

Neue Technologien haben den Globalisierungsprozess in Gang gesetzt und erzwingen den Wandel zur Informationsgesellschaft. Indikator für eine Ortsbestimmung, die uns zeigt, dass das Informationszeitalter längst begonnen hat, liefert uns ein Blick auf die amerikanische Arbeitsmarktstatistik. Nach Untersuchungen des amerikanischen Bureau of Labor Statistics sind in den USA mittlerweile schon zwei Drittel aller Beschäftigten Informationsanbieter. Das sind Beschäftigte, die ihr Geld allein damit verdienen, Informationen so aufzubereiten, dass die daraus folgenden Handlungen zu einer Wertschöpfung führen. Dazu gehören Wissenschaftler, Unternehmensberater, Journalist und Mitarbeiter im Call Center – sie alle sind Informationsarbeiter und qualifizierte Dienstleister, und gehören denjenigen Berufsgruppen an, die auch in Deutschland den stärksten Zuwachs erfahren haben und weiter erfahren werden. Diese Entwicklung steht gerade erst an ihrem Beginn und sie wird sich noch lange fortsetzen.

Verbunden ist der Übergang von der Industrie- zur Informationsgesellschaft mit Veränderungen in der Arbeitswelt. Wir müssen Abschied nehmen von dem, was wir in der Produktionsgesellschaft gewohnt waren. Der alte Gegensatz von Mensch und Arbeit auf der einen, und Maschine und Kapital auf der anderen Seite ist durch den zunehmenden Einsatz von Maschinen und Robotern im Begriff sich aufzulösen.

Dabei spielt eine entscheidende Rolle, dass man mit immer weniger Arbeit ein immer größeres Sozialprodukt erwirtschaften kann. Deshalb muss man über die Möglichkeiten einer flexiblen Neuverteilung des Arbeitsvolumens nachdenken. Der amerikanische Philosoph Frithjof Bergmann, der die derzeitigen arbeitsmarktpolitischen Anstrengungen Deutschlands für vergeblich hält, ist beispielsweise der Überzeugung, dass die Automatisierung, die wir bisher erlebt haben, nur ein Vorspiel für das sei, was uns noch erwartet. Die Rationalisierungsprozesse, die wir in den Büros der Banken und Versicherungen in jüngster Zeit erlebt haben, stehen erst am Anfang. Da die nächste Generation von Maschinen und Robotern ungleich fähiger und schneller sein wird, wird nach Bergmanns Ansicht die Erwerbsarbeit sogar auf bis zu ein Zehntel des heutigen Niveaus sinken.

Deutschland steckt in der Krise

Nachdem wir die größten Wirren des Wiedervereinigungsprozesses hinter uns gelassen haben und in die deutsche Politik Normalität zurückgekehrt ist, lässt die Situation im Jahr 2002 einen klaren Blick auf die langfristigen Ursachen der Beschäftigungskrise zu. Deutschland steckt in einer Krise, deren Ursachen jenseits der ostdeutschen Transformationsproblematik liegen. Die wirtschaftspolitischen Rezepte der alten Bundesrepublik sind in vielerlei Hinsicht nicht mehr zeitgemäß, und ihre Anwendung führt auch schon lange nicht mehr zu befriedigenden Ergebnissen – weder im Osten noch im Westen.

Einen Weg aus dieser Krise wird es nur durch tiefgreifendere Veränderungen geben. Es kommt gar nicht so sehr darauf an, welcher der angetretenen Kandidaten die althergebrachte Klaviatur der Wirtschaftpolitik besser beherrscht als der andere. Die Klaviatur an sich ist verstimmt und passt nicht mehr zur Musik in der sich stark wandelnden Welt des 21. Jahrhunderts. Zwar haben das viele der politischen Akteure begriffen, aber sie sind offenbar nicht mutig genug, mit dieser Botschaft in den Wahlkampf zu ziehen. Natürlich stoßen Veränderungen naturgemäß auf den Widerstand vieler Partikularinteressen. Wir können es uns jedoch nicht mehr leisten zu warten, bis die kollabierenden Sozialsysteme eine unkontrollierbare Eigendynamik bekommen und uns keinen politischen Spielraum zur Gestaltung mehr lassen.

Wir stehen unter dem Druck der Globalisierung

Wer heutzutage über Arbeitsmarkt und Beschäftigung spricht, kommt dabei nicht um den starken Einfluss des wirtschaftlichen und politischen Globalisierungsprozesses herum. Die Einheit von Volkswirtschaft und Nationalstaat löst sich auf und die Teilnahme an diesem Globalisierungsprozess kann, selbst wenn dies politisch auch noch so opportun wäre, weder beschlossen noch verweigert werden. Die Politik ist in dieser Hinsicht machtlos geworden.

Auf der nationalen Ebene trägt die Politik allerdings die Verantwortung dafür, sich wirtschafts- und sozialpolitisch rechtzeitig und mit langfristiger Orientierung auf die Herausforderungen dieses Prozesses einzustellen. Eine in diesem Sinne gute politische Arbeit wird von der Globalisierung belohnt, eine schlechte dagegen bestraft. Auf diese Weise erhöht der Globalisierungsdruck mit den Worten des Vizepräsidenten der Deutschen Bundesbank Jürgen Stark „... die Kosten schlechter Regierungsarbeit und ist so gesehen der Feind staatlicher Inkompetenz."

Was aber ist dann eine Beschäftigungspolitik wert, die sich ausschließlich an den nostalgischen Konzepten vergangener Erfolge orientiert? Die Subventionierung einzelner, vom internationalen Wettbewerb bedrohter Unternehmen oder Branchen gehört ebenso in die Klamottenkiste wie beispielsweise nationale Einfuhrbeschränkungen. Und fiskalpolitischer Spielraum, durch Neuverschuldung die Konjunktur kurzfristig zu beleben, ist zumindest für das hoch verschuldete und von der EU angemahnte Deutschland bis auf weiteres nicht vorhanden.

Der Irrweg der Niedriglohnstrategie

Der Wettbewerb der Standorte ist in vollem Gange. Er ist inner- und außerhalb Europas ein Wettbewerb um Arbeitsplätze, Infrastrukturen, Qualifikationen von Menschen, Steuern und Abgaben, politische Stabilität, mehr und weniger Staatseinfluss, aber auch um soziale Stabilität.

Dass Industrien, die das benötigte Know-how mit der Zeit auch in Niedriglohnländern finden, ihre Produktion dorthin verlagern, ist nun keine neue Strategie, sie wird lediglich durch die modernen Informations- und Kommunikationstechnologien beschleunigt. Die globale Wirtschaft entwickelt, verkauft und produziert, wo sie die günstigsten Bedingungen findet. Des weiteren sprengt der Druck der Welthandelsorganisation (WTO) und des Internationalen Währungsfonds (IWF) hin zu offenem, marktwirtschaftlichem Wettbewerb nicht nur die nationalen, sondern auch die europäischen Grenzen. Dieser Megatrend hat gerade erst begonnen und wird auch für die kommenden Generationen prägend sein.

In dem aufgeregten Durcheinander wirtschaftspolitischer Glaubensbekenntnisse sollte man erst einmal die Frage beantworten, worin und mit wem wir eigentlich konkurrieren wollen? Einige der Befürworter von Lohnsenkungsstrategien wollen Arbeitsplätze retten, indem sie Unternehmen den Grund für eine Abwanderung in Länder mit deutlich niedrigerem Lohnniveau nehmen. Es kann jedoch nicht unser Ziel sein, konkurrenzfähige Löhne gegenüber Ländern wie Polen oder gar Malaysia erreichen zu wollen. Eine solch drastische Reduzierung ist unrealistisch und wäre ein direkter Angriff auf unser Wohlstandsniveau, denn überspitzt formuliert hieße das: Alle hätten Arbeit – aber wären arm. So lässt sich dem Globalisierungsdruck nicht sinnvoll standhalten.

Begrenzt möglich wäre es, durch moderate Lohnabschlüsse, vielleicht sogar geringen Lohnverzicht die Kosten der arbeitsintensiven Unternehmen so weit zu senken, dass diese auf die Verkaufspreise ihrer Produkte durchschlagen. Bei entsprechender Mehrnachfrage könnte sich der Absatz erhöhen, was wiederum die Produktion ankurbelt und so Mehreinstellungen nach sich zieht. Ähnliche Worte hört man beispielsweise von DIHK-Präsident Ludwig Georg Braun, der aufgrund der Altersstruktur unserer Gesellschaft die große Chance für mehr Beschäftigung in der unentgeltlichen Verlängerung der Wochenarbeitszeit sieht. Das aber ist lediglich eine Variante der Lohnsenkungsstrategie.

Selbstverständlich lässt sich kurzfristig der eine oder andere Arbeitsplatz retten oder sogar neu schaffen, wenn die Tarifparteien die Löhne entsprechend der Produktivitätsentwicklung gestalten. Auch wissen wir alle, dass das nur dann gelingen kann, wenn keine engen Flächentarifverträge mehr abgeschlossen werden, sondern sowohl die Situation verschiedener Branchen als auch diejenige der einzelnen Betriebe berücksichtigt wird. Trotz des Festhaltens am Flächentarifmodell trägt man dieser Forderung bereits durch Rahmentarifverträge immer mehr Rechnung. Die Tarifparteien sollten das auch bei zukünftigen Verhandlungen bedenken, in der kurzfristigen Perspektive ist das für den Anpassungsprozess wichtig.

ABM können die langfristigen Bildungsausgaben nicht ersetzen

Im Jahr 2000 wurden in der gesamten Bundesrepublik jährlich 7,2 Milliarden DM für Arbeitsbeschaffungsmaßnahmen (ABM) ausgegeben. Das ist viel Geld, wenn man bedenkt, dass die wenigsten dieser künstlich geschaffenen Arbeitsstellen investiven und langfristigen Charakter besitzen. Meist vermitteln ABM sogar Qualifikationen, die unter Marktbedingungen weder Arbeitnehmer noch Arbeitgeber nachfragen. Die ABM bleiben teure und bittere Beruhigungspillen, die im Ansatz kaum Hilfe zur Selbsthilfe bieten.

Wenn wir die Qualifizierungsausgaben nicht dort hinlenken, wo mittel- und langfristig den Ursachen der Stagnation auf dem Arbeitsmarkt begegnet wird, dann produzieren wir ein Heer von Anwärtern für die Arbeitsbeschaffungsmaßnahmen von morgen. Wie lange soll das noch gut gehen? Wir diskutieren jeden Tag über viele Milliarden, die wir für den zweiten Arbeitsmarkt benötigen. Gleichzeitig sind wir aber nicht in der Lage, genügend Fachleute beispielsweise im Informatiksektor auszubilden. Dies nicht etwa, weil Bewerber fehlen – im Gegenteil! Wir mussten sogar einen Numerus clausus einführen, weil nicht genügend Studienplätze vorhanden sind. Einen deutlicheren Hinweis auf die Starrheit unseres Bildungssystems und die Kurzsichtigkeit der deutschen Arbeitsmarktpolitik kann es nicht geben.

Wir müssen pragmatisch und ohne noch weitere kostbare Zeit zu verschwenden 20–30 Bildungsinstitute an Fachhochschulen oder Universitäten einrichten, die in der Lage sind, über die nächsten Jahre hinweg den Arbeitsmarkt mit jungen hoch qualifizierten und praxistauglichen Menschen zu versorgen. Um diese Bildungsinstitute herum könnte man Gründerzentren bauen, in denen unternehmungslustige Absolventen eine handfeste Beratung und Ermutigung bekommen. Wenn man die Standorte dann noch so wählt, dass sie strukturschwache Gegenden begünstigen, hat man zwei Fliegen mit einer Klappe geschlagen. So würde sich dann etwas in Richtung Zukunft bewegen. Die wichtigste Infrastrukturinvestition wäre, unsere jungen Menschen zu qualifizieren und sie im Idealfall fürs Unternehmertum zu begeistern.

Die Ressource der Zukunft heißt *Humanvermögen*

Die sieben Schlüsselindustrien der nächsten Dekaden sind die Bereiche Mikroelektronik, Biotechnologie, neue Werkstoffe, Telekommunikation, Roboter und Maschinenbau, Computer und Software sowie zivile Luftfahrt. Wo diese Industrien angesiedelt werden, wird wesentlich von der *Brainpower*, also dem Wissen und den Qualifikationen, die ein Standort zu bieten hat, abhängen. Lokale Rohstoffe und lokales Kapital spielen eine immer geringere Rolle, weil bei einem freien Weltmarkt beides leicht dorthin zu bringen ist, wo es benötigt wird. Die Ressource der Zukunft heißt *Humanvermögen*. In diesem Wettbewerb müssen sich alle Nationen und Weltregionen positionieren. Die Konkurrenz um die besten Talente hat bereits begonnen und wird härter.

Spätestens seit dem Bekanntwerden des gravierenden Fachkräftemangels im IT-Bereich ist den Handelnden in Politik und Wirtschaft klar geworden, dass Deutschland – will es auf dem Weg in die Informationsgesellschaft nicht auf der Strecke bleiben oder langfristig auf Hilfe von außen angewiesen sein – einen immensen Nachholbedarf in Bezug auf eine zukunftsorientierte Qualifizierung unserer Menschen hat. Was die Ingenieure im Industriezeitalter waren, sind im Informationszeitalter die IT-Spezialisten. Die deutsche Automobilindustrie hat ihren internationalen Siegeszug doch nicht wegen der niedrigen Löhne deutscher Fließbandarbeiter angetreten! Der Grund für den Erfolg dieses Wachstumsmotors war eine Vielzahl gut ausgebildeter Ingenieure und Facharbeiter. Die lange Branchengeschichte ist getragen von erstklassigen Erfindern und Entwicklern sowie tatkräftigen Unternehmern mit Pioniergeist. Sie haben deutsche Autos zu einem zeitweilig kaum nachahmbaren Exportschlager gemacht.

Man darf sich nicht aus Furcht vor der Antwort vor der Frage drücken, welche Anstrengungen wir in der jüngeren Vergangenheit unternommen haben, damit die wichtigste aller Ressourcen in ausreichendem Umfang nachwächst. Während wir noch geblendet von den industriellen Siegen jubelnd eine Ehrenrunde nach der anderen drehen, haben wir den Startschuss ins Informationszeitalter verpasst. Internationale Studien bescheinigen uns inzwischen Mittelmäßigkeit in der Schulbildung, ganz zu schweigen von den Defiziten in der Anpassung des Hochschulsystems an die sich verändernden Herausforderungen. Unser Bildungssystem hat sich vom Kindergarten bis zu den Universitäten als anpassungsuntauglich erwiesen. Wir müssen in diesem Bereich schleunigst den Aufbruch wagen, sonst bleibt jede Beschäftigungsinitiative Flickschusterei.

Die Zeit ist reif, die Methoden der Arbeitsmarktpolitik zu ändern. Dafür ist eine Vernetzung bislang säuberlich getrennter Politikbereiche unumgänglich. Der Bundeskanzler der nächsten Legislaturperiode wird nur eine Wende auf dem Arbeitsmarkt erreichen, wenn es ihm gelingt, alle auf Qualifikation und Unternehmungsgeist wirkenden Faktoren auf einander abzustimmen und zu gemeinsamer Gangart zu bewegen. Mehr noch als die „Politik der ruhigen Hand" brauchen wir eine „Politik aus *einer* Hand".

Vernetzung als Wettbewerbsvorteil

Unternehmen in der globalen Wirtschaft

Klaus Mangold

1 Einleitung

Nie zuvor hat die globale Wirtschaft ihr Gesicht so rasend schnell verändert wie in den letzten drei Jahrzehnten. Die wohl wichtigste Triebfeder dieses dynamischen Wandels war der technische Fortschritt. Nimmt man ihn als Kriterium, lässt sich die jüngste Wirtschaftsgeschichte grob in drei Phasen gliedern: Phase eins war die Epoche der klassischen Industriewirtschaft, in der das Internet keine oder nur eine sehr untergeordnete Rolle spielte. Sie dauerte bis Mitte der 1970er Jahre und ging dann in eine zweite Phase über, die von zunehmend revolutionären Quantensprüngen in der Informations- und Kommunikationstechnologie sowie einer dadurch getriebenen Globalisierung und Tertiarisierung geprägt war.

In der zweiten Hälfte dieser Phase, d.h. in den 1990er Jahren, erlebte insbesondere die amerikanische Wirtschaft unter dem Einfluss des immer wichtiger werdenden Internets eine Periode nahezu inflationsfreien und in seiner Dauer bis dato beispiellosen Wachstums. Die dementsprechende Euphorie gebar den Mythos einer virtuellen „New Economy". Seine Folge war ein mehrjähriges Börsenfieber: Innerhalb kürzester Zeit kletterten die Kurse gerade erst gegründeter Internetfirmen auf Rekordwerte, ehe sie um die Jahrtausendwende reihenweise abstürzten.

Seitdem befinden wir uns in einer dritten Phase, die keineswegs alle Tendenzen der Vorgängerphase diskreditiert – im Gegenteil: Dienstleistungsboom, fortschreitende Vernetzung und Globalisierung bleiben auch künftig die wichtigsten Triebkräfte der weltwirtschaftlichen Gesamtentwicklung. Was sich auflöst, sind Fiktionen und Übertreibungen:

- der falsche Gegensatz von „Old" und „New Economy",
- die illusorische Hoffnung auf eine endlose Hausse,
- der naive Glaube, dass die Vorsilbe „E"- oder die Schluss-Silbe „com" automatisch ökonomische Substanz verbürgten.

Heute wissen wir, dass sich Internetunternehmen ohne klassische Kompetenzen und ohne saubere betriebswirtschaftliche Prozesse auf Dauer ebenso schwer tun werden wie klassische Unternehmen mit solchen Prozessen, aber ohne Netzwerkstrukturen. „Alte" und „Neue Wirtschaft" sind also wieder zu *der* Wirtschaft verschmolzen: der Wirtschaft im Zeitalter des Internets.

Man mag dies „Next Economy", „Future Economy", „Internet Economy" oder noch anders nennen – der springende Punkt ist, dass sich letztlich, wenn überhaupt, nur wenige kleine Unternehmen der umfassenden Nutzung von Inter- und Intranet werden sperren können, ohne an Wettbewerbsfähigkeit zu verlieren. Alle anderen müssen früher oder später zwischen „E-Business" und „out-of-business" wählen.

2   Kosten und Risiken der notwendigen E-Transformation

Vor den Vorteilen des E-Business steht der Kostenaufwand für die unvermeidlichen Investitionen. Auch in diesem Beitrag ist deshalb vor der Darstellung positiver Vernetzungseffekte noch ein Wort über Kosten und potenzielle Risiken angebracht. Denn dass es solche Risiken gibt, haben in den letzten Jahren diverse Unternehmen in zum Teil schmerzlicher Weise erfahren müssen. Nicht nur Dotcom-Firmen waren dabei die Leidtragenden. Auch in traditionellen Branchen entpuppte sich manch kühne E-Business-Vision als Flop. Oft trugen die vorgenommenen Investitionen erst nach strategischen Kurskorrekturen geschäftliche Früchte.

So planten mehrere Banken ursprünglich, große Teile ihres Filialgeschäftes komplett ins Internet auszulagern. Begleitet von einer aufsehenerregenden Werbekampagne ging ein vielbeachtetes Projekt dieser Art im September 2000 an den Start.[1] Doch schon 14 Monate - und 20 Millionen Euro - später wurde es wieder eingestellt: Der hoch gesteckten Erwartung von 1,2 Millionen Kunden bis 2003 standen nach öffentlichen Quellen ganze 50.000 tatsächliche Registrierungen bis Mitte 2001 gegenüber[2] - die Kunden hatten dem neuen Internetportal also schlicht die kalte Schulter gezeigt. Konzeptionelle Mängel und Sicherheitsbedenken wurden als Hauptursachen identifiziert. Die Führung der Bank reagierte, indem sie das Finanzportal in ein erweitertes Selbstbedienungsangebot mit Call Centern und Kundenterminals in den Filialen einbaute. Der Erfolg gab der Restrukturierung Recht: Jetzt nahmen die Kunden auch das Finanzportal an.

Ähnliche Erfahrungen mit Web-basierten Shopping-Portalen machten auch andere Branchen. Ambitiöse E-Business-Projekte verschlangen teilweise Millionen von Euro[3], ehe sie mangels Kundenakzeptanz vom Netz genommen wurden. Als Hauptgründe für das Scheitern nannten die betroffenen Unternehmen technische Schwierigkeiten und mangelnde Markenbindung.[4] Oft jedoch klappte es auch in diesen Fällen im zweiten Anlauf. Die Stärke eines Markennamens, die zielgruppenspezifische Kundenansprache und die systematische Verknüpfung von digitalen und realen Strukturen erwiesen sich dabei wiederholt als kritische Erfolgsfaktoren.[5]

---

[1] Wirtschaftswoche, 31.08.2001
[2] Financial Times Deutschland, 06.11.2001
[3] Wirtschaftwoche , 31.08.2001
[4] vgl. Die Welt, 02.08.2000
[5] vgl. Karstadt Medienservice 23.08.2001

Beispiele wie diese ließen sich in vielen deutschen Unternehmen finden; im Grunde ist dies nicht überraschend. Denn natürlich betraten die ersten Unternehmen, die ihre internen und externen Prozesse ganz oder teilweise ins Internet verlagerten, geschäftliches Neuland. Viele mussten „Lehrgeld" bezahlen, ehe sich ihre E-Business-Investitionen rechneten. Diese Erfahrung ist der Grund, aus dem viele Mittelständler, die sich dieses Lehrgeld nicht leisten können oder wollen, bis heute in einer äußerst skeptischen Haltung zum E-Business verharren: Zu ungewiss erscheint ihnen, binnen welcher Frist sich E-Business-Investitionen für ihr Unternehmen amortisieren.

Tatsächlich ist gegen eine zeitlich befristete Zurückhaltung beim Aufbau netzwerkbasierter Unternehmensstrukturen grundsätzlich nichts einzuwenden. „Spät, aber wohldurchdacht" ist allemal besser, als „früh, aber kopflos". Der Grat zwischen „spät" und „*zu* spät" ist allerdings oft schmal. Und keine allgemeine Analyse kann einer Unternehmensführung die Entscheidung abnehmen, wo er im Einzelfall verläuft.

Die folgenden Ausführungen verstehen sich deshalb auch als Appell, die Kosten einer umfassenden Unternehmensvernetzung durch Inter- und Intranet immer wieder sorgfältig abzuwägen gegen die (tendenziell *wachsenden*) Kosten einer *fehlenden* Vernetzung - verstanden als Verzicht auf mindestens vier Wettbewerbsvorteile, die im Folgenden näher erläutert werden.

3 Vorsprung durch Vernetzung

3.1 Zeit- und Kostenersparnis

„Sachbearbeiter Müller will einen Vierfarben-Kugelschreiber bestellen. Hierfür holt er sich das entsprechende Formular aus dem Sekretariat, füllt es aus und legt es seinem Vorgesetzten zur Unterschrift vor. Dieser genehmigt die Investition und leitet den Antrag an das Controlling weiter. Nachdem auch von dieser Stelle die Genehmigung vorliegt, erreicht Müllers Bedarfsantrag die Einkaufsabteilung, wo sich nun ein Mitarbeiter anschickt, aus den verschiedenen Katalogen das günstigste Angebot herauszusuchen und zu bestellen. Wenn eine Woche später der Vierfarben-Kugelschreiber eintrifft, sind wieder mehrere Instanzen mit der Prüfung von Ware und Rechnung beschäftigt, bis Herr Müller endlich sein neues Schreibwerkzeug in Händen hält."[6]

Diese Geschichte ist so oder ähnlich schon oft erzählt worden. Manchmal wird dabei der Vierfarbstift zum Locher oder Ordner, doch an der Kernaussage ändert dies nichts: Die Gesamtkosten des Beschaffungsvorgangs bei so genannten „C-Gütern" wie Büromaterial, Werkzeugen, Computerzubehör, Hygieneartikeln usw. sind im Verhältnis zum Preis der beschafften Warte von grotesker Höhe. Je nachdem, wie viele Mitarbeiter an den Bestell-, Genehmigungs-, Auswahl-, Einkaufs-, Annahmeprüfungs- und Bezahlungsprozeduren beteiligt sind, können

---

[6] Zitiert nach: Informationweek online, 26/1999 vom 09.12.1999

die summierten Kosten des gesamten Prozesses den Warenwert um das 30- bis 100-fache übersteigen. Immer mehr Unternehmen setzen deshalb auf elektronische Beschaffungssysteme (E-Procurement), um ihre Einkaufsprozesse einfacher, schneller und kostengünstiger abzuwickeln.

Während z.B. viele Mitarbeiter einer großen europäischen Luftfahrtgesellschaft – ähnlich dem fiktiven „Sachbearbeiter Müller" - früher für die Beschaffung von Büromaterial Kataloge wälzen, Formulare ausfüllen und ihre Bestellungen in z. T. langwierigen Verfahren genehmigen lassen mussten, können sie heute dieselben Bestellungen selbstständig mit einem einzigen Mausklick über die Web-basierte Katalogplattform „trimondo" tätigen. Denn bei „trimondo", einem 2001 gegründeten Online-Marktplatz für mehr als zwei Millionen Artikel, ist im Detail geregelt, wer was zu welchem Preis ordern darf. Ist die Ware zugestellt und der ordnungsgemäße Eingang durch den Mitarbeiter elektronisch bestätigt, zahlt das bestellende Unternehmen die kumulierten Rechnungen wie ein Kreditkartenunternehmen zweimal im Monat über die Online-Plattform auf einen Schlag. Automatisch belastet „trimondo" dann die betreffenden Kostenstellen; es informiert das Revisionssystem, aktualisiert die Inventarlisten und aktiviert die steuerlichen Abschreibungen. So wird der gesamte Prozess nachhaltig von administrativen Routinetätigkeiten entlastet. Die gewonnene Zeit steht ab sofort für wichtigere Aufgaben zur Verfügung. Insgesamt konnte das erwähnte Luftverkehrsunternehmen auf diese Weise nach Presseberichten eine dramatische Reduzierung seiner durchschnittlichen Prozesskosten von früher 112,50 Euro auf jetzt 1,84 Euro pro Beschaffungsvorgang erreichen – das ist weniger als ein Sechzigstel des ursprünglichen Kostenaufwandes![7]

Doch nicht nur beim Einkauf von C-Gütern verspricht E-Procurement erhebliche Effizienzgewinne. Vielmehr macht insbesondere die Automobilindustrie seit Jahren vor, wie man auch bei der Beschaffung produktionswichtiger Güter auf Online-Marktplätzen Zeit und Geld spart. DaimlerChrysler, General Motors und Ford haben bereits im Jahr 2000 mit „Covisint" die heute größte Internet-Plattform der Branche entwickelt. „Covisint" ist ein eigenständiges Unternehmen, an dem sich inzwischen auch Renault-Nissan und Peugeot-Citroën beteiligen. Es betreibt eine technologisch von Oracle und Commerce One realisierte Internet-Plattform, auf der sich Fahrzeughersteller und Lieferanten aller Art treffen, „um in einem einheitlichen Geschäftsumfeld mit denselben Werkzeugen und derselben Benutzerschnittstelle mit Benutzer-ID und Passwort ihren Geschäften nachzugehen."[8] Das Ergebnis ist eine Effektivierung der Zulieferprozesse, eine Verkürzung der Entwicklungszeiten und ein verbessertes Management der Versorgungsketten. Zusammen dürften diese Fortschritte die Kosten der gesamten Automobilindustrie deutlich senken.

Schon im Jahr 2001 wurden über die Web-Seiten von Covisint mehr als 50 Milliarden US-Dollar umgesetzt; für 2002 rechnet das Unternehmen mit einer

---

[7] Angaben laut: manager-magazin.de, netmanager 4/2001 und Wirtschaftswoche, 30.08.2001.
[8] Zitiert nach: www.covisint.com/ger/about

Verdopplung.[9] DaimlerChrysler allein wickelte 2001 in einem der größten Online-Bieteverfahren überhaupt die Beschaffung von 1.200 Rohbauteilen für 80 verschiedene Baugruppen binnen weniger Tage über Covisint ab – ohne E-Procurement hätte der gleiche Vorgang Monate gedauert. Es überrascht denn auch kaum, dass die Kosten der E-Business-Investitionen bei DaimlerChrysler durch entsprechende Ersparnisse im E-Procurement mehr als gedeckt sind. Trotzdem sieht der Konzern für die Zukunft noch enormes zusätzliches Potenzial. Das gilt insbesondere für die weitere Optimierung der Zuliefernetzwerke.

Man mag gegen solche und ähnliche Beispiele einwenden, dass sie vor allem auf Großunternehmen mit globalem Aktionsradius zutreffen. Dieses Argument ist insoweit richtig, als Online-Marktplätze einige ihrer Stärken bei großen Teilnehmer- und Stückzahlen am besten auszuspielen vermögen. Es übersieht aber, dass auch mittlere und kleinere Unternehmen entsprechende Mengeneffekte durch Bündelung ihrer Kräfte erzielen können und dass eine solche Bündelung auf gemeinsamen Internetplattformen leichter fällt als irgendwo sonst. Hinzu kommt, dass das Internet traditionelle Markteintrittsbarrieren wie räumliche Distanz, zeitliche Verfügbarkeit oder Mindestanforderungen an die Unternehmensgröße beseitigt oder zumindest verringert. Das verschärft zwar den Wettbewerb durch zusätzliche Konkurrenz, verbessert aber auch den Zugang zu neuen Kunden. Anders ausgedrückt: Es erleichtert die Erschließung neuer Märkte.

3.2 Erschließung neuer Märkte

Umfragen zufolge[10] sind die Erweiterung bestehender Märkte und die Erschließung neuer Marktpotenziale für deutsche Unternehmer die beiden wichtigsten Motive für den Einstieg ins E-Business. Tatsächlich ermöglichen die modernen IuK-Technologien vielen Unternehmen den Zugang zu früher unerreichbaren Kunden. So kann ein bislang in einem sehr begrenzten Markt tätiger Zimmermann aus dem Schwarzwald seine Bauernstuben plötzlich auch in Flensburg anbieten. Ein Augenoptiker, der früher nur Kunden in einem Umkreis von 50 Kilometern bediente, dehnt sein Einzugsgebiet durch die Einführung eines Internet-Shops erfolgreich auf das gesamte Bundesgebiet aus. Vor der Online-Ära hätte es dazu eines weitverzweigten Filialnetzes bedurft – heute reicht eine benutzerfreundliche Website und ein verlässliches Versandsystem.[11]

Dass den anderen Optikern vor Ort durch diese Expansion ein zusätzlicher Konkurrent entsteht, der sie preislich möglicherweise unterbietet, ist die andere Seite derselben Medaille. Viele Buchhändler haben diese Erfahrung bereits vor Jahren gemacht, als Amazon.com und andere Internet-Buchversandhändler ihr Geschäft aufnahmen. Das Internet verändert die Wettbewerbsbedingungen also

---

[9] Handelsblatt, Sonderbeilage „Netzwert", 25.02.2002; Automobilwoche, 22.01.2002.
[10] Vgl. Empirica, 2001
[11] Schon heute macht der Augenoptiker Bennewitz mehr als die Hälfte seines Umsatzes online. Vgl. Impulse, 01.10.2001

auch für scheinbar internetferne Traditionsunternehmen. Die Konkurrenz nimmt zu, dem Kunden kann es recht sein, doch auf Seiten der Anbieter dürften sich langfristig nur diejenigen behaupten, die das Internet auch ihrerseits nutzen, um neue Märkte zu erschließen.

Dabei öffnen moderne Netzwerktechnologien nicht nur *bestehende* Märkte - sie schaffen auch völlig neue. Das gilt insbesondere im Dienstleistungssektor, wo eine ohnehin dynamische Entwicklung durch die Möglichkeiten des Internets zusätzlichen Schub erhält. Ein gutes Beispiel ist die Automobilindustrie, deren Wachstum sich im nächsten Jahrzehnt vor allem im Wertschöpfungsprozess „um" das Fahrzeug herum abspielen wird. Bereits heute werden bis zu 70 Prozent der Umsätze im Lebenszyklus eines Autos mit so genannten After-Sales-Services wie Finanzierung, Leasing, Versicherung, Vermietung, Wartung, Reparaturen oder Recycling erzielt. Für die Zukunft versprechen die modernen IuK-Technologien zusätzlich die Entwicklung eines dynamischen Telematik-Marktes.

Was dabei alles möglich ist, verdeutlicht exemplarisch der von DaimlerChrysler Services entwickelte „City Companion", der zur Zeit in einem großen Pilotprojekt in Berlin getestet wird: Durch die intelligente Kombination von Web und WAP, also von Internet und Handy, kann der Nutzer in seinem Fahrzeug nicht nur zielsicher navigieren, aktuellste Verkehrsflussinformationen abrufen und gegebenenfalls die schnellste Ausweichroute ermitteln; er kann auch den nächstgelegenen freien Parkplatz suchen lassen, das lokale Theaterprogramm abfragen oder ein Hotelzimmer online reservieren. Bei einer eventuellen Fahrzeugpanne informiert das System die Techniker in der Werkstatt, die auf der Basis einer elektronischen Diagnose entweder ferngesteuerte Abhilfe schaffen oder sich schon vor ihrem Eintreffen ein Bild machen können, wo das Problem liegt.

Die Ausrüstung der Fahrzeuge mit entsprechenden technischen Endgeräten, den so genannten „On-Board-Units" (OBU), wird vor allem im Nutzfahrzeugbereich sprunghaft zunehmen, wenn viele EU-Staaten ab 2003 die Lkw-Maut auf Autobahnen einführen. Gemeinsam mit der Deutschen Telekom und der französischen Cofiroute hat DaimlerChrysler Services unter dem Namen „Toll Collect" ein international einsetzbares Mautsystem entwickelt, das mit Hilfe des satellitengestützten Global Positioning Systems (GPS) und Mobilfunk für eine ebenso reibungslose wie flächendeckende Mauterfassung ohne Kassenhäuschen, Staus und Wartezeiten sorgt. Auch für Spediteure bietet das System einen beträchtlichen Mehrwert, da die jederzeit mögliche Ortung der Fahrzeuge und die ständige Überwachung des Frachtzustandes eine wesentlich effizientere Flotteneinsatzplanung, eine genauere Verfolgung der Routen und eine darauf beruhende Optimierung der Auslastung durch Vermeidung von Leerfahrten gestattet.

3.3 Besseres Kundenbeziehungsmanagement

Globale virtuelle Marktplätze, auf denen zum Teil völlig neue Anbieter (z.B. Matchmakers) auftreten, haben dem im Internet shoppenden Kunden eine bis dato ungeahnte Auswahl ermöglicht. Klick an Klick liegen die für Laien oft kaum noch unterscheidbaren Angebote verschiedenster Unternehmen im Netz beieinander.

Der Kampf um den Kunden hat entsprechend an Schärfe gewonnen: Qualitätsversprechen, Treueprämien und unentgeltliche Bonusleistungen nehmen zu, die Preise fallen. Warum auch sollte sich ein Kunde mit dem regional günstigsten Anbieter zufrieden geben, wenn er mit einem einzigen Mausklick zur leistungsstärkeren und/oder preiswerteren Konkurrenz abwandern kann?

Mehr denn je erfordert also der Geschäftserfolg im Internet-Zeitalter ein systematisches Customer Relationship Management (CRM). Dessen Zweck liegt – grob gesagt - darin, den Erstkunden in einen Stammkunden zu verwandeln und den Stammkunden in seiner Markenloyalität zu stärken: Beide müssen sich so perfekt betreut fühlen, dass sie gar nicht erst auf den Gedanken kommen, nach Alternativen zu suchen.

Da die Erreichung dieses Ziels unter anderem davon abhängt, wie genau ein Anbieter seine Kunden und deren Präferenzen kennt, versuchen viele Unternehmen mit Hilfe moderner Informations- und Kommunikationstechnologien präzise Profile ihrer Kunden zu erstellen: Für welches Angebot könnte sich ein Kunde, der vor soundsoviel Monaten das Produkt XY gekauft hat, jetzt oder künftig ebenfalls erwärmen? Welcher zusätzliche Service ist für einen Kunden dieses Lebensalters an diesem Wohnort von besonderem Interesse? Welche gegebenenfalls gratis gewährten Extras würden die Zufriedenheit dieses Kunden so weit erhöhn, dass er sich auch künftig wieder für denselben Anbieter entscheidet?

Ein Unternehmen, das die Antworten auf solche und ähnliche Fragen kennt, kann seine Kunden naturgemäß wesentlich zielgenauer ansprechen als es Wettbewerber ohne entsprechende Kundenkenntnis vermögen. Software-Anbieter wie Siebel, SAP und andere haben deshalb spezielle CRM-Programme entwickelt, die die verkaufsrelevanten „Spuren", die ein Kunde an verschiedenen Stellen eines Unternehmens hinterlässt, zentral speichern und unter Wahrung datenschutzrechtlicher Bestimmungen zu einem strategisch verwertbaren Gesamtprofil zusammenführen. So ist es theoretisch möglich, dass bei einem Kundenanruf im Unternehmen automatisch die komplette Geschäftsgeschichte dieses Kunden über den Bildschirm des Mitarbeiters flimmert, noch bevor er den Anruf entgegennimmt.

Im Durchschnitt bewirken funktionierende CRM-Systeme nach Angaben des Weltmarktführers Siebel Systems eine jährliche Umsatzsteigerung von 12 Prozent pro Mitarbeiter.[12] Die Erwartungen an CRM sind dementsprechend groß; Branchenexperten prophezeien eine Verdreifachung des Weltmarktes für CRM-Anwendungen bis 2005. Auch in Deutschland setzt sich CRM zunehmend durch. Das gilt bisher zwar nicht für das produzierende Gewerbe und nur in bescheidenem Umfang für den Handel. Im Dienstleistungssektor allerdings beträgt der Anteil der Unternehmen, die ein Web-basiertes CRM-System zum Einsatz bringen, bereits 40 Prozent. Spitzenreiter sind die Banken, bei denen nur noch eine kleine Minderheit ohne netz-unterstütztes Kundenbeziehungsmanagement auszukommen glaubt.[13]

---

[12] Wirtschaftswoche 36/2001 vom 30.08.2001, S. 58f.
[13] Angaben nach Ergebnissen der Studie „CRM 2000" des Lehrstuhls für Wirtschaftsinformatik der Katholischen Universität Eichstätt; zitiert nach: www.e-business.de.

Insgesamt investierten deutsche Unternehmen im Jahr 2000 etwa eine Milliarde Euro in CRM-Projekte. Seriösen Schätzungen zufolge wird sich diese Summe bis 2003 ungefähr verdoppeln.

Dieses Geld ist gut angelegt, wenn man sich vor dem Missverständnis hütet, dass das Internet das einzige Feld sei, auf dem sich die Loyalität eines Kunden entscheidet. Richtig ist, dass der elektronische Beziehungskanal zum Kunden aus Unternehmenssicht zwar an Bedeutung gewinnt, aber letztlich doch nur einer von mehreren Kanälen bleibt, die im Sinne eines *Multi-Channel*-Marketings zusammengeführt werden müssen, um den Kunden wirklich zu binden. Nur diejenigen Unternehmen, die die vollständige Palette der Vertriebs- und Marketingkanäle bieten können – den innovativen Webauftritt genauso wie den Laden an der Ecke - werden beim Thema CRM letztlich die Nase vorn haben.

3.4 Effektiveres Wissensmanagement

Die Erkenntnis, dass Wissen im 21. Jahrhundert zu einem der wichtigsten Wettbewerbsfaktoren überhaupt geworden ist, hat sich weitgehend durchgesetzt. Viele Unternehmen messen daher dem Thema „Wissensmanagement" in Selbstdarstellungsbroschüren große Bedeutung zu. Die Ergebnisse einer aktuellen Repräsentativbefragung zeigen demgegenüber, dass Anspruch und Wirklichkeit beim Thema Wissensmanagement oft auseinander fallen. So können nur 57 Prozent der Führungskräfte in deutschen, österreichischen und schweizerischen Unternehmen korrekt sagen, was „Wissensmanagement" überhaupt bedeutet: die Gesamtheit der Strategien, Mechanismen und Prozesse, die das Wissen einzelner Mitarbeiter zum Wissen des gesamten Unternehmens machen.

Viele Führungskräfte gaben in derselben Befragung zu erkennen, dass sie unter Wissensmanagement die „Speicherung von Informationen in Datenbanken" verstehen. Dieser Irrtum ist aufschlussreich, denn er offenbart den Kern eines verbreiteten Missverständnisses: Informationen sind noch kein Wissen. Es gibt sie im Überfluss, doch sieht man gerade deshalb vor lauter Bäumen den Wald nicht. „Das Internet", so lautet ein Peter Ustinov zugeschriebenes Bonmot, „gibt Millionen Antworten auf Fragen, die keiner gestellt hat." Tatsächlich trifft diese Kritik den springenden Punkt: Mit der massenhaften Einstellung von Informationen ins Netz ist wenig gewonnen. Was zählt, ist die Fähigkeit, aus der zunehmend unüberschaubaren Informationsfülle jene wenigen Schlüsselinformationen herauszufiltern, die man braucht, um strategisch verwertbares „Wissen" zu generieren. Nicht das Know-*what* steht also im Vordergrund, sondern das Know-*how*: das Wissen, *wie* man sich Wissen verschafft.

Beim unternehmensweiten Wissensmanagement kommt mit der „Entpersonifizierung" dieses Wissens ein wesentlicher weiterer Schritt hinzu: Der Verlust eines Mitarbeiters darf für ein Unternehmen nicht gleichbedeutend sein mit einem entsprechenden Verlust an Know-how. Vielmehr muss die gesamte Unternehmensorganisation die Methoden, Prozesse und Instrumente beherrschen, durch die die richtige Information zum richtigen Zeitpunkt an der richtigen Stelle verfügbar wird. Wissensmanagement zielt deshalb auf die Entwicklung, Bewahrung und Förderung kollektiver Intelligenz.

IuK-Technologien können hierbei ein wichtiges Hilfsmittel sein. Sie gestatten die schnelle Verarbeitung großer Datenbestände; sie ermöglichen die Erkennung bisher unentdeckter Muster in diesen Datenmengen (Data Mining); sie erlauben raum- und zeitunabhängige Zugriffe vieler Nutzer zur selben Zeit; sie beschleunigen die Verteilung und Visualisierung von Daten und sie erleichtern die zielgenaue Suche nach selbstdefinierten Kriterien. Unter Zuhilfenahme solcher und ähnlicher Möglichkeiten betreibt DaimlerChrysler nach dem Motto „Share to win" seit Jahren ein erfolgreiches System weltweit vernetzter Wissensgemeinschaften bzw. „Communities of Practice." In diesen mittlerweile mehr als 300 so genannten „Tech Clubs", die z.B. um Themenfelder wie Elektronik, Chassis oder Innenausstattung formiert sein können, tauschen DaimlerChrysler-Mitarbeiter in aller Welt über das Konzern-Intranet ihr Wissen aus. Das Ziel besteht darin, lokales Knowhow global nutzbar zu machen, interkulturelle Kompetenz aufzubauen, Doppelstrukturen zu vermeiden und Entwicklungszeiten zu verkürzen. Der Konzern spart durch das Projekt, das sich auch auf die gemeinsame Nutzung von Komponenten mit Mitsubishi erstreckt, reell Kosten und gewinnt weiter an Effizienz.

Hinzu kommen die Möglichkeiten des E-Learning: Computer- und netzunterstütztes Lernen, virtuelle Seminare, interaktives TV, selbstgesteuerte Trainings mit CD-ROM, DVD und anderen E- und Tele-Learning-Werkzeugen ermöglichen bei reduziertem Zeit-, Reise- und Kostenaufwand nicht nur die Vermittlung von Faktenwissen, sondern auch von Problemlösungskompetenz, Kommunikationsfähigkeit, Durchsetzungsvermögen und ähnlichen Softskills. So hilfreich diese Instrumente bei richtiger Verwendung aber unbestritten sind, so deutlich muss dennoch betont werden, dass eine leistungsfähige technische Infrastruktur zwar eine notwendige, keineswegs aber eine hinreichende Bedingung für effektives Wissensmanagement ist. Selbst die raffiniertesten Netzwerktechnologien fruchten wenig, wenn sie nicht Teil einer Unternehmenskultur und -organisation sind, die den menschlichen Voraussetzungen für die volle Nutzung dieser Technologien mindestens ebenso viel Bedeutung beimisst wie den Technologien selbst. Pointiert formuliert: Wo offline *gedacht* wird, ist die schönste Online-Umgebung für die Katz. Das klingt trivial – und doch ist die Vernachlässigung der menschlichen Komponente bis heute der häufigste Grund, aus dem viele Projekte für ein netzunterstütztes Wissensmanagement in der Praxis versagen. Einige Mitarbeiter haben offenbar Angst, durch Weitergabe von Wissen an Bedeutung zu verlieren; entsprechend eifersüchtig wachen sie über ihre individuellen Wissensvorsprünge. Andere Kollegen sind aus hierarchischen oder bürokratischen Gründen verunsichert, welches Wissen sie zu welchem Zeitpunkt und mit wem teilen *dürfen*; wieder andere, vor allem ältere, tun sich schlicht schwer, von vertraut gewordenen Routinen und Gewohnheiten der „Offline-Ära" Abschied zu nehmen. Unzureichende Fähigkeit zur Bedienung der neuen Technologien, mangelnde Einsicht in deren wirklichen Nutzen, fehlendes Vertrauen in ihr verlässliches Funktionieren, Zweifel an der Sicherheit der Daten vor unautorisiertem Zugriff – die Liste mentaler und organisatorischer Hindernisse für ein effektiveres Wissensmanagement ist lang. Trotzdem kann eine Unternehmensführung viel tun, um sie im Laufe weniger Jahre systematisch zu verkürzen. Und nur wenn ihr das gelingt, wird sie die wettbewerbskritischen Effizienzgewinne, die ein Netzwerk-basiertes Wissensmanagement bieten kann, tatsächlich realisieren.

4 Fazit

Von falschen Mythen und naiven Hysterien befreit, erweisen sich moderne Netzwerktechnologien als Basisinnovation, deren wirtschaftshistorische Bedeutung mit jener des Automobils oder der Elektrizität vergleichbar sein dürfte. Der dadurch erzwungene Strukturwandel der Unternehmen ist bereits heute in vollem Gang. Er wird in Zukunft weiter an Dynamik gewinnen und die verschiedensten Unternehmensbereiche durchdringen. So betrifft die in diesem Beitrag skizzierte Zeit- und Kostenersparnis derzeit vor allem den Bereich B2B (Business-to-Business), das Customer Relationship Management insbesondere den Bereich B2C (Business-to-Customer) und das Wissensmanagement schwerpunktmäßig den Bereich B2E (Business-to-Employee). Die Erschließung neuer Märkte ist für B2B und B2C gleichermaßen bedeutsam.

Wenn trotzdem auch in diesem Artikel oft von Schätzungen, Erwartungen oder Potenzialen die Rede ist, dann nicht, weil Restzweifel am Ausmaß des internetgetriebenen Wandels fortbestünden, sondern weil der genaue Zeitpunkt länder-, branchen- und unternehmensabhängig variiert. Zwar werden moderne IuK-Technologien nicht so lange brauchen wie frühere Basisinnovationen, um flächendeckend zur Selbstverständlichkeit zu werden. Eine gewisse Zeit aber werden auch sie noch benötigen - und der Weg dorthin wird weiterhin mit Erfolgen und Teilerfolgen, aber auch mit Enttäuschungen und strategischen Irrtümern gepflastert sein. Der wohl hartnäckigste Irrtum besteht darin, Technologie mit Strategie zu verwechseln. Man kann deshalb nicht oft genug unterstreichen: Intra- und Internet *sind* keine Strategie – sie *erfordern* eine. Ja, sie machen überhaupt nur Sinn, wenn sie Teil eines schlüssigen Gesamtkonzepts für nachhaltig erhöhte Prozesseffizienz sind. Im Extremfall gehört die gesamte bisherige Unternehmenskultur auf den Prüfstand.

Die Umsetzung eines solchen Netzwerk-unterstützten Gesamtkonzepts ist in aller Regel mit hohen Investitionskosten verbunden. Gerade Mittelständler schrecken deshalb oft vor dem Aufwand zurück. Noch teurer als die Vernetzung ist allerdings die Nicht-Vernetzung – das gilt langfristig auch für den Mittelstand. Wer nämlich Web-basierte Effizienzgewinne einseitig der Konkurrenz überlässt, begeht früher oder später geschäftlichen Selbstmord. So ähnelt der wirtschaftliche Wettbewerb des 21. Jahrhunderts in einem wichtigen Punkt dem Fahrradfahren: „Wer sich nicht fortbewegt, fällt um."[14]

---

[14] Der Satz wird dem früheren Stuttgarter Oberbürgermeister Manfred Rommel zugeschrieben.

„The Consumer Is King"

Neue Perspektiven des Internets

Hubert Burda

Online – What's new?

Das World Economic Forum, das dieses Jahr (2002) nicht wie sonst in Davos, sondern in New York stattfand, hat eine neue Epoche in den Medien eingeläutet. Viele bekannte Medienexperten, CEO's, Kommunikationsstrategen und Musiker kamen zusammen, um über die Zukunft der Medien zu debattieren. Besonders intensiv diskutierte man über die Entwicklung der Medien seit den 60er Jahren. Man teilte die Entwicklung in mehreren Stufen ein, die ich ein wenig erläutern möchte.

In den 60er und 70er Jahren feierte das Fernsehen sein Goldenes Zeitalter. Fernsehen war für die Menschen kostenfrei zugänglich, nur wenige große Sender wie CBS, NBC teilten sich den Markt. Die Sender wurden in Amerika nur über Werbung finanziert. In dieser Epoche bestimmte die Distribution den Erfolg. Wer weit verbreitet war, konnte auf gute Einnahmen bei der Werbewirtschaft hoffen. Ende der 70er bis in die 90er Jahre entwickelte sich das Kabel- und Satellitenfernsehen mit rasanter Geschwindigkeit. Der Markt gliederte sich fortan stärker in Zielgruppenprogramme auf. Die Werbung ist seither zielorientierter und damit günstiger. Es geht jetzt vermehrt um spezifische Inhalte, die an die Kunden zu vermitteln sind: „Content is king".

Seit kurzem sind wir nun in die dritte Entwicklungsphase eingetreten, die der so genannten „Always-Generation". In dieser Generation ist man immer online, immer ansprechbar, immer kommunikationsbereit. Die Nutzer leben in einer mobilen Gesellschaft, in der von jedem Ort aus über mobile Geräte Zugangsmöglichkeiten zur Online-Kommunikation bestehen. Mehr noch, die „Always-Generation" gestaltet sich ihre Inhalte selbst. Diese werden zunehmend personalisiert: „My yahoo", „My ebay", eigene Aktienportfolios, Napster, eigene Musik-CDs, etc. Wir schreiten mit der mobilen Kommunikation in ein neues Zeitalter, in dem nicht mehr nur der Inhalt allein entscheidet, der im Sinne des „Broadcasting" über die klassischen Medien allen zur Verfügung gestellt wird. Der Konsument ist König und bestimmt selbst darüber, was er haben will.

Ein Gang über die CEBIT in diesem Jahr zeigt uns diese Trends recht deutlich. Die mobile Kommunikation ist dort vorherrschendes Gesprächsthema. Immer wieder ist von neuen Entwicklungen die Rede, so z.B. vom „i-mode"-Datendienst, der die mobile Nutzung des Internets vereinfachen soll. Dazu gesellt sich die neue UMTS-Technik, von der wir in Zukunft besonders bei der Bildübertragung noch viel erwarten dürfen. Gerade die neuen Geräte sind stets aufs Neue Nährboden für

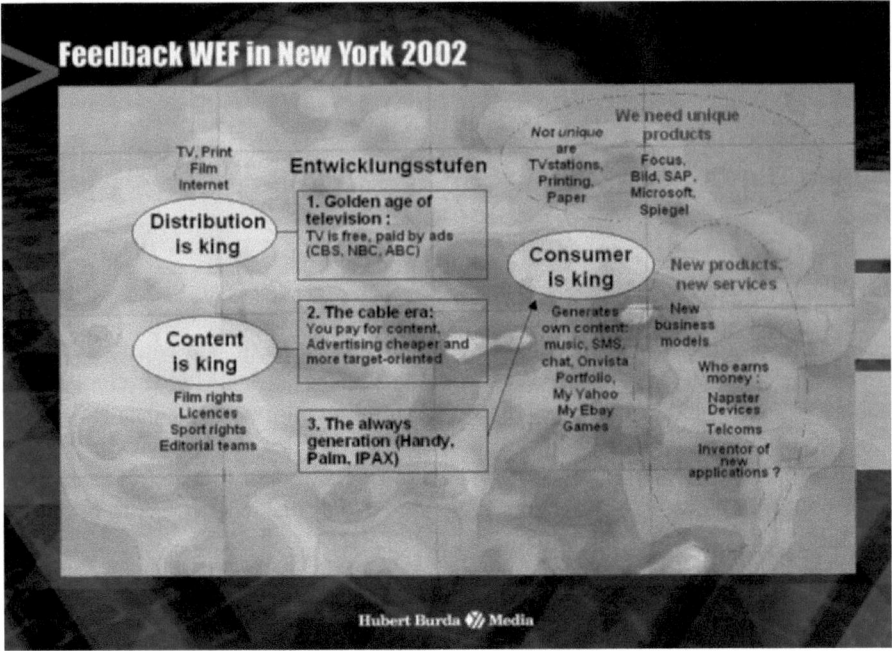

Kreativität, viele interessante Anwendungen ergeben sich aus der permanenten Auseinandersetzung mit ihnen. Nehmen wir den Erfolg von SMS, den keiner voraussehen konnte, und der sich erst aus dem Nutzungsverhalten der Konsumenten, also praktisch nebenbei, ergeben hat. Heute ist die Kommunikation via SMS aus unserer Zeit gar nicht mehr wegzudenken.

Die dritte Phase stellt eine große Herausforderung für Medienhäuser dar. Sie zwingt zum Umdenken. Einige klassische Businessmodelle stehen auf dem Prüfstand, etwa die der Musikindustrie.

Ich möchte an dieser Stelle deutlich machen, dass die oben genannten ersten Phasen der Medienentwicklung (Distribution und Content) nicht durch die „Always-Generation" ersetzt werden, sondern weiterhin ihre Bedeutung behalten. Die großen Networks und die klassischen Distributionskanäle für Film und Fernsehen wird es auch morgen noch geben. Entscheidend gerade in diesen ersten beiden Stufen ist es, über „unique products" zu verfügen, also starke Brands zu haben, die mit einer klaren Positionierung auf dem Markt sind. Wer starke Marken hat, braucht die neu entstehende Konkurrenz nicht zu fürchten.

Was ist das Besondere des Internets ?

Es ist schon erstaunlich, welche Entwicklung das Internet genommen hat. Als in den 60er Jahren das APRANET als Vorform des Internets aus der Taufe gehoben wurde, bestand es aus 15 Seiten und hatte 23 Hosts. Nie hätten sich die Väter damals träumen lassen, dass es binnen 40 Jahren ein einzigartiges, eigenständiges Medium werden würde, das die Charakteristika aller traditionellen Medien in sich vereinigt.

Text, Bild, Grafik, Sound und Film sind im Internet in einer neuen Kombination vorhanden. Hinzu kommt die Interaktivität, die auch immer ein spielerisches Element in sich birgt. Das zeigt sich beispielsweise beim Online-Kauf und -Verkauf von Aktien oder beim Überprüfen des aktuellen Stands des eigenen Aktienportfolios. Die Mischung der verschiedensten Elemente regt das Gehirn an wie kein anderes Medium. Wissen wird so auf eine neue Weise aufgenommen und gespeichert. Beide Gehirnhälften kommen beim Internet sehr intensiv zum Einsatz. Die rechte Gehirnhälfte ist für die kreativen Prozesse, Intuition, Emotion und visuelle Räumlichkeit zuständig. Die linke dagegen beherbergt analytisches, rationales und logisches Denken. Rationale und emotionale Komponenten spielen somit ineinander.

Die Person-to-Person-Kommunikation ist eine weitere Stärke des Internets, die sich gerade in Zeiten der mobilen Kommunikation immer deutlicher bemerkbar machen wird.

Die Internet-Revolution geht weiter

Noch vor zwei Jahren stand die New Economy im Zenit, Internet-Start-ups setzten zu Höhenflügen an der Börse an – und fielen umso tiefer. Der sprunghafte Aufstieg wie auch der Fall der Internetaktien lässt sich auf eine Ursache zurückführen: Die ökonomischen Möglichkeiten dieser neuen Technologie wurden überschätzt, oder besser: falsch eingeschätzt.

Dies hatte zur Folge, dass Firmen, die sich ausschließlich aufs bloße Internetdasein beschränkt hatten, durch den Crash der New Economy empfindlich dezimiert wurden. Trotz hoher Erwartungen konnten sich solche Start-ups nicht halten. Nur wenigen Unternehmen ist es gelungen, ihr gesamtes Geschäft erfolgreich und gewinnbringend allein auf das Internet auszurichten. Ein hoher Spezialisierungsgrad ist hier notwendig – nur wo Einzigartiges geboten wird, das nirgendwo anders in dieser Form zu finden ist, kann ein solches Konzept aufgehen. Von diesen „genuine internet companies" sind noch einige gut im Geschäft, doch nur die Big Player schreiben schwarze Zahlen.

Die bisherige Erfahrung zeigt, dass es nicht die viel gepriesenen Internet-Start-Ups waren, die letztendlich vom Netz profitierten, sondern die großen und erfahrenen Firmen. Sie behielten ihre Unternehmensstrategie bei und integrierten die Vorteile des Internets. Durch die Verankerung in der realen, nicht-virtuellen Geschäftswelt konnten sie das Potenzial des Internets am besten einschätzen und für sich nutzen.

Das Netz hat sich in der jüngsten Vergangenheit zudem als Effizienz-Steigerer für bereits existierende Unternehmen erwiesen. Dies wird es auch in Zukunft sein. Es wirkt kostensenkend, indem es Logistik, Einkauf und Unternehmenskommunikation vereinfacht, verbilligt und beschleunigt. Unternehmen, die alles Dagewesene für eine neue internetbezogene Strategie über Bord warfen, hatten meist das Nachsehen.

Die sekundären positiven Effekte, die das Internet nach sich zieht, sind nicht zu unterschätzen. Firmen nutzen das Netz zur crossmedialen Publikation von Content oder auch zur Cross-Promotion von eigenen Produkten.

Eine Revolution ist das Internet allemal. Es hat einen weiteren Kommunikationskanal geschaffen, der völlig neue Inhalte vermittelt. Der große Erfolg des Mediums E-Mail zeigt, dass die Menschen diese neue Technologie angenommen haben. Durch das Internet ist Bewegung in den Kommunikationsmarkt gekommen. Die neueren Entwicklungen der mobilen Kommunikation stellen eine weitere Dimension der Online-Kommunikation dar und enthalten viele neue Anwendungen, aus denen auch einige interessante Business-Modelle hervorgehen werden.

Was sind neue Business-Modelle ?

Nach den schmerzhaften Erfahrungen der Vergangenheit lautet die entscheidende Frage: Wie können Unternehmen im Internet Geld verdienen?

Die Vielschichtigkeit des World Wide Web spiegelt sich auch hier wieder: Es gibt unterschiedlichste Businessmodelle. Zu Beginn der Internetwelle hatten besonders die Gerätehersteller und die Netzbetreiber, also die Telcoms, die Nase vorn. Hinzu gesellten sich einige Softwarehersteller, die vom Boom profitierten. Sie alle trugen dazu bei, das Internet zu einer sich schnell ausbreitenden Technologie zu machen. Der Hörfunk brauchte bekanntlich 38 Jahre, das Fernsehen 13 Jahre, um 50 Millionen Nutzer weltweit zu erreichen; das Internet benötigte nur fünf Jahre.

Schwieriger wird es bei der Vermittlung von Inhalten – zumal, wenn die Nutzer jahrelang gewohnt waren, diese kostenlos zu bekommen. Die Medienhäuser haben verschiedene Wege eingeschlagen, von denen ich die drei wichtigsten kurz skizzieren möchte:

- Werbung
- E-Commerce
- Paid Content

Internet und Werbung

Das verbreitetste Business-Modell ist die Online-Werbung. 2001 betrugen die Netto-Werbeeinnahmen im Netz 185 Millionen Euro. Drei Jahre zuvor waren es noch 26 Millionen. Für das Jahr 2005 wird ein Anstieg der Netto-Werbeeinnahmen auf 984 Millionen Euro prognostiziert. [1]

---

[1] Progos-Studie 2001

Banner, „Pop-ups" und andere Darstellungsformen sind uns alle zur Genüge bekannt. Man darf den Nutzer jedoch nicht mit derartiger Werbung überfordern, die er gerade bei diesem Medium nicht erwartet. Sicher werden die Darstellungsformen noch weiter verfeinert, auch kurze Werbespots scheinen dank UMTS denkbar. Nur in seltenen Fällen dürfte allerdings davon ausgegangen werden, dass sich das Online-Business allein über diese Finanzierungsmöglichkeit über Wasser halten kann.

Bei näherer Betrachtung der verschiedenen Medien im Medienmix treten die Vorzüge des Mediums Internet immer klarer hervor. Die Stärke des Internets, also die schnelle, persönliche, interaktive und auch diskrete Kommunikation, bringt für gewisse Branchen deutliche Vorteile gegenüber klassischen Medien. Jobanzeigen, die sogenannten „classified ads", die bis vor kurzem noch unsere Zeitungen füllten, wandern zusehends in das Internet ab. Daraus entsteht gerade für die Zeitungen eine neue, schwierige Situation.

Internet und E-Commerce

Viele Unternehmen haben geglaubt, über E-Commerce schnell reich zu werden. Schnell wurde jedoch klar, dass dieser neue Vertriebsweg klassische, d.h. real existierende Vertriebsstrukturen erfordert. Die Handelsumsätze im Internet sind noch immer sehr gering. Das Internet erfüllt zwar ein großes Kommunikationsbedürfnis, ob es aber auch Kaufbedürfnisse in großem Maße befriedigen kann, bleibt abzuwarten. Die großen Riesen wie Amazon oder Ebay haben einige Jahre gebraucht, um in sicherere Fahrwasser zu gelangen. Hier gilt es, genau die Sparten zu identifizieren, welche die Vorteile der Online-Kommunikation effizient nutzen können. So ist z.B. davon auszugehen, dass in der Reisebranche bestimmte Reisetypen über das Netz sehr wohl erfolgreich vertrieben werden können.

Cash4Content ?

Das neue große Schlagwort im Internet heißt „Paid Content". Die Idee der kostenpflichtigen Vermarktung redaktioneller Inhalte ist nicht ganz neu. „Syndication", also die Bereitstellung von Content für andere Websites, gibt es schon seit einiger Zeit. Allerdings existieren bisher nur wenige wirklich tragfähige Modelle.

Geld für den Abruf von Internetseiten zu verlangen, etwa bei Focus Online, klingt einfach. In der Praxis jedoch ist die Idee nicht so ohne weiteres realisierbar. Verlangt man für den Download eines Artikels einer Online-Zeitung oder Zeitschrift ohne klaren Zusatznutzen Geld, werden die Leser zum Konkurrenten abwandern, der die gleiche Leistung kostenfrei ins Netz stellt. Die Page Impressions und Visits werden zurückgehen und damit auch die Einnahmen der Website durch Bannerwerbung schmälern.

Derartige Modelle sind nur dann erfolgreich, wenn der Nutzer einen klar definierten Mehrwert erzielen kann; dieser könnte z.b. eine Recherche über die günstigsten Konditionen für eine Versicherung, eine punktuelle Abfrage einer wichtigen Information mit Nutzwertcharakter oder die Vorabverfügbarkeit eines wichtigen Leitartikels sein.

Immer mehr Verlage und Online-Medien setzen auf den Verkauf ihrer eigenen Inhalte – auf unterschiedliche Weise. „Fakten auf Abruf" heißt das Paid-Content-Angebot, das seit Mitte Januar bei Focus online zu haben ist. Es handelt sich um verschiedene serviceorientierte Datenbanken, bei denen spezialisierte Informationen gegen Gebühr abgerufen werden können. Die ersten Erfahrungen sind sehr ermutigend. FAZ.net kann nach 16 Monaten Laufzeit seines Premium Abonnements auf 10 000 Abonnenten zurückblicken.

Schweden hat mit dem Cash4Content schon gute Erfahrungen gemacht: Sowohl das größte Wirtschaftsblatt des Landes, „Dagens Industri", als auch viele Tageszeitungen öffnen ihre Portale nur noch gegen Gebühr.[2]

2001 gaben die Europäer bereits 252 Millionen Euro für Internetinhalte aus. Und die Prognosen sind vielversprechend: Die aktuelle Jupiter-Studie sieht für das Jahr 2006 im Bereich Bezahl-Internet einen Umsatz von 1686 Millionen Euro voraus. Der Blick auf Amerika, wo Paid Content schon sehr viel etablierter ist als in Deutschland, stimmt optimistisch. In den USA existieren bereits Online-Abo-Zeitungen. Für das „Wall Street Journal Online", der Netz-Version der mit 1,8 Millionen Lesern auflagenstärksten amerikanischen Wirtschaftszeitung, bezahlen mehr als 600 000 Nutzer bis zu 59 Dollar im Jahr.[3] Die New York Times verkauft Premium Content für 80 US-Cent pro Artikel – und erwirtschaftete 42 Prozent ihrer Umsätze durch Paid Content.[4]

Blick in die Zukunft

Wir werden in Zukunft viel öfter Kombinationen von Einkommensströmen erleben, die sich aus E-Commerce, Paid Content und Werbung zusammen setzen. Nicht zu unterschätzen sind allerdings völlig neue Businessmodelle, die sich aus der „Mobile Generation" ergeben. Stark personalisierter Content beispielsweise oder eine Verbindung von Werbung und Content. In diesem Zusammenhang ist sicher auch das Customer Relation Management ein Schlüsselthema. Die Person-to-Person-Kommunikation wird es ermöglichen, immer spezifischer auf die Interessen des Kunden einzugehen und ihn ausschließlich mit jenen werblichen Informationen zu versorgen, die ihn aufgrund seines Persönlichkeitsprofils wirklich interessieren. Hier wird es in Zukunft eine partnerschaftliche Beziehung zwischen Werbetreibenden und Kunden geben, denn auch letzterer ist daran interessiert, nur

---

[2] ebd.
[3] ebd.
[4] Stand: 2001

über solche Produkte informiert zu werden, die für ihn einen unmittelbaren Nutzen darstellen.

Das Online-Geschäft bietet somit interessante Perspektiven und wird sich im Mix der Medien als weiteres Standbein erfolgreich etablieren. Es wird vielleicht das eine oder andere klassische Business-Modell in Frage stellen. Die herkömmlichen Medien jedoch wird es nicht ersetzen. Aus der Verknüpfung verschiedener Medien werden sich neue Herausforderungen ergeben, die wir aufmerksam verfolgen müssen. Gerade hier sind der Kreativität keine Grenzen gesetzt.

Notwendige Regulierungen

Die Anfänge des Internets waren eine Art gelebte Chaostheorie. Es herrschte Jahrmarktstimmung. Alles war erlaubt. Wir müssen nun in eine Phase eintreten, in der notwendige Spielregeln für dieses neue Medium festgelegt werden, die es allen Marktteilnehmern ermöglichen, in einem fairen Wettbewerb Marktpotenziale zu erschließen. Die E-Commerce-Richtlinie erleichtert die Rechtslage im EU-weiten elektronischen Geschäftsverkehr durch mehr Rechtsklarheit und -sicherheit. Auch das Signaturgesetz, das die elektronische Unterschrift der handschriftlichen gleichsetzt, ist ein Schritt in die richtige Richtung.

Von großer Bedeutung für den Erfolg von Online-Business ist zweifelsohne ein reibungslos funktionierendes und sicheres Zahlungssystem. Bisher existiert kein einheitlicher Zahlungsmodus und Sicherheitsstandard. Eine Studie eines Hamburger Online-Instituts ergab, dass nicht die Tatsache, für Inhalte bezahlen zu müssen, potenzielle Kunden abschreckt, sondern die Anfälligkeit der gängigen Online-Zahlungsarten. Denn die Sicherungsmechanismen für EC- oder Kreditkartennummern, die im Netz beim Einkauf hinterlassen werden, können von Hackern leicht umgangen werden.

Man sollte jedoch nicht zu sehr auf staatliche Intervention setzen. Die Wirtschaft hat bisher noch immer effektive Wege der Selbstregulierung gefunden. Auch beim Thema Internet lassen sich in vielen Bereichen machbare und sinnvolle Mechanismen der Selbstregulierung finden.

Sicherlich sind Spielregeln nötig, die uns vor Missbrauch schützen. Zu nennen sind hier Themen wie Kinderpornographie oder Rechtsextremismus. Weil sich das Medium nicht auf geographische Zonen beschränken lässt, müssen weltweite Standards entwickelt werden. Wir dürfen aber bei aller Regelungsnotwenigkeit eine vielversprechende Wachstumsbranche nicht durch Überregulierung im Keim ersticken.

Gerade in Deutschland haben wir den Hang, eher zu viel als zu wenig zu regulieren. In der Vergangenheit haben wir viele neue Regelungen erlebt (z.B. das Betriebsverfassungsgesetz, das 630-Mark-Gesetz, das Urhebervertragsrecht) die dazu beigetragen haben, Deutschland zum Schlusslicht des wirtschaftlichen Wachstums in Europa werden zu lassen. Wenn wir zu stark regulieren, hat das unmittelbare Folgen für die Konkurrenzfähigkeit der deutschen IT-Branche. Es ist gerade der Unternehmergeist, auf den wir im Hinblick auf die Zukunftssicherung unseres Landes angewiesen sind.

Der Gesetzgeber hat eine große Verantwortung, der er nur durch realistische Einschätzung der positiven und negativen wirtschaftlichen Auswirkungen von Regelungen gerecht werden kann.

Internetfirmen nach dem Crash

Perspektiven eines Praktikers

Bernd Kolb

Die Euphorie wächst in den Himmel

In der Geschichte der Ökonomie hat es sicher zahlreiche kleinere und größere Revolutionen gegeben – das Internet versprach, eine der bedeutendsten zu werden. Neu war dabei nicht nur die Innovation selbst, sondern vor allem auch die Geschwindigkeit, in der sich diese Revolution zu vollziehen schien.

Eine Generation junger, motivierter, technologiebegeisterter Menschen ließ mit ihrer ungebremsten Lust am Neuen eine Gegenreaktion auf die „Nach-Wirtschaftswunder-Lethargie" der gesättigten Märkte und der satten Unternehmen wie Unternehmer folgen.

Parolen wie „use it or loose it" oder „be fast or be last" waren in aller Munde. Nicht mehr den Großen gehörte die Welt, sondern den Schnellen. Banken und Finanzdienstleister sprangen als Erste auf diesen rasenden Zug auf und mit der Bereitstellung von Venture Capital und verlockenden Exit-Strategien wurde auf die schnelle Vervielfachung des eingesetzten Kapitals spekuliert. Es schien, als wäre die Gravitation außer Kraft gesetzt. Um die zum Teil abenteuerlich spekulativen Unternehmensbewertungen zu rechtfertigen, wurden ganz neue Berechnungsverfahren eingeführt, die den Wert eines Start-ups auf der Basis von Jahre später zu erwartenden Umsätzen und Gewinnen in fantastische Höhen trieben.

Arrivierte Fachleute standen dieser Entwicklung fassungslos gegenüber. Wer allzu skeptische Kommentare gab, wurde als reaktionär entlarvt und gehörte zum alten Eisen – zu denen, die den Puls der Zeit nicht mehr verstehen konnten.

Diese Entwicklung ging so lange gut, bis die ersten reinen Internetunternehmen die prognostizierten Phantasien nicht in tatsächliche Resultate umsetzen konnten. Viele Geschäftsmodelle, insbesondere die der sogenannten „Dotcoms", waren zu eindimensional angelegt. Der internationale Wettbewerb wurde unterschätzt und die neue Garde der jungen Internetunternehmer war mit vielen Aufgaben jenseits der reinen Website-Entwicklung überfordert. Damit wurde eins deutlich: Es gab wesentlich mehr neue unternehmerische Ideen als neue Unternehmertalente. Zur erfolgreichen Etablierung einer neuen Firma bedurfte und bedarf es jedoch mehr als eines von euphorischen Annahmen beflügelten Business-Plan. Das Scheitern vieler Start-ups war also in vielen Fällen nicht das Scheitern der teilweise großartigen Ideen, sondern vielmehr der ungelernte Umgang mit der wirtschaftlich und unternehmerisch soliden Umsetzung derselben.

Die Schwerkraft kehrt zurück

So kollektiv die Euphorie fast jede mit dem Zusatz „.com" versehene Innovation in den Jahren 1998 bis 2000 erfasste, so umfassend schlug nun das Pendel in die andere Richtung zurück. Und so wenig sachverständig und differenziert man sich mit den einzelnen Ideen, Anwendungen und Produkten vor und während des Hypes auseinander setzte, so indifferent war nun die Desillusionierung, die sich in derselben Geschwindigkeit verbreitete wie zuvor die Begeisterung.

Diejenigen, die vormals mit Unverständnis und Skepsis geglänzt hatten, durften die Eselsmützen wieder absetzen und selbstzufrieden die neue Botschaft verbreiten: Man hatte es ja gleich gewusst, alles war nur eine große Seifenblase, die platzen musste, und die alte Ordnung war nun endlich wieder hergestellt.

Mit dem Scheitern des britischen Online-Einzelhändlers „boo.com" Mitte des Jahres 2000 wurden in Stammtisch-Manier die Perspektiven für den elektronischen Handel zu Grabe getragen. Die eigentlichen Ursachen für diese Pleite, fehlende Logistik-Fähigkeiten, mangelhafte Kostenkontrolle und eklatante Managementfehler zweier unerfahrener Unternehmensgründer, wurden nicht tiefgehend genug analysiert, obwohl man gerade daraus die eigentlichen Lehren hätte ziehen können und müssen.

Rückschläge wie dieser ließen die internationalen Wachstumsbörsen kollabieren. Der Mythos Internet war zerstört und damit der Glaube und die Hoffnung der neuen, ebenso unerfahrenen Aktienspekulanten-Generation, die das Zocken mit Hoffnungswerten als moderne Form des Glücksspiels für sich entdeckt hatte. Bis zum Ende des Jahres 2000 löste dies einen gigantischen Dominoeffekt aus: die Exit-Hoffnungen der Kapitalgeber schmolzen dahin, neue Finanzierungsrunden blieben aus und so jagte eine Start-up-Pleite die andere.

In der Öffentlichkeit nahm dadurch das gesamte Thema „E-Business" großen und nachhaltigen Schaden. Die Medien taten ihr übriges, indem sie stark verallgemeinert die gesamte New Economy für tot erklärten.

Alles wie gehabt

In vielen großen Unternehmen war die Erleichterung über die gescheiterte Revolution spürbar: Die Schnellen hatten also doch nicht die Großen gefressen. Yahoo war an der Börse nicht mehr höher bewertet als Ford. Überdies hatte man ja mit großem Aktionismus die eigene Website ins Netz gebracht, die eben genauso wie die meisten Websites keine brauchbaren Resultate für die strategische Weiterentwicklung des Unternehmens lieferte. Nur musste man sich auch nicht mehr so intensiv um seine Internetpräsenz bemühen, denn schließlich gab es jetzt die kollektive Erkenntnis, dass das Thema Internet eben doch nur ein Hype war, der sich – was so mancher erfahrene Manager ja ohnehin immer schon wusste - als Flop entpuppt hatte.

Wenn man in der Zeit „danach" die Internetaktivitäten großer Unternehmen in Deutschland betrachtet, stellt man fest, dass sich außer der Änderung stilistischer Merkmale, der Durchführung von Schönheitsreparaturen, bei etwa 90 Prozent der betrachteten Websites fast nichts mehr weiterentwickelt hat. Die Budgets wurden eingefroren oder sogar gestrichen und der Punkt „E-Business" verschwand von der Agenda der Top-Entscheider.

Diese Entwicklung hat nicht nur für die Technologie- oder Service-Anbieter fatale Auswirkungen, sondern für die Zukunftsentwicklung aller Unternehmen, denn E-Business meint und ist weit mehr als nur eine von Kunden gern betrachtete, bunte Website. E-Business ist die Digitalisierung von Prozessen, die nahezu alle Bereiche eines Unternehmens betreffen und gewaltige Effizienz-Potenziale beherbergen, die derzeit nicht weiter gedacht oder gar umgesetzt werden. Das sind verpasste Chancen in einer Zeit, in der sich die gesamte deutsche Wirtschaft die Frage stellen muss: „Quo vadis?"

Deutschland, einst das Land der Dichter und Denker, kulturhistorisch für die gesamte westliche Welt von immenser Bedeutung, verliert derzeit Stück für Stück an internationalem Stellenwert. Es fehlt der Masterplan, das Positioning, der USP für eine der wichtigsten Industrieregionen der Welt. Einst war das Markenzeichen „Made in Germany" ein für sich selbst sprechender Garant für Qualität - aber für welche Qualität steht Deutschland heute?

Ein Beispiel für den verpassten Paradigmenwechsel ist die Erfindung des digitalen Musikkompressionsstandards MP3, der die gesamte Medienindustrie seit einigen Jahren aus Furcht vor einer unkontrollierbaren Verbreitung von Musik über das Netz erzittern lässt. Diese sehr bedeutsame Technologie stammt nicht, wie vielleicht mancher spontan vermuten würde, aus den Think Tanks des Silicon Valley, sondern wurde vom deutschen Frauenhofer-Institut entwickelt. Eine deutsche Erfindung, die einen ganz wesentlichen Beitrag zum Gesamtkomplex der neuen digitalen Technologien leistet. Aber das Frauenhofer-Institut hatte keine Marketingstrategie, um beispielsweise durch Lizensierung wirtschaftlich an der epidemischen Verbreitung von MP3 zu partizipieren. Das wäre dem amerikanischen M.I.T. sicher nicht passiert!

Dies ist sicherlich ein gutes Beispiel für einen anderen, mindestens ebenso relevanten Aspekt der ersten Generation des E-Business: Die Orientierung an den technischen Möglichkeiten und der gigantischen Reichweite eines weltumspannenden Computernetzwerkes hatte allerorts die unternehmerischen Phantasien beflügelt. Die Geschäftsmodelle stammten jedoch sämtlich aus der „alten Welt" und waren in den seltensten Fällen soweit durchdacht, dass sie die mit den E-Business-Möglichkeiten verbundenen, veränderten Marktmechanismen berücksichtigt hätten. Diese basieren nicht länger auf dem Schema des anbietergetriebenen Marketings sondern vielmehr auf nachfragegetriebenen Strukturen.

Die Diskussion über das Thema „E-Commerce" hatte sich so nahezu auf zwei Fragen reduziert: „Wie viele Bücher kann man über das Internet verkaufen" und „Wie kann man damit auch noch Geld verdienen". Diese Betrachtung ist für die eigentliche Bedeutung des Internets nahezu irrelevant, denn elektronischer Handel ist strukturell gleichzusetzen mit jeder althergebrachten Form des sogenannten „Mailorder-Business".

Mit dem WWW wurden bislang lediglich die schon gedruckten Kataloge auf PC-Bildschirme gebracht und die Möglichkeit, Waren zu bestellen, um einen Kanal, über die bisherigen Kanäle wie Telefon, Fax, Brief oder Postkarte hinaus, erweitert. Der weltweite, dem reinen elektronischen Handel zugerechnete Umsatz kannibalisiert so zum größten Teil das bisherige, traditionelle Versandhandelsgeschäft. Es wird immer Produkte geben, die nahezu prädestiniert für den Versandhandel sind und andere, die man stets erst probieren, anziehen, riechen und nach Funktion im stationären Outlet testen möchte. Daraus aber zu schließen, der intelligente Einsatz von E-Business brächte geschäftlichen Prozessen, von der Entwicklung bis hin zur Verkaufsförderung, keine fundamentalen Vorteile, ist schlichtweg kurzsichtig.

Der Blick nach vorne

Des Unternehmers hervorragendste Eigenschaft ist es, etwas zu unternehmen. Wenn er es unterlässt, oder abwartet statt zu handeln, wird er also zum Unterlasser – und derzeit gibt es in Deutschland mehr Unterlasser als Unternehmer. Dies wird insbesondere an dem bereits geschilderten Umgang mit Innovationsthemen wie dem Internet deutlich. Die meisten Unternehmen wollen und müssen Kosten senken. Sie versuchen, dies durch Streichen und Weglassen zu erreichen, anstatt gezielt in effizienzsteigernde Maßnahmen zu investieren. Hier fehlen der Mut und die Kreativität der jungen Wilden, die durch den Tod der New Economy mit gestutzten Flügeln auf dem Abstellgleis gelandet sind, bevor sie sich wirklich beweisen konnten.

Zugegeben, die übertriebene Hysterie, die durch die Kapitalmärkte ausgelöst wurde, hat vielen dieser Himmelsstürmer nicht nur gut getan. Viele haben, korrumpiert durch die eigenen Hoffnungen, die weltweit geschürt wurden, die Bodenhaftung verloren und damit den unverzichtbaren Blick fürs Ganze. Aber ihren Innovationsgeist, die Lust am Ausprobieren, am Neuen, am Andersdenken, könnten wir gerade heute besser gebrauchen als in den Jahren, in denen dem Wachstum scheinbar keine Grenzen gesetzt waren.

Die jetzt stattfindende, stereotype Polarisierung, die die Altvorderen mit Genugtuung mit dem schulmeisternden Zeigefinger auf die jungen Wilden deuten lässt, ist ebenso falsch wie die Überheblichkeit der Internet-Generation, die es nicht verstanden hat, sich der Erfahrung der als „Greyhairs" belächelten Riege der gestandenen Manager zu bedienen. Das Patentrezept liegt zumindest in dieser Betrachtung auf der Hand: Wir brauchen die richtige Balance zwischen diesen beiden Welten, den Schulterschluss beider Generationen, um Dinge einerseits mit Mut und Tatkraft nach vorne zu bringen, und andererseits die vielen wichtigen Basics des ganzheitlichen Managements zu berücksichtigen.

Dies gilt ebenso für die kleinen und großen Anbieter von Technologien und Dienstleistungen. Gab es vielleicht vor drei Jahren ein paar Start-ups zuviel, darf heute nicht eine ganze Generation von motivierten und talentierten Unternehmensgründern entmutigt werden. Gerade jetzt bietet sich die einmalige Gelegenheit, gescheiterte Start-ups zu analysieren, um die selben Fehler, die bereits teuer bezahlt wurden, nicht wieder zu machen. Es gilt, jetzt die Chancen zu nutzen, die sich nach wie vor bieten, da das Internet noch lange nicht die Bedeutung erlangt hat, die es ohne Zweifel in absehbarer Zeit gewinnen kann und wird. Es hat sich gezeigt, dass Unternehmensgründer nicht nur finanzielle Mittel brauchen - viel effizienter wären ein geeignetes Coaching, erweiterte Bildungsangebote über unsere überalteten Hochschul-Strukturen hinaus, die engere Verzahnung zwischen Bildungseinrichtungen und Unternehmen oder die unternehmerischere Ausrichtung von Bildungseinrichtungen, wie es beispielsweise in den U.S.A. erfolgreich praktiziert wird.

In den U.S.A. wird man nach einer Pleite fast ernster genommen als vorher, denn mit jedem Scheitern gewinnt der Unternehmer wertvolle wenn auch unangenehme Erfahrungen, die seinem nächsten Vorhaben zu Gute kommen werden, wenn er sie analysiert und in Erkenntnis umlegt. Wir Deutschen müssen den Umgang mit beim ersten Anlauf gescheiterten Unternehmensideen noch erlernen. Wer in Deutschland mit seinem Unternehmen Konkurs macht, wird praktisch für geschäftsunfähig erklärt. Natürlich kann und darf man das nicht verallgemeinern, aber es ist falsch, einer Generation von gescheiterten Start-up-Unternehmern eine kollektive Unfähigkeitsbescheinigung auszustellen.

Wir sollten das Fördern junger Unternehmertalente nicht den Risikokapitalgebern überlassen, sondern es zu einer gesamtgesellschaftlichen Aufgabe machen, Mut und Innovationsbereitschaft mit Know-how und Erfahrung zusammenzuführen. Ein Start-up sollte sich nicht dadurch auszeichnen, dass keiner der Manager über dreißig ist, sondern dass die Mischung aus allen Zutaten stimmt. Erst das orchestrierte Zusammenspiel verschiedener Fähigkeiten und Stärken macht ein Unternehmen erfolgreich.

Die Revolution hat gerade erst begonnen

Das Internet bietet vielfältige, teilweise neuartige Möglichkeiten für intelligentes Marketing, effizientere Geschäftsprozessgestaltung und besseres Knowledge-Management innerhalb von Organisationen. Diese Möglichkeiten werden heute von den wenigsten Unternehmen erkannt und umgesetzt. Allerdings beinhalten die genannten Aspekte für das Management eine neue Komplexität und die erforderliche, ungelernte Verknüpfung von Marketing- und IT-Themen, die es zu orchestrieren gilt, bremst derzeit die Entwicklung des Mediums. Die heutigen technologischen Möglichkeiten übersteigen bei weitem die Kreativität und Weitsicht, die für die Entwicklung von nützlichen und intelligenten Anwendungen notwendig ist.

Beispielhaft hierfür ist die Situation eines großen Automobilherstellers, der eine Website betreibt, auf der der Konsument alle wesentlichen Informationen über die Modellpalette erhält. Ist er an einer Probefahrt interessiert, kann er diesen Wunsch per E-Mail äußern. Diese Mail geht dann in der Deutschlandzentrale des Herstellers ein, wird ausgedruckt, einem entsprechenden Händler geographisch zugeteilt und per Fax an den Händler weitergeleitet. Von dort aus wird schließlich der Interessent angerufen, um mündlich die Probefahrt zu vereinbaren.

Zwischen dem Absenden der Anfrage und der Reaktion des Händlers vergeht also sehr viel Zeit und der Medienbruch innerhalb der Bearbeitung der Anfrage irritiert den Interessenten zusätzlich, da dieser bewusst das Internet als Kommunikationskanal gewählt hat und erst Tage oder auch Wochen später einen Telefonanruf als Feedback auf seine E-Mail-Anfrage erhält.

Dies ist kein Einzelfall, sondern derzeit leider eher die Regel. Der Nutzer wird sich durch solche Erfahrungen so schnell nicht wieder auf die Website des Anbieters begeben. Die wenigsten Unternehmen können heute so grundlegende Fragen wie „Wer war auf unserer Website, welches Anliegen hatte er, hat er gefunden, wonach er gesucht hat, wurde er gut bedient und kommt er wieder?" beantworten. Die Antwort auf diese Fragen würde es Unternehmen ermöglichen, ihr Angebot an die Bedürfnisse ihrer Kunden anzupassen, diese so an so an sich zu binden und Kundenbeziehungen aufzubauen, die sich in Geschäft umwandeln lassen. Betrachtet man beispielsweise die Kostenrelation von E-Marketing Maßnahmen gegenüber allen klassischen Maßnahmen im Presales-, Sales- und Aftersales-Bereich, liegen hier qualitative wie quantitative Verbesserungspotenziale brach, die es gerade in konjunkturschwachen Perioden zu nutzen gilt. Hier wird wahrscheinlich erst wieder zielgerichtet agiert, wenn einzelne Wettbewerber durch erfolgreiche Beispiele vormachen, wie es geht, anstatt durch eigene unternehmerische Initiative Wettbewerbsvorsprung zu schaffen, also selbst zu agieren, und nicht nur zu reagieren.

Studien über das Verhalten von Internetnutzern belegen, dass die eigentliche Killerapplikation die E-Mail ist (siehe W3B-Studien). E-Mailen wird zum selbstverständlichen Kommunikationsinstrument des Alltags, geschäftlich wie privat, ebenso wie das Telefonieren, dem die Unternehmen sich in seiner stationären und mobilen Form ebenso wenig entziehen können. Die kommerziellen Nutzungsmöglichkeiten des Internets, insbesondere in der Kommunikation mit Kunden, übersteigen bei weitem die Möglichkeiten des Telefons. Damit wird absehbar, dass das Internet zum wichtigsten und zentralen Kommunikationskanal (und nicht zum einseitigen Informations- und Werbekanal) erwächst und in die gesamte Unternehmensstrategie ganzheitlich integriert werden muss. Dies stellt insbesondere die IT- und Marketingabteilungen vor neue Aufgaben, die künftig nicht mehr aneinander vorbei, sondern an gemeinsamen Lösungen arbeiten müssen.

Die nächste Welle kommt bestimmt, die Anforderungen an die IT- und E-Marketingbranche werden sich verändern. Wer sich hierfür richtig aufstellt und die Integration von IT- und Marketingkompetenz bewältigt, hat hervorragende Perspektiven für die zweite Generation des E-Business. Die Revolution hat gerade erst begonnen.

Die technologische Revolution

Alte und neue Innovationsfelder der digitalen und vernetzten IT-Welt

Herbert Kircher

1 Entwicklung der Informationstechnologie

Die Informations- und Kommunikationsindustrie hat sich innerhalb weniger Jahre zum größten Wirtschaftssektor entwickelt. In den letzten dreißig Jahren waren wir Zeugen von unglaublichen Fortschritten auf den Gebieten der IT-Basistechnologien. In Zukunft treten wir in ein Zeitalter der Informationsverarbeitung ein, in dem sich die Grenzen zwischen Computer und Netzwerk auflösen und sich die Schnittstelle zwischen Mensch und Computer weiter verändern wird. Dies hat Auswirkungen auf den Einzelnen, auf die Unternehmen und die Gesellschaft.

1.1 IT-Basistechnologien

Der Antriebsmotor des Informationszeitalters ist der enorme Fortschritt in der Entwicklung von IT-Basistechnologien. Dort wurden in den vergangenen 20 Jahren und werden in den kommenden 10 Jahren Superlative in Preis und Leistung geschaffen. Dazu gehören Aspekte wie Prozessorleistung, Speicherkapazität, Bandbreite der Übertragungsnetze und natürlich Softwaretechnologien.

Die Verdopplung der Leistung von Mikroprozessoren alle 18 Monate wird sich mindestens 10 weitere Jahre fortsetzen. Ebenso die Vervierfachung der Speicherkapazität von DRAM-Halbleiterspeicher.

Wir werden mehr als 1 Milliarde Transistoren in einen einzigen Chip integrieren, wir werden Taktfrequenzen von 10 Gigahertz bei Silizium-Chips und über 200 Gigahertz bei Silizium-Germanium-Chips erreichen. Auch die Miniaturisierung wird weiter fortschreiten. DRAM Speicherchips werden noch in diesem Jahrzehnt 16 Gigabit Speicherkapazität erreichen – eine mehr als 10.000fache Steigerung seit 1990.

Neue Materialien, veränderte Transistorstrukturen, drastische Reduzierung des Stromverbrauchs, um die Hitzeentwicklung des Chips unter Kontrolle zu bekommen, sind nur einige wenige Herausforderungen, die von den Technologen zu lösen sind.

Die Netzwerkbandbreiten verdreifachen sich jährlich. Gleichzeitig werden Software-Methoden zur Datenkomprimierung entwickelt, die es ermöglichen werden, Spielfilme in Echtzeit über DSL zu empfangen.

Parallel zur Entwicklung der Hardware vollzieht sich die Entwicklung in der Softwaretechnologie. Die zunehmende Nutzung vorgefertigter Bausteine auf Basis architekturneutraler Programmiersprachen (Java) sorgt für eine enorme Beschleunigung der Verfügbarkeit neuer Anwendungen vor allem in heterogenen IT-Umgebungen. Neuartige Modelle der Softwareentwicklung, insbesondere die so genannte „Open-Source-Softwareentwicklung", auf deren Basis so bekannte Projekte wie das Betriebssystem Linux oder der Webserver Apache entstanden sind, beschleunigen Verfügbarkeit und Innovationsgeschwindigkeit von Softwareprodukten.

Die Leistungssteigerung der Basistechnologien bei gleichzeitiger Kostenreduzierung machen Computer für den Massenmarkt immer erschwinglicher. Die Vorhersage, dass in spätestens fünf Jahren 1 Milliarde Menschen das Internet nutzen werden, ist realistisch.

Also ungebremster technologischer Fortschritt in den kommenden 10 Jahren. Diese schnelle und erfolgreiche Weiterentwicklung der Basistechnologien ist der Antriebsmotor für alle Anwendungen im Privaten sowie im Unternehmensbereich.

1.2 (R)Evolution Internet

Das Internet revolutioniert die Welt. Mit ungeahnter Geschwindigkeit entwickelte sich das Datennetz von einem Nischenmedium, das nur „Eingeweihte" kannten, zu einem Massenprodukt für alle. Weltweit nutzen zur Zeit etwa 500 Millionen Menschen das Web.

Mehr als 7 Millionen Deutsche sind im Jahr 2001 erstmals online gegangen. Laut der neuesten Bitkom-Studie nutzen 37 von 100 Bundesbürgern Anfang 2002 das Internet regelmäßig. Innerhalb des Jahres 2002 wird noch einmal mit einem kräftigen Schub von 5 Millionen Netzneulingen gerechnet. Damit liegt Deutschland im internationalen Vergleich weiterhin im Mittelfeld. Für 2003 wird eine Nutzerrate von 50 Prozent in Deutschland erwartet.

Das Medium Internet vernetzt Menschen weltweit, die ihre persönlichen Aktivitäten am Computer erledigen. Sie holen sich ihre Informationen, buchen Reisen, kaufen Bücher oder kommunizieren per E-Mail. Das Internet hat auch erheblichen Einfluss darauf, wie Unternehmen ihre Geschäfte abwickeln, wie sie mit Kunden, Partnern und Lieferanten zusammenarbeiten, wie sie Angebote einholen, Bestellungen aufgeben oder Rechnungen bearbeiten, also einfach darauf, wie miteinander kommuniziert wird.

1.3 E-Business

Es gibt heute kein bedeutenderes IT-Thema für den CEO und CIO einer Firma als die Steigerung der Wettbewerbsfähigkeit und der Effizienz des Unternehmens. Die notwendigen Softwarelösungen sowie die Infrastruktur einer neuen Dimension der Informationsverarbeitung werden inzwischen in großer Vielfalt von vielen IT-Unternehmen angeboten. Die Herausforderung liegt in der digitalen Abbildung aller relevanten Unternehmensprozesse, um Einkauf, Vertrieb, Lagerhaltung, Lieferanteneinbindung und Kundenbetreuung elektronisch, mit optimaler Effizienz abzuwickeln. E-Business ist der Überbegriff dieses „Fitness"-Programms für Unternehmen.

Die E-Business-Revolution liegt heute nicht mehr vor uns, sie hat bereits stattgefunden. Erschwingliches, standardbasierendes Computing und die entsprechende Kommunikation haben in Verbindung mit verfügbarem Kapital eine Innovationsspirale in Gang gesetzt, welche die gesamte Geschäftswelt grundlegend verändert hat. Es beschleunigt die Abwicklung von Geschäften und treibt Veränderungen voran. Alles wird noch schneller, mit noch mehr Anwendern, neuen Geräten und drahtloser Kommunikation. Es werden wahre Flutwellen an Transaktionen ausgelöst, die ganz unterschiedliche Anwendungen auf vielen tausend Servern betrifft.

Die Informationstechnologie wird im Businessumfeld immer mehr als strategische Waffe im Wettbewerb und weniger als Werkzeug zur Produktivitätssteigerung eingesetzt. Electronic Business, also die Abbildung und Weiterverarbeitung von Geschäftsprozessen innerhalb eines Unternehmens, von Unternehmen zu Unternehmen und von Unternehmen zum Kunden, ist digital und vernetzt. E-Business ist heute schon implementiert und wird in 10 Jahren Standard sein. Der erste signifikante Internetumsatz in Deutschland im Jahr 1998 betrug 1,3 Milliarden Euro – in 2002 werden es fast 50 Milliarden sein. Der Verkauf, die Kundenbetreuung und Marketingaktionen über das Web bringen eine erhebliche Kostenersparnis. Jedes zehnte Unternehmen in Deutschland betreibt bereits Anwendungen in diesem Bereich. Die führenden E-Business-Unternehmen haben Wettbewerbsvorteile, neue digitale Unternehmen entstehen. Durch diese Entwicklung werden die Regeln des Wettbewerbs neu geschrieben.

Die spannende Frage ist demnach, wie die Informations- und Kommunikationstechnologie in der Zukunft aussehen wird, vor allem, da sich die Basistechnologien so rasant weiter entwickeln. Was sind die kommenden Trends?

2 Zukünftige Innovationsfelder der Informationstechnologie

Es gibt eine ganze Reihe fundamentaler „Megatrends", durch die sich die Nutzung der digitalen und vernetzten IT-Welt deutlich verändern werden. Zu den bedeutendsten Entwicklungen wird sicherlich der mobile Breitbandzugriff auf das Internet gehören. Mobile Computing wird das Anwendungsverhalten der Benutzer deutlich verändern und einen erheblichen Mehrwert an Komfort bieten.

Das Internet, das heute größtenteils als Transport- und Informationsmedium genutzt wird, wird sich in Zukunft hin zum Next-Generation-Internet wandeln. Durch dedizierte Hochleistungsnetzwerke, sogenannte Computer-Grids, werden sich in diesem Bereich neue Anwendungsmöglichkeiten zur Datenanalyse und Auswertung erschließen. Der Zusammenschluss verschiedener Computer macht Rechnerressourcen, Bandbreite, Software und Speicherkapazität ebenso leicht zugänglich und verfügbar wie die Energieversorgung. E-Sourcing, d. h. IT-Rechenleistung bei Bedarf „on demand" über das Netz zu beziehen und nach Verbrauch abrechnen zu können, wird ein weiterer wichtiger Zukunftstrend sein.

Bei den kommenden Trends der Informations- und Kommunikationstechnologie wird man großen Wert auf die einfache Benutzbarkeit legen. Sowohl beim privaten Anwender als auch im Geschäftsbereich wird angestrebt, die Handhabung der immer komplexeren Technologien so einfach wie möglich zu gestalten. Nicht alle müssen die technologischen Details verstehen, aber alle müssen sie anwenden können.

Ein fundamentaler Bestandteil bei allen zukünfigen Entwicklungen muss das Thema Sicherheit sein. Neue Technologien werden sich in der heutigen Zeit für den Endnutzer nur durchsetzten können, wenn Datenschutz gewährleistet werden kann.

Ich möchte in meinen weiteren Ausführungen auf fünf ganz wichtige Trends der nächsten Jahre eingehen.

2.1 Mobile Computing

Der PC bekommt Konkurrenz. Bisher ist der PC das Gerät, mit dem wir alle im Internet surfen. Die Zukunft gehört mobilen Geräten mit einem breitbandigen, mobilen Netzanschluss, ob UMTS oder GRPS. Mit diesen Geräten telefonieren wir, surfen im Internet, senden und empfangen E-Mails. Sie sind Heimcomputer und Businesscomputer – im Auto installiert, oder in unserer Hosentasche transportiert, immer in Reichweite, immer zu Diensten.

Diese immer kleiner werdenden, tragbaren Geräte sind Hochleistungsrechner für die Handtasche. Alltagsgeräte mit integrierter Computertechnologie werden bald nichts Ungewöhnliches mehr sein. Das Konzept einer alle Bereiche durchdringenden Datenverarbeitung wird für die Menschen zu höherer Effizienz und mehr Komfort führen. Schon für das Jahr 2003 prognostiziert IDC, dass mehr Internetzugriffe durch mobile Computer als durch PC's stattfinden werden.

Unser Verhalten im Internet wird sich verändern. Zusätzlich zu E-Mail, Homebanking, Reisebuchungen und so weiter werden wir Filme und Musik herunterladen, zu Hause, im Auto, aufs Handy oder auf den Taschen-PC der Zukunft. Dies wird eine neue Dimension für die Unterhaltungselektronik eröffnen.

In Deutschland wurden die UMTS-Lizenzen für 50 Milliarden Euro versteigert, was industriepolitisch mehr als zweifelhaft ist. Rechnet man diese Lizenzkosten auf den einzelnen Einwohner um, so sind das in Deutschland 614 Euro. In Spanien wurden die Lizenzen für lediglich 13 Euro pro Einwohner vergeben. Verhindert wird Mobile Computing in Deutschland dadurch nicht – aber enorm verzögert.

2.2 Next-Generation-Internet

Die nächste Generation des Internets zeichnet sich bereits am Horizont ab. Die heutigen Anwendungen bleiben erhalten, während eine Vielzahl neuer Funktionen hinzukommen, die vor allem den Wert des Internets für Unternehmen steigern werden.

Heute ist das Internet hauptsächlich Transportmedium für E-Mails und für Informationen, die aus Datenbanken abgerufen werden – also eine reine Kommunikationsplattform.

Das Next-Generation-Internet ist charakterisiert durch verteilte Rechner- und Speicherkapazität und durch hohe Bandbreite. Vor allem ist es aber transaktionsorientiert.

Offene Standards wie HTML, XML oder Java sowie Open-Source-Produkte wie Linux oder Apache werden proprietäre Konzepte ergänzen oder teilweise ablösen und sowohl eine systemübergreifende Portabilität als auch eine Wahlfreiheit bei Plattformen und Anbietern ermöglichen.

Web Services, die nächste Stufe der Evolution im World Wide Web, gewinnen immer mehr an Bedeutung. Es sind unabhängige, selbstbeschreibende, modulare Web-Anwendungen, die es aufgrund offener Standards wie beispielsweise XML ermöglichen, nicht nur Anwendungen, sondern gleichermaßen mehrstufige (Geschäfts-)Prozesse in einem verteilten Umfeld (Intranet, Internet) zu realisieren. So können Unternehmensanwendungen anstatt im eigenen Rechenzentrum im Internet abgewickelt werden.

Next-Generation-Internet wird viele unserer heutigen Computer-Paradigmen verändern. Eine der wichtigsten Neuerungen wird Grid Computing sein.

2.3 Grid Computing und E-Sourcing

Grid Computing bietet die Möglichkeit, IT-Ressourcen und Services im Internet zu benutzen, ohne dafür eine eigene Infrastruktur aufbauen zu müssen. Während heute in erster Linie wissenschaftlich-technische Anwendungen die unzähligen brachliegenden CPUs und Speicherzyklen in einem Grid ausnutzen, um komplexe Berechnungen in extrem kurzer Zeit durchführen zu können, so werden in Zukunft alle erdenklichen IT-Ressourcen über Grid Computing zugreifbar und benutzbar sein, angefangen von großen Datenbanken und Transaktionssystemen über Netzwerkleistungen bis hin zu individuellem Know-how. Der Benutzer zahlt nur noch für die Leistung, die konsumiert wird und muss sich nicht mehr um den Aufbau und die Pflege eigener Infrastrukturen bemühen. Wir stehen vor einer Evolution des World Wide Web zu einem World Wide Grid, oder anders gesagt, vom globalen Austausch von Information zum globalen Zugriff auf IT-Leistung. Voraussetzung dafür ist die konsequente Durchsetzung global anerkannter Standards (mit Web Services ist ein erster großer Schritt getan) sowie die Entwicklung autonomer Systeme.

Langfristig werden Unternehmen sich fragen, ob sie Speicher- und Rechnerkapazität selbst im Unternehmen vorhalten wollen, oder ob sie sie über das Internet beziehen. Die Vision ist: Computerleistung kommt aus der Steckdose und der Kunde bezahlt entsprechend seines Verbrauchs wie bei Strom, Wasser oder Gas.

Durch die Verknüpfung der Ressourcen lässt sich eine unternehmensweite und nicht selten weltweite IT-Infrastruktur wie ein einzelner Rechner nutzen. Deshalb sehe ich in den Hochleistungsnetzwerken eine große Chance für global agierende

Unternehmen. Diese bieten über den Globus verstreuten Kollegen, Geschäftspartnern und Lieferanten die Möglichkeit, enger und effizienter zusammenzuarbeiten.

Die Wirtschaft wird die Grids und das Next-Generation-Internet bald auch als Plattform für das E-Sourcing entdecken. E-Sourcing ist eine Weiterentwicklung des traditionellen Outsourcing, bei dem IT-Leistungen – ausschließlich am aktuellen Bedarf orientiert – online bezogen werden. Dabei kann es sich sowohl um Software, Rechenleistung und Speicherkapazitäten als auch um standardisierte Geschäftsprozesse handeln, die zukünftig über das Web oder andere private Hochgeschwindigkeitsnetzwerke abrufbar sein werden. Durch E-Sourcing werden in Zukunft individuell maßgeschneiderte und verbrauchsabhängig berechnete Lösungen allen Arten von Nutzergruppen zur Verfügung stehen. Eines Tages sollen IT-Ressourcen über Internet angeboten und vertrieben werden wie heute CDs und Bücher.

2.4 Autonomic Computing

Die rasante Geschwindigkeit bei der Entwicklung neuer Technologien bringt auch eine Erhöhung der Komplexität mit sich. Während früher Rechenleistung fast ausschließlich eine Domäne großer Server war, stellen wir heute eine Verlagerung dieser Rechenleistungen in Netzwerke fest. Leitet man die Entwicklung zukünftiger Komplexität aus den Erfahrungen seit 1980 ab, so kann man von einem exponentiellen Anstieg der Anforderungen an die Administration und Verwaltung der entstehenden IT-Infrastrukturen ausgehen. Konkret stehen wir heute vor einer Innovationsfalle, die in der Vergangenheit viele technologischen Innovationen gebremst hat oder gar scheitern ließ. Die Bewältigung der Komplexität erfordert einen so immensen Aufwand, dass sich die Innovation aus Kosten-/Nutzengesichtspunkten nicht mehr trägt. Wie sieht die Lösung dieser potenziellen Innovationsfalle aus?

Vorbilder finden sich in der Natur. Wenn wir die Gehirnkapazität einer Eidechse betrachten, so stellen wir zweierlei fest. Zum einen entspricht sie ungefähr der Rechenleistung von IBM Deep Blue, dem Schachcomputer, der 1997 Garry Kasparov besiegte. Zum anderen verwendet die Eidechse 99,9 Prozent dieser Gehirnleistung zur Steuerung ihres vegetativen Nervensystems – was sie zu einem Meister der Überlebenskunst gemacht hat. Unsere heutigen IT-Systeme spenden jedoch weniger als 0,1 Prozent ihrer Kapazität in eine vergleichbare Eigensteuerung.

Spannen wir den Bogen noch weiter und vergleichen heutige IT-Infrastrukturen mit dem menschlichen Körper so stellen wir fest, dass der menschliche Körper um viele Größenordnungen komplexer als die umfassendste IT-Infrastruktur ist. Aber dennoch hat der menschliche Körper mit Hilfe des vegetativen Nervensystems ein Mittel zur Eigensteuerung, das unglaublich leistungsfähig ist und lediglich wenige Male im Jahr bei Extremsituationen eine Unterstützung durch qualifiziertes Fachpersonal (Ärzte) benötigt.

Die Lösung für die oben genannte Innovationsfalle besteht darin, IT-Infrastrukturen zu schaffen, die langfristig die selben Eigenschutz-, Eigensteuerungs-, Selbstheilungs- und Vorsorgemechanismen aufweisen, wie sie der menschliche Körper besitzt. Im IT-Fachjargon also die Schaffung selbst-managender (oder autarker) Systeme oder, in Anlehnung an das vegetative Nervensystem (engl.: Autonomic Nervous System), „Autonomic Computing".

Wie werden autarke IT-Infrastrukturen aussehen? Idealerweise konfigurieren sich die Systeme bei Inbetriebnahme und rekonfigurieren sich bei Systemänderungen selbstständig. Des Weiteren werden sich die Systeme selbsttätig so ausbalancieren, dass vordefinierte Zielparameter stets erreicht werden. Darüber hinaus schützen sie sich vor Angriffen zum Beispiel durch Hacker oder Viren und erkennen Fehler selbst und umgehen oder beheben die Ursache. Dies trifft auf einfache Fehler in einzelnen Komponenten genauso wie auf komplette Ausfälle ganzer Rechenzentren zu.

Innerhalb von IBM fassen wir die Entwicklungen in den genannten Schwerpunktgebieten in dem technologischen Projekt „eLiza" (engl. lizard = Eidechse) zusammen. Wir sehen das Projekt als schrittweise Implementierung von vollständig autarken Infrastrukturen an. Natürlich reicht es nicht aus, innerhalb einer IT-Infrastruktur autarke Elemente zu haben, denn ein komplexes System erfordert neben einer komponentenorientierten Suboptimierung auch eine Gesamtoptimierung, bei der gewünschte und ungewünschte Eigenschaften eines Gesamtsystems berücksichtigt werden. Deshalb hat eLiza den Anspruch, dieses Problem nicht lokal für einzelne Komponenten zu lösen, sondern unter Einbeziehung aller beteiligten Teile eines Gesamtsystems, also sozusagen end-to-end, vom Endgerät bis zum letzten Datenbit.

Zusammenfassend lässt sich sagen, dass Autonomic Computing – ein Trend der nächsten Dekade – sowohl die IT-Infrastrukturen an sich entscheidend verändern als auch den Umgang mit IT-Services, die über eine solche autarke Infrastruktur bereitgestellt werden wird. In Zusammenarbeit mit Universitäten arbeitet IBM an den ersten Prototypen.

3 Gesellschaftliche Veränderungen in Deutschland

Bei all diesen innovativen Entwicklungen im Bereich der Informations- und Kommunikationstechnologie müssen wir immer auch die Auswirkungen auf die Gesellschaft berücksichtigen und dürfen die Frage nicht aus dem Blick verlieren, wo Deutschland als Industrienation im Vergleich mit den Wettbewerbern steht.

Seit der Entstehung vor über dreißig Jahren hat sich die Informationstechnologie zum treibenden Wachstumsmotor der Weltwirtschaft entwickelt. Vor allem in den vergangenen zwanzig Jahren hat keine andere Branche die weltweite Produktivität und Effizienz nachhaltiger beeinflusst.

Schon heute funktioniert ohne Computer nichts mehr. Keine Fabrik, keine Bank, keine Fluglinie und auch nicht die Wettervorhersage. Die Informations- und

Kommunikationstechnologien haben die Welt verändert und werden dies weiter tun. Sie werden die Märkte und das Kundenverhalten ändern, die Spielregeln des Wettbewerbs neu definieren und bedingt dadurch Geschäftsprozesse umorganisieren. Die Fortschritte in den Informationstechnologien und weltweiten Kommunikationssystemen verändern aber auch das politische, kulturelle und soziale Leben in der Gesellschaft. Die vernetzte IT-Welt kennt keine Zeitzonen, keine Tageszeit, keine Entfernungen, keine kulturellen Vorbehalte, keinen „historischen Ballast", keine geographischen oder geopolitischen Strukturen, keine Wirtschaftsräume und -ideologien und führt, da Information für jedermann, jederzeit und überall verfügbar ist, zu einer Art Demokratisierung von Wissen und damit der Menschen und Gesellschaften.

Die hierdurch hervorgerufene Transformation von der Industriegesellschaft hin zu einer globalen Informations- und Wissensgesellschaft wird vergleichbare Veränderungen mit sich bringen wie der Wandel von der Agrargesellschaft zur Industriegesellschaft im 19. Jahrhundert. Allerdings dauerte die Transformation damals fast ein Jahrhundert, heute bleiben uns dafür maximal drei Jahrzehnte.

3.1 Zweite Chance Deutschlands

Ist Deutschland eine IT-Weltmacht? Absolut nein! Wie immer wir unsere Position im internationalen Vergleich messen – wir sind im besten Fall europäisches Mittelmaß. Das gilt für die PC-Dichte und den Einsatz des Internets im Privaten wie für die Verbreitung von E-Business und die Umsätze, die damit gemacht werden.

Besonders negativ fällt die deutsche Bilanz bei den Basistechnologien aus. Standards und Innovationen werden in diesem Bereich überwiegend und uneinholbar von den USA geprägt – ein entscheidendes Versäumnis der 70er und 80er Jahre.

All diese Parameter zeigen deutlich, dass wir gegenüber den USA aber auch innerhalb Europas deutlich zurückliegen – eben bestenfalls europäisches Mittelmaß sind. Im Bereich der IT-Basistechnologien lässt sich das auch nicht mehr aufholen.

Erschreckend ist die Tatsache, dass diese schwache Position der führenden Industrienation Deutschland außer einigen Insidern offensichtlich nur wenige beunruhigt oder gar heftige Aufholinitiativen auslöst.

Jetzt geht es darum, den Abstand zu verringern und die sich bietende „zweite Chance Deutschlands" zu ergreifen. Wir müssen dafür sorgen, dass wir unsere Wettbewerbsfähigkeit im internationalen Vergleich durch die Integration und Anwendung der neuen Technologien weiter steigern.

Deutschland muss führend werden in Nutzung und Anwendung. Daraus gewinnen alle Branchen an internationaler Wettbewerbsfähigkeit. Ganz besonders kleine und mittlere Unternehmen haben dort einen großen Nachholbedarf. Grossunternehmen dagegen sind sehr wohl auf einem Standard, der sich mit den Weltbesten messen kann.

E-Government ist in Deutschland nur in bescheidenem Ausmaße existent. Schweden, Großbritannien, Dänemark oder die Niederlande investieren etwa doppelt so viel wie Deutschland von ihrem Bruttosozialprodukt, um die Effizienz der öffentlichen Hand, der Verwaltung zu steigern und Dienstleistungen für den Bürger zu verbessern. Das ist ein deutliches Zeichen dafür, dass unsere politischen Parteien und unsere staatlichen Behörden dem Thema „Fortschritt durch Nutzung der Informationstechnologie" eher distanziert gegenüberstehen und zumindest wenig aus eigenem Antrieb vorantreiben.

Dass diese Einstellung sich in einem Bildungssystem widerspiegelt, das nur sehr bedingt den Anforderungen einer Informations- und Wissensgesellschaft entspricht, ist deutlich sichtbar. Der Erhalt alter Strukturen steht im Vordergrund, nicht die Gestaltung der Zukunft.

Wenig hilfreiche Rahmenbedingungen wie überzogener Datenschutz oder Abgaben auf PC's verhindern Fortschritt anstatt ihn zu gestalten.

3.2 Ausbildung – Chance und Pflicht

Die Handelsstraßen der Informationsgesellschaft sind Datennetze und die Ware heißt Information. In der Wirtschaft und Verwaltung des 21. Jahrhunderts ist Information und Wissen ein entscheidender Rohstoff. Wie wir Information generieren, austauschen, speichern, wie wir aus gespeicherten Daten Zusammenhänge herausfiltern, wie wir Information in Wettbewerbsvorteil und Dienstleistung für den Kunden umwandeln, wie wir Wissen austauschen und für andere verfügbar machen, – das entscheidet über Erfolg und Misserfolg am Markt.

Von den Menschen des 21. Jahrhunderts werden neue Fähigkeiten erwartet. Vor diesem Hintergrund muss sich unser Bildungssystem in zwei Richtungen verändern: einmal bezüglich der Lerninhalte und des Weiteren hinsichtlich der Organisation des Lernens.

Was heute gefordert wird, ist lebenslanges Lernen. Die Bildungspolitik muss dieses lebenslange Lernen ermöglichen und darauf ausgerichtet sein.

Und wir brauchen Wettbewerb, vor allem im universitären Bereich. Nur so können verkrustete Strukturen schnell aufgebrochen werden.

Ein weiteres wichtiges Potenzial lassen wir ungenutzt – die Frauen in der IT-Branche. In Deutschland sind nur 17 Prozent aller Informatikstudierenden Frauen. Das ist im Vergleich zu europäischen Ländern wie Griechenland oder Spanien beschämend wenig, wo die Zahlen deutlich über 40 Prozent liegen. Die Begeisterung und die Anerkennung für die technischen Berufe müssen schon in der Schule geweckt werden. Dies ist Aufgabe von Gesellschaft und Politik.

4 Resümee

Die Informationstechnologie wird in den nächsten 10 Jahren weiter Superlative in Preis und Leistung hervorbringen. Dadurch werden bahnbrechende, neue Anwendungen ermöglicht. Die Nutzung des Computers im Privaten und im Unternehmensbereich wird weiter fortschreiten.

Informationstechnologien sind in erster Linie Veränderungstechnologien. Sie verändern wie wir Handel betreiben, einkaufen, verkaufen, wie wir Produktion steuern, wie wir kommunizieren, wie wir lernen. Sie verändern die Regeln des Wettbewerbs.

Wir bewegen uns mit Hochgeschwindigkeit von einer Industriegesellschaft in eine Informationsgesellschaft. Wir kennen die großen Megatrends der Zukunft. Wir haben die Möglichkeit, sie zu unserem Wohle zu gestalten und zu nutzen. Aussitzen und abwarten sind keine Option. Wir müssen diese Transformation aktiv gestalten und dürfen uns nicht von den führenden Nationen nachziehen lassen.

Breitbandtechnik in Deutschland

Führungsrolle in Europa

Josef Brauner

Mehr Markt, weniger Staat

Die Begeisterung für eine neue Technik beginnt mit der Vision davon, was sie ermöglichen kann. Noch vor zwei Jahren herrschte wenig Euphorie in Bezug auf die Breitbandtechnologie. Vielerorts wurden Fragen laut, wer sie denn benötige und für welche Zwecke sie genutzt werden könne.

Mitte 2002 gibt es in Deutschland weit über 2,5 Millionen Kunden auf einem Markt mit stetig steigenden Zuwachsraten. Ein Blick auf das typische Kundenprofil zeigt: Die Vorzüge hoher Übertragungsraten schätzen vor allem diejenigen Anwender, die Internet und Informationstechnologie besonders intensiv zu beruflichen wie privaten Zwecken nutzen. Diese Nutzergruppe zeichnet auch den Weg vor, auf dem sich die Breitbandtechnik weiterentwickeln wird. Die technische Infrastruktur bildet die Grundlage, stellt aber alleine und für sich betrachtet noch nicht den Erfolgsgaranten dar. Wichtiger ist heute und in Zukunft die Verschmelzung von Technik und Anwendung, Übertragungsmöglichkeiten und Inhalten. Telekommunikation und Informationstechnologie konvergieren mit Multimedia-Anwendungen, Entertainment-Applikationen und Sicherheitsdienstleistungen zu einem einzigen großen T.I.M.E.S-Markt.

Breitband lässt Technikvisionen wahr werden

Die Visionen von der vernetzten Gesellschaft, in der die Technik dem Menschen eine Vielzahl von Bequemlichkeiten bietet und ihn von einer Fülle von (Routine)-Tätigkeiten entlastet, wird die Breitbandtechnik zur Realität werden lassen. Die Versprechungen der einsetzenden Computerisierung der achtziger Jahre und die Verheißungen des Internets in den Neunziger kann die Breitbandtechnik nun wirklich einlösen. Sie bildet die Grundlage für die nächste Umwälzung der Arbeitswelt genauso wie für die Freizeitgesellschaft.

Videokonferenz, Fax und E-Mail machen auch heute schon eine standortübergreifende Zusammenarbeit zwischen Menschen möglich. Die Breitbandtechnik ermöglicht nun den persönlichen Umgang von Mensch zu Mensch über multimediale Hilfsmittel. Es kann gesehen, gesprochen, gehört und es können wie über einen Schreibtisch hinweg Unterlagen ausgetauscht werden. Die Breitbandtechnik kompensiert den Verlust der persönlichen Ebene, an dem bisherige Versuche der Telearbeit in der Vergangenheit häufig zu scheitern drohten. Sie fügt der Mobilität der Gesellschaft eine weitere Komponente hinzu und leistet gleichzeitig einen Beitrag dazu, dem Kollaps der Verkehrsmittel auf elektronischem Wege Einhalt zu gebieten.

Neue Branchen werden durch die Breitbandtechnik entstehen, einige einem grundlegenden Wandel unterliegen. Wenn Filme oder Musik-CDs in bester Qualität, bequem und kostengünstig über das Netz übertragen werden können, warum sollte dann noch die Videothek oder das CD-Geschäft aufgesucht werden? Softwareprodukte mit ihren immer größeren Datenmengen können direkt auf die heimische Hardware geladen und installiert werden, Online-Support eingeschlossen. Der weltgrößte Softwarekonzern Microsoft hat bereits im vergangenen Jahr angekündigt, seine Software zukünftig über Breitband verteilen zu wollen. Technischer Support an Industrieanlagen und Fertigungsmaschinen kann aus der Ferne erfolgen und macht die zeitraubende Anreise des Servicetechnikers, in einer globalen Wirtschaft nicht selten aus anderen Erdteilen, überflüssig. Schulungsteilnehmer aller Art schließt die Breitbandtechnik zu einem einzigen großen Klassenzimmer zusammen, egal ob der Teilnehmer um die Ecke, auf Mallorca, in den USA oder in Japan sitzt.

Humanitäre Katastrophen wie Erdbeben, Stürme oder Überschwemmungen, nicht zuletzt aber auch durch den Menschen selbst erzeugte Notsituationen in Krisengebieten erfordern eine Fülle an medizinischem Spezialistentum, das vor Ort in der Regel nie zur Verfügung gestellt werden kann. Über Breitband-Übertragungswege kann der Spezialist aus seiner heimischen Klinik dem Universalisten an jedem Ort der Erde zur Seite stehen und ihn durch schwierige medizinische Eingriffe lotsen.

In absehbarer Zeit wird die Durchsage „Handys und Laptops aus" beim Einstieg in ein Flugzeug der Vergangenheit angehören. Auf der CeBIT 2002 stellten Lufthansa und Boeing den ersten Linienjet mit Breitbandanschluss vor. Von jedem Platz aus können die Passagiere künftig mailen, surfen, chatten oder online spielen.

Warum im Winter den ganzen Tag heizen, nur damit es Abends schön warm ist? Mit der Breitbandtechnik kann beim Verlassen des Büros die Heizung angestellt, auf dem Weg zur Wohnung bereits das Licht eingeschaltet, die Mikrowelle in Betrieb gesetzt werden. Jederzeit ist ein virtueller Rundgang in der Wohnung möglich, um nach dem Rechten zu sehen, eventuell vergessene Fenster und Rollläden zu schließen, zu überprüfen, ob das Bügeleisen aus- und die Klimaanlage eingeschaltet sind.

Netz und Anwendung bilden eine Einheit

Scheiterten viele Internetunternehmen in jüngster Vergangenheit an der zu starken Fixierung auf die technische Plattform, so wird die Breitband-Branche Technik und Anwendungen im Gleichschritt voran treiben. Während die Umsätze aus der reinen Datenübermittlung bis 2005 jährlich durchschnittlich um 18 Prozent steigen werden, sollen die Zuwachsraten bei den Umsätzen für Kommunikationsdienstleistungen bei knapp 70 Prozent liegen[1].

Vor diesem Hintergrund gab die Deutsche Telekom im Frühjahr 2002 den Startschuss für das Breitbandportal „T-Online Vision" auf der Basis von T-DSL, das über eine Highspeed-Anbindung an das Internet die Voraussetzung für die Nutzung multimedialer Online-Angebote schafft. Aktuelle Nachrichten, Live-Sport-Übertragungen beispielsweise von den olympischen Winterspielen in Salt Lake City und Live-Music-Events vernetzten den Kunden mit weltweiten Top-Veranstaltungen. Künftig können Musik- und Videoclips, Konzertmitschnitte, exklusive Film-Previews und Serien herunter geladen werden. Spieler beziehen in Zukunft die neuesten Online-Games aus dem Netz oder lassen sich zu einem Multiplayer-Spiel verbinden. Schnelle Übertragungswege, qualitativ hochwertige Inhalte und Anwendungen, verbunden mit hohen Sicherheitsstandards für den Kunden bilden zusammen genommen die Erfolgskriterien für diese Breitband-Zukunft, die bereits begonnen hat. Hinzu kommen mediumgerechte sichere Bezahlverfahren mit genauer Abrechnung der tatsächlich in Anspruch genommenen Leistungen.

Absehbar ist damit, wohin der Zug des World Wide Web in der näheren Zukunft fahren wird. Neben das chaotische, mehr privat orientierte Internet wird ein geordnetes Qualitätsnetz treten, das hochwertige Inhalte komfortabel mit hoher Benutzerfreundlichkeit anbietet. An die Stelle des wahllosen Surfens und Suchens wird das gezielte Finden in großen zielgruppenorientierten Breitbandportalen treten. Die Zeit des Free Content wird sich dem Ende zu neigen. Hochwertige Inhalte aus der virtuellen Welt, die dem Angebot der realen den höheren Service voraus haben, werden in echte Konkurrenz zu den heute bekannten Handels- und Dienstleistungsformen treten.

Starkes Marktwachstum

Die Marktprognosen gehen von einer Vervierfachung der DSL-Anschlüsse in Deutschland zwischen 2001 und 2004 aus. 2005 werden bereits mehr als neun Millionen und damit 17 Prozent aller Haushalte[2] in Deutschland das Breitbandnetz nutzen. Noch größer wird die Durchdringung mit Breitbanddiensten bei den Unternehmen sein. Bis 2004 werden rund 80 Prozent der großen und mehr als 50 Prozent der mittelständischen Unternehmen in der Lage sein, die Vorzüge von DSL zu genießen[3]. Deutschland spielt mit diesen Zuwachszahlen den Vorreiter in Europa, läuft mittelfristig sogar der USA den Rang ab und lässt Japan weit hinter sich. Mehr als optimistisch stimmt, dass alleine die Deutsche Telekom mit ihren

---

[1] Ernst & Young, Cap Gemini Ernst & Young 2001
[2] Forit 2000, Forrester 2001, Jupiter MMXI 2000
[3] Ernst & Young, Cap Gemini Ernst & Young 2001

Kundenzahlen die Prognosen der Europäischen Union für das Breitband-Wachstum für 2001[4] um mehr als das Dreifache übertroffen hat.

Ebenso wenig wie bei der Übertragungstechnologie hat sich bei den Übertragungswegen bisher ein klarer Standard herausgebildet. Während DSL zusammen mit UMTS (Universal Mobile Telecommunications Service) das Zeug dazu haben, sich am Markt als Maßstab durchzusetzen, ist zu erwarten, dass die Übertragung über Glasfaserkabel, drahtlos über Funkwellen und über Satellit zukünftig gleichrangig nebeneinander stehen werden. Im Zuge einer fortschreitenden Konvergenz werden die Grenzen zwischen Festnetz- und Mobilfunktelefonie zunehmend verwischen. Der Übergang vom einen auf den anderen Übertragungskanal wird vom Kunden je nach aktuellem Bedarf individuell gewählt werden. Je nachdem, ob er sich zuhause, im Auto, im Garten bei Freunden oder auf der Trekking-Tour im Himalaja befindet, wird er die für ihn geeignetste Möglichkeit nutzen. Um die technisch möglichen Übertragungsgeschwindigkeiten – bei DSL bis zu 768 KBit/s, bei UMTS gar bis zu 2 MBit/s - zu erreichen, werden auch die Netzanbieter auf eine Kombination mehrerer Wege zurückgreifen, beispielsweise auf ein starkes terrestrisches Backbone-Netz, wie es die Deutsche Telekom 2001 aus- und aufgebaut hat, in Kombination mit dem drahtlosen UMTS-Netz.

Deutschland ist Vorreiter bei der Breitbandtechnik

Im internationalen Vergleich, insbesondere innerhalb der Europäischen Union nimmt Deutschland bei der Breitbandtechnik nicht zuletzt wegen der liberalsten Telekommunikationsgesetze auf dem Kontinent eine führende Stellung ein. Nach der Öffnung des Marktes 1998 sieht sich der vormalige Monopolist Deutsche Telekom heute rund 700 Konkurrenten gegenüber. Auf allen Tätigkeitsfeldern herrscht ein funktionierender Wettbewerb, der dazu geführt hat, dass der Anteil der Telekom am Gesamtmarkt bis Ende 2001 auf 56 Prozent gesunken ist. Bei Fernverbindungen haben die Wettbewerber weit über ein Drittel des Marktes gewinnen können. Bei Auslandsgesprächen ist der Marktanteil der Telekom auf 40 Prozent gesunken. Bei der Mobiltelefonie und den Online-Angeboten bestanden von vorne herein gleiche Chancen für alle Marktteilnehmer.

Telekommunikation – ein Global-Player-Markt

Die Binnensicht greift jedoch bei der Betrachtung der Konkurrenzumgebung auf dem Telekommunikationsmarkt bei Weitem zu kurz. Telekommunikation ist längst ein Weltmarkt, den eine Reihe multinational agierender Global Player wie Vodafone, NTT DoCoMo oder Hutchinson Whampoa dominieren. Keiner der vormaligen nationalen Monopolisten in den Staaten der Europäischen Union be-

---

[4] EU 2001

schränkt sich mehr auf den heimischen Markt. Jedes einzelne Unternehmen betreibt eine europa- oder weltweite Expansion mit dem damit verbundenen Netzaufbau. Über Beteiligungen an anderen Unternehmen, Bildung von Konsortien für einzelne Telekommunikationssparten und Übernahme von neu ausgeschriebenen Lizenzen verfolgt jedes Unternehmen differenzierte Strategien. France Telecom oder die niederländische KPN sind mittlerweile europaweit tätig. Sonera hat ihre Fühler über die Landesgrenzen hinaus ausgestreckt. Die spanische Telefonica betreibt ihre Expansion nicht nur europaweit, sondern auch in weiten Teilen Lateinamerikas.

Insbesondere der Start der UMTS-Technologie wird der Internationalisierung des Telekommunikationsgeschäftes einen weiteren Schub verleihen. In nahezu allen europäischen Ländern sind die Lizenzen mittlerweile vergeben, zum großen Teil an gleichartige Konsortien oder Einzelunternehmen, die somit in der Lage sein werden, europaweit flächendeckende Netze aufzubauen.

Während allerdings der Wettbewerb in Ländern wie Großbritannien oder Frankreich nur langsam in Gang kommt, erhalten France Telecom und British Telecom die Möglichkeit, international zu expandieren. So entsteht anders als in Deutschland ein Ungleichgewicht zwischen den Erfordernissen, sich der Konkurrenz auf dem heimischen Markt stellen zu müssen und den Möglichkeiten einer Geschäftsausweitung und internationalen Festigung auf bereits freigegebenen europäischen Märkten.

Längst ist die Telekommunikationsbranche nicht mehr mit klar gezogenen Grenzen abgeschottet. Die Konvergenz mit anderen Märkten gewinnt an Fahrt. Insbesondere zur Informationstechnologie werden die Grenzen zunehmend verwischen. Wenn der europäische Telekommunikationsmarkt seine Umbruchphase hinter sich gebracht haben wird, werden die Gewinner nicht die reinen Telekommunikationsgesellschaften sein, sondern integrierte Telekommunikations- und Informationstechnologieunternehmen.

Der Breitband-Wettbewerb wird sich an vielen Fronten abspielen. Zum einen wird eine zunehmende Konkurrenz bei den Übertragungswegen einsetzen. Telekommunikationsnetze werden mit den TV-Kabel- und Stromnetzen ebenso in Wettbewerb treten wie mit kabellosen Mobil- und Satellitennetzen. Die Schar der multinational agierenden Wettbewerber wird sich deutlich erhöhen. Das amerikanische Kabelunternehmen Callahan Associates International ist in Deutschland, Frankreich, Spanien und den Niederlanden tätig. Die niederländisch-amerikanische KPNQwest und die amerikanische NTL haben ihren Fuß auf den deutschen Markt gesetzt. UPC, die größte europäische Kabelgesellschaft, verfügt über Aktivitäten mit zum Teil dominierendem Einfluss in insgesamt vierzehn europäischen Staaten. Absehbar ist, dass die schwedische Bredbandsbolaget ihre Fühler über den skandinavischen Raum hinaus ausstrecken wird.

Den Markt komplettieren diverse Satellitengesellschaften wie beispielsweise SES Astra. Nicht ausgeschlossen ist, dass Fernsehgesellschaften mit ihren terrestrischen Frequenzen in das Breitbandgeschäft über die reine Fernsehübertragung hinaus einsteigen. Nahezu alle großen Stromanbieter, die über ein ähnlich großes

Netz wie die Telefongesellschaften verfügen, prüfen die Übertragung von Beitbanddiensten über die Stromleitungen. Unternehmen wie RWE und Eon haben bereits erste Anwendungen angekündigt.

Genauso offen ist der Wettbewerb in Bezug auf die zukünftigen Endgeräte. Werden Telefone weiterhin die dominierende Rolle in der Telekommunikation einnehmen? Oder treten an ihre Stelle multifunktionale Personal Computer? Die Möglichkeiten des heimischen Fernsehgerätes sind bei Weitem noch nicht ausgeschöpft. Sony hat mit den erweiterten Funktionen der Playstation längst eine Entwicklung angestoßen, die in ganz neue Richtungen weist. Nicht zuletzt aus diesem Grund versucht Microsoft mit seiner X-Box dieses Feld, das eine ernstzunehmende Konkurrenz für den PC und Windows darstellt, ebenfalls zu besetzen.

UMTS – Finanzkraft entscheidet

Das Beispiel UMTS zeigt, dass in diesem Markt nur mithalten kann, wer über eine hinreichende Größe und die damit verbundene Finanzkraft verfügt. Die von den Regierung vergebenen Lizenzen genauso wie der Netzaufbau verschlingen zweistellige Milliardensummen. Der Kampf um die Refinanzierung dieser Investitionen über den Markt wird mit harten Bandagen geführt werden müssen. Nicht jeder Lizenznehmer wird dabei erfolgreich sein. Schließlich betragen die Lizenzkosten schon rein rechnerisch mehr als 600 Euro pro Einwohner. Die Kosten für ein flächendeckendes Netz und den laufenden Betrieb hinzugerechnet, wird UMTS auf Jahre hinaus nicht kostendeckend zu betreiben sein. Die öffentliche Hand als Nutznießerin der Lizenzeinnahmen könnte einen Beitrag zur Refinanzierung leisten, beispielsweise über günstige Kredite für den Netzaufbau oder Förderungen der ländlichen Gebiete, die aufgrund der geringen Ertragsaussichten entweder nur zögerlich mit Netzanschlüssen versorgt oder von einigen Anbietern gar nicht einbezogen werden.

UMTS fördert den Wettbewerb im Ortsnetz

Der Wettbewerb fordert einen besseren Zugang in die Ortsnetze, in denen die Deutsche Telekom nach wie vor die dominierende Stellung einnimmt. Eine genaue Betrachtung der Mikrostruktur zeigt jedoch: Zwei Drittel dieses Marktes überlassen die Konkurrenten nur allzu gerne der Telekom, weil sich dort keine profitablen Geschäftsergebnisse erzielen lassen. Interesse besteht nur an den großstädtischen Ballungsgebieten, um sich mit einem stark selektiven Angebot mit Konzentration auf Geschäftskunden und ISDN die ertragstärksten Felder zu sichern. So sind in Berlin bereits 100 Anbieter tätig, die einen Marktanteil von 21 Prozent erobern konnten. In anderen Ballungsräumen liegt der Marktanteil der Deutschen Telekom unter 90 Prozent. Dafür, dass auch die strukturschwachen Gebiete mit allen Dienstleistungen und Produkten flächendeckend zu erschwinglichen Preisen versorgt werden, sorgt auch die Deutsche Telekom. Eine Regulierung an dieser Stelle darf nicht außer Acht lassen, dass der Konkurrent zum Ortsnetz zunehmend der Mobilfunk ist. Mit UMTS wird dieser Wettbewerb an Intensität gewinnen.

Vor dem Hintergrund der hohen Kosten sollte von gesetzgeberischer wie regulatorischer Seite alles getan werden, um den Erfolg der Breitbandtechnologie zu unterstützen. Langfristig kann sie sich nur im Wettbewerb gegen andere Techniken behaupten, wenn es gelingt, sie ähnlich wie die Mobiltelefonie breit im Gesamtmarkt zu etablieren. Um das zu erreichen, sind auf der einen Seite hohe Qualitätsstandards zu realisieren; auf der anderen Seite müssen aber die Kosten im Vergleich zum heutigen Niveau weiter sinken. Unverständlich muten somit die Bestrebungen der deutschen Regulierungsbehörde an, die letztlich die Preise für neue Produkte wie T-DSL unnötig hochtreiben und so die vorhandene Nachfrage und das tatsächlich vorhandene starke Marktwachstum behindern.

Notwendige Regulierung mit Augenmaß gefordert

Unbestritten besteht in einem vormals monopolistisch geprägten Markt die Notwendigkeit zur Regulierung, damit sich eine gesunde Konkurrenzumgebung entwickeln kann. Regulierung sollte sich jedoch auf wettbewerbsnotwendige Bereiche beschränken, frei nach der Devise: So viel Regulierung wie nötig, so viel freies Spiel der Kräfte wie möglich. Die Studie „Telekommunikation im Wettbewerb" von 2001 zeigt auf, dass der Wettbewerb auf dem deutschen Telekommunikationsmarkt bereits drei Jahre nach der Marktöffnung ungewöhnlich schnell an Dynamik gewonnen hat. Aufgrund der heute bestehenden Marktstrukturen und niedrigen Marktzutrittsschranken kann von einem funktionierenden Wettbewerbsmarkt gesprochen werden. Die Verfasser der Studie, vier renommierte Wirtschaftsprofessoren und Juristen, kommen zu dem Schluss, dass die Regulierung bereits heute Schritt für Schritt zurückgenommen werden kann.

Als grundlegendes Prinzip sollte gelten, dass sich die Regulierung auf solche Felder konzentriert, auf denen ein schneller und umfassender Marktzugang durch Wettbewerber der Deutschen Telekom nur unter Mitwirkung des Netzinhabers möglich ist. Bei gleichen Zugangsbedingungen zu diesen Engpassstellen für alle und regulierten Preisen für die Vorleistungen, die die Wettbewerber für die Infrastruktur bezahlen, kann damit auf eine weitergehende Regulierung in Bezug auf neue Produkte und Endteilnehmerentgelte verzichtet werden.

Beispiel T-DSL: Die Chancen für die Entwicklung der Breitbandtechnik waren für alle Marktteilnehmer gleich. Nur wenige haben jedoch das in dieser Technik ruhende Potenzial erkannt und die entsprechenden Investitionen in die notwendige Forschung und Entwicklung vorgenommen. Erst der durchschlagende Markterfolg der Deutschen Telekom hat die Konkurrenz geweckt und die Regulierungsbehörde auf den Plan gerufen. Keinesfalls darf Regulierung dazu führen, dass der innovative Anbieter auf dem Markt für seine Innovationskraft bestraft wird, indem er seine Produktneuheiten der Konkurrenz zugänglich machen muss. Preisregulierung darf nicht dazu führen, den Markterfolg eines Produktes an sich zu gefährden und bei richtungsweisenden Neuerungen die Wettbewerbsfähigkeit des Gesamtstandortes Deutschland in Frage zu stellen.

Regulierung muss dort ihre Grenzen finden, wo ein Marktteilnehmer auf Grund der Regulierungserfordernisse seine Unternehmensstrategie dem Wettbewerb offen legen muss. Gleichzeitig muss eine Regulierungsbehörde den Erfordernissen eines sich schnell wandelnden Marktes Rechnung tragen. Antragsverfahren von sechs bis zehn Wochen für die Genehmigung einzelner Tarife widersprechen deutlich marktwirtschaftlichen Grundbedingungen.

Eingedenk der gesunkenen Marktmacht der Deutschen Telekom können weite Bereiche, die heute einer gesonderten Regulierung unterliegen, nach und nach in das allgemeine Wettbewerbsrecht überführt werden. Eine Sonderregulierung macht dann keinen Sinn, wenn ihre Aufgaben genauso gut von den vorhandenen Wettbewerbsbehörden und Kartellämtern auf deutscher und zunehmend auch europäischer Ebene übernommen werden können. Insbesondere die Europäisierung der Telekommunikation erfordert eine Betrachtungsweise, die über die deutschen Grenzen hinausgeht und die von einer Binnenbehörde im erforderlichen Umfang nicht mehr geleistet werden kann.

Regulierung mit klaren Zielen und Zeithorizonten

In Anbetracht der Geschwindigkeit, mit der der Wettbewerb auf dem deutschen Telekommunikationsmarkt Einzug gehalten hat, scheint die Einführung des Faktors Zeit in die Telekommunikationsgesetzgebung geboten. Regulatorische Maßnahmen, die zu Beginn der Marktöffnung ihre volle Berechtigung besaßen, werden nach und nach durch die sich verändernden Marktgegebenheiten überholt. Somit sollte für jede Art der Regulierung eine Zielsetzung eingeführt und deren Erreichung in festgesetzten Zeiträumen überprüft werden, um entweder mit Zielerreichung den Wegfall der Regulierungsgrundlage oder aber den weiteren Regulierungsbedarf festzustellen.

Die Regulierung muss zunehmend differenziert erfolgen. So wichtig es ist, Newcomern auf dem Binnenmarkt den Marktzutritt zu erleichtern, so notwendig ist es, für alle multinational agierenden Unternehmen gleiche Wettbewerbsvoraussetzungen zu schaffen. Dies gilt für den deutschen Markt wie für alle anderen Märkte innerhalb der europäischen Union gleichermaßen. Keinesfalls darf die Situation eintreten, dass ebenso potenzialstarke Wettbewerber durch regulatorische Maßnahmen Wettbewerbsvorteile auf dem deutschen Markt gegenüber Deutschlands einzigem Global Player erzielen können. Die Übernahme von Mannesmann durch Vodafone, aber auch die Schwierigkeiten der Deutschen Telekom beim Versuch, Telekom Italia zu übernehmen, lassen eine Angleichung der europäischen Telekommunikationsgesetze mit einer Betrachtung eines einzigen europäischen Gesamtmarktes als längst überfällig und dringend geboten erscheinen.

Konsolidierungen, wie sie derzeit im deutschen Telekommunikationssektor stattfinden, sind vollkommen natürliche Vorgänge für Märkte im Umbruch mit einer hohen Zahl an Markteintritten. Nach der Gründerphase findet eine Verschiebung des Marktgeschehens weg vom reinen Preis- hin zum Qualitätswettbewerb statt. Für den Kunden, der in den vergangenen Jahren vom starken Preisverfall profitiert hat, stehen nun Service und Produktinnovationen bei der Wahl seines Telekommunikationsdienstleisters im Vordergrund. Konsolidierung begründet keine neuen Regulierungsnotwendigkeiten. Viele Kunden entscheiden sich bewusst für das Angebot der Deutschen Telekom. Die Mehrheit will gar nicht wechseln und viele Kunden sind zum Unternehmen zurückgekehrt.

Der Komplexität des Marktgeschehens Rechnung tragen

Allen Wettbewerbern muss die Möglichkeit gegeben sein, Marktchancen gleichermaßen zu nutzen und Vorteile im Wettbewerb zu erzielen. Die Konvergenz der Märkte wird zu einer Leistungsexplosion und -vermischung führen, in der unterschiedliche Systeme miteinander konkurrieren. Eine selektive Regulierung einzelner Bereiche ohne Betrachtung ihrer Wechselwirkungen zu anderen Geschäftsfeldern schießt somit an der Marktwirklichkeit vorbei. Gleiches gilt auch für die Regulierung von Endpreisen. Die Konvergenz von Netzen und Applikationen wird automatisch das Entstehen neuer Entgeltformen nach sich ziehen, deren Regulierung vor dem Hintergrund der entstehenden Wettbewerbsvielfalt zweifelhaft erscheint.

Eine Überarbeitung des Telekommunikationsgesetzes muss die gesamtwirtschaftliche Bedeutung einer starken deutschen Telekommunikationswirtschaft im Auge haben. Innovationskraft und Investitionsbereitschaft muss nicht zuletzt vor dem Hintergrund der Sicherung der bestehenden und der Schaffung neuer Arbeitsplätze belohnt werden. Die internationale Wettbewerbsfähigkeit der deutschen Unternehmen muss gestärkt werden. Regulierung muss auf das notwendige Mindestmaß beschränkt und darf keinesfalls auf funktionierende Wettbewerbsmärkte ausgedehnt werden. Dort wo Entgeltregulierungen unvermeidbar sind, müssen reale betriebswirtschaftliche Größen als Bewertungsmaßstäbe herangezogen werden, die dem internationalen Vergleich standhalten.

Die Wandlung des deutschen Telekommunikationsmarktes hin zum Wettbewerb ist eine Erfolgsgeschichte. Von starkem Marktwachstum und Innovationskraft profitieren Wirtschaft und Kunden gleichermaßen. Durch die richtigen Weichenstellungen können Bundesregierung und Parlament für eine weitere Steigerung der internationalen Wettbewerbsfähigkeit sorgen.

IT-Sicherheit nach dem 11. September

Was müssen wir tun, um einen terroristischen oder kriminellen Missbrauch des Internets zu verhindern?

Dirk Henze

Die Ereignisse am 11. September 2001 in den USA haben der Welt drastisch vor Augen geführt, wie verletzlich die Gesellschaft in unserer hochtechnisierten Welt geworden ist. Dies betrifft auch den Bereich der Informationstechnik mit der kaum vollständig zu überschauenden weltweiten Vernetzung informationstechnischer Systeme, denn immer mehr Bereiche sind nur noch arbeitsfähig, wenn Computer und Datennetze zuverlässig funktionieren. Nach Feststellungen des renommierten amerikanischen Forschungsinstitutes International Data Corporation (IDC) haben die Auswirkungen des Terrorismus auf die globale Wirtschaft dem Markt der Informationstechnik (IT) zwar einen beträchtlichen Zoll abverlangt; es wird aber gleichwohl erwartet, dass noch im Jahr 2002 eine Milliarde Mobilfunktelefone im Einsatz sein werden, mehr als 600 Millionen Menschen das Internet nutzen, mehr als 550 Millionen Personalcomputer installiert sind und die Ausgaben für Informationstechnik eine Billion Dollar übersteigen. Das auf freien Austausch von Informationen für jedermann angelegte Internet verändert alles. So wie sich das Telefon zum globalen Netz für Sprache entwickelte, so wird das Internet zum globalen Netz für Information. Viele bekannte Dienstleistungen werden zunehmend auch im Internet angeboten, neue Dienstleistungen entstehen. E-Government, E-Commerce und E-Business sind hier die Stichwörter. Mobiles Business könnte künftig das sein, was E-Business heute ist, jedoch mit völlig neuen Qualitäten: Zugriff auf Informationen und unmittelbare Transaktionen zu jeder Zeit und an jedem Ort.

Insgesamt verändert das Internet die Lebens- und Arbeitswelt nachhaltig: Es beeinflusst das Sozial- und Lernverhalten, hat Auswirkungen auf viele Politikfelder, entwickelt sich zu einer Kulturtechnik, wird zum Symbol der Informationsgesellschaft und zum Motor der Innovation in der Gesellschaft.

1 Gefährdungen im Internet

Die zunehmende Verbreitung des Internets wird jedoch seit Jahren begleitet von Pressemeldungen wie

- „Hacker dringen in private Datenbanken ein"
- „Millionenbetrug im elektronischen Zahlungsverkehr"

- „Hetzpropaganda im Internet"
- „Zuwachs an Computerkriminalität"
- „Computerviren, Computerwürmer, trojanische Pferde und logische Bomben verändern oder zerstören Software".

Wir haben es hier mit völlig neuartigen Bedrohungen zu tun, die alle betreffenden Einzelnen, die Unternehmen, aber auch Staat und Gesellschaft. Bedrohungen können dabei von kriminellen Einzeltätern, von Terroristen, von kriminellen Organisationen oder auch von feindlichen Staaten ausgehen.

Es wird auch von niemandem bestritten, dass das Internet ein konzeptionell unsicheres, nur auf technische Verfügbarkeit ausgerichtetes Kommunikationsmedium ist. Dies hat seine rasante Entwicklung jedenfalls nicht beeinträchtigt. Angesichts der faszinierenden Nutzungsmöglichkeiten des Internets als weltweit offenes Informations- und Bildungsmedium haben die gravierenden Sicherheitsmängel des Internets im Bewusstsein der Nutzer so lange keine besondere Rolle gespielt, wie nur Informationen abgerufen wurden. Jedoch mit Nutzung von E-Mail und E-Commerce-Transaktionen tritt IT-Sicherheit zunehmend ins Bewusstsein der Internet-Nutzer.

Diese Nutzungsänderung vom Informationsangebot zu Transaktionen im Internet birgt auch ein steigendes Missbrauchspotenzial. Die amtliche Computerkriminalitäts-Statistik, die sich auf Computerbetrug, Computersabotage, Ausspähen von Daten, Datenveränderungen, Straftaten gegen Urheberrechtsbestimmungen und Softwarepiraterie erstreckt, weist von Jahr zu Jahr zweistellige Steigerungsraten auf, und kriminelle Handlungen im Zusammenhang mit Computerviren werden dabei noch nicht einmal erfasst. Zum Beispiel werden die volkswirtschaftlichen Kosten im Zusammenhang mit Computerviren und -würmern allein in Deutschland auf mehrere hundert Millionen Euro jährlich geschätzt. Der Loveletter-Wurm, der vor einiger Zeit um die Welt ging, hat zum Beispiel gezeigt, dass ein ungeheuerlicher Schaden allein schon von einem Computerwurm angerichtet werden kann. Er wird auf ungefähr zehn Milliarden US-Dollar geschätzt. Auch die Schäden, die Computerwürmer wie SirCam und CodeRed verursacht haben, sollen in Milliardenhöhe liegen.

Angriffe mit Computerviren und -würmern richten sich im allgemeinen nicht gegen einzelne Staaten oder konkrete Firmen, verursachen aber in der Summe erheblichen volkswirtschaftlichen Schaden. Bei Angriffen auf einzelne Firmen ist der volkswirtschaftliche Schaden im allgemeinen geringer, der Schaden für das betroffene Unternehmen kann allerdings sehr hoch sein und sogar bis zum Konkurs führen. So verursachte der Hacker „Mafiaboy" durch sogenannte verteilte Denial-of-Service-Angriffe auf Yahoo, Amazon, CNN und andere einen geschätzten Gesamtschaden von über einer Milliarde Dollar. Es ist bei diesen Angriffen besonders beängstigend, mit welch geringem Aufwand kriminelle Einzeltäter Schäden in Milliardenhöhe erzeugen können. Es ist kaum auszumalen, was Terroristen mit professionellem IT-Sachverstand anrichten könnten. Auch hier hat der

11. September gezeigt, dass heutige Terroristen sich sehr wohl im technologischen Umfeld auskennen.

Wenn man bedenkt, dass ein nicht einmal einwöchiges Flugverbot in den USA große Fluggesellschaften an den Rand des Ruins bringt, so wird deutlich, welche Auswirkungen gezielte Angriffe auf die informationstechnische Infrastruktur von Unternehmen haben könnten.

Weiterhin muss im Bereich der Computerkriminalität von einer hohen Dunkelziffer ausgegangen werden, denn der erfolgreiche Angreifer hinterlässt vielfach keine Spuren. Und auch viele Angriffe, die Spuren hinterlassen, werden nicht entdeckt, oder wenn sie entdeckt werden, so werden sie nicht allgemein bekannt. Denn wer gibt schon gerne erfolgreiche Angriffe auf seine Organisation zu.

Des Weiteren nehmen die Möglichkeiten zur Manipulation von Informationen rapide zu, sie werden darüber hinaus immer perfekter, der Aufwand dafür nimmt jedoch stetig ab. Dies führt zwangsläufig weiter zu erhöhten Gefährdungen und bietet auch Terroristen hervorragende „Arbeitsbedingungen", um mit geringem Einsatz von personellen und finanziellen Ressourcen hohen Schaden anzurichten.

Bei allen Gefährdungen durch kriminelle Handlungen darf allerdings nicht übersehen werden, dass die weit überwiegende Zahl der Schäden beim IT-Einsatz auf die mangelnde Verfügbarkeit von Systemen infolge technischer Fehler oder nachlässigen bzw. fahrlässigen Handelns zurückzuführen ist. Die Ansprüche an die Verfügbarkeit steigen jedoch wegen der zunehmenden Abhängigkeit. Eine Zusicherung von 99 Prozent Verfügbarkeit hört sich zwar gut an, doch reicht sie vielfach kaum aus, bedeutet sie doch, dass die IT innerhalb von vier Tagen fast eine Stunde lang ausfallen kann. Ein einziger Fehler kann unübersehbare Folgen haben. Die Informationstechnik macht uns zwar stärker, als wir ohne sie wären, fällt sie jedoch aus, macht sie uns viel schwächer, als wir ohne sie wären. Wer sich aus guten Gründen in diese Abhängigkeit begibt, muss gleichzeitig Konzepte entwickeln, die eine zuverlässige Aufgabenerfüllung beim Ausfall der IT sicherstellen.

Sicherheit in der Informationstechnik wird damit zur entscheidenden Schlüsselfrage für die weitere Anwendungsentwicklung auf dem Gebiet der IT, und es wird Zeit, IT-Sicherheit als zentralen Baustein der Informationsgesellschaft zu begreifen. 100-prozentige Sicherheit wird es jedoch nicht geben können. Man denke an andere moderne Techniken zum Beispiel im Verkehrsbereich, sei es zu Wasser, auf der Schiene, auf der Straße oder in der Luft.

Auch hier gibt es immer wieder Unfälle und vorsätzlich herbeigeführte Schäden. Technikeinsatz mit absoluter Sicherheit kommt praktisch nicht vor. Unsicherheit wird zwar bekämpft, aber letztlich von der Gesellschaft hingenommen, wenn die Restrisiken als tolerabel eingeschätzt werden.

2 Aktionsfeld: Standardsicherheit

Im IT-Bereich kommt es also darauf an, wie in anderen technischen Disziplinen auch, angemessene Sicherheit zu realisieren. Absolute Sicherheit erreichen zu wollen wäre utopisch. Ziel muss es sein, die unvermeidbaren Störungen und Unterbrechungen selten, kurz, isoliert und beherrschbar zu machen und gleichzeitig die Nutzer der IT, die IT-Hersteller und Internetdiensteanbieter, hinreichend für Fragen der IT-Sicherheit zu sensibilisieren. Dazu ist ein Bündel technischer, organisatorischer, physikalischer und personeller Standardsicherheitsmaßnahmen als IT-Grundschutz erforderlich, der gegen die Grundbedrohungen der Informationssicherheit, nämlich den Verlust der Verfügbarkeit, Vertraulichkeit, Unversehrtheit und Authentizität von Informationen, wirkt.

3 Aktionsfeld: Technische Prävention

Es reicht nicht aus, auf erfolgte kriminelle Handlungen mit geeigneten Maßnahmen zu reagieren, sondern es ist erforderlich, einfallsreich und innovativ zu agieren mit dem Ziel, kriminelle Handlungen technisch erst gar nicht möglich zu machen.

IT-Sicherheit muss ein eigenständiges Leistungsmerkmal neben anderen Leistungsmerkmalen wie z. B. Funktionalität sein. IT-Sicherheit muss immer mehr integrierter Bestandteil oder integraler Bestandteil der Technik werden. Wettbewerbsvorteile von Hardware, Systemsoftware und Anwendungssoftware müssen sich zu wesentlichen Teilen aus der Qualität ihrer Sicherheitskonzepte ableiten.

Parallelen zur Automobilindustrie sind unübersehbar: Jahrzehntelang waren Höchstgeschwindigkeit, Beschleunigung und PS-Leistung bestimmende Wettbewerbsmerkmale. Heute ist an ihre Stelle die Sicherheit getreten, die mit elektronischer Wegfahrsperre, Airbag, Antiblockiersystem, Seitenaufprallschutz und Antischlupfregelung realisiert wird. Die deutschen Automobile gelten als die besten in der Welt, weil sie die sichersten sind. Deutschland hat in Sachen Sicherheitstechniken einen guten Namen. Er könnte auf dem Gebiet der IT-Sicherheit stärker genutzt werden. Auch staatliche Forschungsförderungsmaßnahmen könnten flankierend Unterstützung leisten.

Software aus dem Internet kann Fehlfunktionen und Manipulationen enthalten. Es geht darum, dass die Software das tut, was sie soll, und nichts tut, was sie nicht soll. Voraussetzung dafür ist, dass die Software durchschaubar, verständlich, nachvollziehbar, auf sachliche Richtigkeit prüfbar und änderungsfähig ist. Open-Source-Software kann diese Bedingungen erfüllen und daher kommt ihr im Blick auf Sicherheitsaspekte herausragende Bedeutung zu. IT-Anwendern sind die Vorteile von Open-Source-Software verstärkt auch von staatlicher Seite aus zu vermitteln, weil man dies von den Herstellern proprietärer Software nicht ohne weiteres erwarten kann. Sowohl Anwendungssoftware als auch Systemsoftware sind dabei ins Auge zu fassen. So würde die Verfügbarkeit eines nachgewiesenermaßen vertrauenswürdigen Betriebssystems, dessen fortbestehende Integrität durch entsprechende Versiegelungsmaßnahmen gewährleistet wäre, ganz neue Möglichkeiten der Realisierung informationssichernder Technik eröffnen.

4   Aktionsfeld: Nationale Zusammenarbeit

Durch die Ereignisse am 11. September in den USA sind besonders die sogenannten kritischen Infrastrukturen, die für das Funktionieren von Staat und Wirtschaft unerlässlich sind, in den Blickpunkt von Angriffen im Netz geraten.

Dazu zählen besonders die Bereiche Telekommunikation, Energieversorgung, Transport und Verkehrswesen, Bank-, Finanz- und Versicherungswesen, Regierung sowie öffentliche Verwaltung einschließlich Bundeswehr und Polizei.

Sie müssen ohne wesentliche Beeinträchtigungen immer verfügbar sein. Sind solche Infrastrukturen von Störungen betroffen, kann eine Kettenreaktion von Störungen ausgelöst werden, mit der Folge einer Beeinträchtigung der inneren Sicherheit. Werden Störungen mit bestimmter Zielrichtung, z. B. der Destabilisierung des Staates, herbeigeführt, kann auch die äußere Sicherheit berührt sein. Deshalb kommt dem Schutz kritischer IT-Infrastrukturen zunehmend hohe sicherheitspolitische Bedeutung zu.

Angriffe auf die Verfügbarkeit kritischer IT-Infrastrukturen sind Angriffe auf die Wirtschaft und auf den Staat. Der Staat hat seine Aufgaben in seiner Verantwortung für die innere und äußere Sicherheit wahrzunehmen. Das bedeutet nicht, dass die Verantwortung auf den Staat allein abgeschoben werden kann. Der Staat hat vielmehr die Aufgabe, notwendige Rahmenbedingungen zu schaffen und diese gegebenenfalls auch als Vorbild oder Vorreiter auszufüllen. Dabei ist es, aufgrund der Tragweite der Entscheidungen sowohl für Unternehmen als auch für die zu versorgende Bevölkerung, ureigenste Aufgabe der oberen Managements in Wirtschaft und Verwaltung, die Rahmenbedingungen für eine angemessene IT-Sicherheit zu realisieren. Bei allen Maßnahmen ist mit absoluter Priorität die Zusammenarbeit zwischen den Staaten, innerhalb der Wirtschaft, zwischen Wirtschaft und Staat und schließlich die Zusammenarbeit aller mit dem Bürger anzustreben.

Vorrangiger Handlungsbedarf ist dort zu sehen, wo die entscheidenden Herzstücke von Unternehmen vernetzt sind. Hier sind IT-Sicherheitskonzepte, Notfallkonzepte, Einsatz von „State of the Art"-Sicherheitstechnik und Einsatz von hochqualifiziertem Personal unverzichtbar. Darüber hinaus ist es erforderlich, Möglichkeiten zu schaffen, Angriffe auf die IT-Systeme frühzeitig zu erkennen und auf sie zu reagieren. Ein nationales Meldewesen ist wünschenswert. Unverzichtbar sind spezielle Präventionsteams, die Sicherheitsmaßnahmen im Hinblick auf ihre Wirksamkeit verifizieren. Die Zusammenarbeit der in Wirtschaft, Wissenschaft und Verwaltung vorhandenen Computer-Notfall-Teams (Computer Emergency Response Team – CERT) muss zu einer leistungsfähigen CERT-Infrastruktur in Deutschland auf- und ausgebaut werden, denn bei Angriffen auf kritische IT-Infrastrukturen ist eine schnelle Reaktionsfähigkeit von zentraler Bedeutung.

5 Aktionsfeld: Internationale Zusammenarbeit

Bei weltweiter Vernetzung der Computer über das Internet muss man damit rechnen, dass kriminelle Handlungen im Ausland ausgelöst werden und im Inland ihre Wirkungen zeigen, wie der Loveletter-Wurm vor einiger Zeit eindrucksvoll bewiesen hat. Gegenmaßnahmen rechtlicher Art allein auf nationaler Basis greifen hier wegen der globalen Vernetzung nur sehr begrenzt. Man kann Information an Grenzen nicht einfach anhalten. Ein Land, das dies versucht, läuft Gefahr, sich von der globalen Kommunikation abzukoppeln. So stellt der grenzüberschreitende Charakter des Internets die Sicherheits- und Strafverfolgungsbehörden vor ganz neue Anforderungen. Dabei darf das Internet nicht zu einem rechtsfreien Raum werden. So ist in Deutschland mit dem Gesetz über die Nutzung von Telediensten aus dem Jahre 1997 die Verantwortlichkeit der Dienstanbieter für eigene und fremde Inhalte, die sie zur Nutzung bereithalten, sowie für fremde Inhalte, zu denen sie den Zugang zur Nutzung vermitteln, geregelt. Nationale Lösungen allein reichen jedoch nicht aus. Die internationale Zusammenarbeit ist hier gefragt. Genau genommen bedarf es weltweiter Abstimmung oder eines weltweiten Konsenses, der erfahrungsgemäß nicht kurzfristig erreichbar ist.

Hier gibt es eine Reihe von Initiativen. So ist eine Entschließung des Europarates vom 06.12.2001 zu einem gemeinsamen Ansatz und spezifischen Maßnahmen im Bereich der Netz- und Informationssicherheit ein Schritt in die richtige Richtung. Dabei soll die Wirksamkeit von nationalen Vereinbarungen über Computer-Notfalldienste überprüft werden, um die Fähigkeit dieser Dienste zu verbessern, Störungen von Netzen und Angriffe auf Informationssysteme auf nationaler und internationaler Ebene wirksamer zu verhindern, zu entdecken und zu bekämpfen.

Auch auf technischer Ebene ist innerhalb weniger Jahre eine weltweite Verständigung über Kriterien zur Prüfung, Bewertung und Zertifizierung der Sicherheit informationstechnischer Produkte entstanden.

Der hierzu vorliegende ISO-Standard 15408 ist inzwischen Grundlage für die internationale Anerkennung von Zertifikaten, die durch nationale Zertifizierungsstellen ausgestellt werden. Die verstärkte Nutzung des Instruments der Zertifizierung kann einen wesentlichen Beitrag zur Vertrauensbildung bezüglich der Sicherheit informationstechnischer Produkte leisten. Hier sind IT-Hersteller und IT-Anwender aufgerufen, durch Verstärkung von Angebot und Nachfrage zertifizierte Produkte vermehrt in die Anwendung zu bringen.

6 Aktionsfeld: Rahmenbedingungen zur Sicherstellung der Vertraulichkeit

Zur Sicherstellung der Vertraulichkeit von Informationen im Internet ist die Verschlüsselung die Methode der Wahl.

Die Kryptographie, seit Jahrtausenden angewandt, noch vor zwanzig Jahren Domäne der Nachrichtendienste, ist heute weltweit Gegenstand politischer Erörterungen. Kryptographie ist ambivalent. Ihre Ambivalenz liegt darin, dass starke Verschlüsselung ideal ist für die Sicherstellung von Vertraulichkeit, ideal deshalb auch aus dem Blickwinkel des Datenschutzes, kritisch jedoch aus dem Blickwinkel von Strafverfolgungsbehörden mit legalen Zugangsrechten zu Daten.

Genauer gesagt gibt es hinsichtlich starker kryptographischer Verfahren

- ein Interesse der Industrie an uneingeschränkter Vermarktung,
- ein Interesse der Nutzer an frei verfügbaren Verschlüsselungsverfahren,
- ein Interesse des Datenschutzes an wirksamer Verschlüsselung personenbezogener Daten und
- ein Interesse der Strafverfolgungsbehörden an der Erhaltung der Wirksamkeit von Überwachungs- und Beweissicherungsverfahren.

Der Ausgleich dieser Interessen ist eine typisch politische Aufgabe, die auch internationale Betrachtungen miteinbeziehen muss. Frankreich hatte vor einigen Jahren noch eine Kryptoregulierung. Sie wurde zugunsten der Förderung des elektronischen Geschäftsverkehrs weitgehend abgeschafft. Der Fortschritt im E-Commerce wird bekanntlich wesentlich beeinflusst von der Verfügbarkeit starker Verschlüsselungsverfahren. Die Entscheidung Frankreichs hat die Tendenz der Diskussionen in anderen Ländern nachhaltig beeinflusst. In Deutschland hat diese Entscheidung sicherlich auch die längerfristige politische Stabilisierung des Status quo mit gefördert, der darin besteht, dass es keinerlei Einschränkungen hinsichtlich der Nutzung von Verschlüsselungsverfahren gibt.

7 Aktionsfeld: Rahmenbedingungen zur Sicherstellung von Unversehrtheit und Authentizität

Ein weiterer wichtiger Aspekt der IT-Sicherheit ist die Wahrung der Unversehrtheit und der Authentizität von Dokumenten bei der Übertragung im Internet. Sie kann wirkungsvoll mit der Methode der digitalen Signierung erfolgen. Deutschland hat hier mit dem Gesetz zur digitalen Signatur im Jahre 1997 weltweit eine Vorreiterrolle eingenommen. Die sicherheitsmäßigen Anforderungen an diese vom Gesetz anerkannten digitalen Signaturen waren hoch, für manche Kritiker aus der Wirtschaft und der Europäischen Union (EU) zu hoch. Es hat sich hier deutlich gezeigt, dass IT-Sicherheit dort ihre Grenzen findet, wo der Markt die entsprechenden Anforderungen nicht aufnimmt. Inzwischen ist das Gesetz novelliert und an inzwischen vorliegende EU-Regelungen angepasst worden. Jetzt kommt es darauf an, diese Anforderungen in die EU-übergreifende internationale Diskussion einzubringen und als weltweiten Standard durchzusetzen. Sonst hat auch die EU-Richtlinie keinen dauerhaften Bestand, da sie ebenso von den Kräften des Weltmarktes beeinflusst wird. Für die Anwendung digitaler Signaturen ist Deutschland im internationalen Vergleich gut gerüstet. So wird mit dem im Jahre 2001 verabschiedeten „Formanpassungsgesetz" für das gesamte Privatrecht eine neue elektronische Form als Alternative zur eigenhändigen Unterschrift ermöglicht. Diese verlangt eine elektronische Signierung des Dokumentes und knüpft dabei an die Vorgaben des Gesetzes zur digitalen Signatur an. Für Geschäftsvorfälle im öffentlichen Recht ist eine Gesetzesänderung in Vorbereitung, nach der die Übermittlung entsprechender elektronischer Dokumente anerkannt werden soll. Deutsche Unternehmen können den Vorsprung Deutschlands im Umgang mit digitalen Signaturen als Chance ansehen, IT-Sicherheit mit einem hohen Qualitätsstandard unter dem Gütesiegel „Made in Germany" international zu vermarkten.

8 Ausblick

In den vorstehenden Aktionsfeldern wurde der Handlungsbedarf aufgezeigt. Der vorhandene Gestaltungsspielraum enthält viele Optionen. IT-Sicherheit findet ihre Grenzen besonders im gesellschaftlich Wünschenswerten, im rechtlich Geregelten, im wirtschaftlich Vertretbaren und im technisch Machbaren.

Mit globalem Denken und lokalem Handeln kann ein weltweiter Konsens in Fragen der IT-Sicherheit bei globaler informationstechnischer Vernetzung sicherlich schneller erreicht werden, als viele denken. Dabei kann durchaus Raum für nationale Ausprägungen bleiben.

Dies war und ist im übrigen auch bei der weltweiten Telefonvernetzung so. Bei der weltweiten Computervernetzung über das Internet wird es wahrscheinlich nicht anders sein.

Probleme der IT-Sicherheit treten dabei weltweit in ähnlicher Weise auf und sind keine temporäre Erscheinung. Ihre Lösung wird jedoch immer mehr Grundvoraussetzung für den weiteren informationstechnischen Fortschritt sein, denn IT-Sicherheit gibt Vertrauen, und ohne Vertrauen gibt es keinen Fortschritt.

Datenschutz im Internet

Welche Standards informationeller Selbstbestimmung braucht das Internet?

Alexander Roßnagel und Andreas Pfitzmann

1 Datenschutz unter Druck

So berechtigt die Forderung nach den Anschlägen vom 11. September war, dass sich solche Mordanschläge auf Tausende unschuldiger Menschen nicht wiederholen dürfen, so ungerechtfertigt war die Behauptung, diesem Ziel stünde der Datenschutz im Weg. Bereits zuvor erlaubten die Strafprozessordnung, das erst im Sommer 2001 novellierte Gesetz zu Art. 10 GG und viele weitere Regelungen eine umfassende Überwachung der Telekommunikation. Im Herbst 2001 haben die beiden Sicherheitspakete sowie die neue Telekommunikationsüberwachungsverordnung die Befugnisse von Polizei und Geheimdiensten noch stärker erweitert. Weitere Überwachungsbefugnisse sind geplant. Im Sicherheitsbereich scheint es nicht zu viel, sondern zu wenig Datenschutz zu geben.

Datenschutz und Überwachung sind grundsätzlich miteinander vereinbar. Das Recht auf informationelle Selbstbestimmung, das durch Datenschutzmaßnahmen geschützt werden soll, ist zwar das zentrale Grundrecht der Informationsgesellschaft und die Grundlage jeder demokratischen Ordnung. Dennoch kann diese Selbstbestimmung eingeschränkt werden, wenn anders Leben und Freiheit nicht gesichert werden können. Zulässig sind gesetzliche Einschränkungen, die zur Erreichung dieses Ziels geeignet, in Reichweite und Eingriffstiefe möglichst schonend und angesichts der Größe der abzuwehrenden Gefahr für die Betroffenen objektiv zumutbar sind.[1] Tatsächlich steht die informationelle Selbstbestimmung effektiv möglicher und erforderlicher Überwachung nicht im Weg.

Im Folgenden werden mögliche Überwachungsmaßnahmen im Internet daraufhin überprüft, ob sie für den allseits akzeptierten Zweck, Terroranschläge wie die von New York und Washington zu verhindern, geeignet und erforderlich sowie gegenüber den mit ihnen verbundenen Einschränkungen vertretbar sind (2). Daran schließen sich Überlegungen an, inwieweit die künftige Entwicklung von E-Commerce und E-Government auf einen funktionsfähigen Datenschutz im Internet angewiesen ist und wie dieser gewährleistet werden kann (3). Entscheidend wird sein, beide Aspekte zusammen zu sehen (4).

---

[1] Siehe hierzu: Entscheidungen des Bundesverfassungsgerichts, Bd. 65, S. 43 ff.

2 Überwachung im Internet

Das Ziel vieler „Bedarfsträger", wie die Polizei-, Strafverfolgungs- und Geheimdienstbehörden im Jargon des Überwachungsrechts genannt werden, ist es, alle Kommunikationsvorgänge im Internet aktuell überwachen wie auch noch nach längerer Zeit nachvollziehen zu können. Damit sollen verdeckte oder potenzielle Terroristen so frühzeitig erkannt werden, dass mögliche Anschläge verhindert werden.

Um dieses Ziel zu erreichen, haben die Bedarfsträger in der Bundesrepublik Deutschland bereits durchgesetzt, dass Internet Service Provider alle Kommunikationsvorgänge als Doppel den Bedarfsträgern anbieten müssen.

2.1 Schutz gegen Überwachung

Die Doppel, die die Bedarfsträger auswerten können, verfehlen aber ihren Sinn, wenn die Kommunikationspartner anonym bleiben oder ihre Kommunikationsinhalte verschlüsseln oder gar verstecken. Für alle drei genannten Selbstschutzmöglichkeiten gibt es seit Jahrzehnten, teilweise seit Jahrhunderten bekannte und erprobte Low-Tech-Verfahren, die weiterhin funktionieren und vermutlich immer funktionieren werden. In den vergangenen zwei Jahrzehnten wurden rechnergestützte High-Tech-Verfahren entwickelt, die alle diese Verfahren kombinieren und die Bequemlichkeit für den Nutzer steigern können bis hin zu dem Zustand, dass er ihre Benutzung überhaupt nicht mehr bewusst wahrnimmt.

Möglichkeiten der Anonymisierung der Kommunikation

Die klassische Low-Tech-Variante besteht darin, beim Kommunikationszugang anonym zu bleiben: Briefe werden ohne äußeren Absender oder mit einem unauffällig falschen äußeren Absender in den Briefkasten geworfen, öffentliche Telefone werden gegen Bezahlen mit Münzen oder mit anonym erworbenen, nur wenige Male verwendeten Wertkarten benutzt, Mobiltelefone werden anonym erworben und mit anonym oder von anderen erworbenen Pre-Paid-Karten benutzt, Internet-Cafes bieten anonymes Surfen im Internet sowie unauffälligen Zugang zu pseudonym eingerichteten E-Mail-Accounts, die sich irgendwo im Ausland befinden können. Wer den Weg ins Internet-Cafe oder eine dort mögliche Gesichtskontrolle scheut, wird sich per Telefon bei einem Internet Service Provider in einem Land ins Internet einwählen, mit dem preiswert und leistungsfähig telefoniert werden kann, aber kein Rechtshilfe- oder gar Überwachungsabkommen besteht. Die moderne rechnergestützte High-Tech-Variante besteht darin, das Netz selbst bzw. im Netz angebotene Dienste für die Anonymisierung zu nutzen: Proxies ersetzen die Absenderangabe durch ihre eigene und werden teilweise eigens für diese Pseudonymisierung betrieben.[2] Umcodierende MIXe ändern zusätzlich noch die Codie-

---

[2] Siehe z.B. www.anonymizer.com.

rung der Nachrichten, damit auch durch Vergleich aller ein- und ausgehenden Nachrichten diese Nachrichten nicht miteinander in Beziehung gesetzt werden können. Damit dieses Umcodieren klappt, müssen die Nachrichten passend vorbereitet werden, was mittels einer auf dem PC des Benutzers installierten Software geschieht.[3]

Möglichkeiten der Verschlüsselung

Die aus Agentenromanen bekannten *Codebücher*, in denen zwischen Sender und Empfänger verabredet ist, wie Nachrichten zu verschlüsseln sind, indem Worte, Wortgruppen oder gar ganze Aussagen durch andere Worte, Wortgruppen oder Aussagen oder auch beliebige kryptische Zeichen ersetzt werden, sind die klassische Low-Tech-Alternative bei der Verschlüsselung. Ebenfalls Low-Tech im Sinne von „per Hand durchführbar" ist das *One-Time-Pad*, bei dem zur Klartextnachricht ein abschnittsweise nur einmal verwendeter (und deshalb One-Time-Pad genannter) Schlüssel hinzuaddiert wird – der Empfänger subtrahiert ihn wieder und erhält so genau die ursprüngliche Nachricht. Obwohl zumindest für kürzere Nachrichten auch ohne technische Hilfsmittel durchführbar, ist diese Verschlüsselung für diejenigen, die den Schlüsselabschnitt nicht kennen, nicht zu entschlüsseln – sie mögen so viel und so lange rechnen, wie sie können und wollen.

Nachteil dieser Low-Tech-Varianten ist, dass diejenigen, die so verschlüsselt kommunizieren wollen, einen gemeinsamen, vertraulich ausgetauschten Schlüssel benötigen. Der Austausch vertraulicher Schlüssel ist entweder aufwendig – oder möglicherweise doch insofern problematisch, als der Wert des Schlüssels nicht vertraulich bleibt, wenn es sich um größere offene Gruppen handelt. Kein Problem ist der Austausch geheimer Schlüssel in kleinen Gruppen oder solchen, bei denen sich die Mitglieder zumindest einmal persönlich treffen. Solch ein Treffen kann dann genutzt werden, um dem anderen einen Datenträger mit dem Schlüssel zu übergeben. Heutige Datenträger, und hierin liegt der Übergang zur High-Tech, haben solche Speicherkapazitäten und sind so klein, leicht und preiswert, dass die Methode des One-Time-Pad, die noch vor zwei Jahrzehnten Staatspräsidenten vorbehalten war (erinnert sei an das Rote Telefon), heute jedermann preiswert zur Verfügung steht.

Ein zweiter Ansatz von High-Tech ist die seit den Jahren 1976/78 bekannte *asymmetrische* Kryptographie. Bei ihr erzeugen Teilnehmer nicht einzelne Schlüssel, die sie wie in der obigen Beschreibung vertraulich austauschen, wonach beide Teilnehmer die gleiche Schlüsselkenntnis besitzen, diesbezüglich also *symmetrisches* Wissen haben. Bei der asymmetrischen Kryptographie erzeugen Teilnehmer Schlüsselpaare, wobei ein Schlüssel jedes Paares nur zur Verschlüsselung dient, während der andere zur Entschlüsselung benutzt werden kann. Kann aus dem Verschlüsselungsschlüssel der Entschlüsselungsschlüssel nicht mit leistbarem Aufwand hergeleitet werden, dann spricht nichts dagegen, den Verschlüsselungs-

---

[3] Siehe z.B. www.onion-router.net; http://anon.inf.tu-dresden.de/.

schlüssel zu veröffentlichen und nur den Entschlüsselungsschlüssel geheim zu halten. Dann ist das Wissen von Verschlüsseler und Entschlüsseler asymmetrisch: Ersterer kennt nur den veröffentlichten Verschlüsselungsschlüssel, letzterer kennt beide. Wegen der Möglichkeit der Veröffentlichung der Verschlüsslungsschlüssel heißt diese asymmetrische Kryptographie auch „Kryptographie mit öffentlichen Schlüsseln" (Public-Key Cryptography). Da diese Kryptographie sehr umfangreiche Berechnungen erfordert, ist sie nicht von Hand durchführbar, sondern erfordert Rechnerunterstützung. Dies kann in der Form von Software geschehen – Pretty Good Privacy (PGP) ist das bekannteste Beispiel – oder in der Form von Hardware. Künftig wird Software nicht nur benutzt werden, um zwischen PCs beispielsweise E-Mails und Telefonate zu verschlüsseln. Auch bei Mobiltelefonen kann man auf teure Spezialchips zur Verschlüsselung von Telefonaten verzichten, indem man auf ihre integrierte Programmierbarkeit zurückgreift, konkret: auf eine Java-Ausführungsumgebung.

Möglichkeiten der Steganographie

Steganographie ist die uralte Kunst und die junge Wissenschaft davon, vertraulich zu haltende Nachrichten so in umfangreichere, unauffällig harmlos wirkende Hüllnachrichten hineinzucodieren, dass dies außer vom intendierten Empfänger der vertraulichen Nachricht von niemand entdeckt werden kann. Damit geht Steganographie darüber hinaus, was Verschlüsselung leisten kann, da bei Verschlüsselung immerhin noch entdeckt werden kann, dass vertraulich kommuniziert wird, auch wenn bei beiden Techniken nicht verstanden werden kann, was der Kommunikationsinhalt ist.

Die klassische Low-Tech-Variante von Steganographie sind Codebücher,[4] die so gewählt sind, dass auch die verschlüsselte Nachricht eine unauffällig plausible Nachricht darstellt. Andere klassische Low-Tech-Varianten nehmen etwa die Summe einzelner Abschnitte der Hüllnachricht als die vertrauliche Nachricht.

In den letzten zehn Jahren wurde die Benutzung von Steganographie sehr vereinfacht und ihr Einsatzbereich deutlich gesteigert, indem für Digitalrechner geeignete steganographische Verfahren entwickelt wurden, die beliebige vertrauliche Nachrichten automatisch in digitalisierte Bilder, Tondateien, Videokonferenzen oder andere Hüllnachrichten einbetten. Während die erste Generation rechnergestützter Steganoverfahren nur für den mit seinen normalen Sinnesorganen ausgerüsteten Menschen unauffällig war, aber bei Einsatz rechnergestützter, unter anderen mathematischer, Hilfsmittel leicht enttarnt werden konnte, sind die aktuellen, verbesserten Verfahren auch mit Hilfsmitteln nicht oder nur noch schwer zu enttarnen. Zusätzlich wurde die Einbettungseffizienz deutlich gesteigert: Bei Verschlüsselung ist die verschlüsselte Nachricht nicht oder zumindest nicht wesentlich länger als die unverschlüsselte, während bei Steganographie die Hüllnachricht, in die die vertrauliche Nachricht eingebettet wird, deutlich umfangreicher

---

[4] Siehe Kap. 2.1.2.

ist. Früher war dies bei vorsichtig dimensionierten Verfahren üblicherweise das Hundertfache, heutzutage oftmals nur noch das Zehnfache, wodurch ganz andere Einsatzbereiche möglich werden.[5]

2.2 Begrenzung von Schutzmöglichkeiten?

Um Überwachung zu ermöglichen, wird erwogen, Anonymisierung, Verschlüsselung und Steganographie insgesamt zu verbieten oder die Verwendung bestimmter Verfahren vorzuschreiben, denen die Bedarfsträger gewachsen sind oder die von ihnen kontrolliert werden.

Solche Maßnahmen sind für Terrorismus- und Kriminalitätsbekämpfung nicht nur weitestgehend unwirksam, sondern sie fördern beides sogar:

Gesetzesbrecher werden sich nicht ausgerechnet an solch ein Verbot oder solch eine Vorschrift halten, wenn die von ihnen gewünschten Schutzmöglichkeiten zur Verfügung stehen oder sogar außerhalb des Geltungsbereichs des Verbots oder der Vorschrift weiterentwickelt bzw. angeboten werden und, da es sich entweder um kleine Geräte oder einfach nur Software handelt, problemlos importiert werden können. Manche Anonymisierungstechniken und insbesondere Kombinationen von Verschlüsselung und Steganographie können Gesetzesbrecher so einsetzen, dass ihr Einsatz nicht bemerkt und erst recht nicht verhindert werden kann.[6]

Umgekehrt wird der Schutz für Gesetzestreue reduziert, die dadurch auch von Terroristen und insbesondere Kriminellen leichter und zielgerichteter als Opfer ausgewählt, detailliert beobachtet und lokalisiert werden können. Dies gilt für Bürger wie für Firmen, es betrifft den Verlust von Privatsphäre wie die Erleichterung von Industriespionage.

Im Ergebnis gilt: Netzbezogene vorbeugende Begrenzungen von Schutzmöglichkeiten sind nicht dazu geeignet, Internetkriminalität einzudämmen. Sinnvoller ist, an der Quelle und der Senke der Kommunikation, das heißt dem Teilnehmerendgerät, anzusetzen, wo die Adressinformation und die vertrauliche Nachricht jeweils im Klartext vorliegen. Hilfsmittel hierfür reichen von der Auswertung und Aufzeichnung der elektromagnetischen Abstrahlung der Endgeräte bis hin zur Installation von Abhörtechnik in den Geräten Verdächtiger. Letzteres kann sowohl mittels kleiner Zusatzhardware wie auch geeigneter Zusatzsoftware erfolgen. Gefahrenabwehr und Strafverfolgung sollten sich also der Informationstechnik zur Individualüberwachung bedienen und nicht versuchen, sie so zu regulieren, dass sie massenüberwachungstauglich wird.

---

[5] Siehe z.B. www.inf.tu-dresden.de/~aw4/publikationen.html#Steganographie.
[6] Siehe hierzu *Huhn/Pfitzmann*, Technische Randbedingungen jeder Kryptoregulierung, Datenschutz und Datensicherheit 1996, S. 23 ff.

2.3 Gezielte und verhältnismäßige Überwachung

Das Maß der Ausstattung des Staats mit Machtmitteln und Eingriffskompetenzen muss die Optimierung der Freiheit aller sein. Die Machtausübung des Staats ist kein Selbstzweck, sondern hat nur dienende Funktion. Sie muss im Endeffekt zu mehr und darf nicht zu weniger Freiheit führen. Sie darf nicht die Freiheit gefährden, die sie schützen soll.

Wie aber können Freiheitssicherung und der Schutz der offenen und verletzlichen Gesellschaft gegenüber fanatischen Terroristen gleichzeitig gewährleistet werden? Nur dadurch, dass wir verhindern, dass die Normalität von der Ausnahmesituation her gestaltet wird.

Erforderlich sind rechtliche und technische Möglichkeiten, in Ausnahmesituationen höchster Bedrohung aktuell und punktuell, d. h. auf Täter und Verdächtige sowie ihre Ressourcen bezogen, schnell zu reagieren. Diese unvermeidlich weitgehenden Machtbefugnisse sollten aber jeweils auf den Ausnahmefall bezogen sein. Sie müssen zeitlich befristet sein sowie durch Gerichte, Datenschutzbeauftragte und Parlamente kontrolliert werden. Ist die Ausnahmesituation vorüber, sind die Ergebnisse zu bewerten, Betroffene zu informieren und nicht mehr erforderliche Daten zu löschen.

Dagegen ist zu verhindern, dass in der Gesellschaft Strukturen verfestigt werden, die für immer überwachungsstaatliche Entwicklungen ermöglichen oder gar nahe legen. Über die Gesellschaft darf nicht ein Netz der Überwachung gespannt werden, in dem jeder gefangen wird, ohne dass bei der Beeinträchtigung von Grundrechten zwischen Verdächtigen und Unverdächtigen unterschieden wird. Die Fortentwicklung der Kommunikationsinfrastruktur darf daher nicht allein an dem Ziel orientiert werden, die Überwachung zu erleichtern. Vielmehr sind Probleme der Terrorismusbekämpfung im Kontext anderer staatlicher Aufgaben wie der Förderung von E-Commerce und E-Government zu sehen und in einer zivilen Informationsgesellschaften adäquaten Weise anzugehen:

Kompetenzen für Ausnahmesituationen sind beschränkt, kontrollierbar und korrigierbar. Strukturen, in die Überwachungsmöglichkeiten eingebaut sind, beeinträchtigen alle, sind missbrauchsanfällig, erheblich schwerer zu kontrollieren und nur sehr langfristig zu korrigieren.

3 Datenschutz im Internet

Bezogen auf die Nutzung der Informations- und Kommunikationstechnik in der Gesellschaft betrifft die Überwachung durch die Bedarfsträger und erst recht die Bekämpfung des Terrorismus nur einen ganz schmalen Bereich. Datenverarbeitung und Datenschutz betreffen dagegen alle Bereiche der Gesellschaft. Selbst wenn im Bereich der inneren und äußeren Sicherheit Korrekturen im Datenschutzrecht notwendig sein sollten, berührt dies in keiner Weise die Notwendigkeit des Schutzes von Arbeitnehmern gegenüber Arbeitgebern, von Versicherungsnehmern gegenüber Versicherungen, von Bankkunden gegenüber der Schufa, von Kunden gegenüber Internetanbietern oder von Bürgern gegenüber Auskunfteien und Adresshändlern. Der Datenschutz in all diesen Bereichen bedarf einer Überarbeitung, aber nicht im Sinn einer Beschränkung, sondern im Sinn einer Modernisierung.[7] Datenschutz muss einfacher und verständlicher sowie bezogen auf die Risiken neuer Formen der Datenverarbeitung adäquat und effektiv sein. Dies gilt insbesondere für das Internet.

3.1 Risiken des Internet

Die Nutzung des Internets hat dazu geführt, dass nahezu alle sozialen Handlungen auch auf dieses Medium übertragen werden. Die Abwicklung wirtschaftlicher, gesellschaftlicher, politischer und persönlicher Beziehungen über das Internet wird künftig in starkem Ausmaß zunehmen. Im Gegensatz zur Offline-Welt wird in der Online-Welt aber jede Lebensregung Datenspuren erzeugen, die in unmittelbar verarbeitbarer Form entstehen. Diese personenbezogenen Daten haben einen steigenden Wert und eine wachsende Bedeutung für die Informationswirtschaft. Daher werden sie in vielfacher Weise gesammelt und zu unterschiedlichsten Profilen aggregiert, die zum Beispiel Auskunft über Interessen, Präferenzen, Kaufkraft, Kaufgewohnheiten und Kreditwürdigkeit einer Person geben. Unternehmen für Online-Werbung und Profilhändler haben aus dem Internet Millionen von Profilen mit jeweils Hunderten von Merkmalen gewonnen und verkaufen diese an jeden, der zahlt. Auf deren Grundlagen wird vielfach über Dienstleistungen, Konditionen und Preise entschieden.

Tatsächlicher oder befürchteter Missbrauch von personenbezogenen Daten ist ein entscheidendes Hemmnis für die Entwicklung von E-Commerce und E-Government, Datenschutz umgekehrt ein entscheidender Akzeptanzfaktor. Er kann das notwendige Vertrauen in die elektronische Kommunikation schaffen und verbreiteten Befürchtungen entgegenwirken. Ein moderner und den neuen Technikanwendungen adäquater Datenschutz ist daher ein bedeutender Wettbewerbsfaktor und Standortvorteil, der es ermöglicht, in der Informationsgesellschaft personenbezogene Daten zu erheben, zu verarbeiten und zu nutzen.

3.2 Modernisierung des Datenschutzes

Um das Ziel einfacher und verständlicher Datenschutzregeln zu erreichen, müssen die Selbstbestimmung der betroffenen Person gestärkt und die Selbstregulierung und Selbstkontrolle der Datenverarbeiter ermöglicht und verbessert werden. Um das zweite Ziel risikoadäquater Datenschutzregeln zu erreichen, muss vor allem

---

[7] Daher hat die Bundesregierung den Berliner Datenschutzbeauftragten *H. Garstka*, den Informatiker *A. Pfitzmann* und den Juristen *A. Roßnagel* beauftragt, ein Konzept und erste Vorschläge für eine solche Modernisierung zu erarbeiten; siehe *Roßnagel/Pfitzmann/Garstka*, Modernisierung des Datenschutzrechts, Gutachten für das Bundesinnenministerium, Berlin 2001, abrufbar unter www.bmi.bund.de, www.datenschutz.de oder www.emr-sb.de.

die Transparenz der Datenverarbeitung verbessert und müssen Konzepte des Selbstdatenschutzes und des Systemdatenschutzes umgesetzt sowie die Regeln des Marktes auch für den Datenschutz genutzt werden.

Stärkung von Selbstbestimmung und Selbstregulierung

Eine spürbare Entlastung des Datenschutzrechts wird nur möglich sein, wenn der Gesetzgeber nicht mehr für alle Fälle die Konfliktlösungen selbst festlegt, sondern sie vielfach einer autonomen Konfliktlösung der Parteien überlässt. Hierzu muss die Privatautonomie auch im Datenschutzrecht konsequent berücksichtigt und die Einwilligung zum vorrangigen Legitimationsgrund der Datenverarbeitung werden. Die Erlaubnistatbestände zur zwangsweisen Datenverarbeitung sind daher überwiegend durch das „Opt-in-Prinzip" zu ersetzen. Da aber zwischen den Parteien in der Regel ein erhebliches Machtgefälle besteht, muss das Datenschutzrecht die Freiwilligkeit der Einwilligung sichern. Daneben ist eine Selbstregulierung der Datenverarbeiter zu ermöglichen, freilich innerhalb eines rechtlichen Rahmens, der die Zielerreichung sicherstellt und bei einem Versagen der Selbstregulierung Ersatzmaßnahmen vorsieht.

Stärkung der Transparenz

Informationelle Selbstbestimmung erfordert Transparenz. Damit die betroffene Person wissen kann, „wer was wann und bei welcher Gelegenheit über sie weiß",[8] muss sie die Möglichkeit haben, die Bedingungen der Datenverarbeitung zur Kenntnis zu nehmen, bevor von ihr personenbezogene Daten erhoben werden. Hier bietet der weltweite Datenschutzstandard des W3C „Platform for Privacy Preferences (P3P)"[9] die technische Unterstützung für die Grundregel des „Notice and Choice" (Benachrichtigung und Wahlmöglichkeit). Publiziert die verantwortliche Stelle eine Datenschutzerklärung im WWW, die dem P3P-Standard entspricht, kann der Nutzer seine Datenschutzpräferenzen automatisiert mit der Datenverarbeitungspraxis der verantwortlichen Stelle abgleichen. Seine P3P-Software gibt ihm „grünes Licht" oder warnt ihn vor unzumutbaren Bedingungen. Er kann dann entscheiden, ob er die Bedingungen akzeptiert oder die Verbindung zu der verantwortlichen Stelle abbricht.

Systemdatenschutz

Fallen irgendwo im Internet personenbezogene Daten an, kann die betroffene Person sie nicht mehr wirksam kontrollieren oder gar ihre Löschung durchsetzen. Informationelle Selbstbestimmung ist nur dadurch möglich, dass die betroffene Person darüber entscheiden kann, ob von ihr überhaupt personenbezogene Daten

---

[8] Entscheidungen des Bundesverfassungsgerichts, Bd. 65, S. 43.
[9] Siehe www.w3c.org/P3P/.

entstehen. Entscheidend sind daher Möglichkeiten zur Vermeidung der Entstehung von Daten oder ihres Personenbezugs.

In einer technischen Umgebung wie dem Internet hat Datenschutz nur eine Chance, wenn er technisch integriert ist. Dieser Ansatz bietet zwei Vorteile. Im Gegensatz zu nationalem Datenschutzrecht ist Datenschutztechnik weltweit wirksam und Technikunternehmen sind – im Gegensatz zu Gesetzgebern – sehr schnell lernende Systeme, die auf jede technische Gefährdung meist ebenso schnell technische Antworten finden.

Techniken zum Datenschutz sind zu ergänzen durch Regelungen zum Systemdatenschutz. Diese sollen sicherstellen, dass technisch-organisatorische Systeme nur zu der Datenverarbeitung in der Lage sind, zu der sie rechtlich auch ermächtigt sind. Die technisch-organisatorischen Verfahren sind so zu gestalten, dass – so weit möglich – auf die Verarbeitung von Daten verzichtet wird oder die zu verarbeitenden Daten keinen Personenbezug aufweisen. Letzteres ist möglich, indem von Anfang an anonymes oder pseudonymes Handeln ermöglicht wird oder personenbezogene Daten frühestmöglich anonymisiert oder pseudonymisiert werden. Vorsorgeregelungen müssen sicherstellen, dass keine unbeabsichtigte Aufdeckung der anonymen oder pseudonymen Daten möglich ist und das Schadenspotenzial einer Aufdeckung reduziert wird.

Selbstdatenschutz

Da Staat und Recht im globalen Internet nur begrenzt in der Lage sind, die informationelle Selbstbestimmung ihrer Bürger zu schützen, sollte dem Bürger ermöglicht werden, Mittel zu ergreifen, um seine informationelle Selbstbestimmung selbst zu schützen. Mittel hierzu wurden bereits vorgestellt. Sie werden breit angeboten und sollten nicht nur denjenigen vorbehalten werden, die sich außerhalb des Gesetzes stellen.[10]

Marktwirtschaftliche Anreize für Datenschutz

Datenschutz kann nicht allein auf rechtliche Ge- und Verbote setzen und sich auf nachträgliche Kontrollen verlassen. Er muss vielmehr auch die Mechanismen des Wettbewerbs nutzen, um Anreize zu schaffen, System- und Selbstdatenschutz umzusetzen. Anforderungen zur Optimierung des Datenschutzes und der Datensicherheit werden nur dann umzusetzen sein, wenn hierfür Eigeninteressen und Eigeninitiative mobilisiert werden.

Dies kann etwa erreicht werden, indem in einem freiwilligen Datenschutzaudit bestätigt wird, dass das Datenschutzmanagementsystem geeignet ist, eine kontinuierliche Verbesserung des Datenschutzes und der Datensicherheit zu erreichen, und daraufhin die verantwortliche Stelle im Wettbewerb ein Auditzeichen führen

---

[10] Siehe Kap. 2.1.

darf.[11] Auch sind vertrauenswürdige Zertifizierungen datenschutzgerechter und -förderlicher Produkte notwendig, die durch die rechtliche Anforderung begleitet werden, diese bei Beschaffungen der öffentlichen Hand zu bevorzugen. Schließlich wäre an Erleichterungen hinsichtlich rechtlicher Anforderungen zu denken, wenn eine hohe Transparenz der Datenverarbeitung sichergestellt wird, wenn Audits erfolgreich bestanden wurden oder wenn zertifizierte datenschutzfreundliche Produkte verwendet werden.

4 Ausblick

Die Novellierung des Datenschutzrechts und die hier vorgestellten Vorschläge sind durch die Terroranschläge vom 11. September 2001 und die anschließenden Ausweitungen der Kompetenzen der Bedarfsträger nicht obsolet geworden. Im Gegenteil sind sie als Ausgleich für die in diesem Zusammenhang erfolgten Einschränkungen des Datenschutzes wichtiger denn je. Sofern nicht zur Terrorismusprävention ein grundgesetzwidriges Netz einer potenziell allgegenwärtigen und umfassenden Überwachung aller Aktivitäten – insbesondere in der Telekommunikation – gespannt werden soll, sind die Vorschläge auch mit den berechtigten Interessen der Bedarfsträger vereinbar: Intensivere Überwachung in Ausnahmebereichen, gestärkter Datenschutz im Normalfall.[12]

---

[11] Siehe hierzu näher *Roßnagel*, Datenschutzaudit – Konzeption, Durchführung, Gesetzliche Regelung, Braunschweig 2000.
[12] Siehe hierzu auch *Roßnagel*, Freiheit im Cyberspace, Informatik-Spektrum 1/2002, S. 33 ff.

Wettbewerbspolitik im Informationszeitalter

Wie Monopol- und Kartellbildung in der New Economy verhindert werden kann

Ulf Böge

1 Die Entwicklung der New Economy – Euphorie und Ernüchterung

Die New Economy, wie sie sich seit den neunziger Jahren entwickelt hat, wurde lange als Internetwirtschaft im engen Sinn verstanden. Geprägt wurde sie durch junge, gefeierte Pionierunternehmen, die insbesondere das Business-to-Consumer (B2C)-Geschäft per Internet begründeten. Der Aktienwert dieser „Dotcoms" erreichte astronomische Höhen. Ein Unternehmen wie z. B. Lycos Europe wurde bei der Börseneinführung im Frühjahr 2000 mit 5,5 Milliarden Euro bewertet – bei einem Quartalsumsatz von 11 Millionen Euro und Verlusten von knapp 25 Millionen Euro.

Die Blüte der Internetwirtschaft führte viele Beobachter zu dem Schluss, die klassischen Gesetze der Wirtschaft hätten ihre Bedeutung verloren. In den USA schien sich der Traum vom dauerhaften inflationsfreien Wachstum zu verwirklichen. Die Zahlen waren in der Tat eindrucksvoll: So befand sich die US-amerikanische Wirtschaft seit 1991 in einer Wachstumsphase, die sich 1996 noch verstärkte. Es gab im 20. Jahrhundert keine Wachstumsphase von ähnlicher Länge.

Viele Beobachter haben die Ansicht vertreten, diese Entwicklung werde sich ohne Brüche fortsetzen. Aber auch eine lange Boomphase bedeutet nicht das Ende des Wirtschaftszyklus. Dabei ist der Traum vom Wachstum ohne Grenzen keineswegs neu. Schon zu Beginn des 20. Jahrhunderts, im sogenannten „Age of Optimism", meinten viele, eine ungetrübte technische und wirtschaftliche Zukunft stehe bevor. Dieser Glaube zerschlug sich in der folgenden Rezession. Die zwanziger Jahre brachten einen weiteren Börsenboom und der Ökonom Irving Fisher meinte im Jahr 1929, ein „permanent hohes Niveau" der Aktienkurse erkennen zu können[1]. Nur zwei Wochen später folgte der große Börsenkrach. Die Überzeichnung von Produktivitätsfortschritten und die Überschätzung des kurzfristigen Potenzials technischer Neuerungen ist also nicht ungewöhnlich.

---

[1] vgl. Neue Zürcher Zeitung vom 20. April 2000

2 Der Kern der New Economy

Mit dem Zusammenbruch des Neuen Marktes, der zahlreiche Internetpioniere mit sich riss, musste sich die New Economy in ihrem Kern beweisen. In der Krise zeigte sich, dass das weit verbreitete Verständnis der New Economy als Verlagerung der Beziehungen zwischen Unternehmen und Verbrauchern auf das Internet die Tragweite der Veränderungen nur unzureichend erfasste. Dieser B2C-Bereich ist nur ein – wenn auch ein wichtiges – Feld der Neuerungen. Viele Geschäftsmodelle in diesem Bereich haben sich aber als nicht lebensfähig erwiesen. Zwar haben immer mehr Haushalte Zugang zum Internet und nutzen ihn zu Informationszwecken, doch herrscht beispielsweise hinsichtlich des Online-Einkaufs noch große Zurückhaltung bei den Endkunden. So bediente sich im Jahr 2001 nur gut ein Drittel der mit Internetzugang ausgestatteten Haushalte in der Europäischen Union des Mediums auch zum Einkaufen[2].

Als Kern der New Economy sind inzwischen die dem Blick der Öffentlichkeit zunächst weitgehend entzogenen tiefgreifenden Veränderungen in der gesamten Wirtschaft durch neue Basistechnologien erkennbar geworden. In diesem Sinne ist die New Economy eine Volkswirtschaft, in der alle relevanten Wirtschaftsbeziehungen – von den Lieferantenbeziehungen über die Waren- und Leistungserstellung bis zu Marketing und Vertrieb – maßgeblich auf die Nutzung moderner Informations- und Kommunikationstechnologie (IKT) gestützt sind.

Entscheidende Voraussetzung hierfür ist die enge Vernetzung der Funktionsbereiche innerhalb eines Unternehmens und zwischen Unternehmen durch IKT. Hier ist eine Revolution durch fortschreitende informationstechnische Integration im Gange und es sind gerade die Unternehmen der Old Economy, die die neuen Instrumente zur Beschleunigung und Automatisierung von Wirtschaftsprozessen nutzen und damit die gesamte Volkswirtschaft – ob Old Economy oder New Economy – auf eine „Real-Time Economy" hinführen.

Wichtige Neuerungen betreffen die Prozesse, die innerhalb eines Unternehmens ablaufen. Genauso bedeutsam sind aber die Umwälzungen im Geschäftsablauf zwischen Unternehmen. Dieser Business-to-Business (B2B)-Bereich hat relativ spät die Aufmerksamkeit der Öffentlichkeit gefunden, obwohl hier das eigentliche volkswirtschaftliche Effizienzpotenzial des Internets liegt. Der B2B-Bereich ist zum weitaus dynamischsten Bereich des elektronischen Handels avanciert. Im Herbst 1999 gab es 34 B2B-Plattformen in Deutschland, während Ende Juli 2000 bereits 133 gezählt wurden. Im Jahre 1999 setzte sich der elektronische Handel im engeren Sinn in den USA bereits zu etwa 70 Prozent aus B2B-Handel und lediglich zu 30 Prozent aus B2C-Handel zusammen. Eine Verschiebung zu einem Verhältnis von 80 Prozent zu 20 Prozent wird erwartet[3].

---

[2] vgl. Handelsblatt vom 6. Februar 2002
[3] vgl. Schedl, Wo steht der elektronische Handel in Deutschland?, ifo-Schnelldienst 6/2001, S. 27

Kernstück des B2B-Geschäfts ist typischerweise eine sogenannte Internetplattform, über die Unternehmen miteinander in Geschäftsbeziehungen treten können. Vorrangiges Ziel einer B2B-Internetplattform ist in der Regel, die Kosten der teilnehmenden Nachfrager bei der Beschaffung von Rohstoffen und Zulieferteilen durch Rationalisierung zu senken. Damit steht nach den bisherigen Erfahrungen nicht so sehr die Senkung der Beschaffungspreise, sondern vielmehr die Reduktion der Prozesskosten im Vordergrund. Eine Reihe von Beispielen zeigt, dass etablierte Unternehmen auch in der Krise der New Economy die Möglichkeiten der Internetwirtschaft zielstrebig nutzen. Bayer hat sich zum Ziel gesetzt, im Jahre 2004 fünf Milliarden Euro über das Internet umzusetzen. Das Unternehmen ist an einer Reihe von Internetmarktplätzen (ChemConnect, CheMatch, Elemica und CC-Chemplorer) beteiligt, die den Vertrieb und die Beschaffung verschiedener chemischer Bedarfsgüter vereinfachen sollen.

Auch in der Kraftfahrzeugindustrie arbeiten die Hersteller zielstrebig am Ausbau des Internets als Transaktionsmedium. Mit Covisint haben DaimlerChrysler, Ford und General Motors unter Beteiligung von Renault/Nissan eine Internetplattform gegründet, die der gesamten Automobilindustrie einschließlich der Zulieferunternehmen zur Verfügung steht. Es werden Leistungen in den Bereichen Beschaffungswesen, Zuliefermanagement und Produktentwicklung angeboten, die zu deutlichen Kostenersparnissen und Effizienzsteigerungen führen sollen. Covisint gehört neben Supplyon nach Einschätzung von Kfz-Herstellern und Zulieferern zu den führenden Marktplätzen der Autoindustrie. Weitere Marktplätze beschränken sich auf Teilbereiche wie die Beschaffung von Metallen und Kunststoffen. Es ist allerdings abzusehen, dass es nicht bei der noch recht großen Anzahl von Marktplätzen bleiben wird, sondern dass sich der Markt weiter konsolidieren wird. Dies erwarten Marktbeobachter insbesondere bei horizontalen B2B-Marktplätzen, die „Einkäufer und Zulieferer branchenübergreifend zusammenführen"[4].

Ungeachtet weiterer Marktbereinigungen kann kein Zweifel daran bestehen, dass die digitale und informationstechnische Revolution des letzten Jahrzehnts die Wirtschafts- und insbesondere die Wettbewerbsbeziehungen fundamental berührt. Entscheidend – auch für die weitere wettbewerbliche Entwicklung – ist eine tiefgreifende Veränderung der gesamten Wirtschaft durch die Einführung neuer Basistechnologien.

3 New Economy und Wettbewerb

Jede technologische Neuerung wirkt sich auch auf die Wettbewerbsverhältnisse aus. Potenziell wirken Innovationen wettbewerbsfördernd. So belebt auch der Einsatz des Internets – oder allgemeiner: der Informations- und Kommunikationstechnologien – zur Optimierung betrieblicher Abläufe den Wettbewerb. Darüber hinaus kann das Internet Märkte vergrößern, indem es räumliche Distanz über-

---

[4] vgl. Frankfurter Allgemeine Zeitung vom 7. Februar 2002

brückt oder kleinen und mittleren Unternehmen überhaupt erst bestimmte Märkte erschließt, die zuvor Unternehmen mit größeren Ressourcen vorbehalten waren. Auch diese Ausdehnung von Märkten intensiviert den Wettbewerb. Es wäre deshalb verfehlt, allein auf mögliche wettbewerbsbeschränkende Effekte hinzuweisen. Dennoch ist Wachsamkeit angezeigt, um Fehlentwicklungen rechtzeitig vorbeugen zu können.

Der wissenschaftliche Beirat beim Bundesministerium für Wirtschaft und Technologie weist darauf hin, dass gerade im Internetbereich der Innovationsprozess selbst von zentraler Bedeutung für den Wettbewerb ist[5]. Kooperationen in der Forschung und Entwicklung, die diesen Wettbewerb dämpfen, sind entsprechend kritisch zu beurteilen. Das Problem des „Wettbewerbs *um* den Markt" – anstelle des „Wettbewerbs *in* dem Markt" – das sich hier abzeichnet, wird im Bereich der technischen Grundlagen der Internetwirtschaft, gewissermaßen im Bereich der „Infrastruktur" des Internets, deutlich: Es besteht ein Spannungsverhältnis zwischen dem – wünschenswerten und erforderlichen – Systemwettbewerb, bei dem es um die Entwicklung der besten technischen Lösung geht, und der Notwendigkeit einer weitgehenden Standardisierung der Systeme, um die Kompatibilität unterschiedlicher Anwendungen auf der Basis der so geschaffenen Infrastruktur zu ermöglichen.

Insofern stellt sich die Frage, wie viel Kooperation man zwischen Wettbewerbern zum Zwecke einheitlicher Standards zulässt, die letztlich im Interesse der Nutzer sind, oder auch die Frage, wie viel Freiraum einem monopolistischen „Standardsetzer" im Spannungsfeld zwischen der Weiterentwicklung von Standards mit Infrastrukturcharakter und der Behinderung von Wettbewerbern bei der Nutzung dieser Standards zuzubilligen ist. Letzterer Aspekt ist nicht nur in der Informationstechnologie, etwa in den Kartellverfahren gegen Microsoft, von Bedeutung; er ist darüber hinaus bei der Regulierung oder Wettbewerbsaufsicht über jede Netzindustrie relevant, sei es beispielsweise die Telekommunikation oder die leitungsgebundene Energiewirtschaft.

Auf der Grundlage der technischen Infrastruktur des Internets bauen weitere Marktebenen auf, so auch die Internetmarktplätze im B2B-Bereich und im B2C-Bereich. Das B2C-Geschäft wirft nach den Erfahrungen des Bundeskartellamtes bislang keine ernsten kartellrechtlichen Probleme auf. Schwierigkeiten können aber im B2B-Bereich auftreten. Wettbewerbshüter müssen schon von Berufs wegen genauer hinschauen, wenn mehrere im Wettbewerb stehende Unternehmen eine Plattform gemeinsam nutzen. Wettbewerbliche Probleme sind insbesondere dann nicht von vornherein auszuschließen, wenn B2B-Plattformen von den führenden Unternehmen einer Branche betrieben werden.

---

[5] vgl. Wissenschaftlicher Beirat beim Bundesministerium für Wirtschaft und Technologie, Wettbewerbspolitik für den Cyberspace (Gutachten vom 6./7. Juli 2001), BMWi-Dokumentation 495, September 2001

4 Die kartellrechtliche Bewertung von Internet-Marktplätzen

Die Einsicht, dass das Internet – anders, als manche Pioniere des Mediums sich dies anfangs vorgestellt haben – kein rechtsfreier Raum ist und auch nicht sein darf, hat sich schnell durchgesetzt. Damit unterliegen insbesondere der Aufbau sowie der Betrieb und die Nutzung von Internet-Plattformen dem Kartellrecht.

Problematisch ist es, wenn Unternehmen Plattformen nutzen, um wettbewerblich sensible Informationen auszutauschen. Es ist nicht zu leugnen, dass eine solche Gefahr besteht, wenn Wettbewerber über Internet-Plattformen Transaktionen abwickeln. Hier muss durch entsprechende technische Sicherungen dafür Sorge getragen werden, dass die Nutzung von Daten auf die Abwicklung der jeweiligen Transaktion beschränkt bleibt und andere Nutzer der Plattform keinen Zugriff darauf haben. Die wettbewerblichen Gefährdungspotenziale lassen sich jedoch in der Regel nicht endgültig ausräumen. Zwar können durch den Einbau von Firewalls und anderen Sicherungen bestimmte Risiken minimiert werden, wie z. B. die unerwünschte vollständige Transparenz von Transaktionen oder der Informationsaustausch zwischen Wettbewerbern, doch eine vom Systembetreiber installierte Sicherung kann zumindest vom Systembetreiber auch wieder entfernt werden. Erst recht nicht zulässig wäre es selbstverständlich, eine Plattform für direkte Kartellabsprachen bzw. für die Überwachung der Einhaltung solcher Vereinbarungen zu nutzen.

Ziel des Bundeskartellamtes ist es, das immer bestehende Missbrauchspotenzial von Internet-Plattformen zu minimieren. Gerade wenn ein elektronischer Marktplatz von den führenden Unternehmen einer Branche gemeinsam betrieben wird, dringt das Bundeskartellamt darauf, dass der Zugang offen und diskriminierungsfrei gestaltet ist. Denn in einem solchen Fall kann – je nach Branche und Marktstruktur – der Aufbau einer konkurrierenden Plattform praktisch unmöglich werden.

Dies eröffnet den an der Plattform beteiligten Unternehmen ein erhebliches Missbrauchspotenzial, zum einen gegen Unternehmen der Marktgegenseite, die Geschäfte über die Plattform abwickeln wollen, zum anderen gegen Außenseiter-Wettbewerber auf der eigenen Marktseite. Die Plattform darf also nicht als „closed shop" etwa für die Anteilseigner am Gemeinschaftsunternehmen betrieben werden, um so unliebsame Außenseiter-Wettbewerber fernzuhalten und sie damit unbillig zu behindern und zu diskriminieren. Ähnlich kritisch sieht das Bundeskartellamt Exklusivbindungen. Teilnehmende Unternehmen dürfen nicht gezwungen sein, ihre Beschaffung oder ihren Absatz ausschließlich über die entsprechende Internetplattform abzuwickeln.

Das Bundeskartellamt legt auf diese beiden Punkte großen Wert, um die Märkte offen zu halten und den Marktteilnehmern möglichst gute Voraussetzungen zur Entfaltung ihres Potenzials zu sichern. Das dürfte meist auch im Interesse der Internetplattform selbst sein. Denn ein Internetmarktplatz lebt – wie jeder Markt – von der Liquidität. Mit steigender Teilnehmerzahl dürfte der Marktplatz für alle Beteiligten interessanter werden. Hinsichtlich etwaiger Exklusivbindungen gilt, dass sich Besucher oder Teilnehmer auf einem Markt am liebsten von den *Möglichkeiten* des Marktes überzeugen lassen. Ein Marktplatz macht sich nicht dadurch attraktiv, dass er Anbieter oder Nachfrager mit Exklusivitätsforderungen zu ihrem Glück *zwingt*.

Ein weiterer Punkt, dem die kartellrechtliche Aufmerksamkeit gilt, ist die Bündelung des Einkaufs. In der Praxis spielt er zwar nicht die überragende Rolle, denn der Geheimwettbewerb ist – zumindest bei den produktionsrelevanten Rohstoffen und Zulieferteilen – aus der Perspektive eines jeden konkurrierenden Nachfragers wesentlich. Gleichwohl ist ein gewisses Interesse an der Bündelung der Nachfrage per Internet nicht auszuschließen.

Hier gibt es für den elektronischen Handel kein Sonderrecht. Die Bündelung der Nachfrage über das Internet ist nur in den üblichen kartellrechtlichen Grenzen zulässig. Dabei berücksichtigt das Bundeskartellamt sämtliche Absatzmöglichkeiten der Marktgegenseite. Bei der Nachfrage von Unternehmen nach allgemeinen, „nicht-strategischen" Gütern – dies sind die so genannten MRO-Güter (Maintenance, Repair, Operations) – legt das Bundeskartellamt in der Regel den Absatz an alle gewerblichen Nachfrager zugrunde. Bündeln Unternehmen einer Branche ihre Nachfrage nach diesen Gütern über eine Internetplattform, so dürfte ihr gemeinsamer Marktanteil meist so gering sein, dass keine kartellrechtlichen Probleme auftreten. Anders sieht es bei sogenannten „strategischen" Gütern aus, also bei industriespezifischen Rohstoffen und Zulieferteilen. Hier ist der Markt enger als bei den „nicht-strategischen", allgemeinen Gütern, so dass die Bündelung der Nachfrage führender Unternehmen einer Branche bei diesen Produkten schnell kartellrechtlich spürbar und damit kritisch werden kann. Bei der Frage, ob die Grenzen des kartellrechtlich Zulässigen schon überschritten sind, wird das Bundeskartellamt sich in vielen Fällen auf die Erfahrungen im Markt – insbesondere auf die Beobachtungen und Erfahrungen der jeweiligen Marktgegenseite – stützen. Über die skizzierten Fallkonstellationen hinaus ist eine Bündelung des Einkaufs nur im Rahmen der Freistellungsmöglichkeiten nach § 4 Abs. 2 des Gesetzes gegen Wettbewerbsbeschränkungen (GWB) für kleine und mittlere Unternehmen zulässig.

Schließlich hat das Bundeskartellamt bei der Beurteilung von Internet-Plattformen die Möglichkeit der Bildung von Kartellen, insbesondere von Hardcore-Kartellen wie Preis- und Gebietsabsprachen, im Auge. Solche Absprachen sind selbstverständlich auch dann verboten, wenn sie im Internet geschmiedet werden. Dass das kartellrechtliche Instrumentarium in diesen Fällen anwendbar bleibt, ist unstreitig. Schwieriger ist – wie immer bei Kartellabsprachen – der tatsächliche Nachweis von Vereinbarungen. Nach ständiger Praxis des Bundeskartellamtes sind beispielsweise identifizierende Meldeverfahren Kartellinstrumente. Das Bundeskartellamt wird von dieser Einschätzung nicht abweichen, wenn die Meldungen per Internet erfolgen und hat dies insbesondere in der Baustoffindustrie schon deutlich gemacht.

5 Internet-Plattformen in der Praxis des Bundeskartellamtes

In der Praxis hat sich herausgestellt, dass die meisten Internet-Plattformen bislang keine wettbewerblichen Probleme aufweisen. Das Bundeskartellamt hat deshalb in allen Fällen, in denen es mit der Prüfung von Internet-Plattformen befasst war, keine grundsätzlichen Bedenken erhoben.

Der bekannteste Fall war die – fusionsrechtliche – Freigabe der bereits erwähnten B2B-Plattform Covisint[6]. Die Ausgestaltung der Plattform stellt sicher, dass wettbewerbliche Probleme weitgehend ausgeschlossen sind. Der Zugang zur Plattform steht allen interessierten Kreisen offen und ist diskriminierungsfrei ausgestaltet. Exklusivbindung wird nicht gefordert und auch die Bündelung des Einkaufs der beteiligten Automobilhersteller ist nicht beabsichtigt. Eine marktbeherrschende Stellung von Covisint war zu verneinen. Covisint steht mit einer Reihe von B2B-Plattformen im Wettbewerb und der Marktzugang für Softwareunternehmen zur Entwicklung von B2B-Plattformen ist offen. Darüber hinaus sind durch die Gründung dieses Gemeinschaftsunternehmens keine wettbewerblich bedenklichen Rückwirkungen auf den Kfz-Markt erkennbar. Das Bundeskartellamt beobachtet die Entwicklung der Plattform weiterhin genau, um den Wettbewerb auch in Zukunft zu sichern.

Im Chemiebereich waren Bundeskartellamt und Europäische Kommission mit einer ganzen Reihe von Plattformen befasst. Dazu zählen Chemplorer und CC-markets[7], die sich inzwischen zusammengeschlossen haben, Omnexus und RubberNetwork[8]. Die beteiligten Unternehmen versprechen sich eine Reduzierung ihrer Prozesskosten, wenn sie ihren Bedarf an Gütern und Dienstleistungen sowohl für den primären Produktionsbereich als auch hinsichtlich der so genannten MRO-Güter und -Dienstleistungen über eine solche Plattform decken. Die Plattformen sind in der Regel offen konzipiert. Eine Kapitalbeteiligung steht allen interessierten Unternehmen offen und auch der Nutzerkreis ist nicht beschränkt. Die Geschäfte werden bilateral über die Plattform getätigt. Auf diese Weise ist sichergestellt, dass Geschäftspartner und Informationen über getätigte Geschäfte für andere Nutzer nicht einsehbar sind. Eine Bündelung der Nachfrage erfolgt – mit einer Ausnahme im MRO-Bereich – nicht.

Die bislang letzte Gelegenheit, bei der sich das Bundeskartellamt mit Internet-Plattformen beschäftigt hat, ist die Gründung zweier Handelsplattformen der

---

[6] vgl. Entscheidung WuW/E DE-V 321 (vom 25.09.00, Az.: B5-40/00) oder www.bundeskartellamt.de/archiv.html
[7] vgl. Entscheidung WuW/E DE-V 355 (vom 23.10.00, Az.: B3-76/00) oder www.bundeskartellamt.de/archiv.html
[8] vgl. Entscheidung WuW/E DE-V 423 (vom 26.01.01, Az.: B3-110/00) oder www.bundeskartellamt.de/archiv.html
[9] vgl. Entscheidung WuW/E DE-V 479 (vom 29.09.01, Az.: B5-24/01) oder www.bundeskartellamt.de/archiv.html

Stahlindustrie: Arbed, Corus, ThyssenKrupp und Usinor wollen über BuyForMetals und Steel 24-7 Beschaffung und Absatz effizienter gestalten[9]. Die Prüfung ergab, dass keine negativen Auswirkungen auf den Wettbewerb zu erwarten sind. Der Zugang zu den Plattformen steht allen interessierten Unternehmen offen, sensible Daten werden vor dem unbefugten Zugriff Dritter geschützt.

6   Neue Herausforderungen für die Wettbewerbsaufsicht

Das Internet zwingt dazu, traditionelle Wettbewerbskonzepte zu überdenken. Die Frage der Marktabgrenzung und der Bewertung von Marktmacht ist in vielen Fällen neu zu stellen. Zu berücksichtigen ist insbesondere die zentrale Bedeutung von Innovation für den Wettbewerb auf den Internetmärkten. Das Bundeskartellamt hat dem in seinen Fusionskontrollentscheidungen Rechnung getragen. Feste Konturen der sich erst bildenden Märkte ließen sich noch nicht feststellen, so dass eine „klassische" Prüfung anhand präzise abgegrenzter Märkte nicht möglich war. Die Untersuchungen bezogen deshalb umfassend alle zum Zeitpunkt der jeweiligen Entscheidung erkennbaren Entwicklungstendenzen ein. Auch in der Missbrauchsaufsicht stellen sich vielfach neue Fragen. Das Microsoft-Verfahren in den USA hat gezeigt, dass es Schwierigkeiten bereiten kann, die missbräuchliche Ausnutzung wirtschaftlicher Macht in den neuen Technologien exakt zu definieren.

Unerlässlich ist es aber in jedem Fall, die internationale Zusammenarbeit zwischen den Wettbewerbsbehörden zu vertiefen, um zu einer kohärenten Bewertung der mit dem Einsatz des Internets zusammenhängenden wettbewerblichen Phänomene zu kommen. Ein Beispiel für eine enge Zusammenarbeit in der praktischen Arbeit ist die Prüfung der bereits erwähnten Internet-Plattform Covisint. Die amerikanische Wettbewerbsbehörde Federal Trade Commission (FTC) und das Bundeskartellamt haben das Vorhaben in enger Abstimmung parallel geprüft.

BundOnline 2005

Die E-Government-Initiative der Bundesregierung

Brigitte Zypries

1 E-Government in Deutschland

1.1 Einleitung

Deutschland, das Land der „Erfinder und Tüftler", hatte in der Vergangenheit oft eine Vorreiterrolle bei der Entwicklung neuer Technologien und Produkte. Aber ist Deutschland auch Vorreiter beim Einsatz von Internettechnologien? Und wie sieht der Einsatz der neuen Kommunikationsmittel in der Verwaltung aus?

Stellen Sie sich doch einmal folgende Wirtschaftswelt vor: Ein deutscher Händler möchte einen Vertrag in Italien abschließen. Um seinem europäischen Geschäftspartner zu zeigen, dass sein Unternehmen umsatzsteuerlich in Deutschland geführt ist, ruft er seine Steueridentifikationsnummer direkt online über sein Handy ab. Zur gleichen Zeit irgendwo in Deutschland: Ein Antiquitätenhändler erwartet Möbel aus Bali. Anstatt wie früher lange auf die Freigabe seiner Ware zu warten kann er sie diesmal sofort mitnehmen. Der ganze Prüf- und Dokumentationsvorgang wurde bereits online abgewickelt. Wieder an einem anderen Ort: Ein Telekommunikationsanbieter möchte einen Rufnummernblock beantragen – bisher umfangreiche Papierarbeit, jetzt schnell und einfach online möglich. Szenenwechsel: Universität. Eine Gruppe von Studienfreunden möchte sich selbständig machen – keine lange Suche nach Informationen zur Förderung des Bundes für Start-up-Unternehmen mehr, statt dessen ein Klick ins Internet. Eine zentrale Stelle bündelt alle Informationen zum Herunterladen und die eigentliche Förderung kann sogleich online mitbeantragt werden. Noch eine Situation: Ein Pharmaunternehmen stellt die Patentschriften für mehrere Patente elektronisch fertig, signiert diese und sendet sie über das Internet an das Deutsche Patentamt in München – wesentlich weniger Papierarbeit als früher, dadurch komfortabler und weniger fehleranfällig.

Eine neue Welt! Nur eine ferne Vision? Nein, bald Realität in Deutschland. E-Government schafft neue Möglichkeiten und die Bundesregierung ist dabei, diese zu nutzen und umzusetzen. Dienste der Bundesverwaltung, die schnell, kostengünstig, einfach und komfortabel erfolgen, werden zu einem entscheidenden Standort- und Wettbewerbsfaktor für Deutschland.

Doch E-Government kommt nicht nur der Wirtschaft zugute, sondern ebenso den Bürgerinnen und Bürgern und nicht zuletzt der Verwaltung. E-Government, so hat die Bundesregierung richtig erkannt, ist ein entscheidender Aspekt auf dem Weg in die Wissens- und Informationsgesellschaft.

1.2 Wie sieht die E-Government-Realität aus?

Viele der E-Government-Ideen und -Visionen sind noch Zukunftsmusik. Beim näheren Hinsehen bleibt einiges zu tun. In vielen Verwaltungen müssen z. B. IT-Infrastrukturen erst einmal modernisiert werden. Zwar ist die Mehrzahl der öffentlichen Einrichtungen im Internet präsent und ermöglicht zumeist das Herunterladen aktueller Informationen. Jedoch ist es dem Bürger nur in ausgewählten Fällen möglich, eine Anfrage oder Beschwerde online zuzustellen, damit sie dann elektronisch bearbeitet wird. Die Bundesverwaltung bietet unter www.bund.de bereits über 20 Dienstleistungen online an, doch solche Beispiele sind erst der Anfang von dem, was E-Government ermöglicht. Das Potenzial, das das Internet bietet, ist damit noch längst nicht ausgeschöpft. Das ist erst bei transaktionsorientierten Diensten erreicht, also solchen, bei denen es über das Netz zu „Vertragsabschlüssen" kommt, z. B. wenn der Antrag auf eine Förderung vollständig über das Internet abgewickelt wird. Der Antrag wird dann medienbruchfrei in der Behörde weitergeleitet, dort bearbeitet und schließlich genehmigt; anschließend wird das Ergebnis dem Antragsteller elektronisch zugestellt und auch die Förderung selbst wird über das Internet begleitet – von den Auszahlungen bis zur Verwendungskontrolle werden die Möglichkeiten der modernen Informations- und Kommunikationstechnologie in vollem Umfang ausgeschöpft.

Auch im internationalen Vergleich zeigt sich, dass Vision und Realität teilweise noch weit voneinander entfernt sind. Schweden, eine der führenden E-Government-Nationen, führt gerade das erste umfangreiche Pilotprojekt mit transaktionsorientierten Dienstleistungen durch. Seit September 2001 testen 1000 kleine und mittlere Unternehmen (KMUs) die Möglichkeit einer elektronischen Steuererklärung. Das zeigt, dass auch andere führende Länder noch in der Anfangsphase der Entwicklung eines funktionierenden E-Governments sind.

2 BundOnline 2005 – die Fahrkarte Deutschlands ins Informationszeitalter

Die Bundesregierung hat die Bedeutung und die Möglichkeiten, die E-Government den Bürgern und der Wirtschaft bietet, bereits frühzeitig erkannt. Bundeskanzler Schröder startete im Sommer 2000 mit „BundOnline 2005" die E-Government-Initiative der Bundesregierung. Mit diesem ambitionierten Projekt hat sich die Bundesregierung verpflichtet, alle internetfähigen Dienstleistungen der Bundesverwaltung – und das sind immerhin mehr als 350 – bis zum Ende des Jahres 2005 online bereitzustellen. BundOnline 2005 wird dafür sorgen, dass die Dienstleistungen des Bundes einfacher, schneller und kostengünstiger in Anspruch genommen werden können. Außerdem schafft BundOnline 2005 wichtige Voraussetzungen, um die Bundesverwaltung – mit ihren 300.000 Beschäftigten eine der weltweit größten Serviceorganisationen – zu einem zeitgemäßen Dienstleister zu machen. Die Strukturen werden modernisiert und interne Abläufe grundlegend erneuert.

Die Ziele von BundOnline 2005 lassen sich, wie folgt, zusammenfassen:

2.1 Ziel 1: Das Dienstleistungsportfolio der Bundesverwaltung

Alle internetfähigen Dienstleistungen des Bundes sollen bis 2005 online bereitgestellt sein.

- Bundeskanzler Gerhard Schröder: *„Die Wettbewerbsfähigkeit eines Landes, aber auch die Lebensqualität der Bürgerinnen und Bürger hängen davon ab, wie gut und wie schnell der Staat Dienstleistungen erbringen kann. Diese Servicefunktion wollen wir grundlegend verbessern. Deshalb wird die Bundesregierung alle internetfähigen Dienstleistungen der Bundesverwaltung bis zum Jahr 2005 online bereitstellen."* (18. September 2000, Expo in Hannover).

- Grundlage für die Umsetzung ist der vom Kabinett im November 2001 verabschiedete Umsetzungsplan, für den zum ersten Mal alle Dienstleistungen des Bundes erhoben und klassifiziert wurden.

2.2 Ziel 2: Standardisierung und Effizienzgewinne

BundOnline 2005 wird durch gemeinsame IT-Lösungen Effizienzgewinne erzielen.

- Die wichtigsten technischen Komponenten werden zentral bereitgestellt. Einheitliche Standards schaffen eine moderne Infrastruktur.

- Indem Prozesse und Strukturen in den Behörden reorganisiert werden, werden Dienstleistungen in Zukunft schneller angeboten. Durch eine Qualitätssteigerung bei den Dienstleistungen können Bürger, Wirtschaft, Wissenschaft und Verwaltung von den Effizienzgewinnen profitieren.

2.3 Ziel 3: Investition in die Zukunft

Den Investitionen von BundOnline 2005 stehen große Einsparmöglichkeiten gegenüber.

- Es wird gezielt in Bereiche investiert, die einen hohen Nutzen bringen, signifikante Einsparungen ermöglichen (Return on E-Government) und zur Standortsicherung Deutschlands beitragen.

- BundOnline 2005 erzielt durch die Verwaltungsmodernisierung nicht nur direkte Einsparungen, die Kostenersparnisse werden auch an Bürger und Wirtschaft weitergegeben.

2.4 Ziel 4: E-Government ist eine gemeinsame Aufgabe von Bund, Ländern und Kommunen.

E-Government betrifft alle Verwaltungsebenen und ist nur dann voll funktionsfähig, wenn alle gemeinsam daran arbeiten.

- Durch gemeinsame Modellprojekte von Bund, Ländern und Kommunen können gemeinsam Lösungen gesucht und die Erfahrungen im E-Government bundesweit genutzt werden.
- Kooperationen von Bund, Ländern und Kommunen werden weiter ausgebaut (z. B. MEDIA@Komm).

3 Das Dienstleistungsportfolio der Bundesverwaltung

Der erste Schritt zur Realisierung von BundOnline 2005 war eine komplette Bestandsaufnahme aller Dienstleistungen des Bundes, um daraus einen detaillierten Katalog der onlinefähigen Dienste zu erstellen. Basierend darauf wurde ein Konzept zur Umsetzung erarbeitet.

Bei dieser Vorgehensweise orientierte sich die Bundesregierung an der Wirtschaft. Im Zeitalter des Internets muss jedes Unternehmen seine Dienstleistungen auf den Prüfstand stellen und herausfinden, ob und wie das Internet die Dienstleistungserbringung sinnvoll unterstützen kann. Dafür wurde zunächst der „Dienstleistungsbegriff" definiert (vgl. Schaubild 1).

Alle Dienstleistungen, die der Bund anbietet lassen sich drei Nutzergruppen zuordnen:

- Government to Citizen (G2C): Dienstleistungen, die der Bund den Bürgern gegenüber erbringt, z. B. die Vermittlung von Arbeitsplätzen oder die Berechnung und Gewährung von Renten
- Government to Business (G2B): Die Bereitstellung von Verwaltungsdienstleistungen an Unternehmen, beispielsweise die Vergabe von Umsatzsteueridentifikationsnummern oder die Anmeldung von Patenten

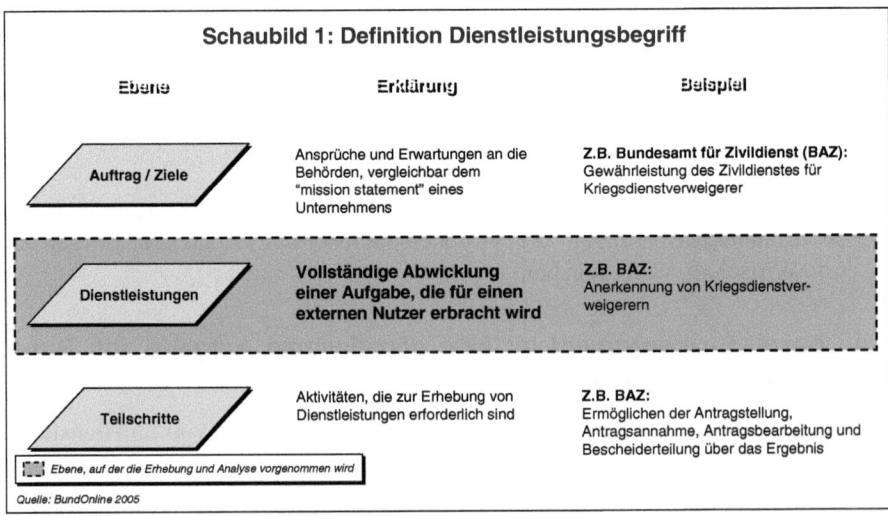

- Government to Government (G2G): Dienstleistungen, die Verwaltungen untereinander erbringen, wie etwa die gemeinsame Online-Beschaffung oder die Bewirtschaftung der Bundesimmobilien.

Die hohe Anzahl der Dienstleistungen scheint auf den ersten Blick sehr komplex und umfangreich. Hier nur einige Zahlen zur Verdeutlichung:

- Pro Jahr erfolgen 20 Millionen Anträge auf staatliche Förderung;
- pro Jahr gehen 50 Millionen Zollerklärungen ein,
- jedes Jahr werden ca. 400.000 Wehrpflichtige gemustert
- und jedes Jahr erfolgen rund 170.000 Anträge auf Annerkennung als Kriegsdienstverweigerer.

Trotz der hohen Fallzahl einiger Dienstleistungen lässt sich die Gesamtsumme auf 350 Einzeldienstleistungen verdichten, was die Komplexität bei der Umsetzung deutlich reduziert. Denn obwohl diese Einzeldienstleistungen sich teilweise stark unterscheiden, gibt es viele Abläufe, die ähnlich sind und sich zusammenfassen lassen. So können alle Dienstleistungen zu verschiedenen Dienstleistungstypen zusammengefasst werden. Schaubild 2 stellt die acht Dienstleistungstypen dar:

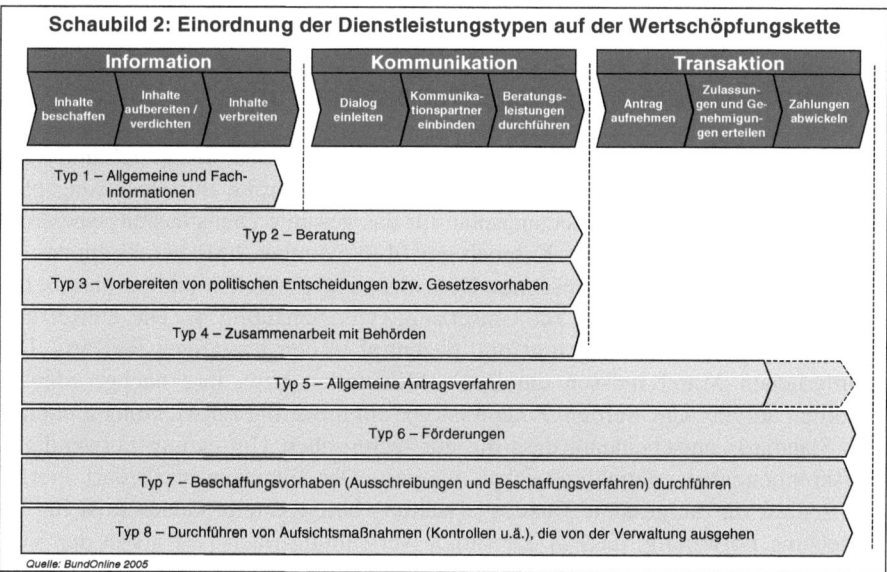

Die Analyse des Dienstleistungsportfolios der Bundesverwaltung hat gezeigt, dass sich drei Viertel aller Dienstleistungen auf drei Typen verteilen lassen, nämlich auf Informationsdienste, Antragsverfahren oder die Abwicklung von Förderungen. Da sich die Dienstleistungen in ihrer Komplexität und in ihrem Bedarf an technischer Infrastruktur deutlich unterscheiden, werden sie in konkreten Umsetzungsprojekten vorangetrieben und gestaffelt online geschaltet. Wann und wo welche Dienstleistungen online bereitstehen sollen, wurde im Umsetzungsplan „top-down" definiert (vgl. Schaubild 3).

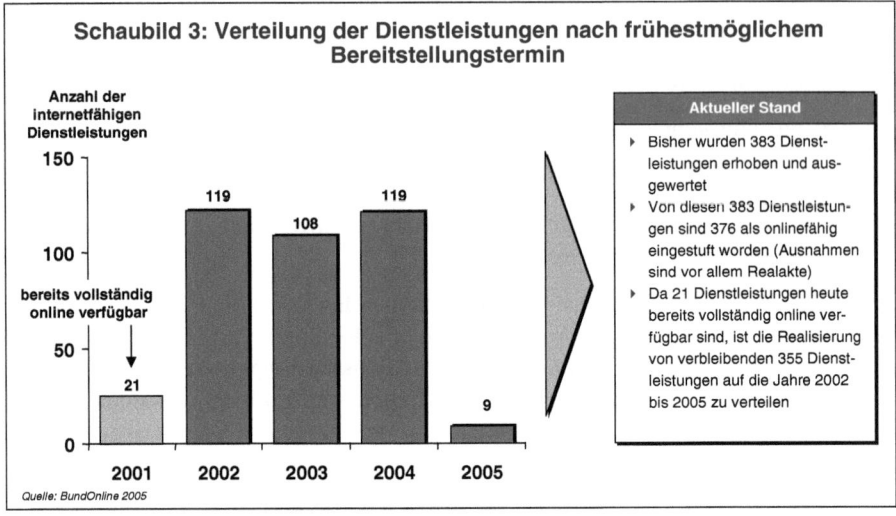

4 Standardisierung und Effizienzgewinne

Damit eine so umfangreiche Initiative wie BundOnline 2005 erfolgreich und fristgerecht umgesetzt werden kann, sind die einzelnen Schritte im Umsetzungsplan genau festgelegt. Diesen Umsetzungsplan für das gesamte Dienstleistungsspektrum der Bundesverwaltung hat das Kabinett am 14. November 2001 verabschiedet. Er basiert auf der Analyse des gesamten Dienstleistungsportfolios und beschreibt die Aktivitäten und Maßnahmen zur Umsetzung (vgl. Schaubild 4). Die Umsetzung der einzelnen Dienstleistungen erfolgt dezentral in den jeweiligen Ressorts. Die erforderlichen Mittel müssen durch die Ministerien bzw. ihre nachgeordneten Behörden aufgebracht werden. Zudem ist vor allem für die Entwicklung einheitlicher Standards entscheidend, dass die zur technischen Umsetzung notwendigen Basiskomponenten zentral entwickelt werden. Der Finanzierungsbedarf hierfür wird zentral für die gesamte Bundesverwaltung bereitgestellt. Generell ist für die Umsetzung notwendig, dass in der Bundesverwaltung intensiver als in der Vergangenheit kooperiert wird und mehr gemeinsame Angebote genutzt werden.

4.1 Basiskomponenten

Für die Bereitstellung aller Dienstleistungen sind IT-Architekturkomponenten notwendig, die zum Teil noch entwickelt werden müssen. Dies wird über die Jahre 2002 und teilweise noch 2003 erfolgen. Behördenübergreifend einsetzbare Basis-

BundOnline 2005 – die eGovernment-Initiative der Bundesregierung

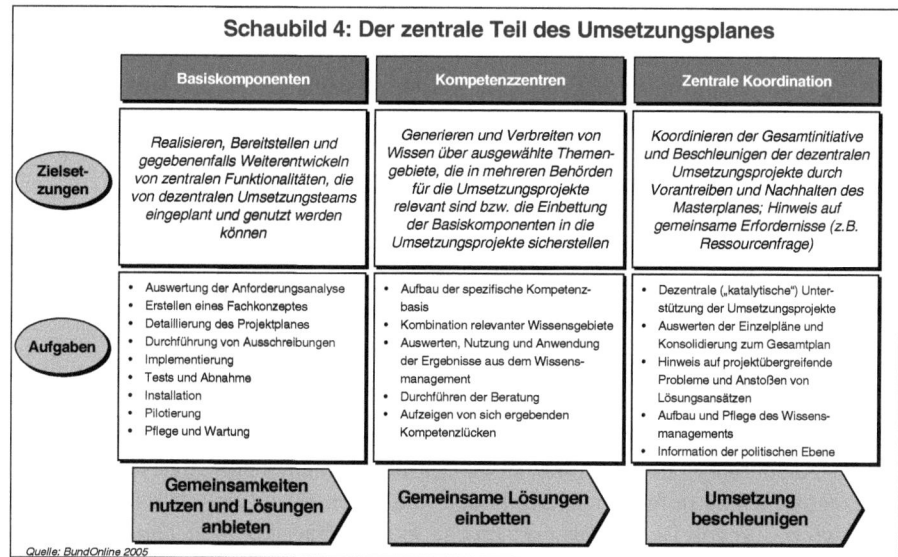

komponenten wie z. B. ein Formularserver, eine Zahlungsplattform oder die elektronische Signatur werden zentral bereitgestellt und von allen Behörden gemeinsam genutzt. Das spart Zeit und Kosten. Außerdem wird dadurch gewährleistet, dass einheitliche Standards behördenübergreifend eingeführt werden. Insgesamt sind sechs verschiedene Basiskomponenten geplant (vgl. Schaubild 5).

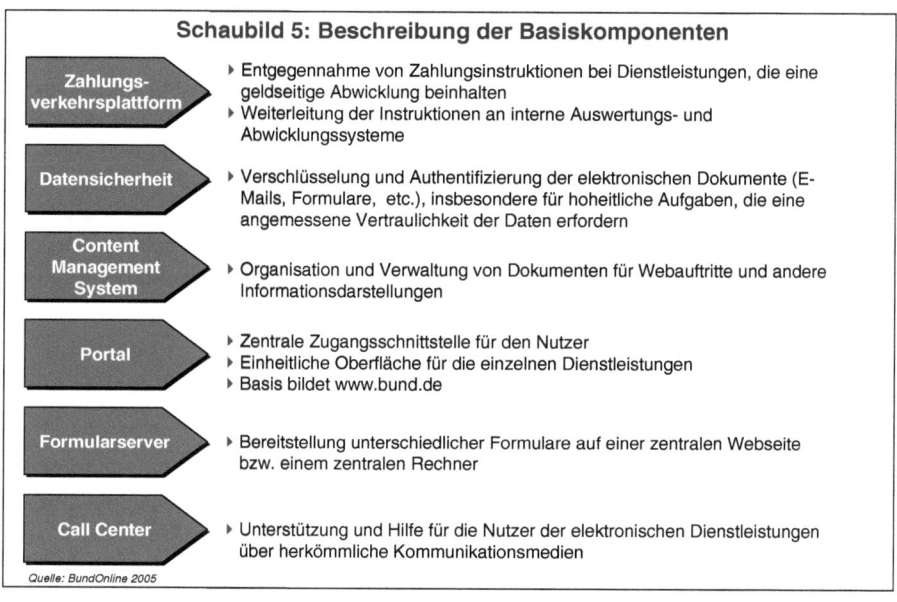

Bei der Analyse der Dienstleistungen hat sich gezeigt, dass über 100 Dienstleistungen mit der Bezahlung von Gebühren oder finanziellen Transaktionen verbunden sind, die elektronisch abgewickelt werden können. Es ist nur sinnvoll, diese online anzubieten, wenn zuvor eine zentrale Bezahlplattform errichtet worden ist. Das macht nicht nur die Inanspruchnahme der Dienstleistung für die Bürgerinnen und Bürger komfortabler, es bringt auch den Behörden erhebliche Effizienzgewinne. Medienbrüche zwischen den eigentlichen Abwicklungen der Dienstleistungen und der kassenmäßigen Verbuchung werden so vermieden. Die beiden Vorgänge werden nicht mehr getrennt geführt, sondern als integraler Bestandteil einer Prozesskette elektronisch miteinander verknüpft.

4.2 Kompetenzzentren

Die grundsätzlichen Aufgaben eines Kompetenzzentrums umfassen die drei Bereiche Ausbildung, Entwicklung sowie Einführungsunterstützung. Die Kompetenzzentren sollen tiefgehendes Methoden- und Fach-Know-how bereitstellen und dort, wo es sinnvoll ist, organisatorisch eng mit den Basiskomponenten zusammen arbeiten, um zusätzliche Synergieeffekte zu nutzen. Dadurch ist es möglich, dass in den Kompetenzzentren zunächst konzentriertes Know-how aufgebaut und dieses dann wirkungsvoll den Anwendern zur Verfügung gestellt wird.

4.3 Zentrale Koordination und dezentrale Umsetzung

Im Gegensatz zu der fachlich-inhaltlichen Ausrichtung der Kompetenzzentren ist der Bereich Zentrale Koordination für die Umsetzungsprozesse insgesamt verantwortlich. Die Umsetzung der Einzelprojekte erfolgt dezentral in den jeweiligen Ministerien bzw. ihren nachgeordneten Behörden. Das Bundesministerium des Innern ist für die zentrale Koordination verantwortlich und arbeitet eng mit den Ministerien und den Bundesbehörden zusammen. Vor allem in der schwierigen Anfangsphase wird das Innenministerium beratend unterstützen und den Abstimmungsprozess innerhalb der Ressorts und zwischen den Ressorts erleichtern.

Ein exakt definiertes Monitoring- und Berichtswesen sorgt dafür, dass Zielvorgaben eingehalten, Probleme transparent gemacht und die Kommunikation gewährleistet werden. In regelmäßigen Abständen wird an die politische Leitung und an die Öffentlichkeit über den Projektverlauf berichtet.

5 Finanzierung als Investition in die Zukunft

BundOnline 2005 ist das größte E-Government-Programm Europas. Damit das Projekt erfolgreich umgesetzt werden kann, sind erhebliche Investitionen notwendig. Der benötigte Finanzbedarf für die Umsetzung von BundOnline 2005 beziffert sich auf 1,65 Milliarden Euro bis 2005. Das sind jährlich zwischen 400 und 500 Millionen Euro, um die Dienstleistungen der Bundesverwaltung online bereitzustellen.

Bei einem Jahresbudget des Bundes von etwa 775 Millionen Euro für Informationstechnik muss ein großer Teil dieser Ausgaben neu ausgerichtet werden, damit BundOnline 2005 umgesetzt werden kann. Dies ist aber entscheidend: Denn wenn nicht zwischen dezentralen und zentralen Aufgaben unterschieden wird, kommt es zu Mehrfachentwicklungen, zu einem ungesteuerten Vorgehen und damit zu potenziell beträchtlichen Mehrausgaben. Deswegen müssen die Mittel zielgerichtet eingesetzt werden. Um dieser Vorgabe gerecht zu werden, steuert die Projektgruppe BundOnline 2005 die Mitteleinsetzung.

Wo liegt die Rechtfertigung für Investitionen in eine aufwendige IT-Architektur und moderne IT-Systeme? Dem erheblichen Finanzbedarf steht ein beträchtliches Einsparpotenzial gegenüber. Die Planung geht davon aus, dass sich nach der vollständigen Umsetzung von BundOnline 2005 Effizienzgewinne von bis zu 400 Millionen Euro pro Jahr in der Bundesverwaltung erzielen lassen. Bereits umgesetzte Modellprojekte wie „BAföG Online" haben gezeigt, welches Potenzial an Einsparungen möglich ist. Bei „BAföG Online" werden durch die Verkürzung der Bearbeitungszeiten Einsparungen von 4,5 Millionen Euro pro Jahr erzielt. Zudem konnten bei der Einführung des Workflowsystems FAVORIT bei der Rückzahlung von BAföG-Darlehen im Bundesverwaltungsamt so viele Ressourcen freigesetzt werden, dass die neue Aufgabe der Bereitstellung von Bildungskrediten mit diesen Ressourcen bewältigt werden kann. Alle Mitarbeiter wurden in die Entwicklung des Systems miteinbezogen und entsprechend geschult, so dass alle eine neue Aufgabe gefunden haben und sogar eine Dienstleistung mehr erbracht wird.

Neben den direkten Einsparungen in der Bundesverwaltung selbst ermöglicht BundOnline 2005 auch Einsparungen bei der Wirtschaft. Die Prozessersparnisse auf Unternehmensseite sind so erheblich, dass auch überschaubare Anfangsinvestitionen auf Seiten der Betriebe (z. B. Lesegeräte und Chipkarten für das Arbeiten mit der elektronischen Signatur) kein Hindernis darstellen.

6 E-Government ist eine gemeinsame Aufgabe von Bund, Ländern und Kommunen

BundOnline 2005 betrifft zwar in erster Linie die Verwaltungen des Bundes, aber durch die föderale Struktur in Deutschland werden eine Vielzahl von Dienstleistungen oftmals gemeinsam von Bund und Ländern oder Ländern und Kommunen angeboten. Folglich müssen Bund, Länder und Kommunen miteinander kooperieren. Deswegen existieren verschiedene Aktivitäten und Maßnahmen, die alle dazu dienen, die Zusammenarbeit weiter auszubauen.

Ein gutes Beispiel sind MEDIA@Komm-Projekte in Bremen, Nürnberg/Erlangen und Esslingen, die von der Bundesregierung mit 25 Millionen Euro mitfinanziert werden. Die Erfahrungen aus diesen Projekten sollen den Ausbau von E-Government-Aktivitäten in anderen Länder- und Kommunalverwaltungen unterstützen und vereinfachen. Mit dem E-Government-Handbuch des Bundes (www.bsi.de)

werden darüber hinaus auch Empfehlungen gegeben, die den einzelnen Projekten in der Praxis helfen sollen. Das E-Government-Handbuch ist aus Einzelmodulen zusammengesetzt und bietet Informationen zu den Themen IT-Sicherheit, Projektmanagement und Prozessanalyse, die anhand von Praxisbeispielen verdeutlicht werden.

Darüber hinaus bietet der Bund seine E-Government-Anwendungen auch den Ländern und Kommunen zur Nutzung an, so z. B. die Beschaffungsplattform, die im Rahmen des Projektes „Öffentlicher Eink@uf online" vom Beschaffungsamt des Bundesministerium des Innern entwickelt wurde. Das hilft den Verwaltungen in den Ländern und Kommunen Kosten zu sparen, weil sie keine eigenen Beschaffungsplattformen entwickeln müssen, und fördert einheitliche Standards beim E-Government.

Es ist wichtig, dass Bund, Länder und Kommunen bei der Umsetzung von E-Government kooperieren. Um die schon laufenden Projekte auszubauen und die politische Steuerung zu gewährleisten, habe ich regelmäßige Treffen mit meinen Staatssekretärskolleginnen und -kollegen in den Ländern und kommunalen Spitzenverbänden initiiert.

7 Fazit

Die Bundesregierung hat rechtzeitig erkannt, welches Potenzial in E-Government steckt und welche Vorteile der Einsatz von Informationstechnologien in der Verwaltung mit sich bringt. BundOnline bietet die Chance, die Bundesverwaltung zu einem noch leistungsfähigeren Dienstleister zu modernisieren, der seinen Service effizient und zugleich kundenorientiert anbietet. Und wenn Abläufe vereinfacht werden und weniger Akten anfallen, haben die Mitarbeiterinnen und Mitarbeiter wieder mehr Zeit, sich auf das zu konzentrieren, was wichtig ist, nämlich die beratungsbedürftigen Anliegen. Auch wenn in Sachen E-Government noch viel zu tun ist, so ist die Bundesregierung mit BundOnline 2005 auf dem richtigen Weg zu einer modernen Verwaltung im Wissens- und Informationszeitalter.

Die Internet-Kommune

Stadtverwaltung und kommunale Demokratie im Jahr 2005

Jürgen Zieger

Keine Frage: Der Internet-Hype ist vorbei. Während in vielen Start-ups immer noch die Scherben zerbrochener Träume zusammengekehrt werden, setzen ausgerechnet Behörden und Ämter auf das Internet und Verwaltungsexperten sprechen über E-Government und die bürgernahe, serviceorientierte Verwaltung im Netz. Der Amtsschimmel hat keine Scheuklappen auf, sondern die Zeichen der Zeit erkannt. Weltweit ist eine Reformbewegung in Gang gekommen, Dienstleistungen der öffentlichen Verwaltungen werden über das Internet nutzbar gemacht und die internetgestützte Verwaltung wird in Pilotprojekten getestet.

Auch durch deutsche Behördenflure weht der Wind der Modernisierung in Form von E-Government. Neue Schlagworte dringen immer mehr in das allgemeine Bewusstsein ein: digitales Rathaus, virtueller Marktplatz, kommunales Call Center, elektronische Vorgangsbearbeitung sowie schließlich Bürgerbeteiligung und Wahlen via Internet. Mit E-Government bricht gerade in unseren Ämtern – und zwar nicht nur in den Verwaltungen der Großstädte, sondern gerade auch in vielen kleinen Kommunen – eine neue Ära an. Und diese Entwicklung wird sich fortsetzen, auch wenn regelmäßig neue Studien wie zuletzt die des renommierten Beratungsunternehmens Cap Gemini Ernst & Young im Auftrag der EU-Kommission Deutschland in Sachen E-Government nur einen Platz im Mittelfeld bescheinigen – weit hinter europäischen Champions wie Skandinavien, den Benelux-Ländern, aber auch dem kleinen Irland.

Diese neue Ära gründet sich auf neue Wahrnehmungen, auf ein neues Selbstverständnis der wesentlichen Akteure: der Bürger und der Verwaltung. Erstere wandeln sich vom Bürger – und Bittsteller – zum Kunden, letztere von der Amtsstube mit Behördenvorgängen zum Dienstleistungsunternehmen mit Services an und mit dem Bürger.

E-Government

Aber was ist genau unter E-Government zu verstehen? Der geradezu inflationäre Gebrauch des Wortes „E-Government" (beziehungsweise aller „E-Wörter") enthebt uns nicht der Notwendigkeit einer Begriffsklärung. Einfacher scheint es allerdings zu sein, zu sagen, was E-Government alles nicht ist: Eine statische Homepage im Internet zu betreiben, auf der die Stadtgeschichte nachzulesen ist und auf der auf die Öffnungszeiten der Ämter hingewiesen wird, hat nichts mit E-Government zu tun. Auch die interne EDV-gestützte Bearbeitung von Verwaltungsprozessen ist noch nicht E-Government. Vielmehr verstehen wir darunter die elektronische Abwicklung und digitale Unterstützung von Information, Kommunikation und Transaktion im gesamten Bereich der öffentlichen Verwaltung. E-Government bezieht sich dabei sowohl auf die Beziehungen zwischen Behörden untereinander auf allen staatlichen Ebenen als auch auf die Interaktion zwischen Verwaltung und Bürgern sowie zwischen Verwaltung und Wirtschaft. E-Government beschreibt also die integrierte Abwicklung von Geschäftsprozessen der öffentlichen Verwaltung über die Grenzen der eigenen Organisation hinweg.

Über alle drei Dimensionen von E-Government – Information, Kommunikation und Transaktion – ist inzwischen schon viel gesagt worden, deshalb zu den ersten beiden nur so viel: Grundlegend sind hier die Aspekte „einfach", „konkret" und „schnell": Es muss für den Bürger einfach sein, von der Verwaltung auf seine spezifische Frage eine schnelle Antwort zu bekommen – ob beim Blick auf die Website oder bei einer Anfrage per E-Mail.

Die Dimension der Transaktion ist sozusagen eine Steigerung der ersten beiden Dimensionen. Für Unternehmen sind Transaktionen via Internet zu einer Selbstverständlichkeit beim Vertrieb von Produkten und Services geworden. Das Stichwort lautet dort E-Commerce. Eine ganze Reihe von Verwaltungsdienstleistungen können ebenfalls über das Internet abgewickelt werden. Auf diese Weise kommt die Verwaltung dem Bürger virtuell entgegen, er muss nicht mehr „vorstellig" werden. E-Government sollte einen hohen Anspruch haben und ihn auch erfüllen: es dem Bürger über das Internet so einfach wie möglich zu machen, nicht nur eine Antwort auf seine Frage zu bekommen, sondern auch Dienstleistungen der Verwaltung in Anspruch zu nehmen. Zukünftig wird man so im Sinne einer besseren Transparenz des Verwaltungshandelns den Status einer Bürgeranfrage oder eines Antrags im Internet nachvollziehen können.

Aber auch hier enden die Chancen des E-Governments noch nicht. Wir sehen inzwischen auch neue Chancen der Partizipation. Das Internet ermöglicht nicht nur eine effizientere und bürgerorientiertere Verwaltung, es macht auch ganz neue Formen der Bürgerbeteiligung möglich. Hier geht es um die Beteiligung an der Willensbildung im demokratischen Sinn, um die Einbeziehung in Planungs- und Entscheidungsprozesse.

Und so wie E-Commerce Abläufe und Strukturen in vielen Wirtschaftszweigen verändert, wird auch E-Government die internen Verwaltungsabläufe grundlegend erneuern. Beim E-Government ist es nicht anders als beim E-Commerce: Die Verbesserung der Servicequalität lässt sich nicht mit einer Eins-zu-eins-Übertragung der alten Verwaltungsabläufe ins Internet erreichen. Denn E-Government beschränkt sich nicht auf das, was im Internet sichtbar ist. Internetportale sind gewissermaßen das digitale Tor zur Verwaltung. Eine moderne Verwaltung wird die Möglichkeiten der Informations- und Kommunikationstechnik erst dann wirklich nutzen, wenn sie auch ihre hinter diesem Eingang liegenden Geschäftsprozesse dem elektronischen Zeitalter anpasst.

Aber es gibt auch einen fundamentalen Unterschied zwischen E-Commerce und E-Government: Während es beim E-Commerce in der Entscheidung des Kunden liegt, ob er über das Netz beispielsweise Produkte kaufen will oder nicht, hat er diese Entscheidung beim E-Government nur bedingt: Aufs Amt muss der Bürger – ob nun online oder real. Gleiches gilt für Akteure der Wirtschaft, die etwa in ein Bauprojekt eingebunden sind wie Handwerker, Architekten oder Statiker.

Noch sind wir jedoch von dem Idealzustand der modernen Internet-Kommune weit entfernt: Obwohl 69 Prozent der Bevölkerung sich wünschen ihre Behördenangelegenheiten über das Internet erledigen zu können und obwohl immerhin inzwischen 4.800 von rund 10.000 deutschen Städten und Gemeinden im Netz sind, beschränkt sich das Internetangebot des Großteils dieser Verwaltungen darauf, Informationen bereitzustellen. Nur 20 Prozent bieten auch interaktive Dienste an. Mit anderen Worten: Echte Transaktionen sind noch die Ausnahme, von Partizipation kann noch kaum die Rede sein.

Kommunen als Vorreiter

Dennoch sind die Kommunen die Vorreiter in Sachen E-Government. In fast allen Städten mit über 50.000 Einwohnern wird am digitalen Rathaus gebaut. Es gibt inzwischen eine ganze Reihe von Dienstleistungen in Städten und Gemeinden, die medienbruchfrei elektronisch durchgeführt werden.

Vom Bund kommen dabei viele Impulse, namentlich vom Bundesministerium des Innern und vom Bundesministerium für Wirtschaft und Technologie, die eine Schrittmacherfunktionen übernommen haben. So fiel bereits im Dezember 1999 der Startschuss für das Programm „Moderner Staat – Moderne Verwaltung", mit dem die Bundesregierung das Leitbild des „aktivierenden Staates" verwirklichen und die Bundesverwaltung modernisieren will. Und mit der E-Government-Initiative BundOnline 2005 wurde im September 2000 die zweite Phase eingeläutet, die vorsieht, 376 Dienstleistungen der Bundesverwaltung bis zum Jahr 2005 online zu stellen, gemäß dem inzwischen fast schon zum geflügelten Wort gewordenen Slogan: „Die Daten sollen laufen, nicht die Bürger." Seitdem befördern auf Bundesebene 18 Modellprojekte die Amtsstuben ins elektronische Zeitalter.

Eine besondere Rolle für die kommunale Ebene spielt das Projekt MEDIA@Komm. Es handelt sich hierbei um das größte Multimedia-Förderprojekt des Bundesministeriums für Wirtschaft und Technologie. Ziel des Projekts ist es, den breitenwirksamen Durchbruch von Information und Kommunikation zu rechtsverbindlichen Transaktionen in offenen elektronischen Netzen zu schaffen. Dabei geht es speziell um die modellhafte Entwicklung und Erforschung der virtuellen Stadt einschließlich elektronischen Rathäusern und virtuellen Marktplätzen – mit fundamentalen Veränderungen in den Verwaltungen und im Wirtschaftsleben. Die neuen Kommunikationstechniken vereinfachen komplexe Verwaltungsabläufe, optimieren Produktionsverfahren und erschließen völlig neue Vertriebs- und Beschaffungswege. Damit realisiert MEDIA@Komm die Vision vom digital vernetzten Gemeinwesen, in dem Unternehmen, Behörden und Bürger online verbunden sind. Als die fünf wichtigsten Vorteile gelten: mehr Information, bessere Kommunikation, größere Transparenz, erhöhte Effizienz und mehr Effektivität in Wirtschaft und Gesellschaft.

Esslingen gehört – neben Bremen und einem Städteverbund um die Stadt Nürnberg – zu den drei Gewinnern des dem Projekt zugrunde liegenden Städtewettbewerbs MEDIA@Komm. Die Konzepte aller drei Städte – bei uns werden sie federführend im Rahmen des Projekts MediaKomm entwickelt – sollen in den nächsten Jahren als Best-Practice-Beispiele umgesetzt werden, um breitenwirksam zur Nachahmung anzuregen und Investitionen in zukunftsfähige Arbeitsplätze auszulösen.

Im Mittelpunkt des Multimedia-Projektes MediaKomm Esslingen steht die Kommunikation zwischen Bürgern, Verwaltung und Wirtschaft. Während der Austausch frei zugänglicher Daten, Fakten oder Informationen über das Internet noch problemlos ist, wurde es bislang schwierig, wenn die Kommunikation über das Netz rechtsverbindlich sein sollte. MediaKomm führt hier die elektronische Signatur ein und hat sich in dieser Hinsicht bereits als Vorreiter positioniert, zuletzt mit einem bundesweit bisher einmaligen Feldversuch, bei dem Anfang 2002 rund 40 Mitarbeiter der Stadtverwaltung – vom Bürgermeister bis zum Sachbearbeiter – mit Signaturkarten ausgestattet wurden und diese jetzt in der Praxis einsetzen.

In Esslingen wird – vereinfacht gesagt – getestet, wie die digitale Zukunft einer Kommune aussehen könnte. Dazu gehört auch die Frage, welchen Beitrag Informations- und Kommunikationstechnologien zu einer stärkeren bürgerschaftlichen Beteiligung leisten können. Die Ergebnisse sind aus folgendem Grund von besonderer Relevanz: Am MediaKomm-Projekt ist neben Esslingen mit 90.000 Einwohnern auch die Nachbarstadt Ostfildern mit 30.000 Einwohnern beteiligt. 80 Prozent der Bundesbürger leben in Kommunen dieser Größenordnung. Die gewonnenen Erkenntnisse können also auf eine große Zahl anderer Kommunen in ganz Deutschland übertragen werden.

Die virtuelle Stadt

Wir haben uns folgendes übergeordnetes Ziel gesetzt: Wir bauen die virtuelle Stadt, deren Mittelpunkt eine Stadtverwaltung bildet, die 24 Stunden am Tag und sieben Tage in der Woche für unsere Bürgerschaft zur Verfügung steht. Im digitalen Rathaus haben die Bürger die Möglichkeit, sämtliche Dienstleistungen der Stadt datensicher mithilfe der digitalen Signatur abzuwickeln, ohne sich auf ein „Behördenrodeo" einzulassen. Intern wollen wir den digitalen Workflow organisieren, das heißt, die Daten werden ohne Formulare innerhalb der Ämter transportiert und auch der abschließende Bescheid erfolgt auf elektronischem Weg.

Äußere Erscheinungsform der künftigen virtuellen Stadt ist die CityMall 21. Es handelt sich hierbei um eine virtuelle Fußgängerzone mit Online-Shops und Verwaltungsdiensten. Die CityMall 21 soll nach und nach zum virtuellen Abbild der gesamten Stadt im Netz ausgebaut werden. Wir bieten damit eine zusätzliche

Darstellungs- und Vertriebsmöglichkeit und letztendlich zusätzliche Kaufkraftbindung für die Innenstadt an. Gleichzeitig wollen wir die touristische Werbung für die mittelalterlich geprägte Innenstadt verstärken.

Bereits jetzt können Internetnutzer in der virtualisierten Stadt per Mausklick durch die Stadt spazieren, einkaufen gehen oder sich informieren. Unternehmen sind über das kommunale Wirtschaftsinformationssystem oder ihren eigenen Internetauftritt angebunden. So können Einheimische wie Touristen Straßen und Plätze, Museen, Geschäfte, Firmen, Ladenlokale von Non-Profit-Organisationen sowie das Bürgeramt per Maus oder Tastatur „begehen". Die Nutzer können innerhalb der Online-Shops zum Beispiel in virtuellen Katalogen blättern, per E-Mail Anfragen an das Personal richten und online Produkte oder Dienstleistungen ordern. Im virtuellen Bürgeramt wird durch Anklicken von „Hotspots" eine Verbindung zum Formularserver der Stadtverwaltung hergestellt.

Dort stehen unter www.esslingen.de nach Lebenslagen geordnet bereits elektronische Formulare für zahlreiche Verwaltungsdienstleistungen zur Verfügung. Diese reichen vom virtuellen Fundbüro über Hundesteuer, Anwohner-Parkausweis bis hin zu Gewerbeanzeigen und Meldungen über Straßenschäden. Bald werden die Bürger die Formulare nach dem Ausfüllen nicht mehr ausdrucken und per Post zur Behörde schicken müssen, sondern sie mit der elektronischen Signatur versehen und einfach auf elektronischem Wege zurück an die Behörde senden können. Wir haben hier ganz bewusst Inhalte mit einer breiten Anwendungsvielfalt gewählt, weil wir überzeugt sind, dass nur dies beim Bürger Akzeptanz schafft für die digitale Signatur. Das Interesse der Bürgerschaft für ein digitales Rathaus ist nur zu wecken, wenn wir konkret Nutzen für sie realisieren.

Vom Einsatz der elektronischen Signatur wird auch das Online-Baugenehmigungsverfahren profitieren. Fast jeder Bürger hat in seinem Leben einmal in mit einem Baugenehmigungsverfahren zu tun, sei es dass er sich ein Haus bauen will, sei es dass er sich über ein neues Baugebiet oder Straßenbauprojekt in der Nachbarschaft informieren will. Und die Erfahrungen, die er dabei macht, sind nicht nur positiv: Das Baugenehmigungsverfahren, wie es sich im Moment darstellt, kostet wegen seiner Komplexität alle Beteiligten – Bürger, Verwaltungsmitarbeiter und Architekten – viel Zeit und Aufwand.

Dies könnte sich in Kürze ändern – dank des konsequenten Einsatzes der Informationstechnologie. Um das Baugenehmigungsverfahren digital zu modellieren und damit deutlich zu vereinfachen und zu straffen, setzen wir in Esslingen auf die Devise „E-Government meets E-Business". Im Auftrag des Projekts MediaKomm Esslingen wurde eine Internetlösung für den kommunalen Baugenehmigungsprozess entwickelt. Damit können künftig alle am Baugenehmigungsprozess Beteiligten über das Internet vernetzt werden. Sobald die rechtlichen Voraussetzungen geschaffen sind, können Antragsteller und Ämter dank der Integration einer elektronischen Signaturkomponente sich selbst authentifizieren und die von ihnen erstellten Dokumente (zum Beispiel Bebauungspläne oder Grundkarten aus einem geografischen Informationssystem) signieren. Der Startschuss für das Online-

Baugenehmigungsverfahren fiel am 6. Februar 2002 im Rahmen der Fachmesse Build IT in Berlin.

Die Projektergebnisse haben eine Leitfunktion bei der breitenwirksamen Einführung sicherer und nutzerfreundlicher elektronischer Dienstleistungen unter Einschluss der elektronischen Signatur. So führt das Projekt zu einer bislang beispiellosen Innovationspartnerschaft zwischen Wirtschaft, Verwaltung und Bürgern. Dabei hat die öffentliche Verwaltung nun erstmals eine Lokomotivfunktion übernommen mit dem Ziel, eine ganzheitliche Systemlösung zu finden, die das digitale Rathaus und den virtuellen Markplatz integriert.

Wir haben uns ganz bewusst für die Kooperation mit der Privatwirtschaft entschieden, weil wir glauben, dass nur so die hohen Kosten gesenkt werden können, die die Einführung von E-Government zunächst mit sich bringt. Wir sehen uns hierbei auch durch eine aktuelle Studie („Technologiekompass 2005") der Unternehmensberatung Mummert + Partner bestätigt: Die Experten zeigen sich darin wenig optimistisch, dass beispielsweise die Umsetzung von BundOnline 2005 wirklich gelingt und sehen den Online-Amtsschimmel nicht vor 2006 wiehern: Grund sei der akute Geldmangel der öffentlichen Hand, der dazu führe, dass jetzt neue Wege gefragt seien. Eine engere Kooperation mit der Privatwirtschaft könnte helfen, Kosten zu senken.

Der Bürger als Citoyen

Eine stärkere Orientierung unserer Verwaltung an den Bedürfnissen der Bürger ist jedoch nur ein Aspekt des E-Government. Eine Reduzierung des Bürgers auf seine Rolle als Kunde widerspricht dem Modell der kommunalen Selbstverwaltung. Der Bürger ist eben nicht nur Konsument, sondern auch wahlberechtigter Bürger, also Citoyen, und damit auch Mitgestalter der Kommunalpolitik.

Ein Beispiel aus der Praxis ist die Online-Bürgerbeteiligung bei der Bauleitplanung in Form von Webforen. Ziel ist es, die Transparenz des Planungsprozesses im Internet herzustellen. Wir haben deshalb verschiedene Bürgerbeteiligungsforen eingerichtet und dadurch den aktuellen Sachstand der Bauplanung für den Bürger sichtbar gemacht. Dank der elektronischen Signatur wird nun ein rechtsverbindlicher Einspruch via Internet realisierbar. So haben wir etwa für ein Esslinger Baugebiet eine 3D-Visualisierung erarbeitet und ins Internet gestellt, damit die interessierten Bürger sich einen Eindruck von den geplanten Maßnahmen verschaffen können. So informiert konnten die Bürger über einen Zeitraum von vier Wochen auf einer Internetplattform Informationen zu dem Bauvorhaben abrufen und Anregungen und Kritik am Bebauungsplan diskutieren.

In der Praxis gilt es die Bürger zu animieren und die angebotenen Kommunikationsplattformen zu nutzen. Denn unabhängig von der Letztentscheidung der zuständigen Gremien müssen alle Argumente abgewogen werden, bevor abschließend entschieden wird. Entscheidungen müssen die kritischen öffentlichen Diskussionen argumentativ berücksichtigen. Auch die Kritiker von geplanten Vorhaben haben bei uns selbstverständlich mit der eigenen Website ihres Arbeitskreises Darstellungsmöglichkeiten. Unsere Überzeugung lautet: Wir müssen uns auch mit diesen kritischen Bürgern auseinandersetzen – und zwar in der gleichen Sprache und im gleichen Bild und mit der gleichen Konsequenz.

Die Webforen wurden vom Wissenschaftszentrum Berlin für Sozialforschung wissenschaftlich begleitet, damit wir die Erfahrungen für die künftige Entwicklung unserer Internet-Kommune nutzbar machen können. In dem jetzt vorgelegten Bericht „Bürgerbeteiligung im Internet – Das Esslinger Fallprojekt" sehen wir uns bestätigt in unseren Erwartungen. Die Forscher weisen ausdrücklich darauf hin, dass das Esslinger Pilotprojekt zu den ersten Versuchen in Deutschland und darüber hinaus gehört, das Internet für die Durchführung eines Bürgerbeteiligungsverfahrens zu nutzen. Die Autoren kommen aufgrund ihrer Beobachtungen zu der These, dass die technisch und kulturell umsetzbaren Partizipationschancen größer seien, als derzeit von der Politik geduldet wird. Das Esslinger Fallbeispiel liefere Hinweise dafür, dass die beteiligten Bürger die Qualitäten des Mediums Internet für Konsultationen schätzen, vor allem dann, wenn gleichzeitig die Nachteile der Computer-vermittelten Kommunikation durch den Wechsel mit Face-to-face-Treffen kompensiert werden könnten. Prognostiziert werden von den Sozialforschern wachsende Ansprüche an Information und Beteiligung auf Seiten der Bürger.

E-Government bietet somit die Chance, die Verwaltung in Zukunft auch transparenter zu machen. Diese Transparenz beschränkt sich nicht nur darauf, den Bearbeitungsstand eines Antrags abrufen zu können. Das Internet hat auch eine erhebliche Bedeutung für den demokratischen Prozess. Mehr Transparenz bedeutet zunächst mehr Information. Informiert zu sein ist eine Voraussetzung für die Bereitschaft der Bürger, sich politisch zu engagieren. Viele Entscheidungsprozesse sind heute so komplex, dass die Bürger sie nicht verstehen und auch nicht akzeptieren, wenn sie sich zuvor nicht ausreichend informieren konnten.

Die verbesserte Teilhabe an politischen Prozessen setzt konkrete Mitwirkungsmöglichkeiten voraus. Nicht nur durch Diskussionsforen im Web, auch beispielsweise durch aktuelle Informationen im Internet oder Live-Chats mit dem (Ober-)Bürgermeister oder den Stadt- beziehungsweise Gemeinderäten können die Bürger stärker in politische Entscheidungsprozesse einbezogen werden. So kann es gelingen, der weitverbreiteten Politikverdrossenheit zu begegnen.

Hier müssen wir zunächst einmal die Voraussetzung schaffen, dass alle an E-Government teilhaben können. Unsere Antwort auf den – inzwischen auch in Deutschland häufig beklagten – „Digital Divide" („digitale Spaltung") lautet „Sicherer Bürger-PC". Dies sind mit Standard-Software, Internetzugang und Signaturkarten-Lesegerät ausgestattete PCs in öffentlich zugänglichen Räumen im Stadtgebiet. Um die Akzeptanz, sprich: breite Nutzung der Bürger-PCs, sicher zu stellen, setzen wir auf ein Mentorennetzwerk. Wir haben dabei konzeptionell mit den Trägern sozialer Dienste zusammengearbeitet und einen ersten Schulungszyklus schon abgeschlossen. 40 Mentorinnen und Mentoren sind jetzt vorbereitet auf ihre Aufgabe: Face to face den Menschen zu erklären, wie der Bürger-PC funktioniert. Das Mentorennetzwerk soll vor Ort von hauptamtlichen Mitarbeitern und

Koordinatoren permanent begleitet und laufend ausgebaut werden. Die Mentorinnen und Mentoren betreuen im Verbund des Mentoren-Netzwerks Esslingen die verschiedenen Bürger-PCs und schulischen Standorte des Projekts „Bürger-gehen-online". Sie begleiten und unterstützen dort interessierte Esslinger Bürger und Bürgerinnen am Computer und im Internet, etwa bei der Nutzung von Dienstleistungen des virtuellen Rathauses, und stehen ihnen als Ansprechpersonen zur Verfügung.

Online-Wahlen

Und noch einen letzten Punkt will ich ansprechen: Er betrifft das Thema Online-Wahlen. Wir haben im Juli des vergangenen Jahres mit der Wahl zum Esslinger Jugendgemeinderat die erste rechtsverbindliche signaturkartenbasierte Wahl zu einem öffentlichen Gremium weltweit durchgeführt. Dies hat uns nicht nur positive Reaktionen eingebracht. Kritiker nahmen die unter subjektiven Gesichtspunkten niedrig erscheinende Wahlbeteiligung zum Anlass, das Experiment als gescheitert zu erklären. Dabei ist es wichtig zu betonen, dass die Online-Wahl nur eine Option ist und als Alternative zur Briefwahl genutzt werden kann! Sie ist deshalb sehr nah an den allgemeinen Wahlgrundsätzen: Man muss nicht online wählen, man kann es tun – zum Beispiel während des Urlaubs, in einem Internet-Café, wenn dort die entsprechende Infrastruktur vorhanden ist. Was die Sicherheitsfrage betrifft, so haben wir nur positive Erfahrungen gemacht. Das Thema ist seither in den Medien präsent und wird breit diskutiert – auch als Option für künftige Bundestagswahlen. Die Esslinger Erfahrungen haben diese Diskussion mit angeregt.

Es besteht die folgende Gefahr: Wenn sich eine breite Mehrheit der Bürger in die Welt des Privaten zurückzieht und das politische System sich selbst überlässt, sind die gesellschaftlichen Konsequenzen gravierend. Hinzu kommt, dass auch der dringend benötigte politische Nachwuchs dramatisch abnimmt. Dieser Entwicklung müssen wir auf kommunaler Ebene offensiv entgegenwirken. Neue bürgerschaftliche Beteiligungsformen sind ein Ansatz dazu, den Weg der Städte und Gemeinden vom Dienstleistungsunternehmen zur Bürgerkommune zu gestalten. Die Chance dazu haben wir: Das Internet schafft die Kommunikationskanäle, um die Bürger besser zu informieren und sie stärker in Planungen und Entscheidungsvorbereitungen einzubeziehen. Nicht als Kunden, sondern als selbständige politische Akteure.

Somit sollte eins deutlich geworden sein: E-Government, wie es in Esslingen im Rahmen des MEDIA@Komm-Projekts pilothaft erprobt und in der Stadt(-verwaltung) praktisch umgesetzt wird, hat nicht nur eine technische Seite. Es soll auch dazu beitragen, die Kommunikation zwischen Bürgern und der Verwaltung durch die interaktiven Möglichkeiten neuer Medien zu verbessern. Das Ziel lautet, die Teilnahme der Bürger an der politischen Willensbildung zu fördern und die Bürgerschaft stärker in die Entscheidungsprozesse einzubinden. Das Ziel ist die Bürgerkommune. Das Internet kann hierzu in bedeutender Weise beitragen.

Die "Partei der Nichtwähler" hat – das zeigen auch die jüngsten Kommunalwahlen – großen Zulauf. Eine lebendige Demokratie darf nicht zulassen, dass sich ihre Bürger von ihr abwenden und das Interesse an der Politik verlieren. Gerade auf kommunaler Ebene besteht die Chance, diesem Trend entgegenzuwirken. Hier erleben die Bürger Politik direkt und haben am ehesten die Möglichkeit, gestaltend mitzuwirken. Wenn es also gelingt, gewissermaßen technisch induziert mehr Möglichkeiten der politischen Teilhabe der Bürger zu schaffen, hat dies positive Auswirkungen auf alle Ebenen des Staates. Nicht zuletzt besteht gerade durch das Beispiel der "Internet-Kommune" die Chance, die Demokratie zu stärken.

Gesundheit online

Wie das deutsche Gesundheitswesen
vom Internet profitieren kann

Roland Sing

1 Globale Informationsgesellschaft – die neue Herausforderung

Der Wandel der modernen Gesellschaften zur globalen Informationsgesellschaft wird alle Lebensbereiche erfassen und nachhaltig verändern. Der Umgang mit der Schlüsseltechnologie Internet wird für alle Lebensbereiche immer relevanter werden. Und keine Nation – schon gar keine Industrienation wie Deutschland – wird es sich im Zeitalter der Globalisierung leisten können, bei dieser Entwicklung abseits zu stehen. Mehr noch: Im Interesse der Wettbewerbsfähigkeit ist es nicht nur notwendig Schritt zu halten, sondern sich möglichst weit an ihre Spitze zu setzen. Dies ist die neue Herausforderung, der sich Deutschland stellen muss.

Die Voraussetzungen hierfür waren und sind im Vergleich zu anderen Industrienationen aber nicht günstig: Fachkräfte und Spezialisten im Bereich der Informations-Technik sind rar. Die Schlüsseltechnologie Internet wird in der Bevölkerung noch zu wenig genutzt. Im Bereich des Gesundheitswesens hatten im Jahr 1998 beispielsweise nur 19 Prozent der Ärzte, die über neue Technologien, insbesondere Internet, in ihrer Praxis verfügen, diese essentiell in den Praxisalltag integriert, was eine Studie der Growth-from-Knowledge-Gruppe (http://www.gfk.de) belegt. Angesichts der Unsicherheiten des Internets und teilweise fehlender Schutzmechanismen, die einen wirklich sicheren und geschützten Gebrauch des Internets bis heute nicht erlauben, ist die Nutzung des Internets im Bereich der Ärzteschaft bis heute sehr zurückhaltend geblieben. Noch immer werden schriftliche Informationen und visuelle Befunde in Papierform per Post oder in seltenen Fällen per Kurier übermittelt. Kurzum: Deutschland drohte und droht die Gefahr, den Anschluss an die internationale Entwicklung in Sachen neue Technologien und Internetnutzung zu verlieren.

2 Arbeitskreis Gesundheit

Aktivitäten zur Nutzung und Verbreitung neuer Teletechniken im Gesundheitswesen wie etwa der Telemedizin und der professionellen Transaktionsplattformen der Partner im Gesundheitswesen sind bereits in vollem Gange. Elektronisch gestützte Dienste der Gesundheitsfürsorge bilden sich in Europa und in der übrigen Welt immer mehr heraus. Damit werden Fakten geschaffen, die auf Dauer nicht ohne tiefgreifenden Einfluss auf das Gesundheitswesen der einzelnen Länder bleiben können. Die Initiative D[21] hat deshalb unter ihrem Dach einen Arbeitskreis Gesundheit (Abb. 1) ins Leben gerufen, um Einsatzmöglichkeiten und Auswirkungen der neuen Informationstechnologien im Bereich des Gesundheitswesens auszuloten und – soweit notwendig – Steuerungsmechanismen in Gang zu setzen. Aufgabe des Arbeitskreises ist es, beispielhafte Projekte auf den Weg zu bringen und insbesondere aufzuzeigen, welche Anforderungen der Staat als aktiver Teilnehmer an der Informationsgesellschaft im Bereich des Gesundheitswesens erfüllen soll.

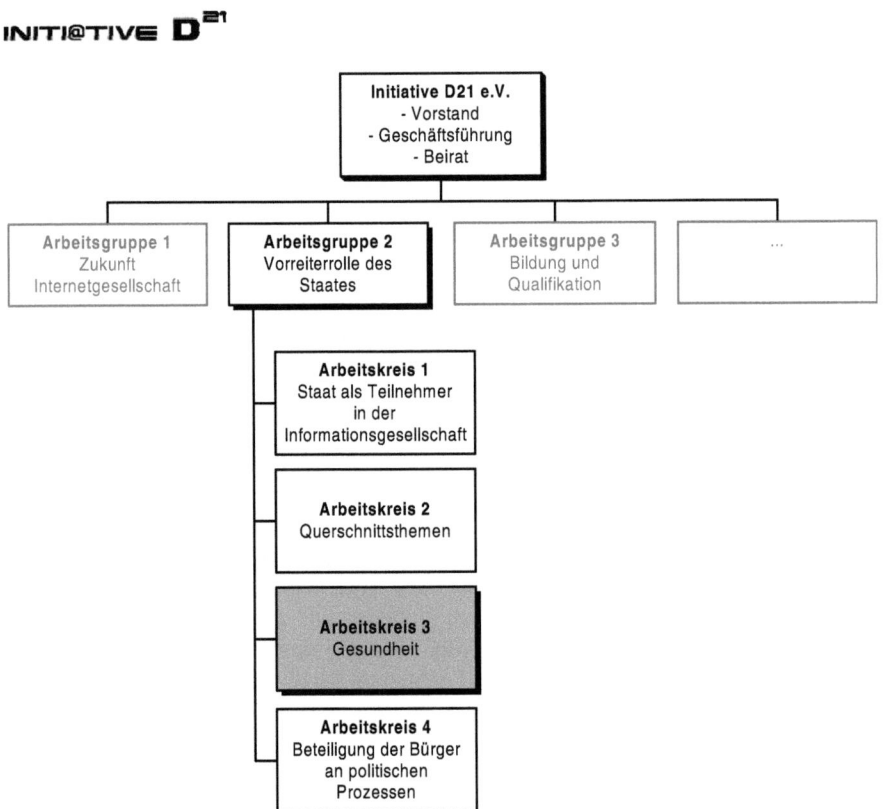

Abb. 1

Der Arbeitskreis Gesundheit ist im Grundsatz davon überzeugt, dass die neuen Informationstechnologien ein bedeutsames Potenzial zur Steigerung von Qualität, Humanität und Wirtschaftlichkeit im Gesundheitswesen enthalten, das es zu nutzen gilt. Voraussetzung hierfür ist die Schaffung einer auf die besonderen Belange des Gesundheitswesens abgestimmte Telematik-Infrastruktur. Dazu gehören ein möglichst international abgestimmter Datenschutz und die Einführung einer digitalen

Signatur, die den Weg zur Abwicklung elektronischer Rechtsgeschäfte bzw. unterschriftspflichtiger Vorgänge freimacht. Der Arbeitskreis Gesundheit spricht sich hier für eine Generalklausel im öffentlich-rechtlichen Bereich zur sicheren Nutzung neuer Technologien aus. Darüber hinaus sind Änderungen in den verschiedensten Bereichen des Gesundheitswesens wie z. B. Leistungsrecht, Bundesmantelverträge, Gebührenordnung, einheitlicher Bewertungsmaßstab Ärzte (EBM) usw. unausweichlich, um eine Anpassung an die Realität der Informationsgesellschaft zu erreichen. Außerdem sind Fragen grundsätzlicher Art zu klären, beispielsweise ob ärztliche Diagnosen und Therapien sowie das Anbieten von Arzneimitteln über das Netz auch in Deutschland – wie bereits in anderen europäischen Ländern – rechtlich zulässig sein sollen.

2.1 Telematik-Projekte des Arbeitskreises Gesundheit

Zu den Aufgaben des Arbeitskreises Gesundheit gehört auch die Durchführung eigener modellhafter Telematik-Projekte im Gesundheitswesen. Einzelne Teilnehmer des Arbeitskreises betreuen die folgenden vier Projekte:

Elektronischer Arztbrief – Medizinischer Dienst der Krankenversicherungen (MDK Baden Württemberg)

Eine Projektgruppe aus Vertretern des MDK Baden-Württemberg, der AOK Baden-Württemberg und der Kassenärztlichen Vereinigung Südbaden entwickelt ein Verfahren zum sicheren digitalen Austausch von ärztlichen Gutachten per Internet.

In einem Modellvorhaben sind bereits die Regionen Stuttgart, Böblingen, Heilbronn, Freiburg sowie Emmendingen in dieses Projekt einbezogen. Dabei werden Begutachtungsaufträge der AOK Baden-Württemberg (z. B. die Feststellung der Pflegebedürftigkeit) per E-Mail an den MDK weitergeleitet. Dieser übermittelt seine Begutachtungsergebnisse wiederum an die AOK Baden-Württemberg. In dieses Projekt sollen nun auch die Vertragsärzte eingebunden werden. Dabei soll der MDK zukünftig bei den behandelnden Ärzten Informationen zur voraussichtlichen Dauer der Arbeitsunfähigkeit, ärztliche Befunde, Entlassungsberichte aus dem Krankenhaus usw. über das Internet abrufen können.

Optimierung der Strukturen im Bereich Zahnersatz – Kassenzahnärztliche Vereinigung (KZV Tübingen)

Dieses Projekt widmet sich drei Themenfeldern, die jeweils an einen Projektkreis delegiert wurden: Teilprojekt 1 ist mit der elektronischen Unterstützung bei der Abwicklung zahntechnischer Leistungen (Zahntechnikauftrag, Laborkostenvorschlag) befasst. Teilprojekt 2 behandelt technische Aspekte des elektronischen Datentransfers. Schwerpunkte sind der Aufbau einer Sicherheitssystemstruktur für die Kommunikationsbeteiligten und das Problem der digitalen Signaturverschlüsselung. Aufgabe des 3. Teilprojektes ist die Erprobung von Online-Verfahren bei der Begutachtung, Genehmigung und Abrechnung zahnärztlicher Leistungen.

Optimierung der Beziehungen zwischen Arbeitgebern und Sozialversicherung – (AOK Baden-Württemberg)

Im Mai des Jahres 2000 wurde von der DaimlerChrysler AG, der Hewlett-Packard GmbH, der Kaufland-Stiftung und der AOK Baden-Württemberg das Projekt „Zukunftsorientierte Gestaltung der Business-to-Business-Partnerschaft (B2B) Arbeitgeber und Sozialversicherungsträger" auf den Weg gebracht. Kernpunkt der neuen Business-to-Business-Partnerschaft, die vom Fraunhofer-Institut Arbeitswirtschaft und Organisation wissenschaftlich begleitet wird, ist die Einführung des Internetportals „persoline.de", mit dem die Entgeltabrechnung für Betriebe und Unternehmen bedeutend vereinfacht werden soll.

Die neue B2B-Plattform „persoline.de" wird die Abrechnungsexperten bei ihrer täglichen Arbeit mit einem Rundum-Service über den gesamten Sozialversicherungsbereich hinweg unterstützen. Hierzu sollen schrittweise Basisinformationen, wie zum Beispiel eine deutschlandweite Krankenversicherungs-Beitragssatzdatei, sowie Hilfen bei der Beurteilung sozialversicherungsrechtlicher Fragen eingestellt werden. Außerdem präsentiert sich „persoline.de" als sozialversicherungsrechtliches „Nachschlagewerk". Hierbei soll fortlaufend und aktuell über die einschlägigen gesetzlichen Bestimmungen zur Lohn- und Gehaltsabrechnung informiert werden. Gleichzeitig sollen Informationsangebote der Krankenkassen, Rundschreiben der Spitzenverbände, Urteilssammlungen zum Arbeits- und Tarifrecht sowie Fachliteraturhinweise eingestellt werden. Einen weiteren Schwerpunkt bilden Schulungsangebote sowie Online-Trainings.

In einer ersten Bestandsaufnahme am 12. März 2001 wurde „persoline.de" von den beteiligten Unternehmen als zukunftsweisendes Modell gewürdigt. Diese Form der Kommunikation via Internet wird den Unternehmen schnelle Wege und effiziente Kooperation durch Transparenz, Übersichtlichkeit, Vereinfachung und Einheitlichkeit der Geschäftsvorgänge eröffnen. Außerdem bietet sie Informationen auf dem jeweils neuesten Stand. Umgekehrt ist sie für ein Dienstleistungsunternehmen wie die AOK Baden-Württemberg eine wertvolle Unterstützung bei der Aufgabe, Unternehmen und Betrieben so effizient wie möglich zuzuarbeiten. Das neue Internetportal wird ideale Voraussetzungen dafür bieten, das immer komplexer und unübersichtlicher werdende Regelwerk der Sozialversicherung für die Betriebe maßgerecht zu strukturieren, „mundgerecht" aufzuarbeiten und dabei immer hochaktuell zu bleiben.

Weiterentwicklung der Teleradiologie (Kliniken Ludwigsburg-Bietigheim GmbH)

Ziel dieses Projektes ist es, durch teleradiologische Untersuchungen auch während der Nacht beispielhaft das Nutzenpotenzial einer neuen Technologie auszuschöpfen. Da teleradiologische Untersuchungen nur durch einen anwendungsberechtigten Arzt durchgeführt werden können, wäre im Interesse einer breiten Anwendbarkeit nächtlicher Untersuchungen auch zu klären, inwieweit die persönliche Anwesenheit eines berechtigten Arztes erforderlich ist. Denkbar wäre zum Beispiel, dass auch hier Teletechnik zum Einsatz kommen könnte: Ein anwendungsberechtigter

Arzt ordnet die Untersuchung nach telefonischer Rücksprache an, verfolgt sie dann am Monitor und erteilt gegebenenfalls fernmündlich Anweisungen.

2.2 Konzertierte Telematik-Strategie in der EU: eEurope-Aktionsplan

Telematik-Lösungen können nicht vor nationalen Grenzen halt machen. Deshalb setzt der Arbeitskreis Gesundheit hier auf internationale Konventionen statt auf nationale Alleingänge. Er versteht sich insofern auch als Teil einer europäischen Initiative, die der Europäische Rat auf seiner Tagung am 23./24. März 2000 in Lissabon mit seinem „eEurope-Aktionsplan" in Gang gesetzt hat. Mit eEurope sollen die Rahmenbedingungen dafür geschaffen werden, die Möglichkeiten der Informationswirtschaft und insbesondere des Internets schnellstens zu nutzen und den Aufbau von Telematik-Infrastrukturen in allen EU-Mitgliedsländern in einer konzertierten Aktion durchzuführen. Damit soll Europa auch zur wettbewerbsstärksten und dynamischsten Wirtschaft der Welt entwickelt werden. Der Aktionsplan sieht vor, dass die Mitgliedstaaten ihren Bürgern bis zum Jahr 2003 einen allgemeinen elektronischen Zugang zu den wichtigsten grundlegenden öffentlichen Diensten sicherstellen. Zur Förderung des Einstiegs der Wirtschaft insbesondere in das Internet sind sichere Rechtsgrundlagen zu schaffen. Bei allen Telematik-Lösungen muss dem Datenschutz voll Rechnung getragen werden. Im Bereich der Gesundheitsfürsorge strebt eEurope die Entwicklung einer Infrastruktur eines benutzerfreundlichen, validierten und interoperablen Systems für die Gesundheitserziehung, für die Vorbeugung von Krankheiten und die medizinische Versorgung an. Dadurch werden Bürger, Ärzte und Behörden über das Netz miteinander verbunden. Es sollen vorbildliche Verfahren ermittelt und verbreitet und Kriterien für den Leistungsvergleich entwickelt werden. Bis Ende 2002 sind entsprechende Vorschläge von den einzelnen EU-Mitgliedstaaten vorzulegen.

Wissenschaftliche Vorarbeiten für den Bereich des Gesundheitswesens leistet das unter dem Dach der Gesellschaft für Versicherungswissenschaft und -gestaltung (GVG) angesiedelte Aktionsforum Telematik im Gesundheitswesen (ATG). In Abstimmung mit diesem beabsichtigt der Arbeitskreis Gesundheit über die skizzierten Projekte einen konkreten Beitrag zu diesen Arbeiten zu leisten. Das ATG ist darüber hinaus mit der Entwicklung von Managementpapieren und der anschließenden Realisierungsvorbereitung für die Selbstverwaltung der Gesetzlichen Krankenversicherung befasst. Hierzu gehören verschiedene Einzelprojekte aus dem Telematik-Bereich wie „elektronischer Arztbrief", „elektronisches Rezept" und „Aufbau einer Telematik-Sicherheitsstruktur" sowie Projekte zur europäischen Dimension der entsprechenden Verfahren.

2.3 Gesundheitsberatung und Transaktionen via Internet

Die Gesundheitsberatung via Internet ist ein Markt mit Zukunft. Schon heute präsentieren sich zahlreiche Gesundheitsdienste im Netz. Ärzte, Apotheker, Pharmafirmen, Krankenkassen, medizinische Zeitschriften, kommerzielle Internet-

Gesundheitsdienstleister – die Palette der Anbieter ist groß und unübersichtlich. Weltweit gibt es heute rund 100.000 Web-Seiten medizinischen Inhalts. Und es gibt zahlreiche Call-Center, die medizinische Fragen rund um die Uhr beantworten. Ärzte, das zeichnet sich bereits ab, werden ihr Beratungsmonopol verlieren und mit anderen medizinischen Dienstleistern konkurrieren müssen. Umgekehrt wird die Möglichkeit des direkten Zugriffs auf medizinisch abgesichertes Wissen und neueste Forschungsergebnisse die Position des Patienten nachhaltig stärken. Er wird Auskünfte und Therapieangebote seines Arztes kritisch hinterfragen und ihn mit anderen medizinischen Quellen aus dem Internet konfrontieren können. Er wird künftig mehr Partner als Patient des Arztes sein. Gleichzeitig wird sein höherer Wissensstand die Zusammenarbeit (Compliance) mit dem Arzt fördern – mit der Folge eines besseren Therapieverlaufes oder der konsequenteren Einhaltung von Präventionsmaßnahmen. Die AOK hat hier das Internet bereits genutzt, um auf das breite Spektrum ihrer Gesundheitsangebote vor allem in den grundlegenden Bereichen Ernährung, Bewegung und Entspannung aufmerksam zu machen. Alle Gesundheitsangebote können online ausgesucht und angemeldet werden.

Im Kontext des breiten Angebots an Beratungsmöglichkeiten im Internet sind allerdings die derzeit noch offenen Probleme der Qualitätssicherung und des Datenschutzes zu lösen. Die Transparenz der Qualität bzw. der Vertrauenswürdigkeit solcher E-Health-Angebote ist ein zentrales Thema. Soweit es um Datenschutzprobleme geht, sind international verbindliche Regelungen anzustreben. Was die Qualität der Angebote angeht, wird es nach Meinung der AOK Baden-Württemberg zu einer Bereinigung des Marktes durch den Kunden selbst kommen. Es dürfte letztlich nur eine Frage der Zeit sein, bis sich eine Positivliste vertrauenswürdiger E-Health-Adressen herauskristallisiert hat und der Kunde den kompetenten Anbieter an seinem guten Namen erkennen wird.

Die AOK Baden-Württemberg selbst hat, im Rahmen ihrer Projekte für die Initiative D[21], im Sommer 2001 die Gesundheits- und Betreuungsplattform „AOK-c@re" ins Leben gerufen. Der Auftritt von „AOK-c@re" findet über verschiedene Plattformen statt: Zum einen durch ein exklusives Internetportal für AOK-Versicherte (http://www.aok-care.de) mit aktuellen Informationen rund um das Thema Gesundheit. Begleitet wird der Internetauftritt von der halbjährlich erscheinenden Zeitschrift „AOK-C@re", welche sich inhaltlich an das Internetangebot anlehnt. Zum anderen durch das „AOK-c@re-Telefon", ein medizinisches Call-Center, das Versicherten bei medizinischen Fragen Hilfestellung anbietet. Auf diese Weise kann nicht nur medizinisches Wissen kompakt aufbereitet, sondern Ratsuchenden durch Verweise auf bestehende medizinische Versorgungseinrichtungen vor Ort auch praktische Hilfestellung geboten werden.

2.4 Elektronischer Gesundheitspass als echter bundesweiter Einstieg

Die Einführung des elektronischen Gesundheitspasses könnte den Einstieg in eine moderne Telematik-Lösung für das gesamte Gesundheitswesen bedeuten. Ziel ist es, den Informationsaustausch im Gesundheitswesen zum Nutzen aller Beteiligten effektiver zu gestalten – von der schnellen Rezeptabrechnung über die elektronische Patientenakte bis hin zur zentralen Arzneimitteldatenbank.

Im Hinblick auf die Einführung des Gesundheitspasses in Österreich zu Beginn des Jahres 2002 wird, wie bereits in der Einleitung erwähnt, erneut deutlich, welch große Gefahr besteht, dass Deutschland gegenüber den anderen Ländern der Europäischen Union auf dem Gebiet der Telematik im Gesundheitswesen erheblich ins Hintertreffen gerät. Auch wenn es Geld kostet – um konkurrenzfähig zu bleiben, muss dieser Rückstand unter allen Umständen aufgeholt werden. Vor diesem Hintergrund hat sich die bundesweite Initiative D21 für die Erweiterung der Krankenversicherungs-Karte (KV-Karte) zum umfassenden Gesundheitspass ausgesprochen.

Als erster Schritt zum elektronischen Gesundheitspass könnte die KV-Karte zu einem elektronischen Rezept weiterentwickelt werden, indem der Arzt die Arzneimittel-Verordnungen direkt auf einem datengeschützten Gesundheitsserver hinterlegt. Der Patient autorisiert dann den Apotheker mit seiner KV-Karte, das elektronische Rezept vom Server abzurufen. Die zentrale Speicherung von Arzneimittel-Verordnungen könnte zum Beispiel auch eine rechtzeitige Warnung vor möglichen Wechsel- und Nebenwirkungen verschiedener Arzneimittel sicherstellen.

Die Einwilligung des Versicherten vorausgesetzt, könnte die KV-Karte unter anderem auch Notfalldaten (Blutgruppe, Allergien, Impfungen etc.) speichern und gleichzeitig als Organspendeausweis fungieren.

Weitere sinnvolle Anwendungen für die KV-Karte sind bereits angedacht. Das Bundesministerium für Gesundheit (BMG) plant einen Einstieg in die Pilotierung des elektrischen Gesundheitspasses noch im Jahr 2002. Der Arbeitskreis Gesundheit der Initiative D21 mit seinen Teilnehmern hat sein Interesse bekundet, an dieser Pilotierung aktiv mitzuwirken.

3 Ausblick: Gesundheit online – einfacher, besser, wirtschaftlicher

Die Weichen für das „Gesundheitswesen online" sind gestellt und es wird sich durchsetzen, denn es bringt Vorteile für alle Beteiligten. Die vernetzte Kommunikation zwischen den Partnern im Gesundheitswesen wird Geschäftsprozesse erheblich vereinfachen und beschleunigen, den Verwaltungsaufwand reduzieren und nicht unerhebliche Zeit- und Kostenersparnisse bringen. Durch den verstärkten Einsatz der Informations- und Kommunikations-Technologien könnten die Ausgaben für medizinisch erbrachte Leistungen um mindestens 1 Prozent bei einem jährlichen Gesamtvolumen der Gesetzlichen Krankenversicherung (GKV) von rund 126 Milliarden Euro gesenkt werden. Das wären bundesweit im Hinblick auf die Lohnnebenkosten nach ersten Schätzungen rund 0,1 Prozentpunkte. Bei den Verwaltungskosten der gesetzlichen Krankenkassen könnte damit schätzungsweise zukünftig ein 5-prozentiger Rückgang erreicht werden. Ein weiteres Beispiel: Die Einführung des elektronischen Rezepts würde zu einem Rückgang der jährlichen

Handhabungs- und Verwaltungskosten von ca. 0,5 Prozent bei den Krankenkassen führen.

Auch die Medizin wird vom Netz profitieren. Ärzte werden das Internet zum besseren und schnelleren Informations- und Datenaustausch mit Kollegen und medizinischen Diensten sowie zur qualifizierten Fortbildung nutzen können. In schwierigen medizinischen Fällen kann durch Hinzuziehung externer Experten – oder spezieller Fachliteratur – via Internet die Diagnose schneller und präziser erfolgen, wodurch sich die Behandlungschancen verbessern. Darüber hinaus ist schon jetzt absehbar, dass die medizinische Leistungserbringung unabhängiger vom Behandlungsort bzw. den dort vorhandenen medizinischen Einrichtungen erfolgen wird. Durch den Einsatz von Telemedizin werden zum Beispiel aufwendige Untersuchungen in entfernten Spezialkliniken immer häufiger vermieden werden können. Nicht der Patient muss in Zukunft transportiert werden, sondern in vielen Fällen wird es ausreichen, seine Behandlungsdaten weiterzugeben. Das entlastet den Patienten und spart gleichzeitig Kosten.

Die Chancen, die sich durch den flächendeckenden Einsatz der Telemedizin bzw. der Telematik im Gesundheitswesen eröffnen werden, können zum jetzigen Zeitpunkt noch nicht annähernd ausgelotet werden. Umso wichtiger ist es für das Gesundheitswesen, entschiedene und entscheidende Schritte in das Informationszeitalter zu tun.

Bildungspolitik im Informationszeitalter

Deutschlands Zukunftsaufgaben im internationalen Vergleich

Uwe Thomas

1 Informationstechnologie in der Bildung – der Beginn eines neuen Zeitalters?

1.1 Das interaktive vernetzte internationale computergestützte Lehrbuch der Zukunft – eine Vision

Selbstgesteuertes Lernen mit vernetzten Computern führt uns in neue Dimensionen des Lernens. Das ist die Ausgangsthese. Diese neuen Dimensionen, ihre Möglichkeiten und ihre Grenzen können wir bisher allerdings nur erahnen. Die Praxis wird zeigen, wie damit Lernprozesse effizienter und an die Bedürfnisse der Lernenden angepasst gestaltet werden und welche neuen Möglichkeiten sich daraus auch für die Lehrenden ergeben.

In Neil Stephensons Roman „Diamond Age – Die Grenzwelt" von 1995, der in einer undatierten Zukunft spielt, werden wir Zeuge der Entwicklung eines jungen Mädchens, dem zufällig eine illegale Kopie der sogenannten „Illustrierten Fibel für die junge Dame" in die Hände fällt. Diese „Illustrierte Fibel" ist ein interaktiver Supercomputer im Buchformat mit einem revolutionären Erziehungsprogramm. In Stephensons' verstörender Vision einer in staatenähnliche Kasten und Stände zerfallenen Gesellschaft ist ein solches Instrument allein der herrschenden Klasse vorbehalten. Während diese verzweifelt versucht, das Buch – oder sollte man besser sagen: das Programm? den Computer? – wieder zurück zu bekommen, lernt und wächst die junge Heldin in einem Informationsnetzwerk, das sich schließlich selbst in ungeahnter Weise durch das Verhalten der jungen Schülerin verändert. Die ursprünglichen Inhaber der „Schlüsselgewalt" müssen lernen, dass ein solch mächtiges Instrument nicht nur Wissen vermittelt und hilft, Persönlichkeiten zu bilden, sondern auch Freiheit generieren kann.

Ein schöner Gedanke, denn dass Wissen Freiheit generiert, ist eine historische Erfahrung nicht nur der europäischen Geschichte. Ist damit schon alles Grundsätzliche gesagt?

Bildung ist mehr als Wissensvermittlung. Es geht in der Bildung z. B. auch um soziale Kompetenz und es geht um kulturelle Identität einer Gesellschaft.

Eine Vision, die diesen Zusammenhang ignoriert, greift zu kurz. Denn wir sollten den vernetzten Computer, das globale Computernetzwerk in seiner kulturellen Bedeutung, in seinem prägenden Potenzial nicht unterschätzen. Es ist unbestreitbar, dass diese Technik auch eine kulturelle Dimension entwickelt, wie früher der Buchdruck. Computerspiele werden weltweit vermarktet und entfalten dabei genau wie das Fernsehen eine prägende Kraft. Auch Computerspiele vermitteln Werte und prägen Verhalten. Ihre Suggestivkraft nimmt ständig zu. Virtuelle Welten großer Anschaulichkeit können damit produziert werden. Und man kann sich erst recht der Vermutung hingeben, dass selbstgesteuertes Lernen am Computer über die vermittelten Inhalte eine kulturelle Fremdsteuerung mit großer prägender Kraft darstellen wird.

Die schöne Vision eines weltweiten computergestützten Bildungsmarkts kann, wenn sie denn realistisch ist, andererseits auch als Respektlosigkeit gegenüber Gesellschaftsentwürfen erscheinen, die unterschiedliche Wertsysteme spiegeln. Wer über Bildung redet, und sei es mit Hilfe von Computern und virtueller Welten, tut jedenfalls gut daran, nicht von einem weltweit einheitlichen Gesellschaftsentwurf auszugehen, sondern unterschiedliche Wertsysteme und Geschichtsverwurzelungen zu respektieren.

Die „Macdonaldisierung" der Kultur durch die Globalisierung der Bildung ist jedenfalls nicht nur eine frohe Botschaft. Das Buch von Stephenson mag auch darüber zum Nachdenken anregen, obwohl es gerade umgekehrt daherkommt. Chancen und Gefährdungen durch computergestützte weltweite Bildungsangebote in einer hoffentlich auch weiterhin multikulturellen Welt sollten jedenfalls ernst genommen werden. Beim Buch entstehen die virtuellen Welten in der Fantasie des Lesenden. Beim Computer werden sie schon mitgeliefert. Sprechen wir über Chancen.

1.2 Veränderungen im Bildungssystem durch den IT-Einsatz

Die neuen Medien unterstützen, wenn sie denn mit der nötigen Software kombiniert werden, in besonderem Maße diejenigen pädagogischen Ziele, die heute in der bildungspolitischen Diskussion als wichtig angesehen werden: Eigenverantwortliches, selbstbestimmtes Lernen, lebenslanges Lernen, Entwicklung kommunikativer Fähigkeiten, Erprobung kooperativer Lehr- und Lernformen in kleinen aktiven Gruppen. Sie bieten neue Möglichkeiten, abstrakten, schwer zugänglichen Lehrstoff anschaulicher zu machen, ihn beispielsweise in virtuellen Räumen darzustellen, sich fortlaufend dynamisches Wissen anzueignen und Lernerfolg und Lernmotivation durch Spaß und Spannung zu steigern.

Über Veränderungen im Bildungswesen als Folge der neuen technischen Möglichkeiten und der damit einhergehenden fortschreitenden Globalisierung von Bildung kann man nur spekulieren. Drei Stichworte sollen zunächst näher betrachtet werden: Markt, Qualität und Kompetenz.

Markt

Bildungssoftware hoher Qualität ist teuer in der Produktion, viel teurer als beispielsweise das Verfassen eines Lehrbuchs. Sie veraltet schnell, nicht nur weil die Computer und die Kommunikationssysteme immer mächtiger werden – um Größenordnungen mächtiger werden –, sondern auch weil sich das zu vermittelnde Wissen ständig erweitert und damit auch verändert. Bildungssoftware ist jedoch andererseits extrem billig in der Vervielfältigung und Nutzung.

Diese Asymmetrie fördert Monopole oder Oligopole, insbesondere wenn es um einen weltweiten, einen globalen Bildungsmarkt geht. Wer einmal eine starke Stellung auf diesem Markt erworben hat, ist in der Lage, sich auch in Zukunft leichter durchzusetzen und die Entwicklung und Weiterentwicklung seiner Bildungssoftware an neue technische Möglichkeiten und wissenschaftliche Erkenntnisse anzupassen und dabei einen tragfähigen „Return on Investment" zu erreichen.

Es kommt daher auch für Europa darauf an, frühzeitig mit dabei zu sein, rechtzeitig mit diesen neuen Dimensionen umgehen zu lernen – und sich leistungsfähige Partner zu suchen, die bei der Entwicklung und Vermarktung eine starke Position noch stärker machen. Noch ist hochwertige interaktive Bildungssoftware nicht die Regel. Noch dominiert eine ziemlich direkte Übersetzung klassischer Formen der Wissensvermittlung in die Online-Welt den Markt. Aber daraus entsteht bereits Marktpräsenz.

Im Internet bieten z.B. renommierte US-Hochschulen heute ihr Lehrangebot auch für jene an, denen die Möglichkeiten für einen Aufenthalt vor Ort fehlen. Sie dringen damit in den Bereich der akademischen Weiterbildung ein, aber auch in bislang geschützte Domänen staatlicher Bildungssysteme in anderen Ländern. Bildung wird als Markt gesehen und die virtuellen Angebote werden als Expansion dieses Marktes begriffen, weltweit geordnet durch das General Agreement on Trades and Services der WTO. Die Attraktivität solcher digitalen Angebote leitet sich für den Nutzer, den Lernenden, aus dem bisherigen Renommee des Anbieters ab. Daraus wird sich eine schleichende Veränderung der deutschen Bildungslandschaft ganz ohne Zutun des Bundes und der Länder ergeben. Und es wird sich schon in wenigen Jahren zeigen, ob und vor allem wie gut die deutschen Hochschulen mit dieser Konkurrenz leben werden. Werden sie in der Lage sein, neue Qualitätsstandards zu setzen? Chancen dafür gibt es noch. Aber wie lange noch? Wir wollen sie rechtzeitig nutzen.

Qualität

Mit der wachsenden Bedeutung einer guten Aus- und Weiterbildung für die Beschäftigungschancen und Aufstiegsmöglichkeiten wächst das Verlangen der Lernenden nach anerkannter Qualität der Bildungsangebote. Je größer und globaler der Bildungsmarkt wird, umso größer ist auch der Bedarf an Übersicht, an einem guten Preis-Leistungsverhältnis, an möglichst großen Vorteilen für die Kunden, die Lernenden.

Renommee als Qualitätssiegel reicht aus mehreren Gründen nicht aus. Eine nachprüfbare Qualitätsbewertung wird erforderlich, um Marktmacht dort einzugrenzen, wo darunter die Qualität leidet. Aber das allein reicht nicht. Um zu wissen, was eine Birne ist, hat angeblich Mao Tse Tung gesagt, muss man in sie hineinbeißen, erst recht natürlich, um zu wissen, ob sie gut schmeckt. Lernende, die vor einem großen Angebot an Bildungssoftware sitzend sich entscheiden sollen, können nicht in jeden Kurs hineinbeißen, um zu testen, ob er gut ist. Sie sind auf eine möglichst zuverlässige Qualitätsbewertung angewiesen, ohne sich dadurch in ihrer Entscheidung bevormunden zu lassen.

Die Qualitätssicherung im Zeitalter neuer Medien wird nicht mehr von oben als öffentliche Aufgabe vorgenommen werden können. Gleichwohl ist sie nötiger denn je, als gemeinnützige Aufgabe, die den Markt ordnet. Wenn wir im internationalen Bildungsmarkt mitspielen wollen, eine respektable Rolle erwerben wollen, müssen wir uns daher mit der Frage der Qualitätsbewertung auseinandersetzen und geeignete Organisationsformen dafür entwickeln.

Die Orientierung an Marktkategorien dürfen wir dabei nicht ignorieren. Wir wollen, insbesondere im naturwissenschaftlich-technischen Bereich, eine internationale Spitzenposition erreichen. Und wir wollen in der kulturellen und geistigen Bildung mitbestimmen, durch die Attraktivität unserer Bildungsangebote. Für beide Aufgaben sind nachvollziehbare Qualitätstests unabdingbar. Die Strukturen dafür müssen wir noch schaffen.

Kompetenz

Im Gegensatz zu begrenzten natürlichen Ressourcen vermehrt sich Wissen, sofern man darin investiert. Die exponentielle Vermehrung des fachlichen Wissens ist Folge der wissenschaftlich-technischen Entwicklung und verlangt erhebliche Anstrengungen des Bildungssystems. Seit einiger Zeit klagen Unternehmen ebenso wie Hochschulen völlig zu recht über einen Missstand, den auch PISA aufgezeigt hat: Die Absolventen der ersten Stufen des Bildungssystems werden nicht ausreichend ausgebildet. Auch die Hochschulen wiederum müssen für ihre Absolventen von Seiten der Wirtschaft selbst immer wieder Kritik einstecken.

Wie entsteht Kompetenz – Kompetenz als Voraussetzung dafür, im internationalen Wettbewerb um Wissensgenerierung mitzuwirken?

Offensichtlich gerät das herkömmliche Vermittlungssystem von Wissen und vor allem von Kompetenzen immer mehr an seine Grenzen. Die Forderung nach strukturellen Lösungen für die Probleme ist nicht neu: Das Erlernen von Kernkompetenzen wie Kreativität, Verantwortungsbewusstsein, Kommunikationsfähigkeit, Teamfähigkeit, Flexibilität, Selbständigkeit oder die Vermittlung von Medienkompetenz gehört seit vielen Jahren zum bildungspolitischen Forderungskatalog. Es geht eben nicht nur um Wissensvermittlung, sondern um die Fähigkeit, Probleme zu lösen. Wissen allein reicht dafür nicht aus. Wer wollte schon heute sagen, inwieweit computergestütztes Lernen dabei eine entscheidende Rolle spielen wird? Die These hat viel für sich, dass Kompetenz vor allem in der direkten Interaktion zwischen Lernenden und zwischen Lernenden und Lehrenden entstehe. Möglicherweise stoßen hier die neuen Lernwerkzeuge an Grenzen und das ist vielleicht auch gut so.

2 Deutschlands bildungspolitische Position im Informationszeitalter

2.1 Deutschland hat eine europaweite Spitzenposition in der Informationsgesellschaft erreicht

Die Informationsgesellschaft hat sich in Deutschland in den letzten drei Jahren in beeindruckender Weise entwickelt. Die Zahl der Internetnutzerinnen und -nutzer hat sich von rund 14 Millionen Ende 1998 auf über 30 Millionen Ende 2001 mehr als verdoppelt. Die Branche der Informations- und Kommunikationstechnologien (IuK) ist zu einem führenden Wirtschaftszweig in Deutschland geworden, der mit zeitweise zweistelligen jährlichen Zuwachsraten entscheidende Impulse für Wirtschaftswachstum und Beschäftigung geschaffen hat. Sie beschäftigt über 800.000 Menschen.

Die Bundesregierung sieht in der aktiven Gestaltung der Informationsgesellschaft eine Schlüsselaufgabe, um die Voraussetzungen für zukunftsfähige Arbeitsplätze zu schaffen und die Wettbewerbsfähigkeit der deutschen Wirtschaft zu sichern. Sie hat daher mit dem Aktionsprogramm „Innovation und Arbeitsplätze in der Informationsgesellschaft des 21. Jahrhunderts" im September 1999 eine umfassende Strategie für die Informationsgesellschaft entwickelt und umgesetzt. Hierin wurden konkrete Zielmarken für den Zeitraum bis 2005 definiert, die auf sieben zentralen Handlungsfeldern erreicht werden sollen. Im Blick auf alle Zielmarken des Aktionsprogramms konnten bereits erhebliche Fortschritte erzielt werden. Wesentlich für diesen Erfolg war die Verzahnung des Aktionsprogramms mit dem vom Bundeskanzler im September 2000 vorgestellten 10-Punkte-Programm „Internet für alle" sowie die enge Zusammenarbeit der Bundesregierung mit der Initiative D21. Auch die Erreichung der Ziele des im Sommer 2000 verabschiedeten europäischen Aktionsplans „eEurope 2002" unterstützt die Bundesregierung mit der konsequenten Umsetzung ihres nationalen Aktionsprogramms.

2.2 Multimedia wird in der Bildung verankert

In den Schulen wurden sowohl die Computerausstattung als auch die Internetanbindung entscheidend verbessert. Alle Schulen sind seit dem Herbst 2001 mit einem Internetzugang ausgestattet, im Vergleich zu nur 15 Prozent im Jahre 1998 nach einer von der Europäischen Union veröffentlichten Untersuchung. Das hierzu im Aktionsprogramm formulierte Ziel wurde also vorfristig erreicht. Dennoch bleibt noch viel zu tun, um bei dem von der Europäischen Kommission im Rahmen des Aktionsplanes „eLearning" gesetzten Ziel von 5 bis 15 Schülerinnen und Schülern pro Multimedia-PC im Jahr 2004 anzukommen und es nach Möglichkeit zu übertreffen.

Die Internetanbindung aller Hochschulen mit Hochgeschwindigkeitszugängen ist über das Deutsche Forschungsnetz realisiert.

Auch die Hardwareausstattung der beruflichen Schulen wurde mit einem aus den UMTS-Erlösen gespeisten Programm erheblich verbessert.

Die Bundesregierung hat mit dem Handlungskonzept „IT in der Bildung – Anschluss statt Ausschluss" dazu beigetragen, dass neben der Hardwareausstattung jetzt multimedial aufbereitete Bildungsinhalte und eine sinnvolle Integration von Computer und Internet in den Unterricht ins Zentrum der bildungspolitischen Diskussionen und Maßnahmen gerückt sind.

Mit dem Programm „Neue Medien in der Bildung" hat das BMBF eine gezielte Initiative zur Entwicklung von Lehr- und Lernsoftware für die Aus- und Weiterbildung in allgemeinbildenden Schulen, Berufsschulen und Hochschulen auf den Weg gebracht.

Für die Umsetzung des Handlungskonzepts „IT in der Bildung – Anschluss statt Ausschluss" stehen im Zeitraum 2000 bis 2004 ca. 700 Mio. Euro zur Verfügung.

Hierin sind Maßnahmen gebündelt wie z.B.

- das bereits genannte Programm „Neue Medien in der Bildung" zur Entwicklung von Lehr- und Lernsoftware für allgemeinbildende Schulen, berufliche Bildung und Hochschulen (www.gmd.de/PT-NMB),

- die Strukturierung der IT-Weiterbildung, die zu systematisch aufeinander aufbauenden, zertifizierten IT-Abschlüssen auf der Grundlage eines Ordnungsrahmens, speziell entwickelter Curricula sowie Bildungssoftware führen soll (www.gmd.de/PT-NMB),

- die multimediale Modernisierung der Hochschulen, die neben der Entwicklung von Lehr- und Lernsoftware mit den Projekten „Vernetztes Studium Chemie", „Virtuelle Fachhochschule" sowie den Demonstrationsprojekten zur Installation drahtloser Netzinfrastrukturen (WLAN) komplexe Lösungen für multimedial aufbereitete Lehrangebote unterstützt (www.gmd.de/PT-NMB),

- die Verbesserung der informationstechnischen Ausstattung der Berufsschulen im Rahmen der „Zukunftsinitiative berufliche Schulen (ZIBS)" (www.bundesregierung.de/dokumente/Bericht/ix_32254.htm),

- die Initiative „Schulen ans Netz", in deren Rahmen die Netzanbindung der Schulen begleitet und multimediale Eigenproduktionen von Lehrkräften und Schülerinnen und Schülern unterstützt, methodische und praktische Fragen der Medienintegration in den Unterricht aufgegriffen sowie ein Erfahrungsaustausch unter Lehrkräften organisiert werden (www.schulen-ans-netz.de),

- die Computerbörse „Marktplatz für Schulen", die Unternehmen und Schulen logistische Unterstützung für die Vermittlung von Hardware, von Software und von D21-Ambassadoren liefert (www.marktplatz-fuer-schulen.de; www.aktion-klasse.de),

- Modellversuche der Bund-Länder-Kommission wie das Programm „Systematische Einbeziehung von Medien, Informations- und Kommunikationstechnologien in Lehr- und Lernprozesse (SEMIK)", die bei der Integration der neuen Medien einen Schwerpunkt setzen, auch zur Lehrerqualifizierung (www.blk-bonn.de).

Diese Maßnahmen des Bundes flankieren die Anstrengungen der Länder. Sie werden auch von der Wirtschaft im Rahmen der Initiative D^{21} (www.initiatived21.de) wesentlich vorangebracht. Hierzu gehören die informationstechnische Qualifizierung von 120.000 Lehrkräften, das Ambassador-Programm, in dessen Rahmen Experten aus Unternehmen in den Schulen für eine informationstechnische Ausbildung werben, der Aufbau von 20.000 Schulpatenschaften, spezielle Sponsoringinitiativen wie „Internet-Klassenzimmer", „hardware4friends" sowie der Aufbau runder Tische für Hardwaresponsoring in Regionen.

Damit sind gute Voraussetzungen geschaffen worden, um Deutschland bei der Bereitstellung von Bildungssoftware entsprechend der Zielsetzung im Aktionsprogramm bis zum Jahr 2005 international hervorragend zu positionieren.

Mit dem Sofortprogramm zur Deckung des Bedarfs an qualifizierten IT-Fachkräften wurde darüber hinaus eine umfassende Bildungsinitiative gestartet: Zu Beginn des Ausbildungsjahres 2001 gab es über 70.000 Ausbildungsstellen in IT- und Medienberufen. Die Zahl der Studienanfängerinnen und Studienanfänger in Informatikstudiengängen hat sich seit 1998 verdoppelt. Die IuK-Weiterbildungsmaßnahmen wurden auf über 46.000 Teilnehmerinnen und Teilnehmer pro Jahr ausgeweitet. Eine Reform der IT-Weiterbildung, die zu zertifizierten Abschlüssen und höherer Durchlässigkeit der Bildungswege führen soll, wurde zusammen mit den Sozialpartnern umgesetzt.

2.3 Bildungsmarkt und Bildung als Dienstleistung

Vergleicht man die deutsche Situation mit der Konstellation in den Vereinigten Staaten von Amerika, dem wohl am weitesten entwickelten „Markt" im Bereich der Bildung, sind drei generelle Feststellungen zu berücksichtigen.

Eine erste Feststellung: In jedem Gespräch mit amerikanischen Wissenschaftlern und Bildungspolitikern über das Thema „Learning Anytime Anywhere (LAA)" oder „Web Based Education" oder „Virtuelles Lernen" wird eine übereinstimmende Betrachtungsweise deutlich: Wir stehen in den nächsten zehn Jahren vor einem grundlegenden Wandel des Prozesses Bildung und der ihn tragenden Institutionen, vor einem Paradigmenwechsel, der zu einem amerikanisch dominierten globalen Bildungsmarkt führen wird. Auch wenn in dieser Perspektive möglicherweise eine gewisse Selbstüberschätzung vorhanden sein sollte, besteht darin doch eine Herausforderung, die unsere Politik auf diesem Gebiet entscheidend bestimmen muss. Unsere Antwort darauf muss angesichts der kulturellen, gesellschaftlichen und wirtschaftlichen Bedeutung von Bildung eine vergleichbare Dynamik in Deutschland und Europa sein.

Eine zweite Feststellung: Die Begriffe des IT-gestützten Lernens im Gegensatz zum konventionellen Lernen sind unscharf. Weil in den Vereinigten Staaten schnelle marktorientierte Lösungen im Vordergrund stehen, geht es dort vor allem um den Transport von mehr oder weniger konventionellen Lehrinhalten über das Internet und um die Nutzung dieses Mediums für die synchrone oder asynchrone Kommunikation zwischen Lehrenden und Lernenden. Demgegenüber tritt die Nutzung des ständig wachsenden Potenzials von PCs zur Darbietung von Lerninhalten und zur interaktiven und am individuellen Lernfortschritt des Lernenden orientierten Stoffvermittlung und Verständnisförderung eher in den Hintergrund. Die Entwicklung von Bildungssoftware (wie diese Transformation des Lehrbuchs und anderer konventioneller Lernmedien in das Computerzeitalter hier genannt werden soll) erfordert offenbar einen erheblichen Aufwand und als Folge des technischen Fortschritts in der Hardware eine ständige Weiterentwicklung. Ein wirklicher Paradigmenwechsel wird beide Entwicklungen kombinieren müssen, die Nutzung des Internets und die breite Anwendung von Bildungssoftware in einer neuen Form des personalisierten, teamorientierten und interaktiven lebenslangen Lernens.

Im Bereich der Bildungssoftware gibt es gegenwärtig, nicht zuletzt wegen der früh begonnenen erheblichen Förderung durch das BMBF, durchaus eine Chance für Deutschland, eine Spitzenposition herauszuarbeiten. Dies wird aber nur unter der Voraussetzung gelingen, dass wir Standards verabreden, dass wir die Lernprozessforschung aktivieren, die schnelle Verbreitung fördern und die spezifischen Mechanismen eines internationaler werdenden Bildungsmarkts rechtzeitig nutzen.

Eine dritte Feststellung: Es gibt weltweit einen vielgestaltigen Bildungsmarkt in der Größenordnung von 15 Prozent des Bruttosozialprodukts. Dies wird zumindest in den USA so gesehen, während sich in Europa bei dem Begriff „Markt" immer noch mentale Widerstände aufbauen. Wir sollten uns darauf einlassen, dass Bildung auch eine Dienstleistung ist und die Lernenden die Kunden sind. Die Kunden stehen im Zentrum und mit ihnen, ihrem Geld und ihrer Zeit muss man kundengerecht und damit pfleglich umgehen. An dieser Stelle müssen wir in Deutschland noch große Fortschritte machen. Bildung muss auch in ihrem Dienstleistungscharakter in allen Sektoren des Bildungswesens erkannt werden, nämlich als ein Produkt, das zwar im Ergebnis offen ist, für dessen Entwicklung aber Dienstleistung auf professioneller Basis und auch unter kommerzieller Perspektive erbracht wird. Dies hat Konsequenzen für beide Seiten des Bildungsmarktes.

Weiterbildung als Zukunftsmarkt mit großen Chancen

In Deutschland ist vor allem die Weiterbildung als Markt organisiert mit einem harten Wettbewerb um die Kunden. Dieser Markt wird nach der Einschätzung vieler Experten national und international schnell wachsen und sich durch die Nutzung des Internets und die Entwicklung von Bildungssoftware radikal ändern. Deshalb muss die Förderung der Entwicklung und Anwendung von Bildungssoftware an Universitäten, aber auch im Bereich der beruflichen Bildung ergänzt werden durch eine klare marktorientierte Strategie im Bereich des netzbasierten Lernens und durch die Schaffung adäquater Strukturen. Wir brauchen Hochschulen, die Weiterbildung als Chance begreifen und deshalb Weiterbildungsunternehmen gründen, gegebenenfalls als Joint Ventures mit anderen Hochschulen, außeruniversitären Forschungseinrichtungen oder Unternehmen, und die die Vorteile des IT-gestützten Lernens voll zu nutzen verstehen. Dabei haben insbesondere Fernhochschulen eine gute Ausgangsbasis. Die FhG als anwendungsorientierte außeruniversitäre Forschungseinrichtung sollte bei ihrem Versuch, Weiterbildung als weiteres Standbein aufzubauen, ermutigt und unterstützt werden und sich international Partner suchen, um schnell den internationalen Markt besetzen zu können. Wir brauchen so schnell wie möglich Formen der Zertifizierung und Akkreditierung, welche die Aufstiegsfortbildung bis hin zu akademischen Graden auch dann unterstützen, wenn es sich um neue Formen IT-gestützten Lernens handelt.

Die großen Bildungsträger in der beruflichen Bildung sollten gemeinsam mit den Kammern die Möglichkeiten virtueller Angebote im Netz und die Anwendung der Computertechnik für effizienteres Lernen nutzen und nicht zuletzt durch ein internationales Engagement die Stärken der deutschen beruflichen Bildung auch im Ausland mehr zur Geltung bringen. Private Weiterbildungsträger sollten – insbesondere im Hinblick auf die Möglichkeit der Akkreditierung – nicht schlechter gestellt werden als öffentliche Trägerorganisationen, damit ein lebendiger Wettbewerb entsteht. Eine erfolgreiche Marktstrategie deutscher Weiterbildungsanbieter kann und sollte an das hervorragende Image von „German Engineering" anknüpfen und deutlich machen, dass die von daher bekannten Qualitätsstandards generell angestrebt werden. „Qualified in Germany" muss zu einem Signal werden, das den hohen Qualitätsstandard deutscher Aus- und Weiterbildung auch im Ausland sichtbar betont.

Lernende als Kunden

Wenn Lernende, ob in Schulen, in Unternehmen oder in Hochschulen als Kunden betrachtet werden, die eine Dienstleistung in Anspruch nehmen und sie direkt, über Steuern oder über den Generationenvertrag finanzieren, ergeben sich daraus eine Reihe von Schlussfolgerungen:

An erster Stelle steht: Das „Produkt" muss stimmen. Die Lernenden sollen daraus den größtmöglichen Nutzen ziehen. Hier fehlt gelegentlich die Feststellung, dass auch Schlüsselqualifikationen Teil des Produkts sein müssen. Eine Verengung auf eine eher technokratisch angelegte Lerneffizienz reicht nicht aus. Auch beim IT-gestützten Lernen ist z. B. Teamarbeit und Kooperation wichtig und sollte durch die angewandten Methoden und Techniken gefördert werden.

Notwendig ist ein regelmäßiges Assessment der Lehrenden als Teil des Konzepts und damit die klare Grundeinstellung, dass nicht die Lernenden für die Lehrenden da sind, sondern umgekehrt. Diese Feststellung, in den USA wohl genereller Konsens, wird auch in Deutschland zunehmend akzeptiert.

Die Qualität des Angebots muss durch eine allgemeine Niveauanhebung in der Herstellung von Bildungssoftware erreicht werden. Dazu zählt die Bereitschaft der Hersteller, bestimmte qualitätssichernde Maßnahmen zu beachten und qualitativ profilierte Personen mit der Produktion ihrer Angebote zu beauftragen – d. h., die Verlagerung der Qualitätssicherung und -kontrolle in die Produktionsvorbereitung und den Produktionsprozess ist effektiver als eine nachgängige Zertifizierung.

Wichtig ist aber insbesondere die Orientierung an den Zielgruppen, auch an solchen, die für die soziale Kohäsion der Gesellschaft von besonderer Bedeutung sind wie etwa sozial benachteiligte Gruppen: im Strafvollzug, in der Integration von Zuwanderern aus dem Ausland etc. Diesen Problemgruppen kann durch IT-gestütztes Lernen sehr viel mehr geboten werden als durch rein konventionelle Angebote.

3 3. Bildungspolitische Perspektiven in Deutschland

3.1 Chancen, Trends und Potenziale

Die Entwicklung zur Informationsgesellschaft ist noch nicht abgeschlossen, sie wird mit hoher Geschwindigkeit weitergehen. Neue Dienstleistungen in Form individuell zugeschnittener Pakete entstehen, die jederzeit und an jedem Ort abgerufen werden können. Mobilität wird zu einem bestimmenden Merkmal der Informationsgesellschaft des 21. Jahrhunderts. Die UMTS-Technologie wird in den kommenden Jahren eine wachsende Rolle spielen. Breitbandige Festnetze und UMTS werden zur Basis für neue multimediale Anwendungen. Auf beiden Feldern hat Deutschland eine führende Position.

Da Medienkompetenz zunehmend zu den Grundfertigkeiten gehört und über die Beschäftigungsfähigkeit mitentscheidet, gilt es, die Integration der neuen Medien in die Bildung konsequent weiter voranzutreiben. Die Bundesregierung wird in enger Abstimmung mit den Ländern und Schulträgern sowie mit der Wirtschaft die Initiativen zur Hardwareausstattung noch enger mit der Entwicklung und breiten Nutzung multimedialer Bildungsangebote und weiteren Fragen im Zusammenhang mit der zunehmenden Vernetzung verknüpfen. Die IT-Qualifizierungsoffensive wird in allen Bildungsbereichen fortgeführt, um die Ausbildung der benötigten Fachkräfte zu gewährleisten.

3.2 Multimediale Bildungsangebote und Digitale Bibliothek

Damit Computer und Internet in einigen Jahren zu gängigen Lernmitteln in Schule, beruflicher Bildung und Hochschule gehören, müssen aus heutiger Sicht mehrere Herausforderungen bewältigt werden. Hierzu gehören

- die weitere Verbesserung der Hardwareausstattung,
- die Bereitstellung hochwertiger Lehr- und Lernsoftware,

- die informationstechnische Qualifizierung von Lehrkräften,
- die Erarbeitung didaktischer und methodischer Konzepte für den Einsatz der Medien im Lehrbetrieb sowie
- die Mobilisierung von Ressourcen für Management, Service, Wartung und Administration von IT-Infrastrukturen.

Vor diesem Hintergrund sieht die Bundesregierung in den einzelnen Bildungsbereichen künftig folgende Handlungsfelder:

Nachdem die Netzanbindung aller Schulen erreicht wurde, kommt es jetzt darauf an, dem Computersponsoring der Wirtschaft durch begleitende Aktivitäten im Rahmen der Initiative D21, der Etablierung regionaler Sponsoringpartnerschaften, der Aktion „Kl@sse" und der Computerbörse „Marktplatz für Schulen" neue Impulse zu geben und einen Beitrag zur Bereitstellung einer ausreichenden Anzahl multimediafähiger vernetzter Computer zu leisten.

Darüber hinaus ist es für eine nachhaltige Integration von Computer und Internet in den Unterrichtsalltag notwendig, pädagogisch sinnvolle Lehr- und Lernsoftware in der Breite verfügbar zu haben. Deshalb wird die Bundesregierung ihr im Frühjahr 2000 gestartetes Programm „Neue Medien in der Bildung" zur Entwicklung qualitativ hochwertiger Lernsoftware für den praktischen Einsatz im schulischen Unterricht mit Nachdruck fortsetzen. Bis zum Jahr 2004 stellt sie dafür mit Blick auf die allgemeinbildenden Schulen über 50 Millionen Euro bereit.

Die Aufgaben der Installation, des Betriebs und der Wartung von Computerhardware, -software und -netzen sind heute in vielen Schulen noch nicht befriedigend gelöst. Eine zwischen Schulen etablierte ökonomisch sinnvolle und den Arbeitsaufwand minimierende Koordination von Betrieb und Organisation ist kaum anzutreffen. Sie ist vor dem Hintergrund der bildungspolitisch gewollten steigenden Computer- und Internetnutzung jedoch notwendig. Die Bundesregierung wird deshalb die Entwicklung zukunftsweisender Systemlösungen für den Schulbereich fördern. Ziel sind Konzepte, die die informationstechnische Versorgung in den Schulen als Dienstleistung organisieren und Arbeiten zur Pflege und zum Betrieb der Gesamtinfrastruktur weitgehend aus den Schulen fernhalten und in professionelle Hände auf kommunaler oder regionaler Ebene geben.

In der beruflichen Bildung kommt es in Zukunft vermehrt darauf an, die Beschäftigungsfähigkeit der Arbeitnehmerinnen und Arbeitnehmer durch eine verbesserte und bedarfsgerechte berufliche Aus- und Weiterbildung unter Nutzung der modernen Informations- und Kommunikationstechnologien zu gewährleisten. Es gilt, die durch die Entwicklung und Verbreitung von Informations- und Kommunikationstechnologien möglichen neuen, effizienteren und auch kostenminimierenden Formen der berufsbegleitenden Qualifizierung konsequent zu erschließen und in der Breite einzusetzen.

Mittelfristiges Ziel ist es, modular aufbauende Bildungssoftware nicht nur für die IT-Aus- und Weiterbildung zu entwickeln, sondern auch in berufsbezogene Aus- und Weiterbildung allgemein zu integrieren.

Die breite Nutzung von Computern und Internet in der Hochschullehre ist ein zentraler Baustein der Schaffung einer leistungs- und wettbewerbsfähigen Hochschullandschaft in Deutschland. Sie ist heute jedoch – differenziert nach Fächern und Regionen – noch nicht Alltag in deutschen Universitäten und bleibt daher eine wichtige bildungspolitische Aufgabe auf Bundes- und Landesebene. Die Bundesregierung stellt hierfür bis 2004 über 400 Millionen Euro zur Verfügung. In Zukunft wird es darum gehen, den Einsatz digitaler Lehre auf eine breitere Basis zu stellen und für besonders nachgefragte Fachrichtungen die Bereitstellung eines multimedialen Lehrangebotes anzustoßen.

Die Bundesregierung wird in Kürze das neue Programm „Virtuelle Hochschule Deutschland" starten. Ziel ist die Entwicklung eines Angebots komplett virtueller Studienangebote mit niedrigem Präsenzanteil insbesondere im Bereich akademischer Weiterbildungen für die inländische Nachfrage, aber auch im Bereich von für den Bildungsexport relevanten grundständigen Studienangeboten und Weiterbildungen. Gesamtkonzepte für ein virtuelles Studium reichen von der Einschreibung über den nutzerfreundlichen Zugang zu digitalen Inhalten und die Betreuung im Studium bis hin zu Prüfungs- und Abrechnungsmodalitäten. Dafür müssen geeignete virtuelle Studienformen entwickelt und erprobt sowie technische und organisatorische Plattformen entwickelt und installiert werden.

Ein weiterer Schwerpunkt wird künftig der Aufbau von „Notebook-Universities" sein, in denen der Einsatz mobiler Computer sowie die verstärkte Nutzung moderner Kommunikationstechniken und -möglichkeiten integrativer Bestandteil der alltäglichen Lehre sein werden. Die „Notebook-Universität" zielt primär auf die Nutzung mobiler Geräte in Präsenzhochschulen und soll dazu beitragen, die Mobilität und Kommunikationsmöglichkeiten von Lehrkräften und Studierenden zu erhöhen und die durchgängige Nutzung der technischen Infrastruktur sowie der multimedialen Lehr- und Lernmaterialien sicherzustellen.

Darüber hinaus werden Vorhaben zur Entwicklung, Erprobung und Einführung einer innovativen und integrativen Mobile-Learning-Gesamtkonzeption in den Regelbetrieb der Hochschule unterstützt.

In diesen Zusammenhang gehören auch Anstrengungen, um Lernprozesse besser zu verstehen. Notwendig ist daher der Aufbau von Forschungszentren für die Lernprozessforschung. Dazu können auch neue Sonderforschungsbereiche der DFG einen wichtigen Beitrag leisten. Auf diesem Gebiet ist Deutschland jedenfalls noch Entwicklungsland und darf es nicht bleiben.

In Zukunft wird es noch stärker als bisher darauf ankommen, die Strategie des Gender Mainstreaming auch in laufenden oder neuen Förderaktivitäten zu verankern. Hierzu hat die Bundesregierung eine gezielte Initiative gestartet: Im Rahmen des im Frühjahr 2000 begonnenen Programms „Neue Medien in der Bildung" zur Entwicklung von Lehr- und Lernsoftware wird es Begleitprojekte geben, in deren Rahmen ausgewählte Expertinnen auf die Umsetzung von Gleichstellungsaspekten im Förderprogramm achten.

Neben den vielfältigen Herausforderungen im Zusammenhang mit der Integration der neuen Medien in die Bildung erfordert die zunehmende Verbreitung von

Computer und Internet auch einen Strukturwandel in der Fachinformation und beim wissenschaftlichen Publizieren und Kommunizieren. Traditionelle Publikationsketten werden durch die Digitalisierung wissenschaftlicher Informationen in Frage gestellt. Die klassischen Rollen und Aufgaben der am Informationsprozess Beteiligten ändern sich. Das Zusammenwirken von Autoren, Verlagen, Informationsanbietern und Bibliotheken bei der Aufbereitung, Erschließung und Verbreitung von Informationen vollzieht sich nicht mehr in den herkömmlichen Strukturen und erfordert neue organisatorische und wirtschaftliche Rahmenbedingungen.

Heterogenität und Vielfalt der Informationslandschaft haben bisher eine angemessene gemeinsame Strategie erschwert. Mittlerweile besteht jedoch ein breiter Konsens, dass die durch den Strukturwandel entstandenen Probleme nicht mehr durch Einzelprojekte gelöst werden können. Vielmehr müssen die von Bund und Ländern angestoßenen unterschiedlichen Maßnahmen für eine überregionale elektronische Informationsversorgung nun in einem stimmigen Gesamtkonzept zusammengeführt werden. Die Bundesregierung arbeitet in Abstimmung mit den Ländern sowie mit Verlagen, Bibliotheken und Fachinformationszentren daran, Eckwerte eines solchen Strategiekonzeptes zur „Zukunft der wissenschaftlichen und technischen Information" zu definieren.

3.3 Quo vadis, Deutschland?

Mittelfristig werden mit der zunehmenden Verankerung von Informations- und Kommunikationstechnologien in Staat, Wirtschaft und Gesellschaft weitere Fragen an Bedeutung gewinnen: Welche Prioritäten und Werte gelten in einer E-Society, für die Vernetzung eine Selbstverständlichkeit geworden ist? Wie können widerstrebende Interessen in Einklang gebracht werden, etwa der Datenschutz und die wachsenden individuellen Bedürfnisse und Möglichkeiten des Datenaustauschs? Wie kann ein ausgewogenes Verhältnis von umfassender Medienkompetenz und fundierter klassischer Bildung definiert werden? Mit diesen Fragen steht Deutschland nicht allein. Wir teilen Sie zumindest mit unseren Partnerländern der westlich orientierten Demokratien. Die Grenzen eines nationalen Alleingangs, die sich bereits bei den Versuchen einer nationalen Regulierung des Grenzen ignorierenden Internets gezeigt haben, tauchen bei all diesen Fragen wieder auf. Wir werden uns damit auseinandersetzen, ohne den Respekt vor anderen Gesellschaftsentwürfen in Frage zu stellen.

Die Ausgangslage hat sich in Deutschland, wie gezeigt werden konnte, deutlich verbessert. Selbst die viel diskutierte PISA-Studie hat – neben vielen negativen Ergebnissen – gezeigt, dass die deutschen Schülerinnen und Schüler beim Interesse an der Nutzung von Computern in der Spitzengruppe sind. Dies ist ein Potenzial, dass wir nutzen müssen. Das kann aber nur gelingen, wenn Schüler die Werkzeuge, mit denen sie gern lernen wollen, auch an die Hand bekommen. Computer und Notebooks müssen zum selbstverständlichen Lernmittel werden und gehören in jeden Schulranzen. Alle Schüler sollten altersgerecht ihren Notebook-Computer als „elektronische Schiefertafel" und zugleich als interaktives Lehrbuch nutzen können.

Wir haben eine Revolution in der Anwendung neuer Computertechniken in der Bildung vor uns – einen Wandel vom „Learn to use" zum „Use to learn". Die Chancen dieser Revolution wollen wir nutzen.

Mehr als ein Mausklick

Medienkompetenz in der Schule

Birgitta Mogge-Stubbe

Wichtigste Hardware: der Kopf

Er ist bekannt für starke Worte. Joseph Weizenbaum, einst Vordenker des digitalen Zeitalters am Massachusetts Institute of Technology (MIT) in Cambridge/USA, bremst seit Jahren jede neu-mediale Euphorie. Das Internet, so sein Diktum nicht erst auf dem Mainzer Gutenberg-Kongress 2000, sei „ein riesiger Misthaufen". Anfang dieses Jahres erklärte er kategorisch: „Wie jedes Massenmedium ist auch das Internet zu 90 Prozent Schrott." Und dann der Seufzer: „Die jungen Leute kennen nur diesen Teil. Um die Perlen zu entdecken, muss man gute Fragen stellen können"[1].

Doch das, so scheint es, haben sie nicht gelernt. Wenn Studierende sich auf elektronische Materialsuche begeben, „erbrowsen" sie wahre Sturzfluten an Informationen, aber nur wenige vermögen deren Qualität und Bedeutung zu beurteilen. Sie kennen die guten Fragen nicht. Die Mehrheit pickt hier ein paar Informationen und dort einige Zitate heraus und versucht erst gar nicht, eigene Thesen zu entwickeln und als Filter zu benutzen. Für Seminararbeiten werden dann vier Dutzend Fundstellen paraphrasiert und zu einem Text zusammengeschnitten. Das zeugt zwar von Fleiß, nicht aber von kritischem Denken. Die von vielen Hochschullehrern beklagte mangelnde Studierfähigkeit ihrer Studenten ist auch eine Folge moderner Technologiegläubigkeit. Es gehört zu den großen Gefahren der so genannten Informationsgesellschaft, zu meinen, externe Wissensspeicher könnten das im Kopf verfügbare Wissen weitgehend ersetzen. Es reiche zu wissen, wie und wo man sucht, was man noch nicht weiß.

Ja, wenn das so einfach wäre! In Wahrheit ist es gerade umgekehrt. Die wichtigste Hardware ist nach wie vor der Kopf. Die „Bibliothek" Internet kann nur der richtig nutzen, der sich auch in Büchern auskennt und möglichst viel Wissen auf seiner „Festplatte" im Kopf gespeichert hat. Der also sinnentnehmend lesen und verständlich schreiben kann, der Wichtiges und Unwichtiges voneinander unterscheidet sowie Informationen zu beurteilen und zu verknüpfen vermag. Gerade

---

[1] Joseph Weizenbaum: Mehr Information – weniger denken. Vortrag im Rahmen des Executive Programms der ISNM International School of New Media GmbH, Lübeck, 11. Februar 2002
Auch der amerikanische Internet-Guru Clifford Stoll fordert u. a. in seinem Buch „Log-Out", endlich „skeptische Fragen" zu stellen und die offensichtlich schlechten Seiten des Computers öffentlich zu kritisieren.

deutsche Schüler haben hier großen Nachholbedarf. Indes, wir hätten nicht erst den Schulleistungsvergleich PISA (Programme for International Student Assessment)[2] gebraucht, um Sicherheit darüber zu haben, wie notwendig jederzeit verfügbares eigenes Wissen ist. Zukunftsfähige Bildung entsteht nicht durch die Bedienung von Computer, Internet & Co.

Warnung vor PC-Konserven

„Wir schulden den Kindern nicht die frühe Abrichtung auf Apparate", hört der Erziehungswissenschaftler Hartmut von Hentig nicht auf zu mahnen; vielmehr gelte es zunächst, ihnen neben den drei Kulturtechniken Lesen, Schreiben und Rechnen das Verstehen, das Urteilen und das geduldige Beobachten beizubringen. Der Computer als Unterrichtsgegenstand gehöre nicht zum allgemein bildenden Auftrag von Schule[3]. Der amerikanische Internet-Pionier Clifford Stoll ist sogar überzeugt, dass „die beiden wichtigsten Dinge, die wir im Leben tun können – lernen und lehren –, ihren Wert verlieren", wenn sie auf die PC-Konserve reduziert werden[4]. Richtiges Lernen bedeutet, sein Gehirn anzustrengen und konkretes Wissen zu erwerben. Medienkompetenz – zu der auch der Umgang mit den Informationstechnologien gehört – ist ohne dieses Fundament nicht zu haben.

Allerdings ist es schon mit der Informationskompetenz meist nicht weit her. Selbst Studierende erreichen da nur das Prädikat unzureichend. Nach einer Studie des Landesinstituts Sozialforschungsstelle Dortmund zur Nutzung elektronischer wissenschaftlicher Information in der Hochschulausbildung steht das Internet zwar auf Platz eins bei der Informationssuche, aber 32 Prozent der Studierenden attestieren sich selbst nur „geringes" und 44,4 Prozent gerade mal „mittleres" Wissen darüber, wie sie an relevante Informationen herankommen[5].

Wohlgemerkt, es geht um Wissen, nicht um das Werkzeug. Tatsächlich mangelt es in Privathaushalten, in Schulen und Bibliotheken nicht an Computern. Im Gegenteil. Deutschland hat auch international gut aufgeholt. Inzwischen sind 97 Prozent der Sekundarschulen, 95 Prozent der berufsbildenden Schulen und 77,5 Prozent der Grundschulen mit PCs ausgestattet, rund die Hälfte davon ist multi-

---

[2] Die OECD-Studie PISA (Programme for International Student Assessment) vergleicht die Lesekompetenz sowie die mathematische und naturwissenschaftliche Grundbildung von 15jährigen Schülern in 32 Industrienationen. Der erste Teil, der vor allem der „reading literacy" gilt, wurde am 4. Dezember 2001 veröffentlicht. Die deutschen Schüler erreichten Platz 21. Die Ergebnisse können im Internet abgerufen werden: www.mpib-berlin.mpg.de/PISA
[3] Vgl. u.a. Hartmut von Hentig: Die Schule neu denken; ders.: Der technischen Zivilisation gewachsen bleiben
[4] Clifford Stoll: LogOut
[5] Rüdiger Klatt, Konstantin Gavriilidis u.a.: Elektronische Information in der Hochschulausbildung

mediafähig. Allein im Rahmen der Wirtschaftsinitiative D21 gedeihen mehr als 20.000 Schulpartnerschaften mit Unternehmen.[6] Schülerwettbewerbe wie „Join Multimedia", „WebQuest" oder „Känguru" beweisen, was gute Köpfe und moderne Technologie miteinander zustande bringen können[7].

Lehrer gehen online

Auch Lehrerinnen und Lehrer sind nicht die neuerungsresistenten Offliner, wie gern behauptet wird. Das Internetportal „Lehrer-Online" registriert täglich mehr als 6.000 Benutzer, in den virtuellen Klassenräumen von „lo-net" (Lehrer-Online-Netzwerk) arbeiten etliche Tausend Lehrer mit Zehntausenden Schülern in wechselnden Gruppen zusammen[8] und bislang haben sich mehr 80.000 Lehrer innerhalb des D21-IT-Fortbildungsprogramms „Intel. Lehren für die Zukunft" weitergebildet. Nun fehlen die Lehrpläne, die den Unterricht an die neue Technik anpassen.

Die Delphi-Studie der „Cornelsen Stiftung Lehren und Lernen" zur künftigen Entwicklung von Lehr- und Lernmedien[9] prognostiziert eine deutliche Zunahme neuer Medien im Unterricht, ohne dass diese das klassische Schulbuch verdrängten. Medienmix ist angesagt. Die Methodendiskussion kann nicht um ein *Oder* gehen – Bildschirm oder Tafel, Keyboard oder Heft, Maus oder Stift –, sondern nur um das *Und*, wobei sich die Anteile verändern, aber die Reihenfolge fest sein muss. Kinder müssen das Schreiben von Buchstaben und Zahlen zuerst mit ihren Händen gelernt haben, bevor sie ihre Aufgaben auf der Tastatur tippen; sie müssen sich Wörter mit dem Finger erlesen und selber ein Gesicht mit Wasserfarben malen, anstatt nur ein Malprogramm anzuklicken. Es muss uns aufstören, dass heute Kinder eingeschult werden, die ein Handy bedienen und eine CD-ROM einschieben können, aber nicht wissen, wie sie einen Bleistift richtig halten sollen. Es muss uns ebenso aufstören, dass Grundschullehrer offenbar nicht ausreichend ausgebildet sind, um Lern- und Leistungsdefizite ihrer Schüler frühzeitig zu bemerken. Nach jüngsten Studien wurden 89 Prozent der leseschwachen Kinder von ihren Lehrern nicht als solche erkannt. Es ist blamabel, wenn Fünftklässler ein

---

[6] Die Initiative D21 wurde 1999 von Unternehmen und Institutionen gegründet, um „den Wandel von der Industrie- zur Informationsgesellschaft in Deutschland zu beschleunigen". Sie engagiert sich stark im Bildungsbereich. Bislang hat sie die IT-Ausstattung von Schulen mit rund 17 Millionen Euro gesponsort, Softwarelizenzen nicht eingerechnet. D21 im Internet: www.initiatived21.de

[7] www.siemens.de/joinmm; der Deutsche Bildungsserver informiert unter der Adresse www.dbs.schule.de/wettbewerb.html über aktuelle Internetwettbewerbe für Schüler und Schulklassen; ähnliche Dienste leistet www.schulmarkt.de.

[8] www.schulen-ans-netz.de, www.lehrer-online.de, www.lo-net.de

[9] www.bibb.de/publikat/pm/pm02/pm310102.htm; www.cornelsen.de

gutes Dutzend Internetadressen für Kids kennen, aber zehn Minuten benötigen, um ein paar Sätze von der Tafel abzuschreiben[10].

Eine IT-Weltmacht Deutschland braucht starke Leser, gute Rechner und sichere Schreiber. Die haben wir nicht, jedenfalls nicht in ausreichendem Maß. Also bleibt uns nichts anderes übrig, als die grundlegenden Fähigkeiten schneller voranzutreiben. Medienkompetenz braucht dieses Fundament. Auch deshalb ist intensive Leseförderung kein Griff in den Bildungs-Mustopf, sondern hoch aktuell. Medienpartnerschaften zwischen Bibliothek und Schule, Leseecken im Klassenzimmer, Wettbewerbe wie „Das lesende Klassenzimmer" oder „Das Sams" sind feste Trittsteine für den IT-Aufstieg. Im Übrigen sind Online-Nutzer von Printmedien auch fleißige Zeitungsleser und an Zukunftsthemen besonders interessiert.

Wettbewerb der Regionen

Die Mehrheit der Lehrer hat im Grundsatz nichts gegen die vernetzte Schule. Aber sie hat etwas dagegen, auch für die Wartung und Pflege schulischer Netzwerke zuständig zu sein. Die Lehrer wollen mit guter Lernsoftware unterrichten, aber nicht die Technik optimieren, Viren beseitigen, Netze reparieren und Festplatten montieren. Für das Funktionieren hat die Politik zu sorgen. Die Initiative D^{21} schlägt vor, diese Aufgaben den kommunalen Gebietsrechenzentren der Schulträger zu übertragen. Bisher, so scheint es, wurde diese Möglichkeit nicht einmal ernsthaft durchgerechnet. Flexibilität wird lieber den Lehrern abgefordert. Und die strengen sich an. Allein das Programm BIG (Bildungswege in die Informationsgesellschaft) wurde beispielsweise in Nordrhein-Westfalen bereits von mehr als 40.000 Weiterbildungswilligen genutzt, um ihre Unterrichtskompetenz mit neuen Medien zu verbessern.

Soviel Akzeptanz verlangt nach mehr. Die Bertelsmann Stiftung und die Heinz Nixdorf Stiftung, die seit 1996 schon rund vier Millionen Euro nur in BIG investiert haben, schreiben das (erweiterte) Programm bis 2004 fort. In diesem Rahmen sollen ab Oktober dieses Jahres vorbildliche neumediale Schulkonzepte in einem Modellprojekt verglichen werden. International, versteht sich. Leverkusen und München treten in Wettbewerb mit je zwei Regionen in Australien, Finnland, Großbritannien und den USA.

Die neuen Medien – CD-ROM, Internet oder Intranet – sind im Schul- wie im Alltagsleben präsent. Immer weniger Schüler müssen erst im Unterricht lernen, den PC zu bedienen, sie können das von zuhause. Die Hälfte der Jugendlichen über 14 Jahre besitzt einen eigenen Computer, fast zwei Drittel gehen täglich ins Netz, fast alle haben Erfahrungen mit computergestützten Lernprogrammen. Aber – und das unterscheidet deutsche Schüler von ihren Altersgenossen in anderen Ländern – nur 15 Prozent setzen den Computer als relevantes Hilfsmittel für den

---

[10] vgl. Birgitta Mogge-Stubbe: PISA-Folgen. Alle haben gelernt
dies.: Armes Deutschland! Bildungspolitik hat einen neuen Namen bekommen: PISA

Unterricht ein. In Dänemark und Großbritannien sind es 55 Prozent, in Finnland 37, in den USA 30 Prozent.

Nun sind bloße Zahlen kein Beleg für Qualität, denn dann müssten beispielsweise auch die hohe Präsenz und Nutzerquote von Internet-Hausaufgabendiensten für deren Güte sprechen. Nur: Sie sind nicht gut. Die Mehrzahl der neun virtuellen Nachhilfelehrer, welche die Verbraucher-Zentrale Nordrhein-Westfalen auf ihre Erste-Hilfe-Kompetenz testete, bekam die Note sechs: Drei antworteten gar nicht, die meisten sehr spät, manche falsch und etliche substanzlos[11].

Die vierte Kulturtechnik

Die Schulen am Netz, die Lehrer in der Weiterbildung, die Schüler auf Surfkurs: Die äußeren Bedingungen für die neue Medienkompetenz sind gut gediehen, wenn auch noch nicht perfekt. Dagegen kann die inhaltliche Bilanz nach einer Schülergeneration mit Computer und Internet nicht zufrieden stellen. Allzu oft wird nur die Technologie eingesetzt, ohne die Konzepte und Methoden der Wissensvermittlung zu verändern. Rechnen am PC statt an der Tafel oder im Heft ist kein Qualitätssprung. In erster Linie, so Umfragen, nutzen Lehrer die Geräte als Präsentationsmittel im Frontalunterricht, in zweiter Linie als Rechercheinstrument. Eher selten werden Computer in projektorientierte Arbeitsformen integriert, bei denen die Schüler ihren Zeitplan selber managen. Einige Modellschulen – unter anderem in Hamburg, Baden-Württemberg, Thüringen, Sachsen und Nordrhein-Westfalen – arbeiten so. Überhaupt laufen die Ideen und Modellprojekte den derzeitigen Realisierungschancen fast davon. Baden-Württemberg etwa könnte seine mehrjährigen Erfahrungen mit dem Computer-Mathe-Abitur weitertragen. Nordrhein-Westfalen startet jetzt ein Abitur-online, bei dem ein Teil des Abiturstoffs zuhause oder in Lerngruppen am Computer erarbeitet werden. Die Schulbuchverlage Klett und Cornelsen erstellen für zehn Unterrichtsfächer digitale Lernmedien, der Computerhersteller IBM sponsert die technische Ausstattung.

Natürlich wäre es bequem, die Defizite vor allem bei den Lehrern zu sehen. Doch das wäre so ungerecht wie die übliche Lehrerschelte. Projektorientierter, offener Unterricht braucht auch Schüler, die bereit und fähig sind, sich über einen längeren Zeitraum hinweg zu konzentrieren, und die außerdem wissen, dass richtiges Lernen anstrengt. Die (partei-ideologisch eingefärbte) Vorgabe, dass Schule vor allem Spaß machen müsse und es auf Leistung nicht ankomme, hat Deutschland ziemlich tief in die Bildungs-Sackgasse geführt. Thomas Alva Edison, der größte Erfinder der Moderne, hat in der Zeitschrift „Life" kurz vor seinem Tod (1931) bekannt: „Genius is one percent inspiration and ninety-nine percent perspiration" (Genie besteht aus einem Prozent Inspiration und 99 Prozent Transpiration).

---

[11] Spiegel Online, 4. Januar 2002: Hausaufgabendienste im Test. www.spiegel.de/unispiegel

Wie sollte da ein „Normalmensch" ohne Anstrengung zu Wissen kommen sollen? Nein, Lernen ist nicht Edutainment, sondern Arbeit, und die neuen Medien sind ein Werkzeug, um sie gut zu machen.

Zuerst kommt das Lesen

Die neuen Medien sind ein Werkzeug, und es wäre ein Fehler, sie als etwas anderes anzusehen. Ohnedies haben wir, so jedenfalls scheint es, den erhofften Möglichkeiten von Online-Learning, Knowledge Machines und Edut@inment ein gutes Stück Realitätssinn geopfert. Die Amerikaner, die wir uns in moderner Unterrichtspraxis so gern als Vorbild nehmen, gehen zum Computereinsatz wieder auf Distanz. Und die Finnen, die beim PISA-Vergleich den weltweit besten Wert in Lesekompetenz erzielten[12], haben das nicht durch Lückentests und Klicken erreicht. Im finnischen Schulkonzept sind PC und Internet selbstverständliche Unterrichtsmedien – aber kein Ersatz fürs Schreiben mit Stift und Papier, fürs Bücherlesen und Grammatiklernen. Finnische Schüler haben ihren Bibliotheksausweis, bevor sie auf die Datenautobahn gehen; wer Defizite im Lesen oder Sprechen hat, bekommt Förderunterricht, Lese- und Ausdrucksfähigkeit werden regelmäßig schon bei den Kleinen getestet. Und: Über Computerunterricht statt Muttersprache wird nicht einmal laut nachgedacht. Trotzdem oder gerade deshalb erbringen finnische Schüler auch gute Leistungen in Mathematik und Naturwissenschaften[13].

Das ist es, was wir lernen müssen: den Umgang mit den neuen Informationstechnologien als vierte Kulturtechnik zu begreifen und zu lehren – nach Lesen, Rechnen und Schreiben. Auch ausgeprägte IT-Skeptiker sind ja nicht gegen Computer und Internet in der Schule, sondern gegen deren Ersatzfunktion: Ersatz von herkömmlichem Unterricht, von Primärerfahrungen, von Erziehung. Sie sehen die Gefahr, dass Bildung, wenn sie zu sehr auf den Wirtschaftsnutzen schielt, sich zur Ausbildung und Berufsvorbereitung verengt. Dass Kinder, statt in den Zoo oder den Wald zu gehen, statt einen Bauernhof zu besuchen oder ein Baumhaus zu bauen, Tiere, Pilze, Bäume nur noch virtuell kennen lernen. Gewiss, auf diese Weise korrigieren sie dann ihr Fernsehbild von milkablauen Kühen, doch sie riechen, schmecken, fühlen nicht, was wirklich ist.

---

[12] Als Mittelwert wurden 500 Punkte festgelegt. Finnland erreichte 546 Punkte (Platz 1), Deutschland 484 Punkte (Platz 21).
[13] Bei einem mittleren Wert von 500 Punkten erreichte Finnland in Mathematik 536 Punkte (Rang 4), Deutschland 490 Punkte (Rang 20); in Naturwissenschaften lag Finnland mit 538 Punkten auf Platz 3, Deutschland mit 467 Punkten auf Platz 21.

Der beste Freund

Wir sollten internationale Vergleichsstudien wie TIMSS[14] und PISA als das nehmen, was sie eigentlich sind: als Wegweiser zum richtigen Lernen und an Anleitung, das Richtige zu lernen. Niemand, der in der Bildungsdiskussion ernst genommen werden will, kann ganz zum herkömmlichen Unterricht zurückgehen wollen; er wird aber auch nicht den Computer als wichtigstes Unterrichtsmedium ansehen. Der Internetanschluss in jedem Klassenzimmer und der Laptop in jedem Schulranzen generieren nicht automatisch Qualität.

Das scheinen – nach PISA – auch jene Politiker und Experten verstanden zu haben, die noch vor einem Jahr den Slogan „Jedem Schüler seinen Laptop" im Land herumtrugen. Es ist gewiss richtig, dass in einer hochtechnisierten beruflichen Schule jeder Schüler „seinen" Computer hat. Sonst ist das jedoch nicht nötig, ja pädagogisch und methodisch sogar fragwürdig, weil der Lernprozess dadurch entpersonalisiert wird. Der Lehrer kann auf den fragenden, ablehnenden oder gelangweilten Gesichtsausdruck eines Schülers reagieren, der Bildschirm nicht. Der Lehrer versteht auch angedeutete oder missverständlich formulierte Fragen richtig, der Computer leistet das nicht. Guter Unterricht ist eben mehr als der Aufstieg zum nächst höheren Level bei einem Computerspiel. Jede Idee, den Lehrer zum Lernberater oder -animateur zu machen, muss scheitern.

Erziehungswissenschaftler wie Peter Struck, der fast alle Vorteile bei den neuen Medien sieht (auch, um endlich von der „Erziehung von gestern" wegzukommen), plädieren für Partner- oder Gruppenarbeit am Schirm, weil dann die Lerneffekte am größten seien[15]. Aber – und das gibt zu denken – Kinder, die in Modellklassen am eigenen Laptop arbeiten, bedauern, dass sie viel weniger miteinander reden als früher. Und es gibt auch zu denken, dass fast 20 Prozent der Sechs- bis Dreizehnjährigen den PC als ihren besten Freund bezeichnen. Initiativen wie „n-21: Schulen in Niedersachsen online" und „e-nitiative.nrw – Netzwerk für Bildung" dürfen darüber nicht hinwegsehen, sondern müssen gegensteuern.

Multimedial eingerichtete Klassenräume sind an deutschen Schulen noch rar. Statistisch gesehen teilen sich derzeit an allgemeinbildenden Schulen 18 Schüler einen PC, das sind drei mehr als in der europäischen Richtlinie vorgesehen; an berufsbildenden Schulen sind es 15 Schüler, an Grundschulen 36. Viele Schulen haben mindestens zwei Computerräume eingerichtet, in manchen stehen in jedem Klassenraum ein, zwei Geräte. Das reicht aus, um einzelne Stunden, Unterrichtssequenzen oder Aufgaben zu bearbeiten, zumal Schulcomputer an vielen allgemein bildenden Schulen auch außerhalb des Vormittagsunterrichts benutzt werden können – und auch benutzt werden. Arbeitsgruppen, Grund- und Leistungskurse erschließen Themen aus Deutsch, Geographie, Physik, Musik oder Englisch multi-

---

[14] Bei der Third International Mathematics and Science Study (TIMSS), deren abschließende Auswertung im Dezember 2000 vorlag, haben deutsche Mittel- und Oberstufenschüler unter Mittelmaß abgeschnitten. Die Auswertungen stehen im Internet unter www.timss.mpg.de.
[15] Peter Struck: Netzwerk Schule

dimensional, sie vernetzen sich mit anderen Schulen und arbeiten an gemeinsamen Projekten.

Wer soll das bezahlen?

Tatsächlich gibt es kein Fach, das sich den neuen komplexen Unterrichtsformen verschlösse. Und es gibt längst viel zu viele PC-erfahrene Lehrer, als dass es beim Unterrichten „as usual" bliebe. Manche Bildungspolitiker scheinen das nicht wahrnehmen zu wollen. Deshalb vernehmen sie auch nicht die Klage der Lehrer, dass etliche Fortbildungsangebote nicht sehr weit über die technische Unterweisung im Surfen hinausgehen. Und dass es den Schülern, die sie ins weltweite Netz führen sollen, allzu oft etwa an der Basisfähigkeit fehlt, sich im Deutschen verständlich auszudrücken. Es scheint auch kaum ein Politiker richtig zuzuhören, wenn eine Schule doch lieber erst das Dach gedeckt und die Toilettenanlage saniert haben möchte oder neue Musikinstrumente kaufen will, bevor ein Klassensatz Laptops angeschafft wird.

Im Innovationseifer wird gern übersehen, dass das großzügige Jedem-Schüler-seinen-Laptop-Versprechen in der Luft hängt. Länder und Kommunen können es nicht bezahlen, zumal die Geräte ja gewartet, betrieben und erneuert werden müssen. Aus dem ohnedies mageren Schulbuchetat – er sank in den letzten zehn Jahren von 398 auf 274 Millionen Euro – ist dafür nichts zu holen. Und auch die Wirtschaft, deren finanzielles Engagement für die Schulen längst unverzichtbar ist, könnte das nicht leisten. Sie soll es auch nicht. Sie kann die Rahmenbedingungen für Bildung und Ausbildung verbessern, sie kann (und muss) ihre Wünsche an berufsfähige Schul- und Hochschulabsolventen formulieren, aber sie kann nicht bestimmen, was in den Schulen gelernt und wie gearbeitet wird. Für Bildungsinhalte und Erziehung sind Staat und Eltern zuständig. Wer wie die Bildungsministerien mit Erfolgszahlen wirbt – unbestritten, fast 100 Prozent der Schulen am Netz ist ein großer Erfolg –, muss dafür Sorge tragen, dass die Umsetzung gelingen kann. Wer wie die Eltern im multimedialen Unterricht eine wichtige Bildungschance für sein Kind sieht, muss auch bereit sein, zu den Kosten beizutragen.

Elektronischer Trichter

Im Übrigen hat es der Schule noch immer gut getan, Konventionelles erst dann über Bord zu werfen, wenn sie Neues gründlich geprüft und für richtig(er) befunden hat. Mag sein, dass sie andernfalls in den achtziger Jahren eine Reform à la Klaus Haefner ausprobiert hätte. Der Bremer Informatikprofessor war überzeugt, dass sich Schule vor allem auf die informationstechnische Grundbildung zu konzentrieren habe. Denn da es Rechner gebe, brauche niemand das Grundrechnen zu beherrschen; weil bald die „Sprechschreibe" komme, sei das Aufsatzschreiben obsolet, und die Schreibweise werde ohnedies von einem Rechtschreibprogramm korrigiert[16]. Tatsächlich verlassen sich immer mehr Schüler auf die automatische Korrektur. Wenn sie dann im Internet recherchieren sollen, machen sie ein Dutzend Fehler, verlieren viel Zeit und schließlich das Interesse an der Bildschirmarbeit. Computer literacy setzt korrektes Schreiben voraus.

Josef Kraus, der streitbare Präsident des Deutschen Lehrerverbandes, spottet, dass Pädagogen offenbar immer auf der Suche nach einem Nürnberger Trichter seien und dabei den „elektronischen Trichter" entdeckt hätten[17]. Nur gehen die Rezepte wieder nicht auf, ob sie nun „interaktiv" oder „online", „virtuell" oder „tele" im Titel tragen. Der Lehrer kann nicht vornehmlich Coach oder Lernberater und Sozialpädagoge sein, und der Computer ist nicht für das Kognitive zuständig. Er ist ein hochleistungsfähiges Werkzeug, nicht mehr, und es wäre dumm, wenn wir die Chancen, die er eröffnet, nicht nutzten. Trotz aller Kritik, dass sie behäbig, altmodisch und unentschlossen seien: Die Schulen erkennen den Nutzen. Es gibt weitaus mehr Lehrer, die IT-Kompetenz erwerben möchten, als Plätze in den Weiterbildungskursen. Es gibt viele Lehrer, die mit ihren Schülern projektorientiert arbeiten würden, wenn die Unterrichtskonzepte stimmten.

Zweifellos, ohne IT-Kompetenz werden wir die Zukunft verpassen. Doch es ist und bleibt eine Illusion, wenn wir glauben, allein per Mausklick eine neue Welt ohne Mühe und Anstrengung hervorzaubern zu können.

Literatur

Haefner, Klaus: Die neue Bildungskrise. Herausforderung der Informationstechnik an Bildung und Ausbildung. Basel 1982

Hentig, Hartmut von: Die Schule neu denken. Eine Übung in praktischer Vernunft. München, 4. Auflage 1993

Ders.: Der technischen Zivilisation gewachsen bleiben. Nachdenken über die neuen Medien und das gar nicht mehr allmähliche Verschwinden der Wirklichkeit. Weinheim 2002 (Beltz TB 115)

Klatt, Rüdiger, Gavriilidis, Konstantin u.a.: Elektronische Information in der Hochschulausbildung. Innovative Mediennutzung im Lernalltag der Hochschulen. Opladen 2001

Kraus, Josef: Spaßpädagogik. Sackgassen deutscher Bildungspolitik. München, erweiterte Neuauflage 2000

Mogge-Stubbe, Birgitta: PISA-Folgen. Alle haben gelernt. In: Rheinischer Merkur Nr. 4, 25. Januar 2002

dies.: Armes Deutschland! Bildungspolitik hat einen neuen Namen bekommen: PISA. In: Rheinischer Merkur Nr. 49, 7. Dezember 2001

Spiegel online: Hausaufgabendienste im Test. 4. Januar 2002

Stoll, Clifford: LogOut. Warum Computer nichts im Klassenzimmer zu suchen haben und andere High-Tech-Ketzereien. Frankfurt/Main 2001

Struck, Peter: Netzwerk Schule. Mit dem Computer das Lernen lernen. München, 2. Auflage 2001 (dtv 36239)

---

[16] Klaus Haefner: Die neue Bildungskrise
[17] Josef Kraus: Spaßpädagogik

Perspektiven und Qualität von E-Learning

Katrin Andruschow und Alfred Töpper

1 Einführung

Jeden Morgen verwandelt sich ein Erste-Klasse-Abteil des Regionalexpresses 32010 zwischen Reutlingen und Stuttgart in einen Klassenraum. Darin pauken ein paar Berufspendlerinnen und -pendler unter Anleitung einer Lehrerin französische Vokabeln und Grammatik. Auch zwischen Wolfsburg und Hannover verkehrt ein „Bildungszug", in dem Erwachsenenpädagogen Menschen auf dem Weg zur Arbeitsstelle noch eine kleine Lektion zusätzliches Wissen vermitteln. Weitere Projekte rollender Klassenzimmer sind geplant.

Die lernenden Menschen im Zug sind ein schönes Bild für den noch leicht abstrakten Begriff des „lebensbegleitenden Lernens". Sie nutzen Nischen ihrer Zeit, um zusätzliche Qualifikationen zu erwerben und den Anschluss nicht zu verpassen. Unterwegs zur Wissensgesellschaft haben sie für sich eine neue Lehr- und Lernkultur gefunden. Dass die Phase des Lernens nicht mehr allein vor dem Eintritt ins Berufsleben liegt, sondern das ganze Berufsleben begleiten muss, darauf machen Wirtschaft, Politik und Kulturwissenschaften seit geraumer Zeit aufmerksam.

Die Unterschiede in der Qualität eines Produkts entstehen kaum mehr durch die Rohstoffe und die Produktionsprozesse, weil sie jeder im internationalen Wettbewerb überall vorhalten kann. Das sogenannte Humankapital gewinnt weiter an Bedeutung. Das Schlagwort vom „Wettbewerb um die besten Köpfe" ist nicht erst seit den Greencard-Debatten im Umlauf. Nur eine Arbeitskraft, deren Erfahrung dem Stand von Wissenschaft und Technik entspricht, ist für die Arbeitgeber interessant. Auf nationaler, auf EU- und auf OECD-Ebene erfährt der Ruf nach der Förderung der „employability" ein immer lauteres Echo aus der Politik. Auf diesem Feld ist der moderne Standortwettbewerb entbrannt.

Um diesen zukünftigen Anforderungen gerecht zu werden, besteht die Notwendigkeit einer bestmöglichen Qualität der Bildungsdienstleistung, von der Schule über die Berufsausbildung bzw. Hochschule bis zur Weiterbildung. Die Lernprozesse beginnen künftig schon in den Kindertagesstätten und enden nicht mit der Berufs- oder Hochschulausbildung. Das lebensbegleitende Lernen löst die traditionelle Abfolge „Schule, Ausbildung, Arbeitsleben" ab.

Die Menschen werden jetzt und in der Zukunft mehr Freizeit und Geld in ihre Weiterbildung investieren müssen, um ihre Chancen auf den Arbeitsmärkten zu erhalten. Das Wissen von heute ist nicht mehr das Wissen von morgen. Immer häufiger sind kleine Auffrischungen des beruflichen Wissens, die Anpassung an neue Produkte und Dienstleistungen oder der Einstieg in neue berufliche Tätigkeitsfelder notwendig. Damit wächst der Anspruch an jeden erwerbsfähigen Erwachsenen, sich immer wieder beruflich weiterzubilden.

In diesem Kontext ist seit einiger Zeit verstärkt von „E-Learning" oder vom „Online-Lernen" zu hören und zu lesen. E-Learning ist der Oberbegriff für elektronisch unterstütztes Lernen. Dazu gehört zum einen das verbreitete Lernen mit einer Bildungssoftware – das Computer-Based-Training (CBT). Zum anderen wird darunter das internetgestützte Lernen verstanden, das als Web-Based-Training (WBT) bezeichnet wird. Inzwischen wird der Begriff „E-Learning" abgrenzend zum alleinigen Selbststudium mit einer CD-ROM fast ausschließlich für jene Lernformen verwendet, die das Internet zur Vermittlung des Lernstoffes und/oder zur Kommunikation nutzen.

Welche Rolle spielt gegenwärtig das E-Learning in der Bildung im Allgemeinen und in der Weiterbildung im Besonderen, und wie wird es sich entwickeln? Wie aktuelle Studien zeigen, ist gegenwärtig ein verstärkter Einsatz von E-Learning vor allem im Rahmen betrieblicher Weiterbildung zu beobachten. So setzen nach einer Studie der Privaten Fachhochschule Göttingen, im Auftrag der Firma Unicmind[1] 88 Prozent der 350 größten deutschen Unternehmen E-Learning zur Aus- und Weiterbildung ihrer Mitarbeiter ein. Beim Einsatz der Lernformen dominiert allerdings mit 93 Prozent noch das CBT. Jedoch benutzen bereits 59 Prozent WBT im Intranet und 25 Prozent im öffentlichen Internet – und die Unternehmen wollen durchweg zukünftig mehr Themen über WBT schulen. Diese Tendenz korrespondiert auch mit den Ergebnissen der Studie „Wachstumsmarkt E-Learning", die die Firma Berlecon[2], am 01.08.2001 veröffentlicht hat. Gegenstand dieser Studie ist ebenfalls das E-Learning-Marktsegment der betrieblichen Aus- und Weiterbildung, wobei hier nur netzbasierte Anwendungen unter Ausschluss von CBT erfasst wurden. Die 161 befragten E-Learning-Anbieter gehen bei einem gegenwärtigen Marktvolumen von 330 Millionen Euro von einem Wachstum auf 1,5-2 Milliarden Euro bis zum Jahre 2005 aus. Eine KPMG-Studie[3] mit dem Titel „E-Learning zwischen Euphorie und Ernüchterung" stellt fest, dass E-Learning noch keinen festen Platz in der betrieblichen Lernkultur erhalten hat und noch zu wenig als strategischer Faktor wahrgenommen wird. Auch ein betriebliches Fortbildungssystem kann nicht von heute auf morgen geändert werden. Lerngewohnheiten und Lernmethoden verändern sich erst in einem kontinuierlichen Prozess. Für den Privatverbraucher, also für den einzelnen Weiterbildungsinteressierten, der sich unabhängig vom Arbeitgeber oder zuweilen auch mit dessen Unterstützung weiterbilden will, steckt der Markt des internetgestützten Lernens bzw. insbesondere des Web-Based-Trainings, in Deutschland noch ganz in den Anfängen.

---

[1] Unicmind-Studie „E-Learning und Wissensmanagement in deutschen Großunternehmen" (2001)
[2] Berlecon 2001
[3] KPMG 2001

2 Befragungen der Stiftung Warentest zur beruflichen Weiterbildung

Die Stiftung Warentest hat eine Studie erarbeitet, um generell zu erfassen, wie die Notwendigkeit von beruflicher Weiterbildung sowohl aus Arbeitnehmer- als auch aus Arbeitgebersicht eingeschätzt wird und welche Erwartungen und Bedürfnisse damit verknüpft werden. Darin waren u. a. Befragungen der privaten Nachfragerseite, von Unternehmen mit hoher Beschäftigtenzahl, von großen Weiterbildungsträgern und von E-Learning-Entwicklern eingeschlossen. Die Bevölkerungsbefragung[4] zum Thema „Berufliche Weiterbildung 2001" führte Infratest Sozialforschung im Unterauftrag von Helmut Kuwan im Juli 2001 durch, die anderen Erhebungen das IBI-Institut für Bildung in der Informationsgesellschaft. Im Kontext dieser Erhebungen wurden auch Aspekte zum Thema E-Learning erhoben, deren Ergebnisse hier vorgestellt werden.

2.1 Bevölkerungsbefragung[5]

Um eine Einschätzung zum Online-Lernen wurden nur Personen mit einem Internet-Zugang gebeten, die bereits von dieser neuen Lernform gehört haben. Etwa jeder fünfte Befragte in der Stichprobe gehört dieser Teilgruppe an. Die folgenden Ausführungen beziehen sich auf diese Teilgruppe und nicht auf die Gesamtbevölkerung.

Die Befragten bewerteten vor allem die Flexibilität der Lernzeiten und des Lernortes als wesentliche Vorteile des Online-Lernens. Jeweils etwa neun von zehn Befragten aus dieser Teilgruppe sehen dies als Vorteil an. Dass zum Zeitpunkt des Lernens die Stoffmenge und der Arbeitsumfang vom Lernenden eigenverantwortlich selbst zu bestimmen ist, betrachten etwa zwei von drei Befragten als einen Vorteil; immerhin jeder Dritte empfindet dies eher als Nachteil (siehe Abbildung). Noch kontroverser wird das Lernen im virtuellen Raum bewertet. Zwar sind auch hier die Personen, die virtuelles Lernen als Vorteil empfinden, noch in der Mehrheit, doch sehen immerhin 44 Prozent dies eher als Nachteil an. Die Stoffvermittlung ohne unmittelbaren Vergleich mit anderen empfindet dagegen eine Mehrheit der Lernenden als Nachteil.

---

[4] Repräsentativbefragung zum Thema „Berufliche Weiterbildung", Helmut Kuwan, Sozialwissenschaftliche Forschung und Beratung, München, Juli 2001

[5] Die STIFTUNG WARENTEST hat im Juli 2001 den Auftrag für eine Repräsentativbefragung zum Thema „Berufliche Weiterbildung 2001" an Helmut Kuwan, Sozialwissenschaftliche Forschung und Beratung, vergeben. Die Befragung nahm Infratest Sozialforschung im Unterauftrag vor. Infratest befragte 931 Personen im Alter von 18 bis 65 Jahren im ganzen Bundesgebiet. Die Fragen zur beruflichen Weiterbildung waren Teil einer Infratest-Mehrthemenumfrage. STIFTUNG WARENTEST und Infratest entwickelten den Fragebogen zur Weiterbildung gemeinsam.

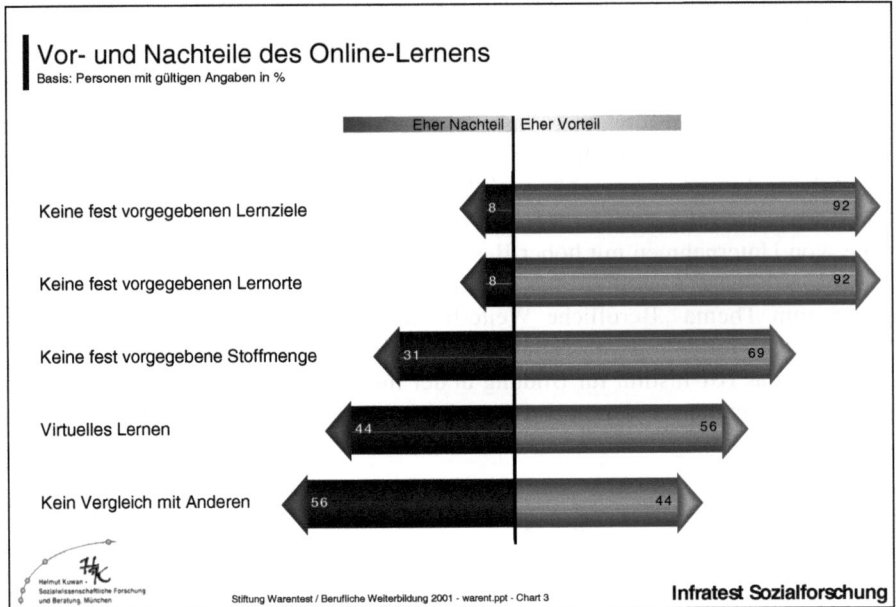

Aus den Ergebnissen der Repräsentativerhebung lassen sich einige Hinweise auf Erfolgsbedingungen des Online-Lernens ableiten:

1. Nur eine Minderheit der Bevölkerung gehört zu den „autonomen Lernenden", die genügend Energie aufbringen, um Lernprozesse über einen längeren Zeitraum selbständig durchzuhalten und erfolgreich abzuschließen.

2. Lernen ist für die überwiegende Mehrheit der Lernenden ein sozialer Prozess. Deshalb ist zum einen über das Netz ein zielgerichteter Austausch mit begleitenden Fach- und Lehrkräften und anderen Teilnehmern sicherzustellen. Zum anderen erscheint es bei bestimmten Themen und Zusammenhängen sinnvoll, eine ganzheitliche Lernform zu konzipieren, die virtuelles Lernen mit Präsenzlernen und selbstgesteuerte Lernphasen mit dem Lernen im Team verbindet. Ansonsten besteht insbesondere in länger andauernden Maßnahmen die Gefahr, viele Lernende zu überfordern und hohe Abbrecherquoten zu verursachen.

2.2 Befragung von Großunternehmen

Die Befragung[6] der nach der Beschäftigtenzahl 100 größten deutschen Unternehmen ergab u. a. folgende Ergebnisse:

---

[6] Es wurden vom Institut für Bildung in der Informationsgesellschaft im September und November 2001 Telefonbefragungen (zwischen 45 und 120 Minuten) mit den Weiterbildungsverantwortlichen der Unternehmen durchgeführt. Die Interviews wurden entlang eines

Themenschwerpunkte. Nach den Erwartungen an den Einsatz von E-Learning befragt, können sich die Personalentwickler eine computerunterstützte Weiterbildung bei den Themen Fremdsprachen, Informations- und Kommunikationstechnik, Standardsoftware und Betriebswirtschaft gut vorstellen, speziell für Führungskräfte auch Mitarbeiterführung.

Lernorte. Insgesamt ist ein Trend beobachtbar, die fachliche Weiterbildung an den Arbeitsplatz zu verlagern und mit unterstützenden E-Learning-Maßnahmen zu begleiten.

Transparenz des E-Learning-Marktes. Viele beklagen die Unübersichtlichkeit des Angebots auf dem E-Learning-Markt, weil *„der Markt stark fragmentiert ist, viele Anbieter nur Komponenten und kein Gesamtangebot anbieten bzw. jeder ein eigenes technologisches Konzept verfolgt"*.

Erfahrungen der Unternehmen. Die Euphorie, die das E-Learning in den letzten Jahren begleitet hat, ist verflogen. Erfahrungen mit E-Learning gibt es vor allem in den Bereichen Sprachen, Bürotätigkeiten und Information über das eigene Unternehmen. Die meisten Unternehmen haben seit Anfang der 90er Jahre CBT eingesetzt, seit 1999 Versuche mit WBT begonnen.

Annäherungsweise ein Drittel der Unternehmen hat mit E-Learning schon reichlich Erfahrungen gesammelt. Ebenfalls ein Drittel gibt an, bisher eher wenig Erfahrung mit dieser Form des Lernens zu besitzen. Rund ein Viertel befindet sich noch in der Planung bzw. im Aufbau- und Experimentierstadium. Nur wenige Interviewpartner sagten, dass E-Learning in ihrem Unternehmen derzeit weder eingesetzt werde noch in Planung sei.

Von den in E-Learning erfahrenen Unternehmen sprechen knapp 60 Prozent von guten bis sehr guten Ergebnissen, annähernd 15 Prozent machte eher schlechte Erfahrungen. Letztere Position wird von einem Personalentwickler pointiert: *„Das theoretische Konzept ist gut, die Erfahrungen sind schlecht."*. Oft mangelte es auf Seiten der Mitarbeiter an Akzeptanz und Motivation, sich mit den Lernprogrammen zu beschäftigen. Auf der anderen Seite werden Defizite in den Softwareprodukten gesehen (z. B. die geringe Interaktivität der Programme).

Verglichen mit traditionellen Qualifizierungsangeboten, stellt E-Learning bisher keine bedeutsame Größe dar. Die Personalentwickler sehen allerdings *„große Potenziale in diesem Feld"*. E-Learning wird ihrer Meinung nach eine bedeutende Rolle in der Unterstützung sowohl der allgemeinen als auch der fachlichen Weiterbildung spielen. Über 80 Prozent halten fachliche, über 40 Prozent allgemeine durch E-Learning unterstützte Weiterbildung für die Zukunft für wichtig oder sogar sehr wichtig.

Gesprächsleitfadens geführt. Der im Kreise von Sachverständigen entwickelte Leitfaden bestehend aus 44 Hauptfragen diente auch als Antwortbogen. Nach 47 Telefoninterviews wurde die Erhebung abgeschlossen, da Zwischenanalysen gezeigt hatten, dass sich kaum mehr neue Erkenntnisse für eine Trendanalyse ergaben.

Zielvorstellung für viele Unternehmen bilden derzeit die integrierten Gesamtkonzepte, in denen E-Learning mit klassischen Kursen kombiniert wird. Besonders dieser Medien- und Methodenmix wird als eine sinnvolle Alternative zu rein traditionellen Weiterbildungsformen angesehen.

Einschätzung von Perspektiven. E-Learning wird in Zukunft – da sind sich über 80 Prozent der Befragten einig – besonders im Rahmen von internetgestützten Weiterbildungsangeboten eine bedeutende Rolle spielen. Besonders die folgenden Aspekte wurden häufiger genannt:

- Flexibilität im Lernangebot des Unternehmens: Einsatzmöglichkeiten zur allgemeinen Vor- und Nachbereitung von Seminaren, zur Übung und Wiederholung von Inhalten.

- Ökonomische Vorteile: Verkürzung der Präsenzzeiten in Kursen, schnellere und umfassendere Verteilung neuer Lerninhalte, Befriedigung von wachsendem Schulungsbedarf und Ausgleich bei Schwankungen in der Nachfrage nach Weiterbildungsinhalten, verringerte Kosten pro Teilnehmer z. B. durch Einsparung von Fahrt- und Abwesenheitskosten.

- Vorteile für den Mitarbeiter: selbstgesteuertes, zeit- und ortsunabhängiges Lernen an den verschiedensten Lernorten und Arbeitsplätzen, größere Effizienz durch „Lernen bei Bedarf und just-in-time", adressatengerechteres Lernen, Erweiterung des Lernspektrums und der Lerngruppen durch kooperatives Telelernen, Chancen für langsamere Lerner.

Zu den positiven Erwartungen, die die Befragten mit E-Learning verknüpfen, zählt bei mehr als zwei Dritteln die Zunahme der generellen Weiterbildungs- bzw. Lernbereitschaft bei den Mitarbeitern. Einer der Gründe für eine Zunahme der Lernbereitschaft, so die Annahme, liegt nicht im technischen System, sondern bei den Lernenden selbst, die sich herausgefordert fühlen, *„weil ein Stück Selbstverantwortung gegeben ist"*. Etwa drei Viertel gehen davon aus, dass der Lernbedarf mit der Unterstützung von E-Learning besser befriedigt werden kann. Gefragt, in welchen Lerndimensionen die Interviewpartner Stärken oder Grenzen des E-Learning sähen, sind sich die Befragten ziemlich einig: *„Über E-Learning kann zwar gut die kognitive Seite, nicht aber die Verhaltensseite gelernt werden."*. Insofern ist es nicht verwunderlich, dass zwei Drittel E-Learning nicht zur Unterstützung der Entwicklung von Sozialkompetenz nutzen würden. *„Die Unterstützung beim Erwerb von Wissen und Fertigkeiten ist möglich, aber ‚Kompetenzen' erarbeitet man sich nur im realen Leben."*. Auch halten über 80 Prozent E-Learning in Kombination mit Präsenzschulung für geeignet, Methodenkompetenz sowie Medienkompetenz zu vermitteln.

Einschätzung der Grenzen von E-Learning. Die folgenden Aussagen stehen für häufig vertretene Einschätzungen nach defizitären Aspekten bei der Nutzung von E-Learning in der Weiterbildung: *„Eine gelungene Umsetzung von E-Learning scheitert nicht an Technik, sondern an fehlenden didaktisch-pädagogischen Vor-*

aussetzungen.". Das gilt sowohl für die Entwicklung von E-Learning-Produkten (*"Ohne Interaktivität ist ein Lehrbuch besser, da es eine freundlichere Art zu Lesen biete."*) als auch für die Nutzung in Weiterbildungsmaßnahmen, denn sie werden oft als *"Lückenfüller"* eingesetzt. Probleme treten überdies auf, wenn E-Learning im Grunde genommen gar nicht zur Lernkultur eines Unternehmens passt.

Eine Reihe von Interviewpartnern hat auf Probleme hingewiesen, die dem E-Learning zugeschrieben werden. Gut ein Drittel der Befragten sieht mögliche Weiterbildungserfolge u. a. aus folgenden Gründen gefährdet: sehr hohe Anfangsinvestitionen, zu kleine Zielgruppengrößen, didaktische Defizite in den E-Learning-Produkten, Schwellenangst bei Mitarbeitern, größere Ablenkungs- und Störanfälligkeit der Lernenden, das Fehlen eines sozialen Rahmens und die Gefahr einer Isolierung bzw. Vereinzelung der Lernenden.

Durch den verminderten sozialen Austausch besteht laut einer Reihe von Interviewpartnern die Gefahr, dass die in vielen Bereichen notwendigen Netzwerkbildungen geringer werden und die persönliche Kommunikation leidet. *"Es fehlt das Gruppenerlebnis, das über Durststrecken hinweg hilft."*. Wichtig ist den Personalentwicklern die Sicherstellung von sozialen Kontakten. Einige verlangen deshalb nach Tele-Tutoren, die über das Telefon oder das Internet als Lernbetreuer und -begleiter wirken.

Kosten-Nutzen-Relation. Die Frage nach den Kosten-Nutzen-Relationen für E-Learning bleibt offen, da deren Beantwortung nach Meinung der Interviewpartner von zu vielen Variablen abhängt. Die Verringerung von Kosten im Sinne von Einsparungen bei Weiterbildungspersonal und Räumen spielt nicht die entscheidende Rolle bei der Einschätzung des Stellenwertes von E-Learning für die Weiterbildung.

Ob E-Learning eine unter rein finanziellen Gesichtspunkten effiziente Lernform in der Weiterbildung darstellt, ist nur durch eine mehrdimensionale Gewinn-Verlust-Bilanzierung zu klären. Hierzu fehlt allerdings im Bereich E-Learning in vielen Unternehmen eine spezifische Kostenaufstellung, deshalb wurde bisher in kaum einem Unternehmen eine differenzierte Bilanzierung versucht. Gleichwohl ist diese in einigen geplant. Auf der anderen Seite müsste die Qualität und die zeitliche Rentabilität einbezogen werden.

Die befragten Unternehmen führten allerdings nahezu übereinstimmend an, dass Kosten-Nutzen-Überlegungen für den verstärkten Einsatz von E-Learning nicht ausschlaggebend sind.

Qualitätssicherung bei E-Learning. E-Learning-Produkte, die in Firmen eingesetzt werden, sind im allgemeinen keine Eigenproduktionen, sondern Auftragsarbeiten oder Käufe am Markt. Im Durchschnitt verfügen die befragten Unternehmen über etwa 50 unterschiedliche Lernprogramme. Dabei liegt die Schwankungsbreite jedoch zwischen einem einzigen Produkt und mehreren hundert.

Zur Qualitätssicherung beim Lernen mit E-Learning-Produkten existieren in den Unternehmen mehrere Ansätze, die zuweilen miteinander kombiniert werden. Die Beurteilung der Qualität erfolgt

- durch den Einsatz von Feedback-Bögen bei Teilnehmern
- durch den Projektleiter
- durch geschultes Lehrpersonal
- durch Evaluation von externen Institutionen (z.B. wissenschaftliche Einrichtungen)
- in Pilotphasen
- anhand eigener entwickelter Qualitätskriterien
- durch „intuitive" Evaluation.

2.3 Befragung von Weiterbildungsträgern

Die Befragung[7] von überregional tätigen Weiterbildungsträgern ergab u. a. folgende Ergebnisse:

E-Learning-Angebot. Drei Viertel der befragten Anbieter haben E-Learning in verschiedenen Formen in ihr Angebot integriert. Am häufigsten wird das Internet als E-Learning-Angebot genannt, dicht darauf die CBTs (etwa 70 Prozent).

Zukunftstrends geeigneter Bereiche für E-Learning. Der IT-Bereich rangiert ganz vorne als Bildungsinhalt für E-Learning, fast genauso häufig wird die Vor- und Nachbereitung von Themen gesehen. Hinsichtlich der Vermittlung von Grundlagen- und Faktenwissen herrscht noch Skepsis, ob E-Learning komplexe Inhalte besser vermitteln kann als die vorhandenen Lehrmethoden.

Der Einsatz von E-Learning als organisatorische Hilfe ist beliebt: *„Problembehebung aktueller Fragen zu Computerprogrammen"; „als Vorbereitung für Gruppenarbeiten, Nachsorge per Chat"; „Informationsvermittlung"; „als Ersatz für Informationsveranstaltungen"; „als Vorab-Training bzw. Prüfung der Vorkenntnisse".*

Viele Antworten zeigen, dass E-Learning als Ergänzung dienen solle. Ein Weiterbildungsanbieter bringt es auf den Punkt: *„E-Learning kann auf Dauer bei allen Zielgruppen nur dann erfolgreich sein, wenn es nicht alleine, sondern als Teil eines Medienmixes angeboten wird.".*

---

[7] Auf der Grundlage einer Marktrecherche im Juli 2001 wurden 125 große, überregional tätige Weiterbildungsträger in Deutschland durch das Institut für Bildung in der Informationsgesellschaft (IBI) schriftlich befragt. Die Fragen wurden mit Sachverständigen ausgearbeitet. Die Befragung diente dem Ziel, Einschätzungen der Träger zur Entwicklung ihrer Einrichtungen, des Weiterbildungsmarktes allgemein und zur Entwicklung der Qualität der beruflichen Weiterbildung zu gewinnen. 58 Weiterbildungsträger antworteten, was einer Rücklaufquote von 46 Prozent entspricht.

2.4 Befragung von E-Learning-Entwicklern

Die Befragung von E-Learning- und Content-Entwicklern[8] ergab ebenso, dass die Zukunft von E-Learning in integrierten Konzepten gesehen wird, in denen konventionelle Lernformen mit E-Learning kombiniert werden, sogenannten hybriden Konzepte (oder auch „Blended Learning"). E-Learning wird, so die Interviewpartner, ein fester Bestandteil von Weiterbildungsmaßnahmen werden, mit klar definierter, komplementärer Bedeutung. Präsenzseminare können dadurch straffer organisiert und u. U. kostengünstiger gestaltet werden. Insbesondere in Großunternehmen und im mittelständischen Bereich wird E-Learning seine Bedeutung noch ausbauen können („eine Säule der Bildungslandschaft"). Der Erfolg bei kleineren und mittleren Unternehmen hängt davon ab, ob es gelingt, attraktive Angebote für dieses Klientel herzustellen. Die Perspektiven für E-Learning im privaten Bereich werden unterschiedlich eingeschätzt.

E-Learning und Kompetenzerwerb. Fast alle Gesprächspartner sehen den Schwerpunkt für E-Learning nicht nur heute, sondern auch in absehbarer Zukunft im fachlichen Bereich („Die hardfacts sind leichter zu vermitteln."). Sie erwarten allerdings zugleich eine zunehmende Rolle auch im überfachlichen Bereich. E-Learning eignet sich in seiner hybriden Form vor allem zur Vermittlung von Fakten, von Basis- und Grundlagenwissen.

Präsenzschulungen könnten dadurch mit homogeneren und besser vorbereiteten Gruppen arbeiten. Die Möglichkeiten von E-Learning bei der Vermittlung von Schlüsselqualifikationen werden insgesamt positiv eingeschätzt. Allerdings ist zwischen den verschiedenen Kompetenzen zu differenzieren: Nahezu alle Anbieter halten E-Learning für sehr geeignet, Methodenkompetenz zu vermitteln; insbesondere „wenn die Abläufe in den Unternehmen standardisiert sind, ist das eine Stärke von E-Learning". Auch für die Vermittlung von Medienkompetenz gibt es ein nahezu einhelliges Votum für den Einsatz von E-Learning. Die Möglichkeiten für den Einsatz von E-Learning bei der Vermittlung von Sozialkompetenz werden verhaltener beurteilt. Bei dem Thema Mitarbeiterführung wird Coaching und Präsenztraining z. B. auch in Zukunft als unverzichtbar gesehen: „Die Interaktion, sei es Mimik, Gestik, etc. ist über den Rechner nicht möglich".

Positive und negative Effekte von E-Learning. Unter den Interviewpartnern herrscht ein weitgehender Konsens hinsichtlich der positiven Effekte von E-Learning. Folgende Gesichtspunkte werden immer wieder genannt (in der Reihe der Häufigkeit):

- individuelles Lernen bezüglich Inhalte und Lerntempo (daher auch stress- und angstfreier)

---

[8] Im November und Dezember 2001 wurden mit Geschäftsführern bzw. Bereichsleitern von 18 Unternehmen (Learning-Content-Entwicklern) im deutschsprachigen Raum Telefoninterviews (30 – 60 Minuten) anhand eines Gesprächsleitfadens durch das Institut für Bildung in der Informationsgesellschaft (IBI) geführt.

- Raum- und Zeitunabhängigkeit
- aktuelle und schnell aktualisierbare Inhalte
- eigenverantwortliches, selbstgesteuertes Lernen
- Kostenersparnisse für Unternehmen
- Lernen „on demand", direkt im unmittelbaren Arbeitszusammenhang

Der mögliche Kostenvorteil wird allerdings differenziert gesehen. So könnte es bei Produktschulungen Kosteneinsparungen geben, weil ein einmal entwickeltes, standardisiertes Programm für viele Mitarbeiter weltweit eingesetzt werden kann (*„ein BWL-Kurs für 10.000 Assistentinnen"*), was vor allem für international agierende Großkonzerne interessant ist. Andererseits ist die Einrichtung von Lernplattformen sehr kostenintensiv, und die Einsparmöglichkeiten bei Hybridkonzepten sind begrenzt. Als besondere Nachteile von E-Learning werden eine mögliche Vereinsamung und die damit verbundenen potenziellen Motivationsprobleme auf der Seite der Lernenden angeführt. Deshalb kommt der Interaktion (mit dem Computer, mit anderen Teilnehmern, mit dem Tele-Coach) – also den eingesetzten Tools – eine wesentliche Bedeutung zu.

Zukünftige Entwicklung des E-Learning-Bereichs. Alle befragten Hersteller sind einhellig der Meinung, dass E-Learning derzeit noch nicht hinreichend genutzt wird. Dabei werden sehr unterschiedliche Gründe für die Zurückhaltung angeführt:

- Es fehlt die erforderliche technische Infrastruktur. Die Kosten für die notwendigen Investitionen werden gescheut, wobei die Einsparmöglichkeiten weniger gesehen werden.

- Es fehlen die Contents (*„Wenn passende Inhalte für E-Learning nicht gefunden werden, greift man wieder auf Präsenztraining zurück."*), und die Qualität der Angebote ist unterschiedlich.

- Es gibt lernkulturelle Barrieren, denn um am Arbeitsplatz lernen zu können, müssen auch entsprechende Freiräume geschaffen werden.

Veränderungsprozesse brauchen Zeit, und sie machen auch eine Organisationsentwicklung und Konzepte zum strategischen Einsatz von E-Learning erforderlich. Die Frage nach den Faktoren, die zur qualitativen Weiterentwicklung des E-Learning-Angebots beitragen werden, wurde entsprechend vielfältig beantwortet:

Zum einen wird aus technischer Sicht auf die hard- und softwaretechnischen Weiterentwicklungen verwiesen, die den Bedienungskomfort der Systeme für den Nutzer beeinflussen werden. Ebenso deutlich werden die in Zukunft möglichen höheren Übertragungsraten im Netz betont, so dass die Integration verschiedener Medienformate zu einer tatsächlichen Multimedialität von internetgestützten Angeboten führen wird. Zum anderen wird eine qualitative Verbesserung der Inhalte prognostiziert. Dazu gehören auch eine bedarfsgerechtere und zielgruppengenauere Ausrichtung und eine größere Flexibilität durch kleinere Module. Insgesamt werden im Zuge der Entwicklung neuer Lernformen didaktisch-methodische Verbesserungen bei der Konzipierung und der Nutzung von E-Learning-Produkten erwartet.

Die Perspektiven für bestimmte Angebotstypen werden im einzelnen allerdings durchaus unterschiedlich beurteilt, auch wenn viele Hersteller eine Tendenz vom CBT zum WBT sehen. Es wird in der Regel eine Kombination verschiedener Formen erwartet. Von einigen Herstellern wird virtuellen Klassenräumen und virtueller Projektarbeit – also einem netzgestützten Lernen in der Gemeinschaft und zur gleichen Zeit – eine zunehmend wichtige Rolle zugeschrieben.

Zukünftige Entwicklungen des einzelnen Anbieters. Nur zwei der befragten E-Learning-Hersteller erwägen für die nähere Zukunft, ihr Angebot für den privaten Nachfrager zu entwickeln oder auszubauen. Im Vordergrund stehen eindeutig die Unternehmen als Kunden. Die meisten der befragten Unternehmen produzieren momentan für einen deutschsprachigen Markt, und viele wollen dies in Zukunft auch so belassen. Ein Grund dafür sind auch die Inhalte der Produkte – mit Ausnahme der EDV-Themen sind sie *„länderspezifisch"*.

Die jeweilige Lernkultur bildet Grenzen, da Produkte *„nicht 1:1 übernommen werden können"*. Kooperationen mit dem Ausland finden dagegen bei ca. der Hälfte der befragten Unternehmen bereits statt.

Insgesamt wird aber die einhellige Auffassung vertreten, dass die deutschen Produkte – gemessen am internationalen Standard – sehr wohl mithalten können.

Qualitätssicherung des E-Learning-Angebotes. Die befragten Hersteller von E-Learning-Produkten verfügen alle über ein Qualitätssicherungsmanagement, das aber im Einzelfall sehr unterschiedlich aussehen kann. Für die technische Seite erwähnen einige eine Orientierung an AICC- oder SCORM-Standards. Zertifizierung nach ISO oder andere internationale Zertifizierungen sind eher die Ausnahme. Die Zusammenarbeit mit der Zentralstelle für Fernunterricht (ZFU) oder auch mit Universitäten wird gelegentlich erwähnt. Typischer sind Qualitätssicherungsmaßnahmen im laufenden Herstellungsprozess, die intern vorgenommen werden. Eine wichtige Rolle spielt in jedem Fall der Kunde, der bei einigen Firmen bereits bei Testschleifen im Herstellungsprozess beteiligt wird. Innerhalb der Qualitätssicherung kommt der Didaktik nach übereinstimmender Ansicht aller Interviewpartner ein hoher bis sehr hoher Stellenwert zu.

Hinsichtlich externer Qualitätssicherung haben sich die Gesprächspartner mehrheitlich für eine Zertifizierung ausgesprochen, die z.B. vom Fraunhofer-Institut, vom REFA-Verband, von der IHK (bezogen auf einige Themen) oder von einer Stiftung Bildungstest durchgeführt werden könnte. Wichtig ist nur, dass die Zertifizierung praktikabel ist, dass sie nicht zu bürokratisch ist und dass es nicht zu viele verschiedene Zertifikate gibt.

Fazit. Als Resümee lässt sich festhalten: So selbstverständlich wie das Aufschlagen eines Buches, so selbstverständlich soll E-Learning in der Weiterbildung werden, das zumindest ist die Hoffnung der befragten Hersteller von E-Learning-Produkten.

3 Qualität beim E-Learning

Unstrittig ist: Souveräne Bildungsentscheidungen setzen überschaubare Märkte voraus. Der Nachfrager (sei es das Unternehmen oder der Privatmann) sollte idealerweise wissen: Was ist auf dem Markt? In welchen Qualitäten ist das von mir gewünschte Produkt auf dem Markt erhältlich bzw. entwickelbar, und welches Preis-Leistungs-Verhältnis ist für meinen Bedarf angemessen? Die Angebotsqualität muss deshalb nicht nur laufend entwickelt, sondern auch gesichert, dokumentiert und durchschaubar gemacht werden.

Dieses gilt auch für E-Learning-Produkte. Neben dem länger andauernden kontinuierlichen Prozess der sich mit den neuen Technologien verändernden Lerngewohnheiten und Lernmethoden stellt die Qualität der E-Learning-Produkte ein wesentlicher Faktor für die zukünftigen Erfolgschancen des E-Learnings dar. Damit kommt der Qualitätssicherung eine besondere Bedeutung zu. Dieses spiegelt sich auch in verschiedensten Studien und den dargestellten Befragungsergebnissen der Unternehmen, Weiterbildungsträger und E-Learning-Entwickler wider. Zwar haben Unternehmen ihre Vorstellungen bzw. Verfahren zur Qualitätssicherung. Doch wie weit wird der Anspruch auf hohe Produktqualität eingelöst? Es stellt sich zudem die Frage, was eine hohe Produktqualität auszeichnet und wie man diese messen und beurteilen kann.

3.1 Tests von E-Learning-Produkten

Dass E-Learning-Produkte gemessen und beurteilt werden können, ist unstrittig. Die Stiftung Warentest hat dieses in mehreren Untersuchungen belegt.

So wurden beispielsweise 1996 Computer-Lernprogramme für Schüler untersucht. Die mediengerechte Umsetzung der getesteten Mathematik- und Deutschprogramme waren seinerzeit so schlecht, dass bei 21 Digitalkursen nur einmal die Note gut vergeben werden konnte. Der Rest der Programme war in diesem Teil des Tests nur mangelhaft oder zufriedenstellend gewesen. Die gemischten Testteams bestanden aus Professoren, Lehrern und Lehramtsstudenten. Es wurden 500 Indikatoren genutzt, um die Qualität der Lernprogramme für den heimischen PC einzuschätzen. Nebeneffekte des Tests waren eine Liste von grundsätzlichen Fragen für die Kunden zum „Lernen am Computer" und die Information, dass sich zum Zeitpunkt der Untersuchung rund 100 Angebote von Lernprogrammen auf dem Markt befanden (test 07/96).

3.2 Weiterbildungskurse im Internet

Der jüngste vergleichende Test der Stiftung zu Online-Kursen in der beruflichen Weiterbildung soll ausführlicher vorgestellt werden, zeigt er doch die Komplexität und die damit verbundene Mess- und Bewertungsproblematik und gibt vielfältige Anregungen für Anwender und Hersteller. Das Projekt hatte zum Ziel, *für den Privatverbraucher* Markttransparenz zu schaffen und Kriterien für eine vergleichende Beurteilung von Online-Kursen, also von internetgestütztem Lernen bzw. Web-Based-Training, zu entwickeln. Dazu wurde zum einen eine vollständige Marktübersicht zu internetgestützten beruflichen Weiterbildungsangeboten für den Privatverbraucher erstellt. Zum anderen sollte das Qualitätsniveau der Branche erfasst werden, indem Kurse ausgewählter Anbieter nach qualitativen Kriterien vergleichend bewertet wurden. Dazu wurden die Anbieter hinsichtlich ihres Webinformationsangebotes, der Durchführung eines Kurses und ihrer allgemeinen Geschäftsbedingungen und Verträge geprüft.

Die Marktübersicht zu internetgestützten beruflichen Weiterbildungsangeboten für den Privatverbraucher wurde im Juli 2001 im Internetauftritt der Stiftung Warentest veröffentlicht. Sie wird stets aktualisiert und zählt derzeit 48 Anbieter. Dabei wurden Kurse berücksichtigt, die auf Selbststudienmaterial in Form von Webseiten, Lernsoftware (CD-ROM) oder anderem Lernmaterial basieren und die mit den Kommunikationsmöglichkeiten über das Internet kombiniert werden – wie etwa der fachlichen Begleitung durch einen Tutor, einem Diskussionsforum oder dem Chat mit anderen Kursteilnehmern. Ebenso wurden Kurse aufgenommen, die wahlweise oder grundsätzlich mit Präsenzveranstaltungen kombiniert sind und Kurse, die zu einem festgelegten Zeitpunkt live im virtuellen Unterrichtsraum stattfinden. Überwiegend fanden wir kommerzielle Bildungsträger, also private Weiterbildungseinrichtungen und -institute, als Anbieter. Daneben gibt es zahlreiche Firmen, die neben Bildungsangeboten für den Privatverbraucher hauptsächlich virtuelle Lernumgebungen und -software sowie Online-Kurse für Unternehmen entwickeln. In dem noch kleinen Marktsegment für den Privatverbraucher spiegelt sich jedoch bereits die ganze Palette der Lernformen wider – und es beginnt sich ein breites Themenspektrum zu entwickeln. Kurse, die sich auf den Umgang mit dem Computer bzw. Computerprogrammen und mit dem Medium Internet selbst befassen, sind stark vertreten. Sie reichen thematisch von MS-Office-Kursen über die Websitegestaltung mit HTML bis hin zu Weiterbildungen in bezug auf bestimmte Programmiersprachen. Auch für die Bereiche Marketing und Betriebswirtschaft (BWL) finden sich eine Reihe von Kursen. Darüber hinaus gibt es eine Vielzahl von Kursen, die sich Schlüsselqualifikationen – wie Zeit- und Projektmanagement, Selbstmarketing, Sprachen – oder dem Bewerbungstraining widmen. Neben branchenübergreifenden Weiterbildungen etablieren sich daneben aber auch stark berufsspezifische Bildungsangebote.

Für den Privatverbraucher, der einen Online-Kurs sucht, ist diese neue Lehr- und Lernform in der beruflichen Weiterbildung bisher allerdings kaum sichtbar. So besteht in Weiterbildungsdatenbanken, die die Stiftung Warentest untersucht hat (test 07/2001), nur vereinzelt die Möglichkeit, Kurse nach der Art des Lernens zu suchen – falls Online-Kurse vom Betreiber der Datenbank überhaupt aufgenommen werden. Der Privatverbraucher bekommt auch beim klassischen Weiterbildungsträger vor Ort in der Regel keine Informationen zu internetgestützten Weiterbildungsangeboten. Da zudem eine Reihe der Anbieter nicht den Privatverbraucher, sondern Unternehmen als Hauptzielgruppe hat und die Gestaltung der Website darauf ausgerichtet ist, stellt es für den Einzelnen eine echte Herausforderung dar, einen Online-Kurs zu finden. Markttransparenz ist für den Privatverbraucher also in keiner Weise gegeben.

Zudem ist die nicht eindeutige Begriffslage rund um das Online-Lernen mit einer großen Unsicherheit bezüglich der zu erwartenden Qualität und des Leistungsumfanges bei den Online-Kursen der einzelnen Anbieter verbunden. Zwischen den Kursen kann eine große Spannbreite liegen. Online-Kurse ohne Tutor, Diskussionsforen oder Chats verschenken die Kommunikationsmöglichkeiten des Mediums, denn dann ließe sich der Lernstoff auch aus Büchern oder von CDs holen. Aber auch ein Selbstlernkurs, bei dem der Anbieter lediglich mitteilt, dass tutorielle Unterstützung „angefordert" werden kann, hat einen anderen Ansatz und Leistungsumfang als z. B. ein Kurs mit einer festen Teilnehmergruppe, die in einem bestimmten Zeitraum durch einen Kursleiter begleitet wird und die zu bestimmten „Anlässen" – wie z. B. dem Austausch zu einer bestimmten Aufgabe – gezielt miteinander kommuniziert.

Theoretisch stellt die Online-Weiterbildung eine wichtige Ergänzung zu konventionellen Formen des Lernens dar, wenn „das damit verbundene Versprechen" realisiert wird: schneller Zugriff auf konkrete Lehrinhalte, hohe Interaktivität zur Aneignung des Lernstoffes, vor allem aber intensiver Austausch und individuelle Lernerfolgskontrolle durch direkte Kommunikation mit Fach- und Lehrkräften sowie anderen Teilnehmern – denn Lernen ist für die überwiegende Mehrheit der Lernenden nach wie vor ein sozialer Prozess. An den technischen Voraussetzungen dürfte ein „guter Online-Kurs" heute nicht mehr scheitern, zentral ist vielmehr das pädagogisch-didaktische Konzept, das die Interaktions- und Kommunikationsmöglichkeiten des Internets wirkungsvoll nutzt. Ob dieses „Versprechen" eingelöst wird, galt es zu prüfen.

Stichprobenauswahl

Grundlage für die Auswahl der in die Untersuchung einbezogenen Anbieter ist die erstellte Marktübersicht zu Online-Kursen in der beruflichen Weiterbildung. Die Stichprobenauswahl sollte zum einen das breite Themenspektrum im Marktsegment für die Privatverbraucher und zum anderen die Vielfalt der existenten Lernformen widerspiegeln. Aufgrund der zu geringen Anzahl von Kursen im gleichen Themenbereich bei verschiedenen Anbietern wurde ausdrücklich kein fachlich-inhaltlicher Vergleich der Weiterbildungsangebote angestrebt. Es wurden nur solche Anbieter in die Untersuchung einbezogen, deren Kurse im gegebenen Untersuchungszeitraum durchführbar waren. Damit konnten auch arbeitsamtfinanzierte Weiterbildungen nicht eingebunden werden.

Insgesamt wurden 15 Weiterbildungsanbieter mit thematisch unterschiedlichen Kursen in die Untersuchung integriert. Bei jedem Anbieter wurde ein Kurs durchgeführt. Der Vergleich zielte vorrangig auf die pädagogisch-didaktische und technische Umsetzung des internetgestützten Lernens unter Berücksichtigung der – sowohl übergreifenden als auch je spezifischen – fachlich-inhaltlichen Anforderungen. Insgesamt wurden die Angebotsinformation des Anbieters im Internet, die Durchführung des Kurses und die Vertragsbedingungen des Anbieters geprüft.

Analyse der Angebotsinformation im Internet

Die Qualität der Angebotsinformation wurde im Rahmen einer Inhaltsanalyse der Websites in bezug auf Vollständigkeit, Verständlichkeit und Auffindbarkeit der notwendigen Informationen geprüft. Das Erscheinungsbild und die Informationen auf der Website des Anbieters zum Analysezeitpunkt (Februar 2001) waren Grundlage für die Bewertung der Angebotsinformation. Hierbei wurden folgende Aspekte erhoben:

1. **Informationen zum ausgewählten Kurs**
   (z. B. Lernziel, Teilnehmervoraussetzungen, Zertifikat, Qualifikation des Dozenten/Tutors)
2. **Informationen zu den Vertragsbedingungen**
3. **Allgemeine Informationen**
   (z. B. Erläuterungen zum Online-Lernen, technische Voraussetzungen zur Teilnahme)
4. **Verständlichkeit und Auffindbarkeit der Informationen**
   (z.B. Navigation und Übersichtlichkeit)

Verdeckte Teilnahme an ausgewählten Kursen

Die Teilnahme am Kurs wurde durch externe, von der Stiftung geschulte Experten auf der Grundlage eines teilstandardisierten Fragebogens dokumentiert.
Folgende Bereiche wurden im Kontext der Teilnahme schwerpunktmäßig erfasst:

1. **Kommunikation zwischen begleitenden Fach- und Lehrkräften und dem Kursteilnehmer sowie zwischen den Lernenden untereinander**
   a) individuelle Betreuung durch Teletutor(en), Dozent(en), Kursleiter
   b) Möglichkeiten und Umsetzung des fachlich-inhaltlichen Austauschs mit anderen Teilnehmern

2. **fachlich-inhaltliche Gestaltung von Lernmaterial und -raum**
   c) Einführung in den Kurs (z. B. Informationen zu Lehrinhalten und Lernzielen)
   d) Struktur des Lernmaterials und Interaktion
   e) Gestaltung von Übungsaufgaben und deren Kontrolle
   f) Qualität, Umfang, Verständlichkeit, weitere Wissensquellen und Hilfen

3. **Nutzerfreundlichkeit von Lernmaterial und -raum**
   a) Navigation und Gestaltung des Lernmaterials bei Webseiten und CD-Rom
   b) Gestaltung des virtuellen Lernraums

4. **Kursorganisation und -beratung, Zeitaufwand/Kosten, Technik**
   a) Zeitaufwand/Kosten

b) Technische Voraussetzungen und technischer Support
c) Anmeldung, Beratung und Qualitätssicherung des Anbieters.

Für Präsenzveranstaltungen und den Live-Unterricht im Internet wurde ein eigener Fragebogen entwickelt.

Rechtsgutachten

Die Allgemeinen Geschäftsbedingungen (AGB) bzw. die geschlossenen Verträge mit den Teilnehmern wurden einer rechtlichen Begutachtung unterzogen und auf unzulässige Klauseln bzw. auf rechtlich bedenkliche Regelungen hin untersucht.

Datenanalyse und Ergebnisbewertung

Die einzelnen Untersuchungsbestandteile wurden mit folgenden Gewichtungen zueinander bewertet:

1. Angebotsinformation im Internet   30 %
2. Teilnahme an den Kursen   60 %
3. AGB und Verträge   10 %

In den einzelnen Untersuchungsbereichen wurden zusammenfassende Gruppenurteile vergeben, aus denen sich das test-Qualitätsurteil zusammensetzt:

Analyse der Angebotsinformation im Internet – Kriterien und Gewichtung

- Informationen zum ausgewählten Kurs   40 %
- Websitegestaltung: Verständlichkeit und
  Auffindbarkeit von Informationen   40 %
- Informationen zu den Vertragsbedingungen   10 %
- Allgemeine Informationen   10 %

Verdeckte Teilnahme an ausgewählten Kursen – Kriterien und Gewichtung

- Kommunikation zwischen begleitenden Fach-
  und Lehrkräften und dem Kursteilnehmer sowie
  zwischen den Lernenden untereinander   40 %
- fachlich-inhaltliche Gestaltung von Lernmaterial
  und -raum   35 %
- Nutzerfreundlichkeit von Lernmaterial und -raum   10 %
- Kursorganisation und -beratung,
  Zeitaufwand/Kosten, Technik   15 %

Nach dem oben genannten Bewertungssystem wurden die Kurse beurteilt, die vom Konzept her vergleichbar sind. Für jene Kurse, die mit Präsenzveranstaltungen kombiniert werden, wurde der Präsenzteil bewertend beschrieben und die Online-

Phase adäquat zu den anderen Online-Kursen beurteilt. Kurse, die einem gänzlich anderen methodischen Gesamtkonzept folgten (z.B. Live-Unterricht im Internet zu festen Terminen kombiniert mit Präsenzunterricht), wurden bewertend beschrieben – hier wurde kein test-Qualitätsurteil vergeben.

Zusammenfassung der Testergebnisse

Publiziert wurden die Ergebnisse in test 11/01. Die Zusammensetzung des test-Qualitätsurteils wurde im Vergleich der einzelnen Anbieter tabellarisch dargestellt. Die erzielten Testergebnisse sehen im Überblick zunächst recht passabel aus:

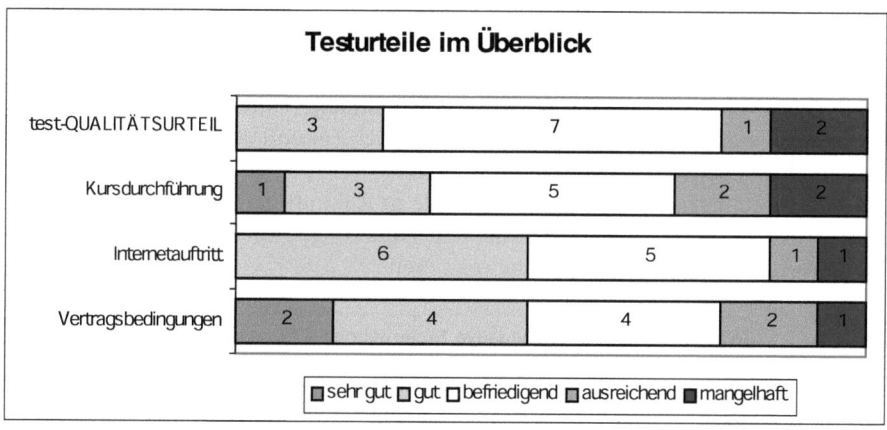

Gerade aber beim Prüfpunkt „Betreuung und Kommunikation", der mit der höchsten Prozentzahl in die Bewertung bei der Kursdurchführung einging, haperte es mächtig. Nur Englishtown, der Testsieger, schnitt hier mit „sehr gut" ab. So fand dort alle zwei Stunden per Mikrophon und Lautsprecher ein Sprach-Chat über zuvor auf der Webseite bekannt gegebene Themen statt, zusätzlich gab es einen Text-Chat und eine Vielzahl von Diskussionsforen. Beim Testverlierer Berlitz war zwar ein Chat technisch vorgehalten, wurde jedoch nicht gezielt durchgeführt und eine Frage, die unsere Testperson im Diskussionsforum gestellt hatte, hat der Kursleiter im Laufe des Kurses weder gesehen noch beantwortet. Hinzu kam hier noch, dass fachlich völlig veraltetes und für das Online-Lernen nicht aufbereitetes Lernmaterial genutzt wurde. Bei einer Reihe der anderen Anbieter wurde neben Diskussionsforen und Chats z.B. auch tutorielle Begleitung angeboten, doch ein wirklicher Austausch kam nur äußerst selten zustande. Meistens reagierten die Tutoren nur auf Fragen, meldeten sich aber kaum von selbst, um zu motivieren oder Anregungen zur Strukturierung des Lernstoffes zu geben. Lernen als sozialer Prozess zwischen Teilnehmern und begleitenden Fach- und Lehrkräften war so nicht möglich – dabei könnte gerade hier die Stärke vom Online-Lernen mit der Kombination von zeitlicher und örtlicher Unabhängigkeit liegen.

Neben den Ergebnissen der vergleichenden Untersuchung erhielt der Privatverbraucher in der Veröffentlichung mittels einer Checkliste Hinweise, worauf bei der Wahl eines Kurses zu achten ist und welche Voraussetzungen hinsichtlich seiner eigenen Lernpräferenzen, -einstellungen und -bedingungen gegeben sein sollten.

3.3 Ergebniswirkungen von Tests

Die Untersuchungen der Stiftung Warentest belegen, dass vergleichende Bildungstests die bestehenden und weiter zu entwickelnden Systeme der Qualitätssicherung ergänzen. Sie erweitern und befruchten die Qualitätsdebatte – und sie stärken die Rechte des Verbrauchers. Eine öffentlichkeitswirksame Verbreitung der Testergebnisse schärft das Bewusstsein vor allem der privaten Nachfragenden für Qualität.

In weiten Bereichen des Dienstleistungssektors hat man die steigende Bedeutung der Testergebnisse für den zukünftigen Unternehmenserfolg erkannt: Für rund 90 Prozent getesteter Anbieter – so eine aktuelle Untersuchung der Stiftung Warentest – wären negative Testergebnisse in der Zukunft Anlass, die Qualitätssicherung ihrer Dienstleistung zu intensivieren.

Auch Bildungsanbieter würden – falls sie in Zukunft getestet würden – auf negative Testergebnisse mit konzeptionellen Änderungen ihres Angebotes und der Verbesserung der Qualitätssicherung reagieren.

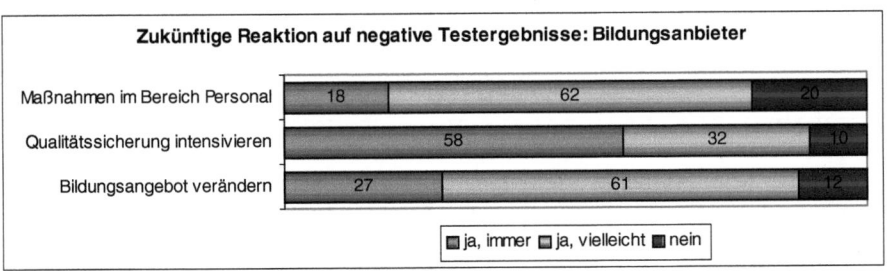

Angaben in Prozent; Basis: n = 46; Quelle: IBI, 2001

Exemplarisch seien hier einige Ergebniswirkungen der Untersuchung „Weiterbildungskurse im Internet" genannt, die dieses eindrucksvoll belegen:

- Hörfunk- und Fernsehbeiträge
- Medienberichte (z. B. manager magazin, Internet World, Heise-Online, Wirtschaft & Weiterbildung, Focus, Handelsblatt, Bild der Wissenschaft)
- Präsentationen/Vorträge (Jahreskongress der D[21], Abschlusskongress „Forum Bildung", E-Learning-Fachkongress, Jahresfachtagung vom BIBB)
- mehrere Forschungsanfragen von Diplomanden
- Entwicklungsbegleitende Normung: E-Learning der Arbeitsgruppe Qualität

- Mitarbeit bei der D[21] (Arbeitsgruppe E-Learning)
- Anbieter (Werbung mit Testergebnissen, Produktveränderungen, Zertifizierung der Kurse nach dem Fernunterrichtsschutzgesetz)

4 Fazit

Unstrittig ist: Die Menschen werden jetzt und in der Zukunft mehr Freizeit und Geld in ihre Weiterbildung investieren müssen, um ihre Chancen auf den Arbeitsmärkten zu erhalten. Das Wissen von heute ist nicht mehr das Wissen von morgen.

Hierbei wird sich das E-Learning in Zukunft – da sind sich die befragten Unternehmen, Weiterbildungsträger und E-Learning-Entwickler mit großer Mehrheit einig – zu einer wichtigen Ergänzung zu konventionellen Formen des Lernens entwickeln. Besonders internetgestützte Weiterbildungsangebote werden hierbei eine bedeutende Rolle spielen.

Allerdings spielt das E-Learning zur Zeit noch nicht die ihm zukommende Rolle. In der betrieblichen Lernkultur hat es noch keinen festen Platz erhalten und wird noch zu wenig als strategischer Faktor wahrgenommen. Aber ein betriebliches Fort- und Weiterbildungssystem kann auch nicht von heute auf morgen geändert werden. Für den Privatverbraucher steckt der Markt des internetgestützten Lernens, insbesondere in Deutschland, noch ganz in den Anfängen.

Neben dem länger andauernden kontinuierlichen Prozess der sich mit den neuen Technologien verändernden Lerngewohnheiten und Lehrmethoden stellt die Qualität der E-Learning-Produkte ein wesentlicher Faktor für die zukünftigen Erfolgschancen des E-Learning dar. So ist beispielsweise bei dem internetgestützten Lernen ein schneller Zugriff auf konkrete Lehrinhalte, eine hohe Interaktivität zur Aneignung des Lernstoffes und vor allem ein intensiver Austausch und eine individuelle Lernerfolgskontrolle durch direkte Kommunikation mit Fach- und Lehrkräften sowie anderen Teilnehmern Voraussetzung – denn Lernen ist für die überwiegende Mehrheit der Lernenden nach wie vor ein sozialer Prozess.

Die herausragende Bedeutung der Produktqualität spiegelt sich auch in den Befragungsergebnissen der Unternehmen, Weiterbildungsträger und E-Learning-Entwickler wider. Leider werden diese Erwartungen derzeit nicht hinreichend erfüllt. Diese zeigen insbesondere die vergleichenden Untersuchungen der Stiftung Warentest.

Tests von E-Learning-Produkten führen zu konzeptionellen Änderungen des Angebotes, tragen zur Verbesserung der Angebotsqualität und der Qualitätssicherung bei. Tests erweitern und befruchten die Qualitätsdebatte – und sie stärken die Rechte des Verbrauchers. Durch eine öffentlichkeitswirksame Verbreitung von Testergebnissen wird das Bewusstsein vor allem der privaten Nachfragenden, aber auch der Unternehmen für Qualität geschärft.

Internet für alle

Digitale Chancen versus digitale Spaltung

Nicola Söhlke

1 Warum Internet für alle?

1.1 Medium, nicht Zugangstechnik

Warum Internet für alle? Eine berechtigte Frage, denn muss eine technische Neuerung wirklich jeder und jedem zur Verfügung gestellt werden? Im Falle des Internet lässt sich diese Frage bei genauerem Hinsehen leicht mit Ja beantworten. Allerdings muss zwischen dem Medium selbst – seinen Angeboten und Nutzwerten für das Individuum und die Gesellschaft – und den technischen Geräten, die den Zugang zu diesem Medium ermöglichen, unterschieden werden. „Internet für alle" meint, dass jeder Mensch einen möglichst einfachen Zugriff auf das Medium Internet haben sollte. Die Frage, ob dieser im Internetcafé nebenan oder über das neueste WAP-Handy ermöglicht wird, ist dabei sekundär.

Als Medium kommt dem Internet eine gesellschaftliche Bedeutung zu, die in absehbarer Zukunft die des Fernsehens, Radios und vermutlich auch die des gedruckten Wortes deutlich übersteigen wird. Schon heute beeinflusst das Internet alle Bereiche unseres gesellschaftlichen Lebens.

1.2 Chancen durch das Internet

Niemals wurde so viel, so weltumspannend und so schnell kommuniziert wie heute. Der Zugriff auf unterschiedlichste Informationen ist von jedem Rechner aus möglich, bis in wissenschaftliche Details hinein. E-Learning-Angebote machen Bildung zeit- und ortsunabhängig und bieten damit eine Plattform für lebenslanges Lernen. Das Internet vereinfacht Telearbeit, unterstützt und schafft neue Beschäftigungsfelder. Waren- und Preisvergleiche können vom Kunden problemlos vorgenommen werden. Den Weg zum Geschäft oder den Behördengang kann man sich online ersparen. Inzwischen haben auch die ersten Wahlen über das Internet stattgefunden.

Im Kontext des Programms „Internet für alle" muss ein neuer Blickwinkel eingenommen werden. Denn für die Zukunft einer Gesellschaft wird es zunehmend entscheidend sein, alle Menschen auf dem Weg in die vom Internet geprägte Informationsgesellschaft mitzunehmen. Seine Chancen – die „digitalen Chancen" – müssen dabei vor allem für diejenigen Bevölkerungsgruppen eröffnet werden, für die der größte Nutzwert besteht. Menschen mit eingeschränkter Mobilität können z. B. deutlich vom Einkauf oder Behördengang via Internet profitieren. Langzeitpatienten im Krankenhaus erhalten über E-Mail eine einfache Möglichkeit, um mit ihrem sozialen Umfeld im Kontakt zu bleiben.

Damit steht nicht mehr die Medientechnik im Mittelpunkt des Interesses, sondern die Anwendung des Mediums – individuell und zweckgerichtet. Keine Gesellschaft kann es sich aus ethischen, sozialen wie auch ökonomischen Gründen leisten, diese Nutzungsmöglichkeiten wesentlichen Teilen seiner Bevölkerung vorzuenthalten. „Internet für alle" – das heißt auch: Kommunikation für alle, Service für alle, Information für alle, Bildung für alle, Partizipation für alle.

1.3 Ohne Zugang – ohne Arbeit?

Gehen langfristig nur bestimmte Bevölkerungsgruppen online, spricht man von einer digitalen Spaltung der Gesellschaft, einer Trennung in Menschen mit Zugang zum Internet und solchen ohne Internetzugang, in „Have" und „Have-Nots". Vor dem Hintergrund der hohen Arbeitslosenzahlen in Deutschland erhält die drohende digitale Spaltung eine zusätzliche Dimension: Angebote zur Berufsorientierung, Qualifizierung und Arbeitsvermittlung, die online bereit stehen, können nur von Menschen mit Internetzugang genutzt werden. Der steigende Anteil von Arbeitsplätzen mit Computer- und Internetnutzung – quer durch alle Branchen – verstärkt die Korrelation zwischen Interneterfahrung und Arbeitsplatzchancen.

In den folgenden Kapiteln sollen die Anstrengungen der Initiative D21 skizziert werden, mit deren Hilfe eine digitale Spaltung für Deutschland verhindert oder zumindest minimiert werden kann. Typische Barrieren für die Internetnutzung werden vorgestellt und daraus Gegenmaßnahmen abgeleitet, die Auswege aufzeigen: von der digitalen Spaltung unserer Gesellschaft hin zu digitalen Chancen für alle.

2 „Internet für alle" – sozialer Motor der Initiative D21

2.1 10-Punkte-Plan der Bundesregierung

Auf dem D21-Kongress im Rahmen der Expo 2000 verkündete Bundeskanzler Gerhard Schröder den 10-Punkte-Plan „Internet für alle"[1]. Damit will die Bundesregierung unter anderem die Internetnutzung in den Schulen fördern, steuerliche Vorteile für das PC-Sponsoring an Schulen einräumen, Internetkurse für Arbeitslose in den Arbeitsämtern anbieten, den Wettbewerb im Ortsnetz stärken, die private Internetnutzung in den Betrieben steuerlich freistellen und insbesondere staatliche Dienstleistungen über das Internet anbieten. Über verschiedene Aktivitäten wie das Aktionsprogramm „Innovation und Arbeitsplätze in der Informationsgesellschaft" oder die Informationskampagne „Internet für alle" unterstützt die Bundesregierung den Wechsel von der Industrie- zur Wissensgesellschaft.

---

[1] http://www.bundesregierung.de/frameset/index.jsp (18.03.2002)

Im Dezember 2001 waren über 30 Millionen Deutsche im Internet, das sind 48 Prozent aller Bürger über 14 Jahren.[2] Damit liegt Deutschland immer noch hinter den skandinavischen und anglo-amerikanischen Nationen zurück, die Zahl der Internetnutzer in Deutschland hat sich allerdings seit 1998 etwa verdoppelt. So konnte sich die Informations- und Kommunikationsbranche auch hierzulande zum Wachstumsmotor der Wirtschaft entwickeln. Die Unternehmen dieser Branche beschäftigen heute mehr als 800.000 Mitarbeiter.

2.2 Unterarbeitsgruppe „Internet für alle"

Als Folge des 10-Punkte-Plans der Bundesregierung rief die Arbeitsgruppe „Zukunft Internetgesellschaft" (AG 1) der Initiative D21 im Jahr 2000 eine neue Unterarbeitsgruppe (UAG) „Internet für alle" ins Leben. Ziel der UAG ist es, die politisch initiierte Kampagne durch Aktivitäten von D21-Mitgliedsunternehmen zu unterstützen und eine möglichst breite Implementierung neuer Medien in unserer Gesellschaft zu erreichen. So förderten D21-Unternehmen die in 2001 gestartete Informationskampagne durch Sach- und Geldleistungen in Höhe von über 600.000 Euro. Im Jahr 2002 wird die Arbeit der AG 1 und der UAG „Internet für alle" in so genannten Task Forces fortgeführt.[3]

Allgemein sieht es die UAG als ihre Aufgabe an, die Kernproblematik „Internet für alle" in die Kampagnen, Kongresse, Publikationen der Initiative D21 einzubringen und dafür Sorge zu tragen, dass das Thema „Internet für alle" in seiner sozialen und wirtschaftlichen Dimension berücksichtigt und eingebunden wird. Dazu gehört es auch, die öffentliche Diskussion mit Zahlen zu Internetpenetration, digitaler Spaltung und Nutzungsbarrieren zu fundieren.

3 Internetnutzung und „Verweigerung" in Deutschland

3.1 Allgemeine Tendenzen in der Internetnutzung

In zunehmendem Maße erfassen Längs- und Querschnittstudien die Verbreitung neuer Medien weltweit, in Europa und auch in Deutschland. Abweichungen ergeben sich oft durch das, was erhoben wird: privater Besitz eines Rechners, Zugriff auf einen Rechner (durch Familie, Freunde, Arbeitsplatz), Möglichkeit des Zugangs zum Internet, erste Nutzung eines Internetzuganges, regelmäßige Nutzung des Internet (privat/beruflich).[4]

---

[2] http://www.bmwi.de/Homepage/download/infogesellschaft/Fortschrittsbericht.pdf (20.03.2002)
[3] Mehr zu inhaltlichen Arbeit von D21 im Jahr 2002 in Kapitel 5.
[4] Vergleiche hierzu auch: Bender/Taubken: „Unternehmerische Verantwortung in der Internet-Gesellschaft", in: Siedschlag/Bilgeri/Lamatsch (Hrsg.): „Kursbuch Internet und Politik", Band 1/2001, S. 47-56.

Bezüglich der Internetnutzung zeigen jedoch alle aktuellen Erhebungen eine klare Tendenz. Nachdem Ende der 90er Jahre die skandinavischen Länder in Europa deutlich voran lagen, hat Deutschland in den vergangenen zwei Jahren im Verhältnis zur europäischen Spitze aufholen können. Dies liegt in jedem Fall auch in den deutlichen Impulsen und gemeinsamen Anstrengungen aus Politik und Wirtschaft begründet.

Dennoch sind nicht alle Bevölkerungsgruppen gleichermaßen an der steigenden Internetnutzung beteiligt. Studien von GfK[5] und ARD/ZDF[6] belegen die Tendenz einer gesellschaftlichen Spaltung mit Zahlen. Benachteiligungen zeigten die Studien in Abhängigkeit von Alter, Geschlecht, Einkommen, Bildung und Wohnort (Stadt/Land). Für die Internetnutzung von Frauen und der „50+"-Generation gibt es inzwischen Signale, dass sich die digitale Kluft wieder schließen wird. Die direkte Korrelation von Internetnutzung mit Bildung und Einkommen ist jedoch alarmierend.

Schulabschluss: 1997 lag die Internetnutzung von Hauptschulabsolventen etwa 14 Prozentpunkte hinter der von Hochschulabsolventen; im Jahr 2001 war diese Differenz auf 43 Prozentpunkte angewachsen.[7]

Einkommen: Von Januar 1999 bis März 2001 stieg die Differenz in der Internetnutzung zwischen Haushalten mit weniger als 3000 DM und mit mehr als 5000 DM monatlichem Einkommen von etwa 25 auf 37 Prozentpunkte.[8]

Offensichtlich gelang es bislang nicht, einkommens- und bildungsschwache Bevölkerungsgruppen durch Presse- und Öffentlichkeitsaktionen adäquat anzusprechen.

3.2 Topografie der digitalen Spaltung

Für Aufsehen sorgte im Jahr 2001 eine Studie der Initiative D21, die von TNS EMNID durchgeführt wurde.[9] Sie erfasst „Onliner", „Intender" (Menschen, die vorhaben demnächst online zu gehen) und „Offliner" nach Bundesländern und Regionen. Diese Daten mündeten in eine Landkarte der „Internetverweigerung", die nicht nur das bekannte Stadt-Land-Gefälle aufzeigt, sondern auch den digitalen Graben zwischen den neuen und den alten Bundesländern deutlich macht. Gleichzeitig spiegelt die D21-Studie die Internet-Förderprogramme von Politik und Wirtschaft in einzelnen Bundesländern und Regierungsbezirken. In der Internetoberliga spielen derzeit bereits Berlin (West), Köln, Stuttgart, Hamburg und Oberbayern.

---

[5] GfK Online-Monitor. 3. Bis 7. Untersuchungswelle. http://www.gfk.de (15.03.2002)
[6] ARD/ZDF-Online-Studie 2001. http://www.zdf.de/programm/40144/index.html (15.03.2002)
[7] ARD/ZDF-Online-Studie a.a.O.
[8] GfK Online-Monitor. a.a.O.
[9] TNS EMNID, eMind@emnid, Mai 2001.
http://www.initiatived21.de/broschure/verweigereratlas.pdf (15.03.2002)

Der Begriff „Verweigerung" ist in diesem Zusammenhang kritisch zu sehen, denn er assoziiert eine klare Entscheidung gegen das Internet. Es kann jedoch davon ausgegangen werden, dass ein Großteil der Menschen, die bei der Befragung angaben, nicht online zu sein und dies in nächster Zeit auch nicht zu planen, dies eher so entschieden haben, weil sie unsicher sind gegenüber einem fremden Medium, weil sie das Geld dafür nicht erübrigen können oder wollen oder weil sie die für sie möglicherweise interessanten Anwendungen des Internet noch nicht kennen lernen konnten.

Die digitale Spaltung unserer Gesellschaft gilt auch für die Art und die Schnelligkeit des Zugangs. Denn gerade die ländliche Bevölkerung, die sich über das Internet weite Wege zu Informationen und Service-Angeboten ersparen könnte, ist in Hinblick auf breitbandige DSL-Anschlüsse benachteiligt. Dort, wo die Entfernung zur nächsten Ortsvermittlungsstelle weit ist, verlangsamt sich auch die Übertragungsgeschwindigkeit einer DSL-Leitung. Abgelegene Ortschaften werden aus Kostengründen oft gar nicht in eine DSL-Vernetzung eingebunden. In den Haushalten Ostdeutschlands, die in den 90er Jahren großteils über Glasfaserkabel angeschlossen wurden, ist eine DSL-Anbindung heute technisch ausgeschlossen. Alternativen – zumeist teurer als herkömmliche Lösungen – werden derzeit geprüft.

4 Zugangsbarrieren für die Internetnutzung

Zunehmend wichtig ist es, die genauen Gründe für die sogenannte Verweigerung gegenüber dem Internet zu kennen.[10] Erst dadurch wird es möglich, zielgruppenadäquat zu reagieren, Kampagnen passgenau zu entwickeln und umzusetzen.

4.1 Hohe Zugangskosten

Die Kosten sind eines der größten Hindernisse auf dem Weg ins World Wide Web. Denn gegenwärtig nutzen die meisten Deutschen den Rechner im Büro oder zu Hause, wenn sie online gehen wollen. (Öffentliche Zugangsorte werden nur in geringem Maße in Anspruch genommen.) Die damit verbundenen Investitionen in Hard- und Software sind trotz stetig sinkender Kosten erheblich. Sie liegen derzeit bei rund 1000 Euro für ein zeitgemäßes Einsteiger-Paket – eine Investition, die nur tätigt, wer den eigenen Vorteil erkennt.

Zudem schlagen bei den Internetnutzern die Telefon- und Online-Gebühren zu Buche. Die Zugangstarife sind zwar in den letzten Jahren kontinuierlich gesunken, doch der Trend geht nach Auskünften des Statistischen Bundesamtes – nicht zuletzt wegen höherer DSL-Gebühren – wieder nach oben. Ein Vergleich mit der

---

[10] Zum Thema Internethindernisse vgl. Holznagel/Meckel/Kamps: „Akzeptanzhürden des Internets in Deutschland – Politische Strategien und Daten zur Internetnutzung", Institut für Kommunikationswissenschaften und Institut für Informations-, Telekommunikations- und Medienrecht, Münster, 2001.

Entwicklung bei Ferngesprächstelefonaten zeigt, dass das Potenzial bei den Internet-Zugangskosten noch nicht ausgeschöpft ist. Hintergrund hierfür ist der noch immer stagnierende Wettbewerb im Telefon-Ortsnetz, über das mangels technischer Alternativen ein Großteil der Internetzugänge erfolgt.

In Deutschland geht die überwiegende Mehrheit der Internetnutzer über analoge oder ISDN-Anschlüsse ins Netz. Ihnen bleibt immer noch verwehrt, sich zwischen so genannten Internet-by-Call-Verfahren (Abrechnung pro Minute) und Flatrates (monatlichem Pauschalbetrag) zu entscheiden. Im Gegensatz zu Internetnutzern in Großbritannien oder den Vereinigten Staaten muss man als Schmalbandkunde in Deutschland den „tickenden Gebührenzähler" im Kopf behalten. Damit werden gerade Interneteinsteiger im Schmalbandbereich für jede Minute „bestraft", die sie online sind, statt ohne äußeren Druck Erfahrungen im Netz sammeln und auf diese Weise Internet-Kompetenzen aufbauen zu können.

4.2 Mangelnde Medienkompetenz

Diejenigen Menschen, die sich durch technische Neuerungen faszinieren lassen, sind heute längst online. Andere lassen sich gerade durch die nach wie vor hohen technischen Anforderungen abschrecken. Auch das sinnvolle Bewegen im Netz muss gelernt werden. Die Vielzahl an irrelevanten, unverständlichen und störenden Inhalten verhindert gerade zu Beginn den Zugriff auf gewünschte Inhalte. Der Nutzer benötigt die Fähigkeit, gewünschte Informationen finden und angemessen bewerten zu können. Daher ist es sinnvoll, ihn während seiner ersten Schritte ins Netz zu begleiten und zu unterstützen.

Während Schulen es sich inzwischen zur Aufgabe gemacht haben, junge Menschen medienkompetent zu machen, kommt nun auf Internetcafés, Bibliotheken, Volkshochschulen und andere Bildungsträger eine neue Aufgabe für den Erwachsenenbereich zu.[11]

4.3 Fehlen attraktiver Inhalte

Noch immer assoziieren die meisten Menschen mit dem Internet lediglich ein „Spiel-und-Spaß"-Medium. Neue Interessentengruppen können jedoch nur dann für einen Einstieg ins Netz begeistert werden, wenn sie die weltweiten Kommunikations- und Informationsmöglichkeiten als für sich relevant erkennen. Vor allem Angebote, die den Alltag erleichtern, müssen online umgesetzt und bekannt gemacht werden. Der schnelle Einkauf nach Geschäftsschluss, die Ummeldung des Wohnsitzes, die Verbraucherinformation über ein Reiseland oder die Verlängerung ausgeliehener Bücher – nur das individuelle Nutzungspotenzial kann die Entscheidung für oder gegen eine Internetnutzung positiv beeinflussen. Dabei ist

---

[11] AOL unterstützt einige Modellprojekte, die für verschiedene Zielgruppen sinnvolle Anwendungsmöglichkeiten des Internet aufzeigen. Nähere Informationen über Dr. Norbert Taubken, Head of Corporate Responsibility, AOL Deutschland.

selbstverständlich zu berücksichtigen, dass Englisch für viele Menschen keine „alltagstaugliche" Sprache ist.

Politischen Repräsentanten und Meinungsträgern sowie öffentliche Behörden und Verwaltungseinrichtungen kommt eine hohe Vorbildfunktion zu, um Bürgerinnen und Bürger für die Anwendungsmöglichkeiten des Internet zu begeistern. Mit „BundOnline 2005"[12] gab Bundeskanzler Gerhard Schröder im Sommer 2000 den Startschuss für eine umfassende E-Government-Initiative für Deutschland und trägt damit auch dieser Vorbildfunktion Rechnung.[13]

4.4 Misstrauen gegen Sicherheit und Datenschutz

Als Medium spiegelt das Internet unsere Gesellschaft in ihrer Vielfältigkeit wider – an verschiedenen Stellen leider auch ihre Schattenseiten. Berichterstattungen über Sicherheitslücken, mangelnden Datenschutz oder illegale Inhalte führen dazu, dass einige Menschen nicht nur einzelne Facetten, sondern das Internet in seiner Gesamtheit ablehnen. Somit verschließen sie sich auch gegenüber den positiven Möglichkeiten. Hier ist zum einen Aufklärung gefordert, zum anderen aber auch schnelles und engagiertes Handeln durch Politik, Unternehmen und Strafverfolgung, so dass Missbrauch weitgehend verhindert oder zumindest bestmöglich geahndet wird.

5 Neue Ideen für Deutschlands Weg in das Informationszeitalter

5.1 Informationskampagne „Internet für alle"

Gezielte Kampagnen im Rahmen von „Internet für alle" prägten die Arbeit der Initiative D21 und des Bundesministeriums für Wirtschaft und Technologie im Jahr 2001. Die drei wichtigsten Aktionen seien hier kurz vorgestellt:

In Kooperation mit dem Deutschen Roten Kreuz wurden 20 Sozialeinrichtungen mit Internetcafés ausgestattet. Die Betreuer der Einrichtungen wurden nach einem neu entwickelten Konzept als Internet-Coachs geschult, um neue Medien sinnvoll in die sozialpädagogische Arbeit integrieren zu können. Im Frühjahr 2002 werden die Erfahrungen der Kampagne in einem Handbuch zusammengefasst, das grundlegende Hilfestellung für die IT-Weiterbildung von Mitarbeitern sozialer Einrichtungen geben soll. Auch gibt das Handbuch Empfehlungen für eine sinnvolle Internet-Ausstattung dieser Einrichtungen. Mit dieser Unterstützung sollen auch Seniorentagesstätten und Jugendzentren erfolgreich in das digitale Zeitalter einsteigen können.

---

[12] http://www.bundonline2005.de (18.03.2002)
[13] Die Rede als PDF-Datei unter http://www.bundonline2005.de/de/rede/index.html (18.03.2002)

Vornehmlich im ländlichen Raum wurden bei der Aktion „Mission Internet" in Kirchengemeinden Internet-Tage veranstaltet, um genau diejenigen Bevölkerungsgruppen anzusprechen, die dem Internet am ehesten fernbleiben. Mehr als 6.000 Besucher informierten sich in den mobilen Internet-Bussen und Pfarrzentren über die Möglichkeiten des World Web Web.

In speziell eingerichteten Trucks, die bundesweit Marktplätze und Schulhöfe ansteuerten, wurden „Kids an die Maus" gebracht. Diese Aktion richtete sich insbesondere an Kinder aus sozial schwachen Familien. Ein kindgerechter Internetauftritt[14] und das Printmagazin „Findulin"[15] mit Informationen rund ums Internet stützten die Road-Show.

Begleitend zu allen Aktionen wurden Telefon-Hotlines mit den wichtigsten Information zum Einstieg ins Netz geschaltet, die heute von der Stiftung Digitale Chancen weitergeführt werden.

5.2 Die Stiftung Digitale Chancen

Als eine Konsequenz aus den gesammelten Erfahrungen mit diesen Kampagnen wurde im Januar 2002 die Stiftung Digitale Chancen[16] unter Schirmherrschaft des Bundeswirtschaftsministeriums gegründet. Ihr Ziel ist es, Menschen für die Möglichkeiten des Internet zu interessieren und sie beim Einstieg zu unterstützen. Dabei setzt die Stiftung auf öffentlich zugängliche Computer, die im Sozial- oder Bildungsbereich eingesetzt werden. Die Internetplattform www.digitale-chancen.de vernetzt das Wissen über einen pädagogisch sinnvollen Einsatz für die spezifischen Belange der jeweiligen Besucher oder Kunden – sei es im Jugendzentrum, im Seniorencafé oder im Arbeitsamt. Eine Telefonhotline[17] vermittelt auch den nächstgelegenen öffentlichen Internetzugang. Eine zentrale Aufgabe wird die Qualifizierung von Mitarbeitern sein, die in die soziale und pädagogische Arbeit neue Medien einbinden wollen und so als Multiplikatoren wirken werden.

Für dieses Jahr wurde ein inhaltlicher Schwerpunkt für die Arbeit der Stiftung Digitale Chancen gesetzt: Berufsorientierung, -qualifizierung und -vermittlung sollen – vor allem für junge Menschen – durch das Internet neu belebt werden. Während die Bereitstellung von geeigneter Hard- und Software deutlich vorangebracht werden konnte, stellt auch hier die hinreichende Medienkompetenz der Sozialarbeiter vor Ort die entscheidende Hürde dar, die es zu bewältigen gilt.

---

[14] http://www.kids-an-die-maus.de/ (19.03.2002)
[15] Mehr über Findulin, den IT-Adler der Bundesregierung, unter http://www.findulin.de/intro.htm (18.03.2002)
[16] Stiftung Digitale Chancen. Sitz: Berlin, Stifter: Universität Bremen und AOL Deutschland, Geschäftsführerin: Dr. Bettina Hohn (hohn@digitale-chancen.de)
[17] Hotline 01805-38 37 25 (= 01805-FUERALLE), bundesweit für 12 ct/min

5.3 „Best Practices" für Medienkompetenz

In Nordamerika und Europa ließen die AOL Time Warner Foundation und die Bertelsmann-Stiftung nach Ansätzen suchen, die den Einsatz neuer Medien im Bildungssektor, im Arbeitsumfeld und im öffentlichen Raum vorbildlich aufzeigen. Die Ergebnisse konnten im März 2002 auf dem „21st Century Literacy Summit"[18] präsentiert werden. Sie sollen als Anregungen dafür dienen, wie die Kompetenzen für das 21. Jahrhundert sinnvoll gefördert werden können.[19] Der Blick über den Tellerrand hilft, Probleme zu antizipieren und Lösungsideen zu entwickeln.

5.4 Aktionsprogramm 2002 der Initiative D21

Die umfassende Verbreitung öffentlicher Zugangs- und Lernorte ist eine wesentliche Voraussetzung, um Skeptiker, einkommensschwache oder bildungsferne Bevölkerungsgruppen an das Internet heranzuführen. Hier können sie über die vorhandene Infrastruktur erste Erfahrungen im Netz sammeln und erhalten die notwendige Begleitung. Wenn Einrichtungen nicht neu aufgebaut werden sollen, benötigen Aktionsprogramme zur Förderung des Internet die enge Verzahnung mit den bestehenden sozialen Einrichtungen der Wohlfahrtsverbände.

Um der besonderen Bedeutung öffentlicher Internetzugänge Rechnung zu tragen, wurde im Vorfeld des D21-Kongresses 2002 ein Wettbewerb ausgeschrieben, der die besten Konzepte zur Integration digitaler Angebote in öffentlich zugänglichen Einrichtungen prämiert. Entscheidungskriterien bei der Auswahl der Gewinner waren eine breite Zielgruppenansprache, ein lokal tragfähiges Sponsorenkonzept und eine nachhaltige Öffentlichkeitsarbeit.

Ein Sonderpreis wurde zusammen mit der Stiftung Digitale Chancen ausgelobt: Er geht an die Einrichtung mit dem besten Projekten für sozial benachteiligte Jugendliche. Darunter fallen insbesondere Jugendliche, die aufgrund ihres sozialen Umfeldes klassische Bildungsangebote nur sehr begrenzt für sich nutzen können. Für diese verringern sich auch die Aussichten auf einen zukunftssicheren Arbeitsplatz, so dass Einrichtungen der offenen Jugendhilfe gefordert sind, hier entgegenzuwirken – z. B. mit Hilfe neuer Medien.

Folgerichtig widmen sich in diesem Jahr sowohl die Task Force „Digitale Chancen" der Initiative D21 als auch die Stiftung Digitale Chancen besonders den Jugendeinrichtungen. Mit Hilfe des zuvor beschriebenen Handbuches und in Kooperation mit der Bundesregierung werden Ausstattungspakete geschnürt, die von den Sozialeinrichtungen genutzt werden können. Unterstützend werden Trainingsprogramme angeboten, mit denen insbesondere die Bildungsreferenten der Trägerverbände, aber auch die Betreuer aus den Einrichtungen selbst für die Vermittlung von Medienkompetenz geschult werden.

---

[18] http://www.21stcenturyliteracy.org (18.03.2002)
[19] Ergebnisse und Best-Practice-Beispiele wurden in einem „White Paper" zusammengefasst, das in Deutsch und Englisch zum Download bereit steht:
http://www.21stcenturyliteracy.org/white/WhitePaperdeutsch.pdf (20.03.2002)

Im Herbst 2002 wird eine neue Studie des Bundeswirtschaftsministeriums erscheinen, die die bisherigen Programme und Aktivitäten bilanzieren wird. Sie wird zudem Maßnahmen skizzieren, über die ein von der Bundesregierung gestecktes Ziel erreicht werden soll: 70 Prozent der Deutschen sollen bis 2005 online sein!

Damit dies gelingen kann, müssen zunächst die Barrieren, die der Internetnutzung heute noch im Wege stehen, beseitigt oder zumindest verringt werden. Dabei gilt es, die Bevölkerungsgruppen noch stärker in den Blick zu nehmen, die dem Internet bislang uninteressiert oder skeptisch gegenüberstehen. Im Sinne des Public-Private-Partnership werden die Unternehmen innerhalb der Initiative D[21] auch weiterhin ihren Teil dazu beitragen, dass auf diesem Weg Deutschlands Schritt in die Informationsgesellschaft gelingt.

Öffentliche Internetwahlen

Wie Onlinewahlen die Modernisierung des Staates beschleunigen können

Dieter Otten

Weltweit sind mehr als vier Milliarden Menschen wahlberechtigt und ca. 60 Prozent davon wählen auch[1] – aber nicht bloß alle vier bis fünf Jahre, um nationale Parlamente oder Staatsoberhäupter zu bestimmen. Weltweit werden jährlich wohl an die 1,5 bis 2 Milliarden Stimmen bei Wahlen abgegeben und am Ende aufwendig ausgezählt[2].

Eine Wahl durchzuführen ist eine kostspielige Angelegenheit. Es gibt zwar keine verlässliche Zahlen über die Kosten von Wahlen, aber eine jüngst veröffentlichte Studie (MIT/CALTEC) über die Abhaltung von Wahlen in den USA gibt uns einige verlässliche Anhaltspunkte, weil hier zum erstenmal der Versuch unternommen wurde, Kosten im Sinne des Wortes für eine Wahl zu eruieren[3]. Die amerikanischen Forscher beziffern die Kosten für die Durchführung einer Präsidentschaftswahl mit 15 bis 30 Euro pro Wahlstimme.

Natürlich ist es schwer, daraus einen globalen Kostenindex für Wahlen abzuleiten. Andererseits können Wahlen selbst in Indien und der VR China nicht unter einen basalen Kostensatz fallen. Schätzt man diesen auf den fünften Teil der US-Kosten, so fallen weltweit mindestens 3 Euro bis 5 Euro pro Wahlstimme an.

Wenn diese Prämisse korrekt ist, dann stellt Wählen weltweit einen Markt von jährlich rund 6 bis 10 Milliarden Euro dar. In den großen Demokratien des Westens, in den USA und in der Europäischen Union kommen Marktvolumina in der Größenordnung von 2 Milliarden Euro (USA) bis 2,7 Milliarden Euro (EU) zustande. Allerdings ist Wählen für sich genommen kein Markt, denn selbst in den USA werden die Wahlen nach wie vor öffentlich ausgerichtet. Ökonomisierbar sind jedoch alle an Dritte vergebenen Aufträge, die mit der Ausrichtung verbunden sind. Könnte man mit Hilfe des Internets sicher und anonym wählen und sollte es triftige Gründe für eine technische Reform des Wählens geben, würden sich die Verhältnisse schnell ändern und die Durchführung von Wahlen ein virulentes Anwendungsfeld für Software und Computersysteme und ein interessanter globaler Markt werden.

---

[1] vgl. SPIEGEL Almanach '99. Alle Länder der Welt. Zahlen, Daten, Analysen. Abschnitt: Die Welt in Zahlen, S. 10–19, Hamburg 2000

[2] Modellschätzungen der FG-iW der Universität Osnabrück auf der Basis der gegebenen statistischen Verhältnisse Bevölkerung : Wähler : Wahlbeteiligung, Osnabrück 2001

[3] siehe „Report of the Caltech-MIT Voting Technology Project, Voting: What Is, What Could Be", Juli 2001, http://web.mit.edu/newsoffice/nr/2001/VTP_report_all.pdf

Warum Wahlen modernisiert werden sollten

Die herkömmliche Wahltechnik mit Papier, Bleistift und Urne hat sich in vielen Jahrzehnten bewährt und genießt Vertrauen. Gleichwohl ist sie ein labiles Konstrukt: Die Geschichte der Wahlvergehen belegt, dass eine Fälschung von Wahlen nur geringe technische Anforderungen stellt. Die amerikanischen Präsidentenwahl 2000 hat zugleich gezeigt, dass ein Wahlsystem auch ohne betrügerische Absicht in die Knie gehen kann, wenn verschiedene unglückliche Umstände zusammen kommen.

Würde man die konventionelle Wahltechnik nach heutigem Sicherheitsverständnis beurteilen, dann müsste man ihr ein zentrales Sicherheitsproblem attestieren:

1. Die konventionelle Wahl verfügt nicht über die geringsten technischen Barrieren, Wahlvergehen unmöglich zu machen oder den Betrug nachweisen zu können. Ihre Sicherheit beruht allein auf der Loyalität der WählerInnen als Staatsbürger, dem Vertrauen in die ethische und politische Integrität der Wahlvorstände und Wahlhelfer sowie dem Glauben an die Kontrollwirkung des politischem Proporz. Das alles verweist auf hohes staatsbürgerliches Niveau. Sicherheitspolitisch gesehen ist es aber auf Dauer wenig zufriedenstellend.

2. Die in Deutschland, der Schweiz und Österreich zulässige „Briefwahl" oder „Korrespondenzwahl" fügt dem schwerwiegende Probleme hinzu: Der Briefrücklauf ist mangelhaft; die Freiheit der Wahl ist technisch nicht zu gewährleisten und die Aufdeckung des Wahlgeheimnisses technisch nicht unterbindbar. Man kann, höchstrichterlich abgesegnet, über diese Mängel hinwegsehen, solange die Korrespondenzwahl nur eine Marginalie bleibt. Doch bei 20 Prozent Briefwahlstimmen und mehr wachsen sich die Probleme zu einem handfesten Verfassungsskandal aus.

3. Neben diesen Sicherheitsmängeln treten organisatorische Probleme auf wie wachsende Kosten der Wahlausrichtung, Schwierigkeiten, freiwillige Helfer zu gewinnen, komplexe Wahlverfahren, die schwer zu bewältigen sind, die Fehleranfälligkeit der Auszählung, die schlechte oder nur mangelhafte Verifizierbarkeit der Fehler und nicht zuletzt die Zugangsprobleme für Behinderte, Blinde und andere Personenkreise.

Wie gefährlich ist das Internet?

Das Internet böte sicher eine Möglichkeit, diese Probleme mit neuen Konzepten anzugehen. Aber es gibt in der politischen und publizistischen Öffentlichkeit massive Vorbehalte dagegen. Die Gründe für diese Modernisierungs-Skepsis sind verständlich, fußen sie doch auf den bekannten Angriffsszenarien. Es ist eben Tatsache, dass betrügerische und bösartige Softwareprogramme („Viren", „Würmer", „Trojanische Pferde") auf Server- und Clientgeräten alles, auch den Wahlakt, ablauschen, das Wahlgeheimnis aufdecken oder die Stimmabgabe fälschen könnten. Angesichts dessen ist in der Tat zu fragen, ob man ein bewährtes System mit guten Erfahrungen leichtfertig aufs Spiel setzt, nur um „Modeströmungen" nachzugeben.

Doch wären solche Einwände nur berechtigt, wenn man das konventionelle Wahlsystem durch ein „naives Internetwahlsystem" ersetzen wollte, bei dem von ungesicherten PCs gewählt würde und die Stimmen zu irgendwelchen Servern gelangten, so dass am Ende unklar bliebe, wohin die Stimmen gehen, was ihnen auf dem Weg dahin zustößt und was dort mit ihnen geschehen könnte. Allerdings: Niemand, der einigermaßen seriös argumentiert, redet einem derartigen „naiven Wahlsystem" das Wort. Deshalb sollte auch niemand die Kritik an der Internetwahl an solchen Szenarien aufhängen. Es lässt sich nämlich leicht zeigen, dass es sowohl Architekturen als auch Technologien gibt, mit denen sich die Probleme der Internetwahl sehr wohl lösen ließen, und zwar so, dass sie größere Sicherheit bietet als die konventionelle Wahl. Dass es sich dabei nicht um Allerweltslösungen, sondern um hochkomplexe Verfahren der Informationstechnologie und um hochkompetitive Entwicklungen handelt, sollte auch in der politischen und parlamentarischen Diskussion selbstverständlich sein.

Techniken für eine sichere Internetwahl

In den letzten 25 Jahren haben sich erhebliche technische und wissenschaftliche Fortschritte ergeben, die sichere und verlässliche Wahlsysteme zu bauen erlauben. Die Komponenten allein garantieren noch kein sicheres System, aber sie sind Bausteine, mit denen ein sicher konstruiertes Wahlsystem errichtet werden könnte. Es handelt sich dabei im Wesentlichen um die Public-Key-Verschlüsselung, mathematische Verfahren für kaum oder nicht zu brechende Verschlüsselung, die digitale Signatur, blinde, nur vom Erzeuger entschlüsselbare Verschlüsselungen, die Smart-Card-Technologie, blinde Beglaubigungssysteme und „anonyme Kanäle", um das „Traffic-Analysis-Problem" zu lösen.

In den letzten 15 Jahren wurden ferner „Public Key Infrastruktur" (PKI) genannte Technologien zum Schutz von Rechnern entwickelt: Heute sind solche Firewalls in der Lage, ein Höchstmaß an Sicherung zu leisten. Bei Wahlen würde sich ihre Leistungsfähigkeit noch potenzieren, weil jene Kommunikationsarten, mit denen betrügerische Software auf Server platziert wird, von vornherein ausgeschlossen blieben. In den letzten Jahren sind zudem technische Konzepte für die physische Sicherheit von Datenservercentren entstanden, so genannte „Internet Service and Security Center", die höchste Sicherheit, Redundanz und Verfügbarkeit auf einem Niveau liefern können, das mit den Sicherheitsansprüchen eines Fort Knox vergleichbar ist. Sie bieten Sicherheit als Dienstleistung („Housing", „Hosting"), weshalb Sicherheit nicht nur technisch machbar, sondern auch ökonomisch darstellbar wird.

Wenn heute dennoch in Hochsicherheitssysteme eingebrochen werden kann, dann eher wegen der Korrumpierbarkeit der Administratoren als durch erfolgreiches Knacken von Codes. Deshalb gehört zur PKI heute auch ein qualifiziertes „Hochsicherheits-Personalmanagement".

Konsens über sichere Internet-Wahlsysteme

Die wissenschaftliche Diskussion über Wahlsysteme ist ebenfalls schon gut 20 Jahre alt. In ihr besteht Konsens darüber, dass ein funktionierende Wahlsystem in etwa folgende Merkmale haben muss:
Die Stimmabgabe muss von einem sicheren Client-Server-System aus geschehen. Die Identifizierung erfordert eine auf einer Chipkarte gespeicherte *digitale Signatur*. Deren Echtheit und Gültigkeit sollte über ein *unabhängiges Trustcenter* auf gesetzlicher Basis gewährleistet werden. Alle Verschlüsselungsakte müssen nach dem *Prinzip der Public-Key-Verschlüsselung* mindestens ab einer Höhe von 1.024 Bit, wenn nicht 2.048 Bit erfolgen.

Das „Votum" muss in einem *blinden Beglaubigungssystem* signiert werden, wodurch es möglich wird, die Signatur des Wählers zu ersetzen und das Votum anonym zu machen. Die Auswertung muss verdeckt stattfinden, wobei diejenigen, die die Voten sichern, keine Möglichkeit haben dürfen, auf den Inhalt der Voten und auf die Auszählung Einfluss zu nehmen.

Das „i-vote"-Modell der Internetwahl

Dieser Konsens reicht jedoch noch nicht aus, um ein vertrauenswürdiges Wahlsystem zu bauen. Es fehlt ein überzeugendes verdecktes Auswertungssystem. Das Denial-of-Service-Problem wird unterschätzt und es mangelt allen bisherigen Systemen an Performance und Effizienz, weil sie nicht pragmatisch, sondern kryptologisch konzipiert wurden. Das deutsche „i-vote"-Protokoll ist die praktikable Antwort auf diese Probleme. Einerseits rekurriert es auf die wesentlichen Konsens-Komponenten, andererseits enthält das „i-vote"-Verfahren weit darüber hinausgehende Lösungen:

„i-vote" enthält eine überzeugende digitale Gewaltenteilung. Die Administratoren der Server, die den Wahlvorstand repräsentieren, sind technisch und institutionell strikt getrennt von denen, die die Urnenserver administrieren. Diese Trennung gilt nicht nur rechtlich und personell, sondern auch physisch und technologisch. Es kann gezeigt werden, dass eine solche technische Gewaltenteilung um vieles härter ist als jede andere Form, wenn sie unter öffentlicher Kontrolle steht!

Das blinde Beglaubigungssystem von „i-vote" sieht vor, dass die Wahlvoten alle mit der Signatur des Wahlvorstandes des Stimmbezirks signiert sind. So anonymisiert und verschlüsselt liegen sie in der Urne und könnten von den Urnenadministratoren selbst dann nicht verändert werden, wenn diese Zugriff auf den Schlüssel des Wahlvorstandes hätten. Entschlüsselt werden können die Voten nur mit dem privaten Schlüssel des Wahlvorstandes. Deshalb müssen sie zur Auszählung von den Urnenservern an die Wahlvorstandsserver gesendet und können nur dort nach Ablauf eines Zeitschlosses (zum Beispiel 18.00 Uhr) entschlüsselt und gezählt werden. So kann ausgeschlossen werden, dass die informationelle Gewaltenteilung unterlaufen wird, selbst wenn jede Seite korrupt wäre.

Das Traffic-Analysis-Problem wird auf ähnlich einfache und effiziente Weise bewältigt: Der Psephor (Urnenserver) benötigt keine Information über die Wahlstation, da der Wahlstatus über den Validator (Wahlvorstandsserver) kommuniziert wird. Wird PC-Wahl nicht unterstützt, ist die Wahlstation in einem öffentlichen Wahlraum selbst Anonymitätsfaktor.

Außerdem hebt das i-vote-Modell alle Einwände auf, die sich gegen ein all zu großes Vertrauen in die Sicherheit der Public-Key-Verschlüsselung richten. Natürlich können diese keinen ewigen Schutz garantieren. Aber das brauchen sie auch nicht. Im i-vote-System ist ein längerer Schutz als für die Zeit der Wahldurchführung nicht von Nöten, denn die Voten müssen nur davor bewahrt werden, vorzeitig ausgezählt und veröffentlich zu werden. Auch dieser Sicherheitsanspruch kann erfüllt werden. Eine zukünftige Rechnerleistung auf der Basis von Quantencomputern fällt ebenso als Einwand aus, da eine Entschlüsselung der Botschaften nach dem Wahltag keinen Sinn ergibt, denn dann sind alle Informationen öffentlich. Im übrigen gilt, dass eine Verschlüsselung im Zeitalter der Quantencomputer mit Quantenkryptografie und damit unbrechbar erfolgen würde.

„i-vote" stellt jedoch nicht nur eine elegante und pragmatische Lösung für die Internetwahl dar. Es ist das bislang am häufigsten in realen Wahlen eingesetzte System weltweit. Mit „i-vote" wurden am 2. Februar 2000 die ersten rechtsverbindlichen Wahlen eines parlamentarischen Gremiums in der Geschichte des Internets durchgeführt. Das deutsche System hat damit einen erheblichen technischen und praktischen Entwicklungsvorsprung vor allen anderen Produkten, denn die Erfahrungen, die sich aus den realen Wahleinsätzen und den dabei auftretenden (Anwender-)Problemen ergeben, sind durch nichts zu ersetzen.

Das Modell der „öffentlichen Internetwahl"

Ein Problem jedoch kann auch mit „i-vote" nicht gelöst werden: Es kann nicht gezeigt werden, dass Denial-of-Service-Attacken ausgeschaltet werden können. Die Umgehung dieses Problems kann daher nur in einem Back-up-System ohne Medienbruch liegen, so dass im Zweifelsfall auch dann eine elektronische Wahl abgehalten werden kann, wenn es „online" unmöglich ist.

Mit anderen Worten: Internetwahlen können nur realisiert werden, wenn es ein ausreichend redundantes Back-up-System in Gestalt vernetzter öffentlicher Wahlräume gibt, um jedem Wähler die Möglichkeit zu geben, seine Stimme in jedem

Fall auch abgeben zu können. Ein Internetwahlsystem muss also in jedem Fall ein „öffentliches Internetwahlsystem" sein, selbst wenn man vom privaten PC aus wählen könnte. Es fragt sich angesichts dessen nur, welchen Vorteil eine private Stimmabgabe dann noch hätte. Gelänge es den BürgerInnen überall eine erreichbare öffentliche Stimmabgabe zu garantieren, ganz gleich wo sie sich aufhalten, macht das PC-Wählen keinen anderen Sinn mehr, als die Bequemlichkeit zu erhöhen.

Die Einfachheit der Aufstellung öffentlicher Wahlräume ermöglicht es, öffentliche Wahlmöglichkeiten nicht nur in herkömmlichen Stimmlokalen, sondern auch an sensiblen Punkten wie Altersheimen, Krankenhäusern und Einrichtungen für Behinderte oder an geschützten öffentlichen Orten zu etablieren, so dass dem Anspruch auf größtmögliche Allgemeinheit des Wahlzugangs für mobile Wähler wie für beeinträchtigte Wählergruppen optimal Genüge getan werden könnte.

Schließlich löste ein „öffentliches Internetwahlsystem" auch das Problem der ungleichen Verteilung von Computern („Digital Divide"), die die Habenichtse benachteiligen könnte und spielt doch alle Trümpfe der Modernisierung des Wahlsystems aus, die in der Nutzung des Internets liegen.

Die Reform der Präsenzwahl

Diese „öffentliche Internetwahl" hätte zudem das Zeug, eine nutzerfreundliche technische Alternative zum konventionellen Wählen zu sein. Dafür sprechen nicht nur letzte Sicherheitsbedenken gegen Internetwahlen (die sich immer nur mit hohen Kosten und großem Aufwand beheben ließen), sondern vor allem auch gewichtige wahlrechtliche und wahlsoziologische Gründe:

Eine Wahl vom heimischen PC wäre nur eine andere Form der Korrespondenzwahl mit allen Problemen in Bezug auf die freie Wahlentscheidung. Sie wäre nicht nur kein Fortschritt gegenüber der Briefwahl, sondern eine Verschlechterung, weil zu vermuten ist, dass der Missbrauch der Korrespondenzwahl bei einer Abstimmung vom privaten PC aus noch weiter um sich greifen dürfte.

Die Wahl ist außerdem ein öffentlicher Vorgang. Sie kann es nur sein kann, wenn sie öffentlich und nicht in der Privatsphäre vollzogen wird – genau so wie eine Eheschließung, ein Gerichtsprozess, eine Parlamentssitzung etc. Darum darf die Korrespondenzwahl in letzter Konsequenz tatsächlich nur eine Ausnahmehandlung sein, für die es triftige Gründe geben muss. Der Privatisierung der Wahlhandlung durch ein noch „bequemeres" Medium als die Briefwahl Vorschub zu leisten, wäre auf Dauer wenig zufriedenstellend.

Die „öffentliche Internetwahl" ist mit Abstand das plausibelste Konzept für die Nutzung des Internets bei Wahlen. Die Pointe dieses Modernisierungspfades besteht gerade darin, die verfassungspolitisch bedeutsame Präsenzwahl reformieren zu können, in dem zwei widerstreitende Ziele vereinbar werden: Die Mobilität der Wähler und die Öffentlichkeit der Wahl.

Die Zulässigkeit der Briefwahl könnte damit neu problematisiert, wenn nicht gar in Zukunft abgeschafft werden. Eine europäische Dimension ergäbe sich damit schließlich auch noch, denn in der Europäischen Union lassen nur zwei Länder die Korrespondenzwahl überhaupt zu. Im Sinne europäischer Normangleichung wäre eine öffentliche Internetwahl ein nicht zu unterschätzender Vorteil.

Korrespondenzwahlen mit dem privatem PC

Aber auch die korrespondierende Internetwahl mit dem privaten PC ist nicht ganz aus dem Rennen. Unter bestimmten Bedingungen bleibt die Korrespondenzwahl vom PC aus eine interessante Lösung: wenn es nicht um allerhöchste Sicherheitsansprüche geht. Das gilt in allen Fällen, wo nicht öffentliche Ämter oder Gremien gewählt werden, sondern privatrechtliche Vertreter oder Funktionsinhaber in Unternehmen, Vereinen, Verbänden, Parteien etc. Es gibt Präzedenzfälle – wie etwa die Sozialwahl in Deutschland –, bei denen die Briefwahl obligatorisch ist oder die technischen Probleme im Rahmen von privaten Netzkonfigurationen gelöst werden können. Überall dort ist die Wahl vom gesicherten privaten PC oder vom Desktop-Computer am Arbeitsplatz innerhalb administrierter Client-Netzwerke sehr wohl machbar und auch ökonomisch hoch interessant. Wo es die Sicherheitsansprüche erlauben, könnte das Sicherheitsproblem privater Korrespondenzgeräte auch durch Serverapplikationen gewährleistet werden, was die korrespondierende Internetwahl noch attraktiver macht.

Probleme mit der digitalen Signatur

Die elektronische Identifizierung des Wählers verlangt die digitale Signatur, doch Signatur und Smart Card sind bislang noch kaum verbreitet. Das hat ökonomische und auch verfahrensmäßige Gründe. Eine Signatur ist schwer zu bekommen und löst datenschutzrechtliche Bedenken aus. Die Kritik macht sich an der möglichen Registrierung von Bewegungs- und Kontrollmustern fest, doch ist dies nicht in jedem Fall zwingend. Wenn die Architektur der Chipkarte so gewählt wird, dass die gespeicherten Merkmale des Chipkarten-Inhabers in seiner individuellen Verfügung verbleiben („virtuelle Bürgerrechte"), ist es möglich, das Prinzip der „Open Privacy" und der sicheren Anonymität auf der Chipcard zu ermöglichen.

Wenn es aber datenschutzrechtlich und grundrechtlich möglich wäre, einen chipkartenbasierten digitalen Avatar des Staatsbürgers zu definieren, der im Netz alle Bürgerrechte hätte, dann wäre auch ein digitaler Ausweis denkbar, der einwohnermelderechtlich an alle BürgerInnen vergeben werden kann. Verbreitung und Pflege der digitalen Signatur wären dann eine Aufgabe der öffentlichen Verwaltung und die Akzeptanzproblematik gelöst.

Probleme der virtuellen Öffentlichkeit

Die herkömmliche Trennung der Gewalten ist physisch. Im Wahlakt wird sie durch die unterschiedliche Aufstellung und die unterschiedlichen Kompetenzen des Wahlamtes und der Öffentlichkeit im Wahlakt symbolisiert. Gewaltenteilung im virtuellen Raum muss „informationell" nachgebildet werden. Damit entsteht die Frage, wer die Computersysteme und Protokolle kontrollieren soll. Im informationellen Raum kann das nicht – wie in der physischen Welt – durch den Augenschein anwesender Bürger oder Wahlbeobachter geschehen. Hier bedarf es neuer Organisationsformen, neuer Kontrollbefugnisse über Protokolle, Software und Codes sowie einer Lösung des Problems der unglcichen Informationsstände von Fachleuten und Normalbürgern. Um den öffentlichen Charakter der informationellen Gewaltenteilung verwirklichen zu können, muss sie deshalb auch eine öffentliche Organisationsform erhalten, also weder staatlicher noch privatwirtschaftlicher Natur sein! Deshalb muss die öffentliche Kontrolle über Urnenserver durch die Bildung einer Institution neuen Typs ermöglicht werden, die stellvertretend für die Öffentlichkeit kontrolliert und zugleich den Bildungsauftrag wahrnimmt, mit der Zeit mehr und mehr Bürger in die Lage zu versetzen, virtuelle Prozesse zu verstehen und auch unter Kontrolle nehmen zu können.

Internetwahlen, E-Government und E-Gouvernance

Würde eine technische, rechtliche und institutionelle Lösung für Internetwahlen gelingen, entstünden interessante Spin-offs: So entziehen sich ja nicht nur Wahlprozesse der Kontrolle der Bürger in einer virtuellen Welt. Der Privatsphäre drohen in einem elektronischen Kommunikationsraum zahllose Angriffe, die nur noch von Fachleuten verstanden und abgewehrt werden können. Soll die Demokratie nicht durch Experten- und Systemtechnokratie beschädigt oder ausgehebelt werden, müssen die Bürger selbst oder vertreten durch staatsbürgerliche Institutionen die Kontrolle über die virtuellen Prozesse zurückerhalten. Wahlen stellen dabei nur die Spitze des Problem(eis)bergs dar.

Der Chipkarte „virtuelle Bürgerrechte" zu übertragen, wäre also nicht nur wahlrechtlich relevant, sondern womöglich in einem umfassenderen Sinne demokratietheoretisch bedeutsam. Ähnliches gilt für die digitale Signatur. Eine Architektur, die der Signatur den Charakter eines Bürgeravatars geben würde, ließe sich mit der Modernisierung des Identitätspapiers verbinden, um so die Vorteile des Systems zu nutzen, ohne sich damit die informationsfreiheitlichen Nachteile einzuhandeln.

Ein „civis digitalis" (nennen wir dieses Konzept mal so) würde allerdings noch andere Türen aufstoßen. Mit einem Bürgeravatar wäre auch eine Einlösung vieler E-Government-Modelle machbar und die Verwaltung hätte die Chance, ihre Leistungen bürgernäher über das Netz zugänglich zu machen. Die Zugänge zur Verwaltung wären in solch einem Konzept für beide Seiten transparent und zugleich datenschutzrechtlich abgesichert. Außerdem führt die Öffnung der Zugänge zum

Verwaltungswissen und -verfahren auch zu einer Zunahme demokratischer Potenziale. Internetwahlen und E-Government können deshalb zu einem Wandel politischer Strukturen beitragen, der auf mehr Beteiligung und Selbstorganisation hinausläuft, was man im angelsächsischen Raum als „E-Gouvernance" bezeichnet.

Diese Ideen sind nicht neu. Sie alle leiden nur an dem gemeinsamen Problem, dass sich all diese schönen Blütenträume bislang nicht realisiert haben. Es fehlt ihnen jene „Killerapplikation", die den Markt so erschlossen hätte, wie wir das in den letzten Jahrzehnten bei anderen elektronischen Dienstleistungen und Geschäftsmodellen immer wieder gesehen haben. Internetwahlen hätten das Zeug für eine solche Killerapplikation! Ihr Nutzen ist deutlich. Ihre Akzeptanz wäre hoch. Und ihre Verbreitung würde massenhaft sein, wenn Parlamente und Regierungen die juristischen und zertifikatorischen Voraussetzungen dafür schaffen. Dann gäbe es sogar eine plausible Chance für die massenhafte Verbreitung von digitaler Signatur und Smart-Card-Technologie. Wenn eine Anwendung also Schubkraft für eine solche Kette von Folgetechnologien hat – dann hat sie die Bezeichnung „Killerapplikation" verdient.

Apropos IT Weltmacht Deutschland: Auf diesem Gebiet hätte Deutschland in mancher Hinsicht einen beachtlichen technischen Entwicklungsvorsprung (digitale Signatur, intelligente Wahlsysteme, sichere Infrastrukturen) – so wie ihn sonst nur unsere amerikanischen Kollegen genießen. Ob etwas daraus wird, liegt jetzt ausnahmsweise mal an einer mutigen IT-Politik!

Von der Politik *im* Internet zur Politik *mit dem* Internet

Thomas Heilmann

1 Einleitung

Wie eng technische Basisinnovationen mit Politik zusammenhängen, zeigt ein Blick in die Geschichte: Die Eisenbahn, deren Netz im 19. Jahrhundert durch die gesamten Vereinigten Staaten gezogen wurde, nutzte der Präsidentschafts-Kandidat William J. Bryan, um sich in den berühmten „Whistle-Stop-Tours" zum ersten Mal persönlich einer Masse potenzieller Wähler zu präsentieren.

Theodor Roosevelt setzte wenig später mit großem Erfolg das Radio im Wahlkampf ein. Und 1960 war es das neue Volksmedium Fernsehen, mit dem der junge John F. Kennedy als Herausforderer im ersten spektakulären Fernsehduell mit Vizepräsident Richard Nixon die Herzen der Wähler eroberte.

Im Strom technischen Fortschritts nicht nur mitzuschwimmen, sondern ihn gezielt zu nutzen begründete jedes Mal den Erfolg politischer Kommunikation.

Seit den amerikanischen Präsidentschaftswahlen 1996 ist eine neue Stufe in dieser Entwicklung erreicht. Die elektronische Vernetzung von Millionen von Menschen hat nicht nur die Wirtschaft revolutioniert und uns Amazon.com und E-Mail beschert, sondern sie hat auch eine neue Ära der Interaktion zwischen Bürgern und Volksvertretern eingeläutet. Die Erwartungen waren von Anfang an hoch: Von einer Rückkehr der Basisdemokratie war mitunter die Rede, von einer Volksherrschaft per Mausklick und einem vollkommen neuen, total digitalisierten Wahlkampf.

Die Realität im Jahr 2002 sieht freilich anders aus: Nur etwa die Hälfte aller Bundestagsabgeordneten verfügt über eine Homepage. Die Bundestagsdebatten sind noch immer ganz real und keine virtuellen Chats. Ohne die Werbestände in den Fußgängerzonen der Republik wird auch dieses Jahr keine Partei in den Wahlkampf ziehen.

Dennoch wäre es kurzsichtig zu glauben, dass außer ein paar Bytes nebenbei alles beim Alten geblieben ist – nicht laut und auf einen Schlag, sondern leise und Schritt für Schritt revolutioniert das Internet die politische Kommunikation.

2 Das Interneterwachen der Politik: Vom Werbeplakat zum Wahlkampfinstrument

Der Durchbruch im US-Wahlkampf 1996 gibt auch in Deutschland den Startschuss: Mitte der 90er Jahre wagen sich sämtliche große Parteien ins World Wide Web und präsentieren sich mit eigenen Homepages. Diese ersten Gehversuche sind allerdings im Wesentlichen digitale Versionen der üblichen Hochglanzbroschüren: Sie beschränken sich auf schöne Fotos der Parteispitze, ausführliche Werbetexte und eine Kontaktadresse.

Die von Beginn an überraschend hohen Zugriffszahlen und die näherkommenden Bundestagswahlen 1998 spornen schnell zu aufwendigeren Gestaltungen an. Der Online-Auftritt wird zum Wahlkampfinstrument ausgebaut und gewinnt insbesondere in drei Bereichen politischer Kommunikation an Bedeutung, die im folgenden unter den Stichworten *Image*, *Information* und *Interaktion* zusammengefasst werden.

2.1 Image: Der Online-Auftritt als Markenzeichen

Keine Partei kann es sich mehr leisten, Fortschrittlichkeit und Dynamik zu propagieren, ohne sich mit Hilfe des modernsten aller Kommunikationsmittel entsprechend zu präsentieren. Die Homepage wird ebenso Aushängeschild der Partei wie das Logo, der Slogan oder der Kandidat selbst. Im Zuge der aus den USA importierten Tendenz zur Personalisierung der Politik kommen spezielle Webseiten der Kandidaten hinzu (1998: www.bundeskanzler.de, www.schroeder98.de, www.guido-westerwelle.de, www.joschka.de). Die politischen Internetaktivitäten konzentrieren sich jedoch im wesentlichen auf die Parteien.

Aus der digitalen Broschüre wird, im Gleichschritt mit den technischen Möglichkeiten, ein Multimedia-Magazin mit publikumswirksamen Elementen: einem kurzen Videoclip vom neuesten Auftritt des Kandidaten, einem Gewinnspiel oder dem musikalisch unterlegten Mitschnitt eines Interviews. Originalität hat Priorität, denn wer sich im jungen Medium nach altem Stil präsentiert, sollte auf den Imagegewinn durch die Internetpräsenz lieber ganz verzichten.

Dabei zielen die Bemühungen der Parteien zunächst darauf, den Erwartungen der Surfergemeinde zu entsprechen. Diese ist zwar zahlenmäßig noch begrenzt, als politische Zielgruppe aber umso interessanter: Jung, gut situiert, gebildet, politisch interessiert und wechselwillig ist empirischen Studien zufolge der durchschnittliche Internetnutzer.

Auch außerhalb der Internetcommunity ist der Auftritt im Netz der Netze ein Medienfaktor von zunehmender Bedeutung. Als die FDP etwa ganz offiziell die Punkte aus ihrem Parteikürzel entfernt, um eine einheitliche Gestaltung von Webadresse und Namenszug zu ermöglichen, macht sie auch in den klassischen Printmedien Schlagzeilen.

2.2 Information: Parteiprogramme leicht gemacht

Noch wichtiger als die Entwicklung des Online-Auftritts zum Markenzeichen einer Partei ist seine Bedeutung als Informationsplattform: Nichts ist so grundlegend für die politische Meinungsbildung wie die Kenntnis der Positionen der Parteien und ihrer Kandidaten – und nichts ist so schwer zu vermitteln!

Wie viele Bürger fordern beispielsweise freiwillig alle verfügbaren Parteiprogramme an oder informieren sich an Wahlkampfständen über aktuelle Positionen? Es sind wahrscheinlich sehr wenige. Die meisten verlassen sich auf die Darstellungen in Rundfunk und Printmedien, die oft gekürzt und selektiert sind. Um diesen Filter zu umgehen und ihre Botschaften direkt zu vermitteln, scheuen Parteien und Politiker keinen Aufwand: Über großformatige Werbeplakate, Wahlspots oder Briefwurfsendungen versuchen sie, für wenige Sekunden die wertvolle Aufmerksamkeit potenzieller Wähler zu erreichen – *Push-Werbung* nennen das die Marketing-Experten.

Das Internet nutzt dagegen die Wirkung von *Pull-Werbung*: Der Bürger zieht sich die Informationen selbst aus dem Netz. Es ist unmittelbar einsichtig, dass die Aufmerksamkeit bei dieser Art von Informationsvermittlung wesentlich höher ist als beim Anblick eines Kandidatenkonterfeis während der Busfahrt. Bis zu 15 Minuten verweilt der Besucher auf der Homepage einer Partei!

Die Bandbreite an Dokumenten, die für jeden Internetauftritt inzwischen zur Standardausstattung zählen, reicht von Parteiprogrammen, Biographien der Kandidaten und Darstellungen von Geschichte, Organisation und Arbeit der Partei bis hin zu spezifischen Positionen und Stellungnahmen. In Broschüren und Faltblätter gefasst würde diese Informationsmenge jeden Wähler sofort abschrecken. Online jedoch kann er sie sich mühelos per Mausklick erschließen und dabei eigene Interessenschwerpunkte setzen. Homepageinterne Suchfunktionen helfen, alle relevanten Dokumente zu einem bestimmten Stichwort in Sekundenschnelle auf den Bildschirm zu holen. Der Experte, der tiefergehende Recherchen betreiben will, wird mit ausführlichen Hintergrundtexten genauso bedient wie der zufällige Surfer, der sich mit den Videoaufnahmen vom letzten Kandidatenauftritt einen schnellen Eindruck von der Partei verschaffen will.

Nebenbei erwähnt, haben die meisten Parteien auch redlich gegen den Vorwurf einer zu trockenen Informationsvermittlung gekämpft. *Infotainment* heißt die Leitlinie für die Einbindung diverser Fun-Elemente in die Vermittlung politischer Botschaften: Wenn der Kandidat etwa online sein liebstes Rezept präsentiert, wird dem Besucher neben einer Kochidee auch ein bestimmter Eindruck von der Persönlichkeit vermittelt.

Der besondere Reiz der politischen Information im Netz ist ihre Aktualität: Nichts ist so alt wie die Zeitung von gestern? Nichts ist so alt wie die Online-News der letzten Stunde! Um zu erfahren, was die Opposition zum Interview des Kanzlers im Morgenmagazin zu sagen hat, muss nicht mehr die Tagesschau oder gar die Zeitung des nächsten Tages abgewartet werden – es steht auf der Homepage. Online-Pressereklärungen und Newsletter nutzen die Schnelligkeit des Mediums und die CDU führte kürzlich das „Rapid Response System" ein: Hier liefert die Online-Redaktion parallel zum Auftritt des gegnerischen Kandidaten für jede seiner Positionen unmittelbar das passende Gegenargument.

2.3 Interaktive Elemente: Wiederbelebung demokratischer Kultur

Eine weitere wichtige Eigenschaft des Internets, die von den Parteien als Aspekt politischer Kommunikation entdeckt wurde, lautet „Interaktion". In der griechischen Antike war die Diskussion politischer Themen auf dem Forum das zentrale Grundelement öffentlichen Lebens. In der modernen Massendemokratie dominiert dagegen die sogenannte *One-Way-Kommunikation* – die einseitige Vermittlung vom Politiker zum Bürger. Das Internet bricht diese Struktur auf und öffnet die virtuellen Varianten der griechischen Marktplätze: In den Diskussionsforen der Online-Parteizentralen finden sich Debatten zur Gesundheitspolitik der Bundesregierung und zur Kandidatenaufstellung der Opposition ebenso wie zu außenpolitischen Hintergrundthemen.

Neu ist dabei nicht nur die Tatsache, dass sich Bürger untereinander austauschen, die sich auf der Straße vielleicht nicht einmal nach dem Weg fragen würden. Noch weitreichender in Bezug auf die politische Kommunikation ist der unmittelbare Kontakt zwischen Politiker und Bürger, der auf anderen Kommunikationskanälen praktisch unmöglich wäre. In den vergangenen Jahren hat sich eine wahre Kultur der sogenannten „Politiker-Chats" entwickelt, bei denen die „Promis" den Surfern unmittelbar Rede und Antwort stehen.

Während die Bürger mit den interaktiven Elementen eine neue Möglichkeit der Partizipation gewinnen, erhalten die Parteien ein Feed-back, das sie schneller und direkter als jede Umfrage über die Meinung der Bevölkerung informiert. E-Mails, Beiträge in Diskussionforen und Politiker-Chats werden zum seismografischen Stimmungsbarometer der E-Nation.

Image, Information, Interaktion: Die Internetpräsenz der Parteien hat sich in den vergangenen Jahren vom digitalen Werbeauftritt zum politischen Forum gemausert. Die Besucherzahlen können sich sehen lassen: CDU und SPD verzeichnen beispielsweise etwa 1 Millionen Seiten-Abrufe (Pageviews) im Monat, im CDU-Diskussionsforum gehen *täglich* etwa 600 Wortmeldungen ein, das SPD-Diskussions-Archiv verzeichnet rund 140.000 Beiträge von Januar bis Dezember 2001.[1]

Ebenso deutlich wie die Fortschritte sind jedoch auch die Grenzen: Nicht nur bleibt die Nutzergruppe im Vergleich zu den traditionellen Medien ebenso begrenzt wie das Budget, das den Online-Redaktionen zugestanden wird. Die Enttäuschung mancher politischer Entscheidungsträger darüber, dass ein Klick mit der Maus noch lange keine Stimme auf dem Wahlzettel ist, unterstreicht ein noch grundlegenderes Problem: In den meisten Parteien wird der Online-Auftritt noch immer als eine Art Sondereinheit in der politischen Kommunikation gesehen, ein „i-Tüpfelchen" in der Wahlkampfstrategie, das mit steigender Byte- und Besucherzahl auch wachsende Wählerzahlen bringen soll.

---

[1] Jeweils Angaben der Online-Redaktionen von CDU und SPD.

3 Die Herausforderung: Vom Online-Auftritt zur Gesamtstrategie

Eine bloße „Aufrüstung" der Homepage reicht nicht aus. Erforderlich ist ein grundsätzliches Umdenken bei Parteien und Politikern, welches die eigenen Interessen ebenso berücksichtigt wie die Erwartungen auf Seiten der Nutzer innerhalb und außerhalb der Partei: Erwartungen an die Aktualität und Zielgenauigkeit der Information, aber auch an die Transparenz, Teilhabe und Mitentscheidung.

Die Herausforderung der kommenden Jahre wird sein, das politische Internet-Engagement aus seiner Sonderstellung zu lösen und in eine umfassende Strategie einzubinden, die den Bürger auf der einen Seite und die gesamte Partei auf der anderen Seite integriert.

Die Politiker der Vereinigten Staaten sind im Internet wesentlich aktiver als ihre deutschen Kollegen, was nicht zuletzt mit der höheren Internetnutzungsrate in der US-Bevölkerung und einer sehr frühen Professionalisierung der politischen Kommunikation zusammenhängt. Nicht in jeder Hinsicht können sie ein Vorbild sein – dafür sind die politischen Kulturen zu unterschiedlich. An einigen Stellen sollen sie aber im Folgenden als Beispiel dafür dienen, wie das Internet von Parteien und Politik als das genutzt werden kann, was es eigentlich ist: als eine umfassende Vernetzung.

3.1 Mehr Bürgernähe: Von der Interaktion zur Partizipation

In der Masse das Individuum anzusprechen, ist für jede Partei, die sich der Bürgernähe verpflichtet fühlt, eine der wichtigsten Aufgaben. Das Phänomen der steigenden Zahl von Wechselwählern unterstreicht die Notwendigkeit für die Politik, Inhalte individuell aufzubereiten und neue Formen der Interaktion mit dem Bürger zu finden.

So reicht beispielsweise die bloße Vielfalt und Aktualität der Informationen auf der Homepage einer Partei nicht mehr aus, um dauerhaftes Interesse beim Nutzer zu generieren. Im Gegenteil: So mancher fühlt sich durch den *Informations-Overflow* zunehmend überfordert. Nachdem die *Verfügbarkeit* von Informationen erreicht ist, tritt nun das Problem der Informations*verwertung* in den Vordergrund.

Als Folge greifen viele Surfer wieder auf die Selektionsmechanismen der Medien zurück – nur diesmal online. Abgesehen von den Internetversionen traditioneller Printmedien wie beispielsweise *Spiegel-Online* oder *faz.net* sind besonders die internetspezifischen Politikseiten zu nennen: So bot etwa *wahl-test.org* im Wahlkampf 1998 dem Besucher an, anhand eines Fragebogens zu aktuellen Sachthemen festzustellen, mit welcher Partei seine eigene politische Meinung am ehesten übereinstimmt – ein Service individueller Kanalisierung und zielgenauer Selektion der Information, von dem sich die virtuellen Parteiauftritte ein Stückchen abschneiden könnten.

Wie so etwas aussehen könnte, zeigt ein Blick in die USA: Bob Dole hat bereits im Präsidentschaftswahlkampf 1996 mit der sogenannten „customized information" experimentiert. Der Besucher seiner Homepage gab mit der E-Mail-Adresse auch seine persönlichen Interessengebiete an. Für diese Themen erhielt er dann zusätzliche, ausführlichere Informationen per E-Mail. Es wurden umfassende Adressdatenbanken mit persönlichen Angaben zum Nutzer aufgebaut, die den Parteien eine bessere Einschätzung des Nutzerprofils und eine gezielte Ansprache des potenziellen Wählers ermöglichten.

In Deutschland ist man auf diesem Gebiet noch sehr zurückhaltend. Bedenken in puncto Datenschutz und die immer wieder aufflammende Diskussion über das sogenannte „Spamming", also die Versendung von Massen-E-Mails, gebieten Vorsicht. Massenhafte und ungezielte Werbemails würden tatsächlich eher Verärgerung denn Interesse wecken. Eine auf das persönliche Interessengebiet zugeschnittene E-Mail entspricht dagegen durchaus der Erwartung der Bürger an eine serviceorientierte und individualisierte Information. Die vereinzelten Ansätze[2] könnten auch hierzulande zu einem sehr viel bedeutenderen Element politischer Kommunikation ausgebaut werden.

Auch in Sachen Responsivität müssen sich die Parteien gestiegenen Erwartungen stellen. Funktions- und Mandatsträger wissen nicht alles, und schon gar nicht alles besser. Nie waren Input, Information und transparente Auseinandersetzung wichtiger als in unserer heutigen Wissensgesellschaft. Jeder Partei bietet das Internet neue Möglichkeiten, den Sachverstand, die Erfahrungen und die Meinungen der Bürger über den Kreis der eigenen Parteimitglieder hinaus einzubinden.

Diskussionsforen und Chat-Runden stoßen noch immer auf reges Interesse. Sie sind aber nur dann geeignet, den Nutzer längerfristig zu überzeugen, wenn sie auch eine Wirkung erzielen und nicht ungehört verhallen. Denkbar ist beispielsweise, das Ergebnis einer Diskussion durch die Online-Redaktion zusammenzufassen und mit einer Stellungnahme des zuständigen Parteifunktionärs zeitnah auf der Homepage zu veröffentlichen.

Hier ist auf Seiten der Politiker eine nicht unbedeutende mentale Hürde zu überwinden: Zum einen wird ein externer Beitrag als gedruckter Brief mit Wasserzeichen, Adresskopf und Unterschrift noch immer ernster genommen als in virtueller Form. Zum anderen ist die grundsätzliche Bereitschaft erforderlich, sich nach außen zu öffnen und den Gedanken der „Bürgerpartei" im digitalen Zeitalter konsequent umzusetzen.

3.2 Eine aktivere Partei: Vom „Apparat" zum „Netzwerk"

Die Mitgliederzahlen aller großen deutschen Parteien nehmen seit Jahren kontinuierlich ab. Das Interesse, sich regelmäßig in stickigen Hinterzimmern lokaler Parteibüros zu Endlosdiskussionen zu versammeln, tendiert besonders bei der jungen Generation gegen Null. Getroffene Entscheidungen an der Basis verschwinden mitunter im Labyrinth der Parteihierarchien, und die Leitlinie, die von

---

[2] Die CDU ist bis zum Redaktionsschluss die einzige Partei, die einen themenspezifischen Newsletter anbietet.

der Parteispitze ausgegebenen wird, erfährt auf dem Weg zur Basis häufig überraschende Wandlungen.

Vor dem Hintergrund dieses weit verbreiteten Reformbedarfs ist es erstaunlich, wie stark sich die Internetaktivitäten der Parteien bisher auf die Außenwirkung konzentriert haben. Als parteiinternes Forum bietet das Internet noch großes Entwicklungspotenzial. Zwar verfügen alle Parteien inzwischen über ein Intranet[3], doch die Zahl der registrierten Mitglieder ist vergleichsweise gering. Dementsprechend begrenzt ist die Bandbreite seiner Nutzung, die etwa die Versendung ausgewählter Informationen und Materialien per E-Mail oder den Zugriff auf Terminkalender und Datenbanken umfasst.

Es fehlt die konsequente Einbindung des Internets in den parteiinternen Entscheidungsprozess. Mitgliederinterne Diskussionen finden zwar sporadisch statt, haben aber die gleiche Unverbindlichkeit wie die Chats in den öffentlichen Foren der Partei-Homepage. Um das demokratische Potenzial des Internets innerhalb der Partei zu nutzen, sollten sämtliche Diskussionsprozesse unter den Mitgliedern auch online ermöglicht werden. Argumente, Positionen und Voten, die in der Internetberatung abgegeben werden, müssen ebenso in den Entscheidungsprozess einfließen, wie dies bei konventionellen Beratungen geschieht.

Auch hinsichtlich der parteiinternen Koordination ist das Potenzial noch nicht ausgeschöpft: Gerade in den föderal organisierten deutschen Parteistrukturen kann eine umfassende Vernetzung aller Parteiebenen und -gliederungen zu besserer Abstimmung und höherer Flexibilität beitragen: Der Abgeordnete aus dem Emsland kann seinem Kollegen im Bayerischen Wald in Sekundenschnelle mit eigenen Materialien behilflich sein, Entscheidungen aus der Parteizentrale können online unmittelbar an jeden einzelnen Ortsverein transportiert werden. Die Ansätze, die beispielsweise in Form von parteiinternen Infomails oder Webstores bereits existieren, gilt es zu systematisieren.

Die erste, rein technische Voraussetzung ist eine umfassenden Vernetzung aller Parteiebenen und -gliederungen. Dies ist für sich schon eine Mammutaufgabe angesichts der Tatsache, dass viele Abgeordnete nicht wissen, wie man eine E-Mail schreibt und so manches Ortsverbandsbüro noch nicht über die Schreibmaschine hinausgekommen ist.

Noch viel größer ist allerdings die Herausforderung der internen Restrukturierung. Die Online-Revolution im Parteiapparat kann nicht funktionieren, wenn sich nicht auch offline etwas verändert. Um den gesamten bürokratischen Apparat auf die entsprechenden Anforderungen an Flexibilität und Koordination einzustellen, müssen bestehende Arbeitsabläufe neu organisiert werden. Von der Bundes- bis zur Ortsebene sollten Internetbeauftragte eingesetzt werden. Und vor allem: Das Internet muss zur Chefsache werden.

---

[3] Teilweise gibt es auch virtuelle Parteigliederungen.

3.3 Eine schlagkräftigere Kampagne: Vom Wahlkampf *im* Internet zum Wahlkampf *mit dem* Internet

In puncto Online-Wahlkampf haben sich die USA in den vergangenen Jahren ganz besonders profiliert. So stellten sich 90 Prozent der Kandidaten für den amerikanischen Senat mit eigenen Websites vor. 45 Entwickler, zehn E-Campaigner und fünf Grafikdesigner gestalteten für eine Million Dollar die Internet-Kampagne von George W. Bush.

Es muss nicht unbedingt so viel Geld ausgegeben werden, um ein Plus an Wahlkampfkommunikation zu erzielen. In Deutschland wird es in den kommenden Jahren vor allem darum gehen, aus dem Rahmen des Internetauftritts hinauszutreten, die Vernetzung der Besucher zu nutzen und die Interessenten aktiv in den Wahlkampf einzubinden.

In den USA, wo es keine formelle Parteimitgliedschaft gibt, spielt die Rekrutierung und Mobilisierung von freiwilligen Helfern eine ganz besondere Rolle. Aber auch in Deutschland gewinnen die „volunteers" vor dem Hintergrund sinkender Mitgliederzahlen an Bedeutung. Nicht die generelle Bereitschaft, sich politisch zu engagieren, ist gesunken, sondern die Bereitschaft, sich langfristig zu binden. Konkreter, zeitlich begrenzter Einsatz kann via Internet leicht organisiert werden.

Ein einfaches Formular, in dem sich Freiwillige mit genauen Angaben über ihre Bereitschaft und Verfügbarkeit eintragen können, gehört in den USA zur Standardausstattung der Politiker-Sites. Der internetaffine John McCain konnte bereits im Wahlkampf 1996 über seine Homepage etwa 140.000 „volunteers" für sich gewinnen. Interessant ist dabei besonders, dass sich etwa die Hälfte zum ersten Mal als freiwillige Helfer in einer politischen Kampagne meldeten.

Über das Netz wird die lose zusammengestellte und über das ganze Land verstreute Helfergruppe anschließend in ein schlagkräftiges Wahlkampfteam verwandelt: Argumentationshilfen und Informationsmaterial sind ständig aktualisiert online abrufbar, Wahlkampfmaterial kann zu Hause heruntergeladen und ausgedruckt werden, in Nutzerforen tauschen sich die Helfer aus und organisieren eigene Aktionen.

Unausgeschöpft ist bei uns auch der Multiplikatoreffekt der Surfer, der mit einer so simplen Einrichtung wie einer E-Postkarte beginnt. Die Bilderreihe, die verschiedene Gesichtsausdrücke des Präsidentschaftskandidaten George W. Bush mit den Grimassen eines Schimpansen verglich, ging innerhalb weniger Tage um die Welt. Während die elektronischen Grußkarten auf den Sites der deutschen Parteien noch immer in erster Linie als Unterhaltungs-Element gelten, sind die Amerikaner bei der Nutzung des Selbstläufereffekts einer millionenfachen Vernetzung inzwischen schon einige Schritte weiter gegangen: So werden beispielsweise Interessenten durch diverse Anreize[4] dazu angeregt, ihrerseits Helfer über das Internet zu mobilisieren.

---

[4] Die „incentives" reichen von besonderen Titeln und Aufgaben im Wahlkampfteam bis zu Passwörtern für exklusive Chats mit den Kandidaten.

Ein weiteres Zukunftsthema sind die Wahlkampfspenden: In diesem Bereich ist das Internet jenseits des großen Teiches bereits zum unentbehrlichen Medium avanciert. Der Republikaner John McCain sammelte im Verlauf des Vorwahlkampfes für die Präsidentschaftswahlen 2000 etwa 7 Millionen Dollar online ein. Insgesamt werden etwa 5–15 Prozent der Spenden in den USA auf diesem Wege eingesammelt.

In Deutschland haben sich die Parteien erst kürzlich an das Geldsammeln im Internet gewagt. Das bisher sehr zurückhaltend propagierte Spendentool wird in Zukunft eine wachsende Rolle spielen: In dem Maße, in dem Politik mehr und mehr als individuelle Dienstleistung verstanden wird, wird auch die Bereitschaft vieler Bürger zunehmen, per Mausklick eine Summe zu spenden.

4 Perspektiven

Das Internet verändert nicht nur die Wirtschaft und den Alltag jedes Einzelnen. Es verändert auch die politische Kommunikation. Der Internetauftritt der Parteien hat sich nach und nach vom Marketinginstrument zum interaktiven Forum entwickelt, in dem Politik und Bürger eine neue Form direkten Austauschs etablieren.

Pünktlich zum Auftakt des Wahlkampfes 2002 präsentieren sich die Parteien mit Relaunches ihrer Websites. Die neuen Elemente sind großteils Importe aus der angelsächsischen Ideenkiste: So baut die CDU ihren Mailing-Service aus, die SPD bemüht sich mit vier neuen „Channels" um eine zielgruppenspezifische Ansprache im Netz, die Grünen bieten ein Bereitschaftsprofil für Freiwillige, die FDP übt sich in Online-Fundraising und die PDS wird Online-Spiele auf den Sites ihrer Spitzenpolitiker anbieten.

Dabei wird es nicht bleiben.

Von Seiten der Bürger wird in den kommenden Jahren starker Handlungsdruck erwachsen: Nicht nur werden bis zu den nächsten Wahlen etwa 50 Prozent der Deutschen das Internet zu ihren wichtigsten Kommunikationsmitteln zählen. Auch die Erwartungshaltung ändert sich: Ein informierter und vernetzter Bürger ist ein kritischerer Wähler. Die moderne Dienstleistungsgesellschaft verlangt von der Politik in zunehmendem Maß individuelle Ansprache und Serviceorientierung.

Für die Parteien und Politiker besteht die Herausforderung der kommenden Jahre darin, aus einer Politik *im* Internet eine Politik *mit dem* Internet zu machen: eine Politik, die sich im Netz der Netze nicht nur präsentiert, sondern es aktiv nutzt.

Dafür müssen vor allem die Politiker und Parteifunktionäre von überholtem Denken in Hierarchien und geschlossenen Entscheidungsprozessen Abschied nehmen. Politik mit dem Internet bedeutet nicht nur, durch einen originellen Online-Auftritt Aufmerksamkeit zu erregen und den Parteiapparat mit ausreichenden Internetanschlüssen zu versorgen. Sie bedeutet vor allem, sich der Diskussion zu stellen, neue Kooperationsformen zu wagen und die neuen Partizipationsmöglichkeiten in der Massendemokratie entschlossen zu nutzen.

Das Internet wird auch 2002 nicht allein wahlentscheidend sein. Ohne Händeschütteln wird bei diesen wie auch bei den nächsten Bundestagswahlen kein Kandidat auskommen. Aber die Bedeutung des Internets als Medium politischer Kommunikation nimmt beständig zu. Dabei werden nicht diejenigen im Vorteil sein, die die flippigste Homepage, die meisten Bytes und die größte Anzahl der Besucher vorweisen können, sondern diejenigen, die aus der Vernetzung den größten Mehrwert für Bürger und Partei generieren.

Frauen in der Informationsgesellschaft – Vielfalt in der Informationsgesellschaft

Jennifer Neumann

Einführung

Die Grundlagen der Informationsgesellschaft werden heute geschaffen. Tagtäglich liefern Forschung und Entwicklung in der Informations- und Telekommunikationswelt neue Technologien und Werkzeuge – Dinge, die unseren Alltag in der Zukunft stark prägen werden. Dies bietet eine einzigartige Chance für Männer und Frauen, Menschen aller Kulturen und Länder, die globale Zukunft mitzugestalten.

Das Informationszeitalter bringt aber auch immer schnellere Veränderungen und wachsende Internationalität von Unternehmen und Märkten mit sich. Anforderungen an die berufliche Qualifikation und persönliche Fähigkeiten ändern sich. Für viele, die sich diesen Anforderungen verweigern, wird die Entwicklung zur Bedrohung.

Die Gestaltung dieser Welt des Wissens wird zur Zeit noch zu großen Teilen von weißen US-Amerikanern dominiert. Eine Situation, die sicherlich historisch bedingt ist, aber nicht unerhebliche Risiken birgt.

Auf der Anwenderseite zeichnen sich hingegen erste ausgleichende Veränderungen ab. Noch vor nicht allzu langer Zeit sah der typische Internetnutzer weltweit betrachtet so aus: männlich, unter 35, in einer Stadt lebend, englischsprachig, mit einem Universitätsabschluss und einem gehobenen Gehalt – ein Mitglied einer elitären Minderheit. Mittlerweile sind aber allein in den USA bereits 52 Prozent der Internetbenutzer weiblich, und auch in Deutschland erobern immer mehr Frauen das Internet: Ihr Anteil beträgt in der Altersgruppe 20 bis 49 schon 30 Prozent.

Trotzdem sind Frauen im IT-Umfeld noch immer deutlich unterrepräsentiert. Das hat Konsequenzen, für die Betroffenen ebenso wie für die Industrie: Frauen partizipieren unterdurchschnittlich an den beruflichen Möglichkeiten, die die Informationsgesellschaft bietet, während gleichzeitig Unternehmen händeringend Fachkräfte für IT-Aufgaben suchen.

Allgemein ist es sicherlich bei uns in Deutschland üblich, aber gleichzeitig auch fraglich, bei gesellschaftlich relevanten Themen und Veränderungen die Frauen herauszuheben und sogenannte „Frauenthemen" gesondert zu behandeln – zu schnell werden Schlagworte benutzt, zu schnell klingt es nach Frauenquote, ein

Modell, dass sich nicht hat durchsetzen können und das den Anforderungen des Informationszeitalters auch nicht gerecht werden kann. Innerhalb der Initiative D[21] sprechen wir deshalb bewusst von „Chancen für Frauen" und diese aufzuzeigen und weiter zu vermitteln, ist auch das Anliegen der Arbeitsgruppe „Frauen und IT", die unter der Leitung von Dr. Gottfried Dutiné, Geschäftsführer von Alcatel Deutschland GmbH und Peter Haupt, Staatssekretär im Bundesministerium für Familie, Senioren, Frauen und Jugend, steht.

Es ist unsere Überzeugung, dass Frauen ein Anrecht auf Beteiligung an der Informationswelt haben, aber dass sie sich dieses Recht auch nehmen müssen. Und dass es zum Wohl aller beteiligten Gruppen sein wird, wenn die Zukunft und speziell die Wissensgesellschaft von allen Gruppen – einschließlich der Frauen – mitgeprägt und mitgenutzt wird.

Die Arbeit der Arbeitsgruppe „Frauen und IT" hat sich daher auf Projekte konzentriert, die sowohl die Mitgestaltung wie auch die Nutzung der ITK-Bereiche durch Frauen fördern.

Technologienutzung

Die Unterarbeitsgruppe „Technologienutzung" in der Arbeitsgruppe „Frauen und IT" hat sich zum Ziel gesetzt, die Chancen für Frauen in Wirtschafts- und Berufswelt, E-Business und E-Commerce zu erhöhen. Unter der Leitung von Dr. Andrea Grimm (IBM Deutschland) wird vor allem daran gearbeitet, bei Frauen die Akzeptanz von IT-Anwendungen zu fördern.

Im Rahmen dieser Arbeitsgruppe werden daher Projekte initiiert, um die gleichberechtigte Teilhabe von Frauen in Berufswelt und Gesellschaft an der Anwendung und Nutzung moderner Informations- und Kommunikationstechnologien zu fördern.

Das Projekt Innovationskarawane

Das D[21]-Pilotprojekt „Innovationskarawane IT durch die Regionen" unter der Leitung von Irene Scherer will Frauen über die vielfältigen praktischen Einsatzmöglichkeiten von IT-Anwendungen informieren und ihnen damit eine Basis für erfolgreiches Arbeiten schaffen. Angesprochen sind mit dem Angebot der Arbeitsgruppe „Frauen und IT" vor allem Frauen in kleinen und mittleren Unternehmen (KMUs), im Handwerk, aber auch Selbstständige und abhängig Beschäftigte. Ihnen soll der Einstieg in die digitale Arbeitswelt erleichtert werden, sie sollen von positiven Erfahrungen aus erfolgreichen Modellprojekten profitieren und den Nutzen von IT-Anwendungen praktisch erfahren. Zu den Zielen dieses Pilotprojektes gehört es aber auch, auf das kreative und fachliche Potenzial von Frauen in IT-Berufen aufmerksam zu machen. Langfristig soll durch die Arbeit der Innovationskarawane der Frauenanteil in der IT-Anwendungswelt erhöht werden.

Telearbeit

Ein Schwerpunktthema der Arbeitsgruppe ist „Telearbeit". Diese bringt im IT-Umfeld natürlich gerade für Frauen mit Familie viele Vorteile, so etwa die bessere Vereinbarkeit der Lebensbereiche (Erwerbsarbeit, Familienarbeit, privates Engagement), deren Problematik oft ein Hinderungsgrund für Frauen ist, beruflich erfolgreich zu sein. Für die Telearbeit gilt das, was generell in der neuen Informationsgesellschaft gefordert ist: globale Orientierung, lebenslanges Lernen, vernetztes, methodisches Denken, Problemlösungsfähigkeit, emotionale Kompetenz und Flexibilität. Dies sind Kompetenzen, die bei Frauen oft stark ausgeprägt sind, und damit sind Frauen gut positioniert, um in der Informationsgesellschaft erfolgreich zu sein.

Die bisherigen Veranstaltungen der Arbeitsgruppe zeigen, dass für eine Mehrheit der Frauen die Nutzung des Internets selbstverständlich geworden ist und die Bereitschaft wächst, sich selbständig zu machen. Andererseits besteht nach wie vor ein ungebrochener Informations- und Beratungsbedarf, so beispielsweise zu der Frage, wie IT-Anwendungen in den Arbeitsalltag, auch in die öffentliche Verwaltung integriert werden können, wo Chancen und Risiken liegen und welche Qualifikationen und Voraussetzungen benötigt werden. Immerhin nutzen 83 Prozent der Existenzgründerinnen in Europa schon Computer für ihr Geschäft. Als Anwenderinnen sind Frauen also, wie bereits erwähnt, schon längst auf dem Vormarsch.

Das Projekt Idee-IT

In diesem Zusammenhang fördert die Initiative D[21] gemeinsam mit dem Bundesministerium für Familie, Senioren, Frauen und Jugend das bundesweite Ausbildungsprojekt IDEE-IT. Die Zusammenarbeit wird getragen vom Kompetenzzentrum „Frauen in Informationsgesellschaft und Technologie" unter der Leitung von Frau Barbara Schwarze, das sowohl das erfolgreiche Projekt Girls Day als auch das Projekt Idee-IT initiiert hat.

Wenn man bedenkt, dass 55 Prozent der Abiturienten und 52 Prozent der Studienanfänger weiblich sind, letztendlich aber 80 Prozent der weiblichen Auszubildenden sich auf 25 frauentypische Berufe konzentrieren, wird klar, dass hier Handlungsbedarf besteht.

Die Anzahl der weiblichen Auszubilden hat sich in den vier IT-Berufen (FachinformatikerIn, IT-SystemelektronikerIn, IT-Systemkauffrau/-kaufmann, Informatikkauffrau/-kaumann) von 1997 bis 2000 immerhin fast um das Siebenfache gesteigert. Von 665 Auszubildenden im Jahr 1997 hat sich ihre Anzahl auf 5.253 im Jahr 2000 erhöht. In fast gleichem Maße ist freilich in dieser Zeit der Anteil der jungen Männer in diesen Berufen angestiegen, allerdings von einem deutlich höheren Ausgangsniveau als bei den jungen Frauen. Dadurch stagniert der Prozentsatz junger Frauen in diesen Ausbildungsgängen seit vier Jahren zwischen 13 und 14 Prozent.

Anders sieht es in den Medienberufen aus: Dort belegen Mädchen einen Anteil von knapp 57 Prozent. Bei einer Gesamtbetrachtung der IT- und Medienausbildungen haben Mädchen einen Anteil von fast 29 Prozent erreicht. Sie dringen aber immer noch nicht in dem gewünschten höheren Ausmaß in die technischen Kernbereiche ein, obwohl sich diese in den letzten Jahren deutlich zugunsten der Interessen vieler Mädchen verändert haben.

Das Ziel von Idee-IT ist es, den Anteil junger Frauen an den IT-Berufen deutlich zu steigern. Das Projekt soll traditionelle Barrieren beseitigen, die durch die langjährige Zuordnung der Themen Technik und Technikkompetenz zu Jungen und Männern entstanden sind. Dazu gehört einerseits die Prüfung und gegebenenfalls Veränderung von Image, Inhalten, Formen und Umfeld der neuen Berufe unter Aspekten des Gender Mainstreamings[1], andererseits die enge Kooperation mit bereits vorhandenen Initiativen, Projekten und Vorhaben auf Landes- und Bundesebene.

Idee-IT wirkt in vielfältiger Weise an der Umsetzung der Zielmarken mit, die die Bundesregierung formuliert hat:

- Steigerung der Ausbildungsplätze im IT-Bereich auf 60.000 Plätze bis zum Jahr 2003,
- Erhöhung des Frauenanteils an IT-Berufsausbildungen auf 40 Prozent im Jahr 2005,
- Steigerung des Interesses von jungen Frauen insgesamt an der IT-Branche.

Die Arbeit von Idee-IT findet große Unterstützung in den Reihen der Mitglieder der Initiative D21. Mehr als 80 große und mittlere Firmen der IT-Branche, darunter Alcatel SEL AG, Allianz AG, Canto Software AG, Dresdner Bank AG, Deutsche Telekom AG, Henkel KGaA, Hewlett Packard, Klett Verlag, Siemens AG sowie Industrie- und Handelskammern, Handwerkskammern und die Bundesanstalt für Arbeit beteiligen sich aktiv an Idee-IT. Sie unterstützen die Ziele z. B. durch Mitwirkung bei Veranstaltungen oder das Engagement ihrer Auszubildenden und Expertinnen/Experten. Sie stellen Praktika und Ausbildungsplätze zur Verfügung und beteiligen sich an Ambassador-Aktionen.

Idee-IT spricht Mädchen und junge Frauen zwischen 15 und 20 Jahren durch bundesweite und regionale Veranstaltungen an. Eine neu für die Zielgruppe entwickelte Homepage sowie in enger Kooperation mit Ausbildungsabteilungen konzipierte Materialien werben für die IT-Berufe. Die interaktive Homepage www.idee-it.de zeigt mit 370.000 Zugriffen monatlich das große Interesse an der Thematik IT-Ausbildungen für junge Frauen.

---

[1] Gender Mainstreaming heißt hier die Berücksichtigung der Interessen und Lernerfahrungen von Jungen *und* Mädchen in der Ausbildung, beispielsweise bei der Konzipierung der Praktika, Ausbildungsinhalte und Praxisprojekte und mit dem verstärkten Einsatz von Ausbilderinnen und weiblichen Vorbildern.

Die jüngsten Aktionen des Kompenzzentrums „Frauen in Informationsgesellschaft und Technologie" für Schülerinnen belegen, dass durch eine frühzeitige Einbeziehung der schulischen Instanzen eine hohe Motivation zur Beteiligung geschaffen werden kann. So nahmen an der Kick-Off-Veranstaltung des bundesweiten Ausbildungsprojekts Idee-IT (www.idee-it.de) in Ostwestfalen an einem Tag ca. 1.700 Schülerinnen gemeinsam mit ihren Lehrerinnen und Lehrern teil.

Diese Arbeit hat bereits zu greifbaren Ergebnissen geführt. Die Unternehmen der Initiative D21 haben bei Ausbildungsgängen und Job-Angeboten für Hochschul- und Fachhochschul-Absolventen neue Fokussierungen auf Mädchen und junge Frauen aufgenommen. Als Ergebnis der intensiven Öffentlichkeitsarbeit ist bereits spürbar, dass die Bewerbungen für IT-Studien- und Ausbildungsgänge massiv zugenommen haben, darunter insbesondere auch die von Frauen.

Das Projekt Girls Day – Mädchenzukunftstag

Mit dem „Girls Day – Mädchen-Zukunftstag" wurde eine große Kampagne gestartet, in der Schülerinnen der Klassen 5–10 ein breites Spektrum an Berufen und Tätigkeiten vorgestellt wird. Die Mädchen sollen durch ihre aktive Teilnahme am Girls Day besonders motiviert und ermutigt werden, ihre Wahlmöglichkeiten wahrzunehmen und sich für eine qualifizierte Berufsausbildung oder ein Studium und eine spätere Berufstätigkeit auch in derzeit „frauenuntypischen" Berufsfeldern zu entscheiden. Durch die bundesweite Ausrichtung und das einheitliche Datum soll der Girls Day in Zukunft die regional begrenzten Einzelinitiativen bündeln und eine bislang einmalige Breitenwirkung erzielen.

Durch die Beteiligung des gesamten Umfeldes der Mädchen am Girls Day – also Familie, Schule, Medien und Arbeitgeber/innen –, sollen alle Instanzen, die für die Berufswahlentscheidung eine wichtige Rolle spielen, mit einbezogen werden.

Beim erstmaligen Aktionsstart des bundesweiten Girls Day veranstalteten 39 Unternehmen, Behörden, Hochschulen und Forschungszentren einen Berufsorientierungstag speziell für Mädchen. 1800 Mädchen haben an diesen Veranstaltungen teilgenommen. Zusätzlich gab es kurzfristig durchgeführte Aktionen an diesem Tag wie etwa eine Werksführung bei der Volkswagen AG in Wolfsburg für 900 Mädchen. In den Ländern Hamburg und Niedersachsen gab es Schulbefreiungen für die teilnehmenden Mädchen.

Die Presseresonanz war beeindruckend: In über 350 Artikeln wurde in regionalen und überregionalen Zeitungen sowie in Online-Medien über den Girls Day berichtet. Außerdem gab es Berichte in Fernseh- und regionalen Rundfunksendern. Die Website der Kampagne unter der Adresse www.girls-day.de hatte in den 8 Monaten von März bis Oktober 2001 ca. 1,75 Millionen Zugriffe.

Um die Erfahrungen der Mädchen sowie der Unternehmen, Forschungseinrichtungen, Hochschulen und Behörden für das nächste Jahr nutzen zu können, wurde eine Befragung der teilnehmenden Mädchen und der betreuenden Mentorinnen und Mentoren durchgeführt. Insgesamt wurden 287 Fragebögen von 240 Mädchen und von 47 Mentorinnen und Mentoren ausgewertet.

Der erste Girls Day in Deutschland zeigte bei den befragten Mädchen und auch bei den befragten Mentorinnen und Mentoren eine außerordentlich positive Resonanz. Es wurde deutlich, dass Mädchen sich bei entsprechender Heranführung – wie sie der Girls Day bietet – sehr wohl für traditionell männliche Berufsfelder interessieren. Ein erheblicher Teil von ihnen kann sich nach diesem Tag vorstellen, entweder in einem Praktikum die Arbeit in solchen Berufen auszuprobieren oder auch direkt in eine IT-Ausbildung zu gehen. Bei der abwechslungsreichen und phantasievollen Gestaltung des Tages durch Unternehmen und Einrichtungen gab es viele spannende Angebote für die Mädchen, die nach mehrheitlicher Ansicht der befragten Mentorinnen und Mentoren dazu beitragen, ihr Berufswahlspektrum deutlich zu erweitern.

Diversity

William A. Wulf, Präsident der NAE (National Academy of Engineering) in den USA, hat in mehreren Veröffentlichungen darauf hingewiesen, dass der Ausschluss von einzelnen gesellschaftlichen Gruppen aus der Produktentwicklung und -gestaltung bedeutet, dass eine Vielzahl interessanter neuer und kreativer Lösungen und Wege ausfallen könnte, die nur auf dem Hintergrund der spezifischen sozialen und gesellschaftlichen Erfahrungen entwickelt und umgesetzt werden können (Wulf 1998, Wulf 1998b). Er gibt zu bedenken, dass man, wenn man ein technisches Problem von einem weißen, männlichen Team angehen lässt, wahrscheinlich nicht immer die beste Lösung finden wird.

Eine Vielzahl von amerikanischen Technologieunternehmen hat sich daher für eine besondere Berücksichtigung von Frauen innerhalb des Unternehmens und im öffentlichen Auftritt entschieden; in Deutschland promotet nun auch Siemens mit der Aussage „Technik braucht Frauen" das Diversity-Konzept und richtet sich mit verschiedenen Initiativen besonders an Mädchen und junge Frauen.

Diversity ist die Chance für die junge Informationsgesellschaft ganz neue Wege zu gehen, Fähigkeiten voll auszuschöpfen und neue Perspektiven zu entfalten. Diese Vielfalt, sei es die der Kulturen, der Nationalitäten oder vor allem auch der Geschlechter, erweitert den Talentpool um ein Tausendfaches. Wenn Frauen ihre Chancen erkennen, werden sie in diesem Pool ganz selbstverständlich mitschwimmen können – und bekanntlich lernt man das Schwimmen am besten sehr früh. Es ist also unbedingt nötig, schon bei Mädchen und jungen Frauen ein entsprechendes Bewusstsein zu schaffen und ihnen einen neuen Zugang zu IT-Berufen zu ermöglichen.

Gleichzeitig leidet die IT-Branche an einem chronischen Fachkräftemangel. Im Jahr 2001 gab es in Deutschland laut offiziellen Schätzungen 75.000 offene Stellen im ITK-Bereich. Und auch für die kommenden Jahre prognostiziert man einen extrem starken Anstieg der offenen Stellen. Die Branche braucht dabei bis zu

80 Prozent Fachkräfte, vor allem mit Hochschulausbildung, aber die Zahl der HochschulabgängerInnen pro Jahrgang kann davon nur einen Bruchteil stellen.

Gerade in einer Zeit, da wir uns erst in den Anfängen des Informationszeitalters befinden, ist es besonders wichtig, dass auch Frauen die Chance ergreifen, sich im IT-Bereich zu qualifizieren und zu studieren. Zwischenzeitlich gab es in Deutschland rückläufige Tendenzen, denen es nun entgegenzuwirken gilt. Gab es 1978 noch 17,5 Prozent Informatikstudentinnen, so waren es 1998 nur noch 11,9 Prozent. Auf diesem Hintergrund arbeiteten wir zuerst an einer Analyse und nun an einem Aktionsplan zum Thema „Frauen und IT". Ein wesentliches Ergebnis der Analyse war, dass es Sinn macht, den Aktionsplan speziell auf das große Potenzial von Abiturientinnen mit dem Schwerpunkt Mathematik zu legen und diese für ein Studium in einer der unterschiedlichen Informatikfachrichtungen zu gewinnen.

Hierfür sprechen viele Argumente: Im Bereich Informatik wird, wie erwähnt, voraussichtlich ein großer Teil der zukünftigen neu entstehenden Stellen zu finden sein. Die zu erwartende Beschäftigungsrate ist sehr hoch. Desweiteren werden beim Übergang zum Informationszeitalter viele neue Berufsrichtungen geschaffen werden – viele davon im Bereich Informatik, so z.B. Medieninformatik, Medizininformatik etc. Es ist realistisch, dass die verschiedenen Berufe des Industriezeitalters (ArchitektIn, InnenarchitektIn etc.) in neue Berufe des Informationszeitalters „gespiegelt" werden („virtuelle ArchitektIn", User Interface DesignerIn etc.).

Für den Aktionsplan empfiehlt sich eine „duale Strategie", die einerseits darin besteht, quasi vertikal und fokussiert auf den Zeitpunkt „kurz vor dem Abitur" anzusetzen. Andererseits erkennen wir die Notwendigkeit, horizontal dem selbsterhaltenden Prinzip der Re-Sozialisation männlicher Gesellschaftswerte entgegenzuwirken. Ganz besonders erkennen wir die vielfältigen, bereits existierenden Aktionen für alle Altersstufen als wichtig an.

Im Wesentlichen halten wir den Zeitpunkt des Abiturs als vertikalen Fokus für gezielte Aktivitäten für besonders geeinigt, da zu diesem Zeitpunkt die Beteiligung und die Qualifikation von Frauen noch absolut pari mit denen der Männer sind. Hieraus ergeben sich einige Konsequenzen und Vorschläge für Aktionspläne.

Wir empfehlen eine gezielte PR-Kampagne für die Abiturklassen, um die SchülerInnen wachzurütteln und sie anzuregen ihre Klischeebilder zu überdenken. Ganz speziell natürlich, um den AbiturientInnen neben etablierten Studiengängen wie Architektur auch das Berufsbild der „virtuellen Architektin" schmackhaft zu machen.

Daraus folgt zwangsläufig die Notwendigkeit einer Schaffung oder Korrektur der entsprechenden Informatik-Studiengänge – genauso aber auch einer Veränderung der Unternehmen, die für die neuen Berufsbilder Raum schaffen, bzw. sich neu strukturieren müssen. Gleichermaßen müssen diese heute noch nicht zahlreich existierenden Stellen bereits von den Unternehmen aktiv vermarktet werden.

Einzelkämpferin zu sein ist auf Dauer für wenige Frauen erstrebenswert. Schülerinnen sind sich ihrer Minderheitensituation und deren persönlichen Folgen in (informations-)technischen Ausbildungen, Studiengängen und Berufen weitgehend bewusst. Sie treffen ihre Ausbildungs- und/oder Studiengangsentscheidung in

Kenntnis und in Erwartung dieser Probleme. Die Entscheidung gegen ein Informatik- oder ein Ingenieurstudium kann daher auch eine Entscheidung gegen eine Heraushebung aufgrund des Geschlechts sein.

Damit komme ich zum Schluss wieder auf das Konzept der Diversity: In einer Atmosphäre der Chancengleichheit und Vielfalt muss es diese Heraushebung gar nicht geben und somit wird klar, dass alle unsere Anstrengungen und Ergebnisse nur Teil eines Gesamtkonzeptes sein können, das sich mit der Veränderung der Arbeitswelt an sich beschäftigt: Weg vom Arbeiten um Geld zu verdienen, damit man in seiner Freizeit etwas (für sich) Sinnvolles tun kann – hin zu einer Arbeit, die es einem erlaubt, man selbst zu sein, sich auszudrücken und selbst schöpferisch tätig zu sein. Es ist wichtig, die Rolle der Frau in dieser zukünftigen Gesellschaft zu skizzieren.

Dokumentation der Initiative D[21]

Norbert Eder

1 Deutschlands größte Private-Public-Partnership

1.1 Fit für das Informationszeitalter

„Deutschland fit zu machen für das 21. Jahrhundert – das Online-Jahrhundert" – dafür steht die Initiative **D[21]**.[1] Dieser Leitgedanke motiviert knapp 300 Unternehmer und weitere rund 400 Vertreter aus Unternehmen, Institutionen, Politik und Verwaltung, sich ehrenamtlich in dem größten Private-Public-Partnership Deutschlands für eine große Zukunftsaufgabe zu engagieren. Und die Motivation hat Motivatoren: An der Spitze Erwin Staudt, der Vorsitzende der Geschäftsführung der IBM Deutschland GmbH und Gründer der Initiative D[21]. Neben ihm stehen 16 Unternehmenschefs im Vorstand der Initiative D[21] und weitere namhafte Persönlichkeiten im Beirat als Mitglieder oder Förderer, die durch persönliche Überzeugungsarbeit die Entwicklung der Informationsgesellschaft vorantreiben wollen. Diesen Persönlichkeiten ist es gelungen, ein in Deutschland einmaliges Netzwerk zwischen Wirtschaft und Politik zu schaffen.

So wichtig engagierte Unternehmer sind, so wichtig ist gleichzeitig die Rolle der Politik als Partner. Analog zum berühmten Beispiel des österreichischen Nationalökonomen Josef Schumpeter, nach dem jeder dynamische Unternehmer einen dynamischen Bankier braucht, brauchen innovative Unternehmen innovative Rahmenbedingungen. Die Bundesregierung und viele Länder und Kommunen bilden die entscheidenden Partner in der Initiative D[21]. An der Spitze steht Bundeskanzler Gerhard Schröder, der durch sein persönliches Engagement als Beiratsvorsitzender der Initiative D[21] den hohen Stellenwert der Informationsgesellschaft für die Bundesregierung zum Ausdruck bringt. Roman Herzog als Ehrenvorsitzender und die Ministerpräsidenten Baden-Württembergs, Niedersachsens, Sachsen-Anhalts und Sachsens sowie Lothar Späth als Mitglieder des Beirats unterstreichen den parteiübergreifenden Charakter der Initiative D[21]. Als alternatives Modell zum „Verbändebündnis für Arbeit" hat das Private-Public-Partnership D[21] mit Themen wie „Green Card", „Digitale Spaltung" oder „Internet-Klassenzimmer" dem Aufbruch Deutschlands in die Informationsgesellschaft starke Impulse gegeben.

1.2 Bewegung in den Köpfen

Die Entstehung der Initiative D[21] zeigt ein für Deutschland untypisches Phänomen: Am Anfang stand keine Kommission, kein 1000-Seiten-Bericht, kein Mil-

---

[1] www.initiatived21.de

lionen-Budget. Am Anfang standen eine Idee und Entscheidungsträger, die ein gemeinsames Ziel hatten. Die Mitgliedschaft ist rein personengebunden, unabhängig von der Firmen- oder Branchenzugehörigkeit. Das Netzwerk beruht auf dem Prinzip des Ehrenamts, alle Tätigkeiten sind freiwillig. Sitzungsgelder oder Reisekosten werden nicht gezahlt, fest genehmigte Budgets sind unbekannt. Die Bewegung soll in den Köpfen stattfinden, nicht auf den Konten. Durch die unentgeltliche Mitarbeit sind alle Aktiven jeweils Personen mit Zeit- und Finanzsouveränität. Sie entscheiden selbst, ob sie mitmachen oder wegbleiben. Werden keine Ergebnisse erzielt, nimmt das Interesse der Führungskräfte der Wirtschaft und das der leitenden Beamten ab. Arbeitsgruppen werden aufgelöst, neue gegründet. D^{21} insgesamt ist von der Idee her befristet und soll keine Dauereinrichtung werden. Spätestens im Jahr 2005 sollte Deutschland „das Schlafwagenabteil auf dem Weg in die Informationsgesellschaft verlassen haben" (Erwin Staudt).

1.3 Ziele

Ziel der Initiative D^{21} ist es, den Wandel von der Industriegesellschaft zur Informations- und Wissensgesellschaft zu beschleunigen und in Zusammenarbeit mit Politik und Verwaltung aus Bund und Ländern die Chancen für Wachstum und Beschäftigung in Deutschland zu nutzen. Die Betonung liegt dabei auf „beschleunigen": Die Initiative D^{21} beansprucht nicht, das Thema Informationsgesellschaft für Deutschland erfunden zu haben. Das haben Kommunen und Länder und viele Projekte längst vor der Gründung von D^{21} im Jahr 1999 getan. Die Initiative D^{21} sieht sich als Schrittmacherin und möchte „das Tempolimit für das Internet aufheben". Das Leitmotiv „Fit für das Informationszeitalter" wurde bewusst gewählt, um an eine frühere Initiative von Roman Herzog anzuknüpfen und zu zeigen, dass nicht alles anders, aber vieles besser und vor allem schneller gemacht werden muss.

Ausgehend von den im Jahr 1999 schlechten Platzierungen in internationalen Rankings bei Indikatoren wie der Verbreitung von Internetzugängen, der Anzahl der Internetnutzer oder dem Umsatz des elektronischen Geschäftsverkehrs, möchte die Initiative D^{21} dazu beitragen, dass Deutschland im internationalen Vergleich eine führende Position in der Entwicklung und Anwendung von Informationstechnologien (IT) erreicht. Davon hängt die internationale Wettbewerbsfähigkeit Deutschlands im dritten Jahrtausend ab. Um diese zu stärken, sollen Informationstechnologien zentrale Instrumente für Innovation und Modernisierung werden.

Dazu verfolgt die Initiative D^{21} vier Strategien:

1. Politik, Wirtschaft, Wissenschaft und Gesellschaft entwickeln optimale Rahmenbedingungen für den Wandel von Industrie- zur Informationsgesellschaft.

2. Der Staat und seine Einrichtungen sind Vorbild bei der Nutzung moderner Technologien.

3. Bildung und Qualifikation sind Grundlagen für Leben, Arbeiten und die Wertschöpfung in der Informationsgesellschaft.

4. Staat und Wirtschaft fördern die Akzeptanz der neuen Informations- und Kommunikationstechnologien.

1.4 Arbeitsweise

Die Arbeitsweise gliedert sich in drei Bereiche: (1) Dialog in den Arbeitsgruppen, (2) Entwicklung und Durchführung von exemplarischen D21-Projekten und (3) Öffentlichkeitsarbeit für Projekte der Mitgliedsunternehmen, Partnerorganisationen, Länder und Kommunen. Alle Arbeitsgruppen werden von je einem Vertreter der Unternehmen und der Politik geleitet. Während Verein und Vorstand nur aus Unternehmensvertretern bestehen, entsteht das Private-Public-Partnership durch die Zusammenarbeit in den Arbeitsgruppen und Projekten. Der eingetragene Verein finanziert sich ausschließlich durch Mitgliedsbeiträge der Unternehmen.

Arbeitsgruppen der Initiative D21:

1. **Zukunft Internetgesellschaft**
   Leitung: Andreas Dohmen (Cisco) und
   Staatssekretär Dr. Alfred Tacke (BMWi)

2. **Vorreiterrolle des Staates beim Einsatz von Informations-/ Kommunikationstechnologien**
   Leitung: Roland Sing (AOK Baden-Württemberg) und Staatssekretärin Brigitte Zypries (BMI)

3. **Bildung und Qualifikation**
   Leitung: Hans-Jochen Lückefett (HP) und
   Staatssekretär Dr. Uwe Thomas (BMBF)

4. **Frauen und IT – Chancen für Frauen**
   Leitung: Andreas Bernhardt (Alcatel) und
   Staatssekretär Peter Haupt (BMFSFJ)

5. **Sicherheit und Vertrauen im Internet**
   Leitung: Wilhelm Barthelmeß (Fiducia) und
   Brigitte Zypries (BMI)

In den Arbeitsgruppen werden Themen aufgegriffen, die für die Entwicklung der Informationsgesellschaft einen „road blocker" darstellen. Gemeinsam werden Lösungsmöglichkeiten diskutiert. Darüber hinaus werden Erfahrungen über bestehende Programme zur Förderung der Informationsgesellschaft ausgetauscht. Die Arbeitsgruppen entwickeln auch eigene, exemplarische „D21-Projekte": „Ambassador-Programm", „Internet-Klassenzimmer", „Marktplatz für Schulen", „Idee-IT", „Girls Day" und andere. Wichtige Ergänzung sind eine Vielzahl von Projekten zur Förderung der Informationsgesellschaft, die von den D21-Mitgliedsunternehmen im Rahmen der Initiative D21 durchgeführt, aber von den Unternehmen selbst organisiert und finanziert werden: Lehrerfortbildungen, kostenfreie Internetanschlüsse, Software- oder Lernprogramme, Unternehmenspraktika für Lehrerinnen und vieles mehr. D[21] hat unter den Unternehmen einen „Wettbewerb der guten Taten" ausgelöst.

1.5 Digitales Netzwerk für zukünftige Wettbewerbsfähigkeit

Die ungeheure Innovationsdynamik der Informationstechnologien und die rasende Verbreitung des Internets unter den Bürgern stellte Politik und Verwaltung unter Handlungsdruck. Viele Fragestellungen waren neu gewesen: Wie ist die digitale Wertschöpfung zu besteuern? Wie kann eine Neufassung des Datenschutzes aussehen? Was geschieht mit den Urheberrechten? Wie organisieren Schulen den Betrieb und die Wartung der IT-Infrastruktur? Welche besseren Lernerfolge sind mit dem Einsatz von neuen Medien im Unterricht zu erzielen? Warum wählen so wenig junge Frauen IT-Berufe? Das sind gesellschaftliche Fragen, die nicht allein in den etablierten Runden der Politik, der Verwaltung, der Wirtschaftsverbände oder Kultusministerkonferenzen beantwortet werden konnten. Es bestand ein Bedarf nach mehr Beratung durch die Wirtschaft und durch die „IT-Community", also häufig junge Leute, die vom Internet viel mehr verstanden als die Generation der Entscheidungsträger in den bekannten Gremien.

Der Dialog zwischen der Internet-Generation und der Entscheider-Generation in den Arbeitsgruppen war zwar in der Regel, aber nicht in allen Fällen produktiv. Anders als in Vorstandstreffen von Unternehmen handelt es sich dabei häufig um einen komplizierten gesellschaftspolitischen Dialog. In den Arbeitsgruppen sind Experten zum Thema Informationsgesellschaft aus den unterschiedlichsten Bereichen vertreten.

Dieser Ansatz ist deshalb gewählt worden, weil nicht die Informations*wirtschaft*, sondern die Informations*gesellschaft* gestaltet werden soll. Gesellschaftliche Veränderungen, wie sie der Einsatz von Informationstechnologien im täglichen Leben verursacht – beim Arbeiten, Lernen, Regieren, Verwalten oder Wählen – werden in der Initiative D[21] auf einer wesentlich breiteren Basis konstruktiv und zielgerichtet diskutiert. Umgesetzt werden die Entscheidungen außerhalb der Initiative D[21]: in den Unternehmen, in der Politik, in der Verwaltung oder in Schulen. Den Anspruch auf die Umsetzung erhebt die Initiative D[21] nicht.

Ihrem Selbstverständnis nach ist die Initiative D[21] ein Netzwerk und möchte die Vielzahl von Programmen, Projekten, Kompetenzzentren oder Initiativen zur Förderung der Informationsgesellschaft in Deutschland miteinander verbinden, Transparenz schaffen und Synergieeffekte ermöglichen. Vertreten sind Organisationen wie die Gesellschaft für Informatik[2], das Forum Informationsgesellschaft[3], „Fußball D[21]" und viele regionale Initiativen. Stichwort ist hier die „systemische Wettbewerbsfähigkeit": In der regionalen Wirtschaftsförderung wurde in den

---

[2] www.gi-ev.de
[3] www.forum-informationsgesellschaft.de

letzten Jahren sichtbar, dass eine Vielzahl von Einzelmaßnahmen makroökonomisch verpuffen, wenn sie isoliert nebeneinander her laufen. Deswegen wird auch in der Förderpolitik zunehmend der Aufbau von Netzwerken gefördert, zum Beispiel BioRegio-Wettbewerbe. Enstanden sind auch internationale Partner: in der Schweiz[4] (CH 21), in Österreich[5] (AT 21) und in Russland (R 21).

1.6 Motive der Politik: der aktivierende Staat

Ein Vertreter des Wirtschaftsministeriums charakterisierte die Initiative D^{21} einmal so: „Andere Staaten haben einen ‚E-Minister', wir haben die Initiative D^{21}". Für die Vertreter der Politik gilt die Initiative D^{21} als ein Beispiel für den aktivierenden Staat. Der Staat schafft auf der Beratungs- und Informationsebene neue Beteiligungsformen. Entscheidungen werden weiterhin von den demokratisch legitimierten Instanzen getroffen. Hans Martin Bury, Staatsminister beim Bundeskanzler und Koordinator von D^{21} im Kanzleramt, beschrieb die neue Rolle so: „Vom Vater Staat zum Partner Staat." Die Informationsgesellschaft lebt nicht nur vom Angebot der Informationstechnologien, sondern auch von deren Anwendung. Deswegen müssen Lehrer, Eltern, Beamte oder Ärzte auf dem Weg in die Informationsgesellschaft mitgenommen werden. Nur so lassen sich die technischen Möglichkeiten zum Beispiel in den Bereichen E-Learning, E-Government oder IT im Gesundheitswesen auch umsetzen. Und nur so kann Deutschland die Chance wahren, über den Einsatz neuer Medien in verschiedensten Politikfeldern Modernisierungsprozesse zu verstärken.

1.7 Spendenfreudig, gemeinnützig und wettbewerbsneutral: Der „Charme" der Initiative D^{21}

Für Politik und Öffentlichkeit unterscheidet sich die Initiative D^{21} deshalb von anderen Initiativen der deutschen Wirtschaft, weil die D^{21}-Unternehmen – im Rahmen ihrer wirtschaftlichen Möglichkeiten – den Aufbau der Informationsgesellschaft mit Spenden und Sponsoring für nicht-kommerzielle Projekte unterstützen. Während sich der traditionelle Branchenlobbyismus auf Forderungen an die Politik beschränkt, ergänzt die Initiative D^{21} ihre Vorschläge mit konkreten Beiträgen wie zum Beispiel der Ausstattung von Schulen mit Hard- und Software. Wichtig sind in diesem Zusammenhang die Gemeinnützigkeit und die branchen- und parteiübergreifende Funktion der Initiative D^{21}. Weniger als die Hälfte der Mitgliedsunternehmen gehören zur Branche der Informations- und Kommunikationstechnologien. Unternehmen und Institutionen wie DaimlerChrysler, Henkel, Miele, Jenoptik oder AOK spielen eine wichtige Rolle. Wirtschaftliche Konkurrenten wie Telekom, AOL, debitel und VIAG Interkom sitzen genauso an einem Tisch wie politische Kontrahenten: die Internet-Sprecher der CDU und SPD,

---

[4] www.ch21.ch
[5] www.at21.at

Thomas Heilmann und Jörg Tauss. Diese wettbewerbsneutrale Plattform, verbunden mit dem Engagement der Unternehmen bei Spenden und Sponsoring, macht den besonderen „Charme" der Initiative D[21] aus.

Charme hat zum Beispiel das Thema „Frauen und IT". Auf Wunsch des Bundeskanzlers wurde diese Arbeitsgruppe aufgenommen. Dabei bilden Bundesfamilienministerin Dr. Christine Bergmann und die IT-Konzernchefs von Alcatel, Dr. Gottfried Dutiné und später Andreas Bernhardt, ein Team, das sich ohne D[21] wahrscheinlich nicht getroffen hätte. Der Sinn von verstärkter Zusammenarbeit zwischen Wirtschaft und Politik in Deutschland steht auch hier außer Frage. So sind alle Bemühungen des Familienministeriums, junge Frauen für IT-Berufe zu gewinnen, nur sinnvoll, wenn es auch Ausbildungs-, Studien- und Arbeitsplätze für junge Frauen gibt. Dieses Beispiel ließe sich auf andere Themen übertragen. Es geht somit um Schnittstellen, um Abstimmung verschiedener Einzelinitiativen.

2 Das Jahr 1999: Entstehungsgeschichte der Initiative D[21]

2.1 Ausgangslage 1999

Als die sogenannte New Economy in den USA eine lange Wachstumsphase der traditionellen Industrie zum längsten Boom in der amerikanischen Wirtschaftsgeschichte verlängerte, schlief Deutschland den „eSchlaf der Gerechten". Deutschland fiel, was die Verbreitung des Internet anging, Ende der 90er Jahre deutlich hinter die Vereinigten Staaten und einige europäische Länder zurück. Amerika setzte vor allem auf einen selbsttragenden Dienstleistungs-Boom der New Economy, der von einem hohen Produktivitätswachstum in internetbasierten Abläufen getragen wurde. Hinter allem stand die amerikanische Kraft der Begeisterung und Unbefangenheit im Umgang mit neuen Technologien und sicherlich auch eine erfolgreiche gesellschaftlichen Kampagne: Vizepräsident Al Gore hatte die Chancen der Internet-Economy frühzeitig erkannt und propagiert.

2.2 Impuls aus Mecklenburg-Vorpommern

Die Initiatoren von D[21] fragten sich, warum Deutschland nicht mit eigener Kraft und eigenem Konzept einen Weg ins „Internet-Zeitalter" gehen könnte, der Deutschland als Vorreiter und nicht als Mitläufer sieht. Im Herbst 1998 traf sich eine Runde im Hause der IBM Stuttgart, in der Alfons Rissberger, Geschäftsführer der DVZ Datenverarbeitungszentrum Mecklenburg-Vorpommern, seine Ideen einer großen Kampagne für die Informations- und Kommunikationstechnologien in Deutschland vorstellte. Anwesend waren Erwin Staudt und seine Kollegen Hans-Jörg Dennhardt, Peter Hofelich, Armin Liss und Lothar Mackert. Erwin Staudt bat die Herren Dennhardt und Liss, ein Gespräch mit dem neu gewählten Bundeskanzler vorzubereiten.

Erwin Staudt und sein Team erarbeiteten ein Thesenpapier, das später als D21-Memorandum die Arbeitsgrundlage der Initiative sein sollte. Das Memorandum markierte die Ausgangslage eines Aufholwettbewerbs, der – so die D21-Initiatoren – „in Deutschland von Wirtschaft, Politik und gesellschaftlichen Kräften gemeinsam getragen und gewollt sein musste" (Hans-Jörg Dennhardt, IBM).

2.3 „Wenn Sie etwas machen, mache ich mit"

In vertraulichen Gesprächen wurde mit der Bundesregierung das Vorhaben besprochen. Im ersten Gespräch von Erwin Staudt, Peter Hofelich und Staatsminister Hans Martin Bury in einer Elsässer Weinstube in Berlin-Charlottenburg signalisierte die Politik Unterstützung für die Kampagne, ein weiteres Gespräch wurde mit Sigmar Mosdorf geführt, damals Staatssekretär im Bundesministerium für Wirtschaft und Technologie. Die Initiatoren stellten den Kontakt zu anderen Gründungsmitgliedern her. Ein wichtiger Meilenstein war das Einverständnis von Rudolf Miehle, im D21-Vorstand mitzuwirken. Als Vertreter der klassischen Industrie als allseits anerkannter Unternehmer in Deutschland signalisierte er, dass auch etablierte und traditionsreiche Unternehmen auf das Internet setzen.

Auf der CeBIT 1999 sagte Bundeskanzler Gerhard Schröder auf dem IBM-Messestand zu Erwin Staudt „Wenn Sie etwas machen, mache ich mit". Verkündet wurde die Gründung einer Initiative für das Internet „Deutschland 21", woraus später „D21" wurde. Das Medienecho war überwältigend, Fotografen und Journalisten überrannten förmlich den Messestand, Blumenkübel fielen zu Boden, Sicherheitsleute zeigten Nerven. Am nächsten Tag war in der Bild-Zeitung zu lesen: „Deutsche Wirtschaft und Kanzler gründen Internet-Initiative."

Nach der CeBIT kam es zu jedenfalls einer Runde mit Jörg Menno Harms (HP), Werner Kanthak (HP), Volker Jung (Siemens), Dr. Bernhard Rohleder (BITKOM), Klaus Mangold (damals debis, heute DaimlerChrysler Services) und Erwin Staudt. Es wurde vereinbart, verschiedene vorhandene Initiativen in D21 zusammenzufassen und Arbeitsgruppen unter Beteiligung von vier Ministerien zu bilden. Vertreter gesellschaftlicher Gruppen und der Länder sollten den D21-Beirat bilden. Gerhard Schröder erklärte seinen Wunsch, den Vorsitz des Beirats zu übernehmen.

2.4 Die Vereinsgründung

Der Gründungsprozess der Initiative D21 wurde von IBM-Managern wie Hans-Jörg Dennhardt, Armin Liss, Thomas Mickeleit und Michael Schleuss sowie von Vertretern der Firmen Hewlett-Packard, Alcatel, Fiducia, Fujitsu-Siemens, DaimlerChrysler und Microsoft vorangetrieben. Sie haben den zuweilen recht bunten Ideenstrauß zusammen gehalten und gaben der Initiative eine klare Struktur.

Mit 23 Gründungsmitgliedern wurde am 27. Juli 1999 in Stuttgart der Verein „Initiative D21 e.V." gegründet. Vorstandsvorsitzender: Erwin Staudt, Beiratsvorsitzender: Gerhard Schröder, Ehrenvorsitzender: Roman Herzog. Vereinssitz wurde

Berlin, Ernst-Reuter-Platz. Geschäftsführerin wurde Ariane Alpmann, die den weiteren Aufbau der Initiative D21 organisierte. Im Mai 2000 wurde die Geschäftsführung mit Norbert Eder, zuständig für Presse- und Öffentlichkeitsarbeit, ergänzt.

3 Das Jahr 2000: Aufbruch in die Informationsgesellschaft

3.1 Ein gutes Jahr für das Internet

Das Jahr 2000 sollte ein gutes Jahr für das Internet in Deutschland und ein gutes Jahr für die Initiative D21 werden. Der Internetboom erreichte seinen Höhepunkt, die New Economy war im Rausch und feierte auf dem Parkett in Frankfurt oder in Clubs und Lofts in Hamburg, München und Berlin. Am Ende des Jahres 2000 gab es in Deutschland rund 20 Millionen Internetnutzer; ein Viertel aller Bürger waren online. Auch Ostdeutschland holte auf, 43 Prozent der Haushalte in den ostdeutschen Ländern hatten einen PC, zwei Jahre zuvor hatte der Anteil noch bei 34 Prozent gelegen. In den alten Ländern stieg der Anteil von 43 auf 48 Prozent. Das Durchschnittswachstum des elektronischen Geschäftsverkehrs betrug 150 Prozent. Eine Umfrage unter 371 Unternehmen in Deutschland ergab, dass 90 Prozent online waren, bei 96 Prozent war die Nutzung des Internets fester Bestandteil des Tagesgeschäfts. Von den etwa 35.000 allgemeinbildenden Schulen in Deutschland hatten 26.000 zumindest einen Internet-Anschluss. In diesem Jahr wurde mit dem Vorhaben begonnen, bis 2005 alle öffentlichen Dienste ins Internet zu stellen.

3.2 IT-Fachkräftemangel und Green Card

Ein zentrales Thema des Jahres 2000 war der IT-Fachkräftemangel. Zu den rund 75.000 offenen Stellen in der IT-Branche wurden weitere 110.000 offene Stellen bei den Anwendern von Informationstechnologie gezählt. Nach Untersuchungen des BITKOM Arbeitskreises Bildung, Qualifikation und Arbeitsmarkt führt dies zu einem jährlichen Bedarf von 40.000 Hochschulabsolventen in IT-Studiengängen; dem standen im Jahr 2000 lediglich 6.000 Hochschulabsolventen gegenüber.

Ende 1999 verabschiedete die Bundesregierung zusammen mit Arbeitgebern und Arbeitnehmerverbänden (im Rahmen des Bündnisses für Arbeit) das „Sofortprogramm zur Bekämpfung des IT-Fachkräftemangels". Darin verpflichtete sich die Wirtschaft zur Schaffung von 40.000 IT- und Medien-Ausbildungsplätzen bis 2002; im Rahmen der „Green Card"-Verhandlungen wurde diese Selbstverpflichtung erweitert auf 60.000 Ausbildungsplätze bis 2003. Die Bundesanstalt für Arbeit investierte eine halbe Milliarde Euro für die Weiterqualifikationen und Umschulungen im IT-Bereich. Die Wirtschaft warb – vor allem im Rahmen des Ambassador-Programms der Initiative D21 – für die vier neuen IT-Berufe: Fachinformatiker, Informatikkaufmann, IT-System-Elektroniker, IT-System-Kaufmann.

Im Mai 2000, nach einer Sitzung des D21-Vorstandes im noch provisorischen Bundeskanzleramt, erarbeiteten Staatsminister Bury und der D21-Vorstand die Eckpunkte der Green Card. Zunächst begrenzt auf 5 Jahre wurden 20.000 Arbeitsgenehmigungen für IT-Fachkräfte aus nicht-europäischen Ländern zugelassen. Die vorher langwierigen Verhandlungen und die zwischen Bund und Ländern zersplitterten Zuständigkeiten zur Erlangung von Arbeits-, Aufenthalts- und Einreisegenehmigung wurden gebündelt und die Verwaltungsverfahren beschleunigt. Auf Vorschlag der D21-Vorstände wurde den „Green-Cardlern" der Arbeitsplatzwechsel und die Existenzgründung ermöglicht. Die Begrenzung auf IT-Spezialisten wurde von der reinen Informatik auch in Anwendungsgebiete ausgedehnt. Ausländische Fachkräfte müssen durch Studienabschlüsse ihr Expertenwissen nachweisen, eine Gehaltsvorgabe gibt es nicht.

Ein weiterer Beitrag der Initiative D21 war die Regelung, auch IT-Experten ohne Studienabschlüsse zuzulassen. Hier verlangte die Bundesregierung jedoch als Ersatz für den Nachweis besonderer Qualifikation den Abschluss eines Vertrages mit einem Gehalt von mindestens 100.000 Mark. Green-Cardler mit Universitätsabschluss konnten auch weniger verdienen.

Diese Green-Card-Regelungen wurden für deutsche Verhältnisse in Rekordzeit von der Idee zum in Kraft getretenen Gesetz. Die Politik konnte ihre Handlungsfähigkeit beweisen und am 1. August 2000 begannen die ersten Inder, Polen oder Ungarn ihre Arbeit in Deutschland. Viele Verantwortliche in der beruflichen Bildung fragten, warum Deutschland bei einer Zahl von vier Millionen Arbeitslosen indische Fachkräfte brauche. Die Antwort war einfach: Weil es unter den Arbeitslosen keine qualifizierten IT-Kräfte gab, wie sie von den Firmen gesucht wurden. Die Green Card wurde ein Erfolg. Im ersten Jahr kamen rund 8.500 nichteuropäische Fachkräfte. Dies entsprach mehr als einem gesamten Abschlussjahrgang Informatik aller deutschen Hochschulen und Fachhochschulen und hat damit eine deutliche Entlastung bewirkt.

„Wichtiger als die Zahl der Green Cards ist uns das veränderte Denken", resümiert Thomas Mickeleit, Sprecher der IBM und Vorsitzender des D21-Communications Board. Die Signalwirkung der Diskussion über den IT-Fachkräftemangel und die Notwendigkeit der Green Card waren in der Öffentlichkeit angekommen: Im Jahr 2000 erhöhte sich die Zahl der Studienanfänger im (weitgefassten) Bereich der Informatik um ein Drittel auf 38.000. Die Wirtschaft bot im Jahr 2001 mehr IT-Ausbildungsplätze denn je an und übertraf so schon Ende 2001 die zugesagte Zielmarke von 60.000 neuen IT- und Medien-Ausbildungsplätzen bis 2003 mit über 70.000 Plätzen deutlich.

Die Green-Card-Debatte wirkte hinein bis in die Auseinandersetzungen um das Zuwanderungsgesetz. Verschiedenen Schätzungen zufolge sind pro besetzter Green-Card-Stelle zwei bis drei weitere Arbeitsplätze entstanden. In einer Untersuchung unter D21-Unternehmen wurde festgestellt, dass interessanterweise die Mehrheit der Green-Cardler bei mittelständischen Unternehmen arbeiten: Gerade kleinere

Firmen haben im Wettbewerb um die deutschen Fachkräfte gegenüber den großen Firmen das Nachsehen. Als Voraussetzung für den Erfolg der Green-Cardler wurden von den Unternehmen häufig Kenntnisse der deutschen Sprache genannt. „Das Arbeiten in Deutschland hat mir völlig neue Perspektiven eröffnet. Innovatives und lösungsorientiertes Arbeiten ist hier selbstverständlich. Ich werde gefordert, aber auch laufend gefördert", sagt András Mezei, Green-Cardler aus Ungarn, tätig beim D21-Mitglied PENTASYS in München.

3.3 Schüler für IT-Berufe zu gewinnen ist ein harter Job – das Ambassador-Programm der Initiative D21

Im Mai 2000 starteten Wilhelm Barthelmeß, Vorstandsvorsitzender der FIDUCIA AG Karlsruhe/Stuttgart, und Edelgard Bulmahn, Bundesministerin für Bildung und Forschung, das in Deutschland bislang einmalige „Ambassador-Programm"[6]. Ziel ist es, Schülerinnen und Schüler über die Bedeutung der Informationstechnologien in nahezu allen Berufen und Lebensbereichen zu informieren. Dazu gehen Mitarbeiter aus D21-Mitgliedsfirmen als ehrenamtliche Ambassadore (Botschafter) in interessierte Schulen und berichten über den IT-Berufsalltag, über Auswirkungen von IT auf das tägliche Leben und über Ausbildungsmöglichkeiten. Die D21-Unternehmenschefs forderten ihre Mitarbeiter auf, sich an dem Programm zu beteiligen: Es meldeten sich 1.700 IT-Experten. Die Vermittlung der Botschafter an die Schulen erfolgt per Mail im Internet. Im Laufe eines Jahres wurden rund 500 Vorträge gehalten. Eine Auswertung ergab, dass 80 Prozent der Lehrer den Nutzen als hoch oder sehr hoch empfanden.

Das Programm ist ein Beitrag der Wirtschaft zur Entwicklung von Medienkompetenz. Das Fazit der Ambassadore ist, dass die meisten Schüler begeistert sind von Handys und Internet. Konkrete Vorstellungen über die Einbeziehung der neuen Technologien in die Berufsausbildung haben jedoch die wenigsten Jugendlichen. „Bei Schülern muss viel Überzeugungsarbeit geleistet werden, dass aus Surfern im Internet auch Lernende in Berufsschule und Studium werden", sagt Ambassadorin Kerstin Weber von der DATEV eG Nürnberg.

Auf besonderes Interesse stießen bei den Schülern praktische Informationen aus dem Berufsalltag eines Botschafters. Unter Begriffen wie „Wissensmanagement" oder „Projektarbeit" können sich die Schüler nur wenig Konkretes vorstellen. Die Jugendlichen fragen in den Diskussionen am häufigsten nach Tätigkeitsbeschreibungen und Verdienstmöglichkeiten. Ferner wird gefragt, ob man in IT-Berufen auch persönlichen Kontakt zu anderen Menschen hat, ob in Teams gearbeitet wird. Hintergrund ist das weit verbreitete Bild von der IT-Fachkraft als des „einsamen Programmierers".

„Die Bildungspolitik muss neu überdacht werden", ist das Fazit von Curt Zschernig, Siemens AG, Rekord-Ambassador aus Niedersachsen mit 24 Einsätzen. Nach Ansicht Zschernigs verfügen zwar immer mehr Schulen über Computer,

---

[6] www.initiatived21.de/ambassador

haben aber niemanden, der die Pflege der Programme und Netzwerke übernimmt. Häufig ist ungelöst, welche Lehrkraft mit den Geräten umgehen kann oder wie diese sinnvoll in den Lehrplan eingebunden werden. Teilweise sind die Schüler besser über die Anwendung der Programme informiert als die Lehrer. Diese befürchten häufig, hinter dem Wissen der Schüler zurückzustehen. Der Zusammenschluss von Schule, Wirtschaft, Eltern und Politik wird in Zukunft noch enger erfolgen müssen. Notwendig sind allgemeinverbindliche Standards und flächendeckende Informationen in allen Schulen: „Vieles, was bis heute bewegt werden konnte, beruht auf Einzelkämpfer-Aktivitäten und ist sehr mühsam", fasst Joachim Adt, Siemens AG, seine Erfahrungen als Botschafter zusammen.

3.4 Warnung vor der digitalen Spaltung in Deutschland

Im August 2000 stellt die Initiative D21 und das D21-Mitgliedsunternehmen Booz Allen & Hamilton die Studie „Digitale Spaltung in Deutschland" vor. Das für D21 kostenfrei erstellte Papier ist eine deutsche Parallele zur Studie „Digital Divide in Great Britian", die Tony Blair in Auftrag gegeben hatte. Der Erhebung zufolge werden selbst bei anhaltenden Zuwachsraten von Internetnutzern im Jahr 2003 noch 21 Millionen Menschen in Deutschland keinen Internetzugang haben oder wollen. Diese 21 Millionen Menschen sind vorwiegend ältere Menschen, Menschen mit geringem Bildungsgrad und Menschen, die in ländlichen Regionen leben.

Bereits heute können viele sozial benachteiligte Menschen die Chancen des Internets nicht nutzen. Seine Nicht-Nutzer werden vor allem dann Nachteile haben, wenn Dienstleistungen wie Reiseauskünfte, Bankgeschäfte oder behördliche Verfahren im Internet billiger zu erledigen sind als am Schalter. Gebühren für Fahrplanauskünfte in Reisebüros oder die Schließung von Bankfilialen zeigen diesen Trend bereits an: Das Internet spart Kosten; wer es nicht nutzt, muss diese Kosten tragen. Wenn dann gewisse Dienstleistungen nur noch im Netz angeboten werden, sind Nicht-Nutzer völlig ausgeschlossen.

Die Schlussfolgerung der Studie ist, dass das Internet bestehende soziale Benachteiligungen eher verfestigt als auflöst – wenn nicht rechtzeitig Maßnahmen zur Begrenzung und zum Abbau der digitalen Spaltung eingeleitet werden! Der Zeitpunkt sei gekommen, wie in den USA oder in Großbritannien zu untersuchen, warum Menschen keinen Zugang zum Internet haben können oder wollen und wie zielgruppenspezifische Inhalte und Hilfestellungen entwickelt werden können. Vor allem forderte die Initiative D21, die Vielzahl der Einzelmaßnahmen von Bund und Ländern zur Förderung der Informationsgesellschaft periodisch transparent zu machen und ein internationales Benchmarking einzuführen.

3.5 Internet für Alle und Netzwerk digitale Chancen

Die Forderung der Initiative D21, gegen eine digitale Spaltung Deutschlands zu kämpfen erzielte eine beträchtliche öffentliche Aufmerksamkeit. In rund 200 Zeitungsartikeln und in den ARD-Tagesthemen wurde darüber berichtet. Nur vier

Wochen später stellte der Bundeskanzler auf dem D21-Jahreskongress 2000, der auf der Expo in Hannover stattfand, das 10-Punkte-Programm „Internet für alle" vor. Außerdem vereinbarten das Bundeswirtschaftsministerium und verschiedene D21-Unternehmen wie Bertelsmann eine bundesweite Kampagne „Internet für alle". Im Jahr 2001 wurde das „Netzwerk Digitale Chancen[7]„ gegründet: In Zusammenarbeit von Professor Kubicek (Universität Bremen), AOL Deutschland und dem Bundeswirtschaftsministerium bietet dieses Netzwerk Bürgern einen Telefonauskunftsdienst über alle öffentlichen Internetzugänge in Deutschland an.

3.6 Gütesiegel, Verbraucherschutz und Selbstregulierung

Der private Internethandel in Deutschland scheitert oftmals am mangelnden Vertrauen der Verbraucher. Das attraktive Einkaufen im Netz setzt vor allem verbraucherfreundlichere und transparentere Angebote voraus. Gütesiegel können bei Verbrauchern Vertrauen in das Internet aufbauen helfen. Dazu hat die Initiative D21 in den Jahren 2000 und 2001 in Zusammenarbeit mit dem Bundeswirtschaftsministerium und der Arbeitsgemeinschaft der Verbraucherverbände entsprechende Qualitätskriterien für Online-Angebote entwickelt. Gütesiegelanbieter, die auf der Grundlage dieser Qualitätskriterien arbeiten, werden von der Initiative D21 empfohlen. Um die Konformität ihrer Anforderungen mit den D21-Qualitätskriterien sicherzustellen, wurde ein Monitoring-Board entwickelt, das die Einhaltung des D21-Qualitätsmaßstabs überwacht und die Qualitätskriterien weiterentwickelt.

3.7 D21-Kongress 2000 Expo Hannover: 10-Punkte-Programm „Internet für Alle"

Im September 2000 drängten sich 400 Personen in den deutschen Pavillon der Weltausstellung Expo 2000, um unter dem Motto „Leben, lernen und arbeiten in der Informationsgesellschaft" an den Diskussionen der D21-Arbeitsgruppen teilzunehmen. Bundeskanzler Gerhard Schröder stellte das 10-Punkte-Programm der Bundesregierung „Internet für alle" vor:

1. Internet wird Allgemeinbildung
2. Förderung des PC-Sponsoring
3. Internetführerschein für Arbeitslose
4. Stärkung des Wettbewerbs im Ortsnetz – weiter sinkende Preise
5. Keine Besteuerung der privaten Nutzung des Internet
6. E-Government – BundOnline 2005
7. Förderung des E-Commerce

---

[7] www.digitale-chancen.de

8. Sicherheit im Internet
9. Eigenverantwortung der Wirtschaft stärken
10. Informationskampagne „*d*eutschland erneuern"

Der Kongress war ein großer Erfolg für die Initiative D21. Mitgliedsunternehmen und Partner konnten die ersten Zwischenergebnisse präsentieren. Politisch gesehen war die Informationsgesellschaft in Deutschland durch das Regierungsprogramm vorangekommen. Das Programm beinhaltete zum Beispiel die Rücknahme der noch zu Beginn des Jahres von Beamten des Finanzministeriums geplanten „Internetsteuer", die Besteuerung der privaten Nutzung des Internets als geldwerter Vorteil. Ferner wurde Unternehmen in Einzelfällen die Möglichkeit eingeräumt, ihren Mitarbeitern umsatzsteuerfrei PCs zu schenken. So wurden große PC-Überlassungen von Bertelsmann und anderen Firmen flankiert.

4 Das Jahr 2001: Vom Aufbruch zum Durchbruch?

4.1 Von „Dotcoms" und „Dotgones"

2001 sollte auch für die Informationsgesellschaft in Deutschland kein einfaches Jahr werden. Der Einbruch in der erfolgsverwöhnten IT-Branche und Negativ-Meldungen vom Neuen Markt im Internettempo ließen in der Öffentlichkeit die Begeisterung für das Thema sinken. Der Initiative D21 fiel es schwerer, für mehr Bildungssponsoring zu werben. Bei bildungspolitischen Maßnahmen wurde befürchtet, einen Überhang an IT-Fachkräften zu produzieren. Die Euphorie war dahin.

Auf der CeBIT 2001 führte D21 Tests mit Messebesuchern zu einfachen Internet-Anwendungen durch. Jede zweite Aktion im Internet konnten die Testpersonen nicht erfolgreich abschließen. Gründe für das Scheitern waren umständliche Suchverfahren, unkomfortable Zahlungsmöglichkeiten oder unklar beschriebene Konditionen. Getestet wurden fünf Szenarien, z. B. die Aufgabe, in einem Internet-Buchhandel ein Buch zu erwerben. Alternativ wurden die Kandidaten gebeten, via Internet Lotto zu spielen, Blumen zu versenden, eine Bahnfahrkarte zu bestellen sowie bestimmte Informationen auf den neuen Internetseiten der Bundesregierung zu suchen.

Im Laufe dieses Jahres sollte die Initiative D21 die Hälfte ihrer Start-up-Firmen verlieren, die 10 Prozent der Mitglieder ausmachten. Allein auf dem Halbleitermarkt kam es in 2001 zu einem Umsatzeinbruch von rund 35 Prozent. Die Krise der neuen Unternehmen beschleunigte sich: Am Ende des Jahres waren mehr als 350 Internetunternehmen insolvent. Dennoch beteiligte sich die Initiative D21 nicht am Niederreden der New Economy und gehörte nicht zu denjenigen, die schon immer gewusst hatten, dass Geschäftsideen, die nur auf dem Internet basieren, nicht tragfähig sein können. Wichtig war für D21, dass die New Economy neue

Unternehmer und neue Ideen hervorgebracht hatte, von denen Deutschland im Grunde noch viel mehr bräuchte.

Die Zuwachsraten der IT-Branche reduzierten sich zwar von 15 Prozent auf 5 Prozent, aber immer noch waren die Informationstechnologien der Motor für Wachstum und Innovation in Deutschland. Schlimmer wirkte der psychologische Faktor, das Ende der Aufbruchstimmung und die beginnende Skepsis, ob die vielen Investitionen in Portale oder elektronische Marktplätze richtig waren. Die Initiative D21 versuchte vor allem bei den politisch Verantwortlichen eine Prioritätenverschiebung zu verhindern.

Während dieses Jahres sollte allerdings auf einen Verlass sein, auf den Internetnutzer. Im Juni 2001 waren rund 43 Prozent der Deutschen über 14 Jahre online, elf Prozent mehr als ein Jahr zuvor. Damit stand die Bundesrepublik hinter den USA und Großbritannien auf Platz drei. Besonderen Zuwachs verzeichneten die Gruppen Frauen, Senioren und Kinder. Die Zahl der im Internet surfenden Kinder hatte sich in den vergangenen zwei Jahren fast verdreifacht.

4.2 Die Kritiker der Initiative D21

Wo Licht ist, ist auch Schatten. Enttäuscht wurden Erwartungen, ein Zusammenschluss führender Unternehmen sei gleichbedeutend mit Budgets in Millionenhöhe. Das Land Berlin schlug eine Förderung ihrer Multimedia-Projekte in Höhe von 2,5 Millionen Euro vor, Wirtschaftssenatoren sandten Förderbedarfslisten des gesamten Hochschulsektors an die D21-Vorstände. Vor allem im Bildungsbereich waren Länder, Bundespolitik und Schulen enttäuscht, dass bei D21 weder Geld noch Computer per E-Mail bestellt werden konnten. Auch einige Experten, Agenturen und Dienstleister verließen enttäuscht die D21-Geschäftsstelle am Ernst-Reuter-Platz in Berlin.

Zu Beginn des Jahres 2001 zählte der Verein 181 Mitglieds- und Förderunternehmen, mit Unterstützern und Beiratsmitgliedern waren rund 300 Unternehmen und Institutionen engagiert. Die Vereinsmittel von rund 750.000 Euro wurden zeitnah für gemeinnützige Vereinszwecke, Förderung von Bildung, Forschung, Verbraucherschutz und Chancengleichheit verwendet. Die Sanierung der Länderhaushalte konnte aus Vereinsmitteln jedoch ebenso wenig finanziert werden wie der Investitionsbedarf für jede Schule. Die Bertelsmann-Stiftung schätzte 2001 den Finanzbedarf für eine umfassende IT-Infrastruktur im Bildungswesen auf rund 40 Milliarden Euro, für Betrieb und Wartung jährlich 10 Milliarden Euro.

Aufgabe der Initiative D21 war es nicht, zu einer Verwaltungsbehörde von Budgets zu mutieren, sondern in der Öffentlichkeit und bei Unternehmen für die Idee des gemeinnützigen Engagements im Bereich der Informationsgesellschaft zu werben. Gerade die genannten Zahlen über die notwendigen Investitionen im Bildungsbereich machen deutlich, dass Bildung eine Gemeinschaftsaufgabe von Politik und Wirtschaft – unter inhaltlicher und finanzieller Federführung der Politik – werden muss. Erwin Staudt benannte als Schwerpunkt für die Arbeit der Initiative D21 im Jahr 2001: „Schule, Schule, Schule".

4.3 „Schule, Schule, Schule"

Am Beginn von D[21] stand die Vision, dass die Initiative 20.000 nachhaltige Partnerschaften zwischen Unternehmen und Schulen initiiere. Jörg-Menno Harms, Heribert Schmitz, Werner Kanthak, Hans-Jochen Lückefett, Gerhard Lindemann und Jeannette Weisschuh waren das Hewlett-Packard-Team der Arbeitsgruppe Bildung und Qualifikation, das zusammen mit dem Bundesministerium für Bildung und Forschung diese schwierigste Selbstverpflichtung der Initiative D[21] übernahm. Das Ziel wurde zur Mitte des Jahres 2002 erreicht, die Weichenstellung gelang zu Beginn 2001.

4.4 Konzepte und Computer spenden

Während in den Jahren 1999 und 2000 die Ausstattung der Schulen mit Computern im Vordergrund der öffentlichen Diskussion stand, änderte sich das Bild in 2001. Vor allem durch die Investitionen der Länder und Schulträger verbesserte sich die Situation der reinen Hardware-Ausstattung zunehmend. Die Initiative D[21] erweiterte ihr Ziel, neben der technischen Ausstattung der Schulen vor allem den Einsatz neuer Medien im Unterricht und die Vermittlung von Medienkompetenz zu erreichen. Gelöst werden musste die Aufgaben eines magischen Fünfecks: Hard- und Software, Betrieb, Wartung, Lehrerfort- und Weiterbildung und didaktische Konzepte zur Anwendung der Technologien in jedem Unterricht. Die Einsicht setzte sich durch, dass die Entwicklung von Medienkonzepten – bezogen auf die IT-Infrastruktur und didaktische Inhalte – parallel zur rein technischen Ausstattung vor sich gehen musste. Dies war nur in stabilen Partnerschaften zwischen Schulen, Schulträgern und Unternehmen auf regionaler Ebene zu erreichen.

4.5 Das Sponsoring regionalisieren

Die Initiative D[21] hat im Jahr 2001 das Bildungssponsoring regionalisiert. Gefördert wurden nicht einzelne Schulen, sondern Programme der Länder oder Kommunen. Vorhandene Regionalprojekte wie in Niedersachsen das „Aktionsprogramm n-21: Schulen in Niedersachsen online e.V.[8]", in Nordrhein-Westfalen „e-nitiative"[9], in Berlin „Cids – Computer in die Schulen[10]" und in Nürnberg die „Nürnberger Initiative für Kommunikationswirtschaft (NIK)[11]", erhielten in einem Jahr rund 150.000 Euro Unterstützung. Es wurden außerdem Kontakte zu potenziellen Sponsoren hergestellt; die Programme zur Medienarbeit der Initiative D[21] wurden bundesweit bekannt gemacht.

Die IT-Förderprogramme der Länder haben gegenüber Einzelaktionen von Unternehmen an Schulen den Vorteil, dass sie langfristig angelegt sind und einen

---

[8] www.n-21.de
[9] www.e-nitiative.nrw.de
[10] www.cids.de
[11] www.nik-nbg.de

„hoheitlichem Auftrag" erfüllen, also Nachhaltigkeit sichern und flächendeckende, transparente Strukturen schaffen. In Niedersachsen müssen alle Schulen ein „Medienkonzept" vorweisen, bevor sie Hardware-Ausstattungen erhalten. Die Konzepte werden dann für alle Schulen, Eltern und Sponsoren sichtbar ins Internet gestellt. 2000 niedersächsische Schulen präsentieren sich inzwischen auf ihrer Website mit ihren Bestandsaufnahmen und ihren Medienkonzepten im Internet. In NRW ist die dezentrale Struktur der „e-teams.nrw" aufgebaut worden, um Schulen und Schulträgern bei der Erarbeitung von pädagogischen Medienkonzepten und Medienentwicklungsplänen direkt vor Ort konkrete Beratung und Unterstützung anzubieten.

4.6 Sponsoring-Bilanz der Initiative D^{21}

Die Mitgliedsunternehmen der Initiative D^{21} haben seit ihrer Gründung im Jahr 1999 rund 17 Millionen Euro in die IT-Infrastruktur von Schulen investiert und einen noch höheren Betrag für Softwarelizenzen gespendet. Insgesamt haben über 20.000 Schulen über die Initiative D^{21} einen Kontakt zu Unternehmen oder Förderprojekten vermittelt bekommen. Etwa ein Fünftel davon hat Hard- oder Software erhalten. Auf dem „Marktplatz für Schulen"[12], einem Gemeinschaftsprojekt des Bundesministeriums für Bildung und Forschung, der Fraunhofer-Gesellschaft und der Initiative D^{21}, werden allein 15.000 Schulen betreut und über 10.000 Computer aus Unternehmen an Schulen weitergegeben. 80.000 IT-Fortbildungen für Lehrerinnen und Lehrer verzeichnet das Programms „Intel-Lehren-für-Zukunft"[13], in Kooperation mit Microsoft, Fujitsu-Siemens und allen Bundesländern. Das Projekt „hardware4friends"[14] der AOK Baden-Württemberg hat im Rahmen der Initiative D^{21} bis zum Jahr 2001 38.000 Internet-Kurse durchgeführt und 200.000 Euro an 121 Schulen im Südwesten gespendet. Spendenprogramme im Rahmen von D^{21} gab es von den Firmen Hewlett-Packard, Datev, Microsoft, Fujitsu-Siemens, Cisco[15], Lexware, Henkel, Jenoptik, Hamburg-Mannheimer, debitel, Allianz, Alcatel, IBM und vielen anderen, nicht zuletzt von kleinen und mittelständischen Unternehmen.

4.7 IT-Konzepte an Schulen müssen Standard werden

Auf politischer Ebene hat die Initiative D^{21} dazu beigetragen, dass der Umbau des Bildungswesens verstärkt als Zukunftsstrategie gesehen wird und dass Bund und Länder wieder stärker in Bildung investieren. Große Anstrengungen unternahmen die Länder und Kommunen bei der Ausstattung von Schulen, bei der Lehrerfortbildung und bei der Entwicklung von didaktischen Konzepten. Durch die Telekom

---

[12] www.marktplatz-fuer-schulen.de
[13] www.intel-lehren.de
[14] www.hardware4friends.de
[15] www.bildungsinitiative-networking.de

erhielten alle Schulen einen Internetzugang. Seitens des Bundes werden alle Bibliotheken mit einem kostenfreien Internetzugang ausgestattet. 110 Millionen Euro werden für den Ausbau der IT-Infrastruktur in Berufsschulen und 50 Millionen Euro für die Entwicklung von Lernsoftware investiert.

Diese Vorhaben sind richtig und wichtig. Dennoch sind nach Ansicht der D21-Arbeitsgruppe Bildung und Qualifikation, organisiert von Monika Danner, die Voraussetzungen in Deutschland für einen flächendeckenden Einsatz neuer Medien im Unterricht nicht erfüllt. In vielen Schulen sind Technikausstattung, Lehrerfortbildungen und didaktische Konzepte nicht optimal verzahnt. Auf der Bildungsmesse 2002 in Köln forderte D21 von Lehrern, Schulträgern und Partnern der Wirtschaft eine Schwerpunktverlagerung der Aktionen vom reinen Technologieeinsatz in der Bildung hin zu mehr Qualität in der Wissensvermittlung.

Deutschland befindet sich, was die Ausstattung von Schulen angeht, im europäischen Vergleich immer noch im unteren Drittel. Viele Rechner sind keine internetfähigen Geräte. Die regionalen und schulartenspezifischen „weißen Flecken" werden nicht gezielt gefördert. Des Weiteren sind Einsatz und Anwendung von E-Learning und lebenslangem Lernen noch sehr unterentwickelt. Es fehlen Standards, Qualitätskriterien und bundesweite Konzepte. Dies gilt auch für die berufliche Bildung. Die Diskussionen um den Einsatz von E-Learning in Deutschland seien zu techniklastig, medienpädagogische und didaktische Fragen in der Wissensvermittlung müssten stärker in den Vordergrund treten.

4.8 Kongress 2001 Nürnberg: E-Learning schafft Beschäftigung

Im Oktober 2001, an einem Montag, mitten im schwierigsten Jahr für die IT-Branche seit 1992, strömten 1.000 Besucher in das Kongresszentrum der Nürnberger Messe zum Jahreskongress der Initiative D21. Unter dem Motto „Wissen teilen – Menschen erreichen. Wirtschaft und Politik gestalten die Informationsgesellschaft" stand der Aufbau der Wissensgesellschaft im Mittelpunkt. Wissen wird in der Zukunft zum zentralen Produktionsfaktor der Gesellschaft. Das Internet ist sowohl Transaktionsplattform als auch eine riesige, weltweite Bibliothek. Wobei Skeptiker anfügen könnten, „allerdings häufig noch in der Form, dass alle Bücher auf dem Boden liegen und das Licht ausgemacht wurde". Diskutiert wurden Themen wie „Unternehmen machen Schule", „Lehren und Lernen im dritten Jahrtausend" oder „E-Learning 2002, 2005, 2010, 2050'" auf Podien und bei den rund 50 Ausstellungsständen von Partnern aus dem Netzwerk D21.

In der Parallelveranstaltung „IT meets me" informierten sich über 300 junge Frauen über Arbeiten, Beruf und Studium rund ums Internet. Von Firmenständen sowie über die Kabarettistin Lisa Fitz und die Rock-Band „Blue Eagels" (einer Informatiker-Band des D21-Mitglieds Allianz AG) wurde den Mädchen eine Berufsorientierung der ungewöhnlichen Art geboten. Organisiert wurde das Ganze vom Kompetenzzentrum „Frauen in Informationsgesellschaft und Technologie", unter der Leitung von Frau Barbara Schwarze im Rahmen des Projektes „Idee-IT".

Die zentrale politische Aussage des Kongresses lautete, dass der Einsatz von computergestütztem Lernen Spielraum für mehr Beschäftigung schaffe. Durch E-Learning im staatlichen Weiterbildungs- und Umschulungsbereich könnten Effizienzgewinne von 2,5 Milliarden Euro erreicht werden. Nach Ansicht der Initiative D21 kann die Bundesregierung ihr Beschäftigungsziel langfristig nur erreichen, wenn die Leistungsfähigkeit der Bildungsinstitutionen verbessert und computergestütztes Lehren und Lernen konsequent in allen Bildungsbereichen eingesetzt wird. Durch Einsatz von E-Learning in Schule, Hochschule, Berufsschule und Weiterbildung könnte eine Effizienzrevolution in der Qualifizierung erreicht werden.

5 Das Jahr 2002: Mitten in der Informationsgesellschaft

5.1 Online-Demokratie made in Germany

„Die Demokratie kommt aus Griechenland, der Parlamentarismus aus England – die Online-Demokratie soll aus Deutschland kommen" (Erwin Staudt). Aber dies ist nur eines der Ziele der Arbeitsgruppe „Vorreiterrolle des Staates bei der Anwendung von Informations- und Kommunikationstechnologien". In dieser Arbeitsgruppe haben Vertreter der Wirtschaft, des Bundes und der Länder zukunftsweisende Konzepte wie BundOnline 2005[16], Online-Beschaffungen für den öffentlichen Dienst, die Rolle von Private-Public-Partnerships, die Anwendung von Geoinformationen, die elektronische Signatur und vieles mehr entworfen. Anders als bei den Themen „Bildung" oder „Frauen und IT" sind dabei nur zu wenigen Punkten öffentliche Stellungnahmen entstanden. Viele rechtliche, juristische und politische Hürden wurden im Stillen genommen oder sind noch Baustellen im Internetbauplan für Deutschland.

Das Internet wird auch das politische System in allen Weltregionen verändern. Akteure der Zivilgesellschaft müssen über „Internetfähigkeiten" verfügen. Der Zugang zu Informationen im Internet und neue Beteiligungschancen durch das Internet erweitern die Instrumente politischer Partizipation. Das Internet ist dezentral und demokratisch. Verwaltungsportale wie BundOnline 2005 sind Projekte, die den Zugang zu politischer Information einfacher, schneller und billiger machen. Experten aus der Arbeitsgruppe wie Dieter Klumpp, Geschäftsführer der Alcatel/SEL-Stiftung, forderten daher nicht nur passive Informationsmöglichkeiten, sondern mehr aktive Beteiligung der Bürger via Internet. Nach Ansicht der Initiative D21 kann der Einsatz des Internet bei Wahlen ein Gegenmittel für Politikverdrossenheit und Wahlmüdigkeit sein, weil das neue Medium die junge Generation erreicht. Gleichzeitig sei die Vision, online zu wählen, ein Ansporn für Politik und Wirtschaft, das Ziel „Internet für alle" schnell umzusetzen und die entsprechenden Technologien zu entwickeln.

---

[16] www.bund.de

Unterstützt wurden die Online-Wahlen bei den Wahlen zum Jugendgemeinderat in Esslingen. Das Ergebnis lautete: Es sind noch mehr Probeläufe notwendig. Noch ist bei Online-Wahlen der Mittelweg zwischen „zu wenig Sicherheit" und „Sicherheit – aber zu komplizierte Technik" nicht gefunden. Vor allem muss das Verhältnis von Aufwand, Kosten und Nutzen für die Wähler stimmen. Im Zuge der Änderung des Betriebsverfassungsgesetzes im Jahr 2001 forderte die Initaitive D^{21}, das Gesetz dahingehend zu ergänzen, dass elektronische Betriebsratswahlen möglich werden. Fragen wie die Authentifizierung der Wähler oder gegen Hacker geschützte Netze seien auf Betriebsebene gelöst.

5.2 Telematik im Gesundheitswesen

Das Thema „Einsatz von Informations- und Kommunikationstechnologien im Gesundheitswesen" spielte in der Initiative D^{21} von Beginn an eine wichtige Rolle. In vertraulichen Gesprächen wurde ausgelotet, inwiefern der Einsatz des Internet im Gesundheitswesen Produktivitätsreserven mobilisieren kann. Insbesondere setzte sich die Initiative D^{21} dafür ein, die Nutzungsmöglichkeiten der Krankenversicherungskarte zu erweitern. Ziel war es, auf der Karte persönliche Gesundheitsdaten wie zum Beispiel Notfalldaten zu speichern, sie als Impf- und Organspendeausweis sowie als elektronisches Rezept zu benutzen. Voraussetzung dafür ist jedoch, dass die Datenhoheit beim Versicherten verbleibt und höchste Sicherheitsstandards gewährleistet werden.

Welche Chancen Informationstechniken konkret bei der gesundheitlichen Versorgung eröffnen, zeigt sich z. B. im Bereich der „Pflege": Bislang ist der Pflegealltag durch einen hohen Aufwand an Kommunikation und Suchzeiten, an Erfassung und Dokumentation der erbrachten Pflegeleistungen gekennzeichnet. Durch den Einsatz einer „elektronischen Akte" am Pflegebett unter Verwendung mobiler Erfassungssysteme – zum Beispiel Diktiergeräten mit Spracherkennung – könnten Kosten gespart und wichtige Ressourcen für die eigentliche pflegerische Betreuung freigesetzt werden.

In diesem Themenbereich wird die Rolle der Initiative D^{21} deutlich: Außerhalb der etablierten Gremien organisierter Interessen wurde versucht, entweder mittels interner Gesprächsrunden oder über Öffentlichkeitsarbeit Impulse für Reformen zu geben. So wurde erreicht, dass das Gesundheitsministerium die Einführung eines umfassenden Gesundheitspasses in Form der Erweiterung der bereits vorhandenen Krankenversichertenkarte mit Chip plant.

5.3 „Mädels, holt euch euren Anteil vom Kuchen"

Die Arbeitsgruppe „Frauen und IT – Chancen für Frauen" hat in enger Zusammenarbeit mit dem Bielefelder Kompetenzzentrum „Frauen geben Technik neue Impulse"[17] regelmäßig die Öffentlichkeit mit ihren Themen „aufgeschreckt". Ziel

---

[17] www.frauen-technik-impulse.de

der Arbeitsgruppe war es, den Anteil Frauen in technischen IT-Ausbildungen und -Studiengängen von 14 Prozent in 1999 auf 40 Prozent in 2003 zu steigern. Für die Politik ist dieses Ziel eine Frage der Chancengleichheit. Informationstechnologien bieten gute Aufstiegs- und Karrieremöglichkeiten. Da 80 Prozent der Mädchen ihre Ausbildungsberufe aus nur zehn traditionellen Berufsbildern auswählen, bleiben die Chancen der IT-Berufe zu häufig ungenutzt. „Mädels, holt euch euren Anteil vom Kuchen" heißt deshalb die Devise.

Auf Unternehmensseite werden mehr weibliche Bewerber für IT-Tätigkeiten gewünscht, weil gemischte Entwicklungsteams meist kreativer als rein männliche Gruppen arbeiten. Häufig scheint die IT-Technologie von Männern für Männer erfunden, so etwa der Palm für das Brusttaschenhemd. Bei Veranstaltungen und öffentlichen Kampagnen wie „Girls Day"[18], oder „idee-IT"[19] wurden jedes Jahr mehr und mehr Unternehmen und Mädchen erreicht: Im Jahr 2002 sollten über 10.000 Mädchen in über 100 Unternehmen am Girls Day 2002 teilnehmen.

Alcatel schaffte es mit Anzeigen unter dem Titel „Wer braucht eigentlich noch Männer?" (Veronika Hucke, Alcatel) im Ausbildungsjahr 2001 40 Prozent der IT-Studienplätze an der Berufsakademie mit Frauen zu besetzen. Bundesweit konnte eine steigende Anzahl von Mädchen in IT-Berufsausbildungen und IT-Studiengängen verzeichnet werden. Allerdings hat sich durch ebenfalls steigende Zahlen bei den Männern die Relation nicht geändert. Die Anzahl der Mädchen in den vier neuen IT-Berufsausbildungen liegt im Jahr 2000 knapp acht Mal so hoch wie im Jahr 1997. Aufgrund der niedrigen Ausgangszahlen ist der prozentuale Anteil mit 14 Prozent kaum verändert. Gleiches gilt für die Studienanfängerinnen in der Informatik. Ihre Zahl hat sich seit 1997 verdoppelt. Prozentual liegt ihr Anteil immer noch unter 20 Prozent.

5.4 Sicherheit und Vertrauen im Internet

Zu Beginn des Jahres 2002 legte die D^{21}-Arbeitsgruppe „Sicherheit und Vertrauen im Internet" einen Bericht zur Infrastruktur der Computer-Notfall-Teams (Computer Emergency Response Team – CERT) in Deutschland vor. CERTs sind eine Art Internet-Feuerwehr, die als zentrale Anlaufstelle zur Lösung von Problemen der Rechner- und Netzsicherheit fungieren. Vorbeugend beantworten sie sicherheitsrelevante Anfragen, warnen vor Schwachstellen in Produkten und informieren über sicherheitsrelevante Ereignisse. Im Fall eines Schadens helfen sie, einen schnellen Wiederanlauf der Systeme sicherzustellen.

Die Arbeitsgruppe wurde im Jahr 2001 gegründet, als Reaktion auf den Computer-Virus „I love you", der wieder einmal die Verwundbarkeit vieler Computersysteme aufgezeigt hatte. Angeblich entwickelte ein Student aus Malaysia diese harmlos klingende elektronische Mail. Der Öffentlichkeit wurde wieder einmal bewusst, dass in der ersten Interneteuphorie viele Investitionen in den Bereichen

---

[18] www.girls-day.de
[19] www.ideeit.de

elektronischer Geschäftsverkehr oder E-Government unternommen wurden, ohne dass man über ausreichend Vorkehrungen zur Gewährleistung der Datensicherheit und des Datenschutzes verfügte. Ziel der Arbeitsgruppe ist es, das Bewusstsein für Datensicherheit, Daten- und Verbraucherschutz bei Anwendern und Anbietern von internetbasierten Dienstleistungen zu schärfen.

Die seit 2000 starke Zunahme des elektronischen Geschäftsverkehrs und der Zahl der privaten Internetnutzer erfordern nach Ansicht der Arbeitsgruppe die Einführung von Sicherheitsstandards bei Chipkarten, Verschlüsselungscodes bei E-Mails und eine umfassende Sicherheitsinfrastruktur. Allein durch mehr Sicherheit nimmt das Vertrauen der Anwender zu. Eine Informationsgesellschaft ohne Datensicherheit, Daten- und Verbraucherschutz ist nicht denkbar.

5.5 Beiratssitzungen im Bundeskanzleramt

Jedes Jahr tagt der Beirat der Initiative D^{21} im Bundeskanzleramt, jedes Mal nimmt der Bundeskanzler teil. Der Beirat der Initiative D^{21} besteht aus 50 namhaften Persönlichkeiten, Unternehmern, Wissenschaftlern, Ministerpräsidenten oder Personen des öffentlichen Lebens. Darunter sind neben vielen anderen Roland Berger, Sabine Christiansen, Dr. Klaus Eierhoff, Dr. Michael Frenzel, Dieter von Holtzbrinck, Dr. Hans-Joachim Körber, Dr. Helmut Panke, Wolf Jürgen Röder, Rudolf Miele, Dr. Ulrich Schumacher, Friede Springer, Dr. Jürgen Strube, Dr. Friedrich Wöbking und Dr. Jürgen Zech.

Diskutiert werden schlaglichtartig die Tätigkeiten der Initiative D^{21} und der Bundesregierung in Bezug auf die Informationsgesellschaft. Politische Programme wie „Bund Online 2005", das Aktionsprogramm der Bundesregierung „Innovation und Arbeitsplätze in der Informationsgesellschaft des 21. Jahrhunderts" und das Programm „Internet für alle" waren ebenso Gegenstand der Diskussion wie Aktionsprogramme in Baden-Württemberg, Niedersachsen und Sachsen-Anhalt. Natürlich lobt man sich bei solchen Anlässen gerne gegenseitig, doch blieben auch freundlich-kritische Töne nicht aus. Der Beiratsvorsitzende wünschte sich regelmäßig ein stärkeres Sponsoring der Unternehmen für Bildungseinrichtungen. Seitens der Wirtschaft und Wissenschaft wurden Themen wie IT-Infrastruktur Deutschlands oder Trends bei Innovation und Technologie angesprochen. Die Ergebnisse der Diskussionen mündeten in unterschiedlichen Schwerpunktsetzungen der Initiative D^{21}: Aus der Sitzung im Mai 2001 wurden Bildung, Sponsoring und Regionalisierung als Schwerpunkte abgeleitet, die Beiratssitzung 2002 setzte Akzente bei Themen wie Private-Public-Partnership, Breitband und der Vereinbarung, zukünftig mehr Aktivitäten in den ostdeutschen Ländern zu unternehmen.

5.6 Die neuen Bundesländer

Das Bundeskanzleramt hat anlässlich der Beiratssitzung 2002 vorgeschlagen, die Aktivitäten der Initiative D^{21} im Jahr 2002 auf Ostdeutschland zu fokussieren. Damit folgte es auch einem Appell von Lothar Späth, dem Vorsitzenden des Vorstandes der Jenoptik AG in Jena und Mitglied des D^{21}-Beirates.

Folgende Daten zeigen, warum dieser Appell notwendig war: 82 Prozent der Mitglieds- und Förderunternehmen der Initiative D21 haben ihren Firmensitz in NRW, Baden-Württemberg, Bayern, Berlin und Hessen (in dieser Reihenfolge). Natürlich unterstützen die Unternehmen zunächst Schulen an firmennahen Standorten. Projekte der Initiative D21, die auf finanzieller oder organisatorischer Unterstützung der Firmen aufbauten (z. B. Ambassador-Programm, Schulsponsoring oder Frauenförderung), hatten ihre Schwerpunkte in Westdeutschland. Programme der Politik etwa die Kampagne des BMWi „Internet für alle" zielten dagegen auf „Internet-schwache" Gebiete in allen Regionen Deutschlands.

Belegt wurde das „Internet-Gefälle" zwischen West und Ost durch den „Verweigerer-Atlas", den EMNID und D21 im Mai 2001 vorstellten. Die Landkarten der Internetnutzung zeigen eine enge Korrelation von strukturschwachen Gebieten und der Anzahl der „Off-Liner". Zwar gibt es auch Internet- und strukturschwache Gebiete in Bayern, aber – bezogen auf das Internet – in geringerem Ausmaß als in den Flächenstaaten Ostdeutschlands. So zeigte der Atlas zum Beispiel einen besonders großen „digitalen Graben" im Raum Chemnitz. Rund 64 Prozent der dort lebenden Bevölkerung wollen oder können keinen Internetanschluss privat anschaffen. Zum Vergleich: Im gesamten Bundesgebiet gehören 52 Prozent zu den Online-Verweigerern.

Bei einer Umfrage unter D21-Mitgliedsunternehmen über die Situation der Informationsgesellschaft in Ostdeutschland wird allerdings als sehr gute Ausgangsposition die einheitliche und neue Telekommunikations-Infrastruktur angesehen. Als Probleme wurden mangelndes Bewusstsein und fehlende Informationen über die Bedeutung des Internets sowie die geringere Zahl an Internetnutzern genannt. Das Fazit dieser Umfrage lautet jedoch, dass Ostdeutschland in einem Aufholprozess sei. Die stärksten Impulse in diesem Bundesländern wurden in den Breichen Bildung und E-Government festgestellt.

Die Initiative D21 wird im Jahr 2002 die Unterstätzung der Informationsgesellschaft in Ostdeutschland zu ihrem besonderen Anliegen machen. Auf ihrem Jahreskongress 2002 wird sie die hervorragenden Räumlichkeiten der neuen Messe in Leipzig nutzen und erstmals in Ostdeutschland tagen. Abkommen mit den Ländern Sachsen-Anhalt und Sachsen werden angestrebt, in denen verschiedene Fördermaßnahmen koordiniert und Ansprechpartner definiert werden. Projekte in den neuen Ländern werden bundesweit verstärkt über die Öffentlichkeitsarbeit der Initiative D21 kommuniziert, so z. B. für die von Alfons Rissberger initiierte „Virtuelle Universität Schwerin". Für Bildungsprojekte und Vorhaben unter dem Titel „Internet für alle" wurden in einem ersten Schritt 50.000 Euro zugesagt. Des Weiteren werden Kontakte zwischen ostdeutschen Initiativen und D21-Unternehmen hergestellt.

Autorenverzeichnis

Katrin Andruschow

Katrin Andruschow studierte Pädagogik und absolvierte ein dreijähriges Forschungsstudium in Soziologie und Philosophie. Seit Dezember 2000 ist sie bei der Stiftung Warentest Projektleiterin für Bildungsuntersuchungen und war unter anderem verantwortlich für die Untersuchung „Weiterbildungskurse im Internet" (test 11/01).

Ulf Böge

Dr. Ulf Böge ist seit 2000 Präsident des Bundeskartellamtes in Bonn. Davor war er Ministerialdirektor im Bundesministerium für Wirtschaft und Technologie, zuständig für Wirtschaftspolitik und Energiepolitik, sowie Co-Vorsitzender des Wettbewerbsausschusses der OECD.

Josef Brauner

Josef Brauner, 51, ist Vorstandsmitglied der Deutschen Telekom AG (Vorstandsbereich T-Com/T-Systems). Er leitet als CEO kommissarisch den Vorsitz der Geschäftsführung von T-Com. Veröffentlichungen: Josef Brauner, Roland Bickmann: Die Multimediale Gesellschaft, Campus 1994; Josef Brauner, Roland Bickmann: Cyber Society. Das Realszenario der Informationsgesellschaft: Die Kommunikationsgesellschaft. Wirtschaft, Kultur, Bildung, Metropolitan 1996.

Hubert Burda

Prof. Dr. Hubert Burda ist Vorstandsvorsitzender und alleiniger Gesellschafter der Hubert Burda Media Holding. Er baute den Burda-Verlag in nur 15 Jahren zu einem internationalen Multimedia-Unternehmen aus. Hubert Burda hat zahlreiche Ämter inne; unter anderem ist er Governor des World Economic Forum, Präsident der deutschen Zeitschriftenverleger, Vorsitzender des Hochschulrates der LMU, Vorsitzender des Beirats von *gotobavaria* sowie Vorsitzender des Internet-Beirates der Bayerischen Staatsregierung.

Norbert Eder

Norbert Eder, geb. 1964 in Stuttgart, studierte Volkswirtschaftslehre und Politikwissenschaften an der Universität Tübingen. Er leitete Projekte zur Förderung von Klein- und Mittelindustrie in Vietnam und Ägypten und arbeitete im Bereich Wirtschafts- und Medienpolitik in der Stabsabteilung der Friedrich-Ebert-Stiftung sowie als persönlicher Referent des Staatsministers beim Bundeskanzler Hans Martin Bury. Seit 2000 ist er Pressesprecher und Geschäftsführer der Initiative D21.

Klaus Eierhoff

Dr. Klaus Eierhoff ist Leiter der DirectGroup Bertelsmann und Mitglied des Vorstandes der Bertelsmann AG. Klaus Eierhoff verantwortet die On- und Offline-Endkundengeschäfte des Medienhauses Bertelsmann. Er ist Mitglied im Beirat der Initiative D21 und Vorsitzender des BDI-Ausschusses für Multimedia- und Telekommunikationspolitik.

Thomas Heilmann

Thomas Heilmann, 37, ist Vorstandsvorsitzender der Scholz & Friends AG und zuständig für die strategische Ausrichtung und die Expansion der Agenturgruppe. Gemeinsam mit Sebastian Turner wurde er 1999 von der Zeitschrift „new business" zum „Agenturkopf des Jahres" gewählt. Heilmann ist Internetsprecher der CDU und lehrt Kommunikationsplanung als Gastprofessor an der Universität der Künste in Berlin.

Dirk Henze

Dr. rer. nat. Dirk Henze, geb. 1937, ist seit 1993 Präsident des Bundesamtes für Sicherheit in der Informationstechnik. Zuvor war er langjähriger Leiter der Koordinierungs- und Beratungsstelle der Bundesregierung für Informationstechnik in der Bundesverwaltung im Bundesministerium des Innern.

Herbert Kircher

Herbert Kircher ist Geschäftsführer der IBM Deutschland Entwicklung GmbH. Während seiner IBM-Laufbahn übernahm er verschiedene leitende Funktionen in Produktion, Marketing und Entwicklung. Als Vertreter für IBM Europa ist er in den maßgeblichen strategischen Zukunftsgremien der IBM Corporation tätig.

Bernd Kolb

Bernd Kolb gründete 1988 die I-D Media AG, die seit 1999 am Neuen Markt börsennotiert ist. Als Hauptaktionär und Vorstandsvorsitzender wurde Kolb 1999 zum mittelständischen Unternehmer des Jahres gekürt. Für seine Arbeiten erhielt er zahlreiche nationale und internationale Auszeichnungen, unter anderem den bedeutenden amerikanischen Clio-Award in Gold als erster nicht-amerikanischer Unternehmer.

Klaus Mangold

Dr. Maus Mangold ist Mitglied des Vorstands der DaimlerChrysler AG und leitet als Vorstandsvorsitzender der DaimlerChrysler Services AG das Geschäftsfeld Dienstleistungen. Neben zahlreichen anderen Funktionen ist er Vorsitzender des Ost-Ausschusses der deutschen Wirtschaft und Gründungsmitglied der Initiative

D[21], deren Vorstand er angehört. Publikation zum Thema: Klaus Mangold, „Die New Economy zwischen Fakt und Fiktion – Thesen zur Tragweite der Internet-Revolution", in: Lothar Späth (Hg), „Die New Economy Revolution", Econ-Verlag 2001.

Birgitta Mogge-Stubbe

Dr. Birgitta Mogge-Stubbe ist Ressortleiterin für „Bildung und Karriere" beim Rheinischen Merkur in Bonn. Zuvor war sie wissenschaftliche Mitarbeiterin an der Universität des Saarlandes, an der Deutschen Akademie für Sprache und Dichtung in Darmstadt sowie am Deutschen Literaturarchiv in Marbach.

Jennifer Neumann

Jennifer Neumann ist Vorstandsvorsitzende der Canto Software AG sowie CEO von Canto, Inc., und Canto Software Co. Ltd. Sie ist Gründungs- und Vorstandsmitglied der Initiative D[21], in den Kuratorien der Initiativen „Neue Soziale Marktwirtschaft" und „Frauen geben Technik neue Impulse e.V." sowie im Innovationsbeirat des Bundesministeriums für Bildung und Forschung. 1986 absolvierte sie an der Technischen Universität in Berlin ihr Informatikstudium.

Dieter Otten

Prof. Dr. Dieter Otten ist Professor für Soziologie mit Schwerpunkt „Informatik für Sozialwissenschaften" an der Universität Osnabrück. Zugleich ist er Direktor des Deutschen Instituts zur Erforschung der Informationsgesellschaft und Leiter der Forschungsgruppe Internetwahlen, die im Auftrag des Bundes die Nutzung des World Wide Web für Wahlen erforscht und ein europäisches Verfahren für sichere und anonyme Wahlen in Internet entwickelt.

Andreas Pfitzmann

Prof. Dr. Andreas Pfitzmann ist seit 1993 Professor an der Fakultät Informatik der TU Dresden. Er forscht über mehrseitige Sicherheit durch verteilte IT-Systeme. Über mehrere Legislaturperioden hinweg berät er die EU und verschiedene Bundesministerien in den Bereichen Datenschutz und Cybercrime-Bekämpfung.

Alexander Roßnagel

Prof. Dr. jur. Alexander Roßnagel ist Professor für Öffentliches Recht an der Universität Kassel, wissenschaftlicher Leiter der „Projektgruppe verfassungsverträgliche Technikgestaltung (*provet*)" und wissenschaftlicher Direktor des Instituts für Europäisches Medienrecht (EMR) in Saarbrücken. Zusammen mit Andreas Pfitzmann erstellte er das Gutachten „Modernisierung des Datenschutzrechts" für den Bundesinnenminister im Jahr 2001.

Roland Sing

Roland Sing, 60, ist seit 1996 Vorsitzender des Vorstandes der AOK Baden-Württemberg. Neben seiner Arbeit in anderen wichtigen Gremien ist er Mitglied des Vorstandes der Initiative D^{21}. Das jährliche Ausgabenvolumen der AOK Baden-Württemberg beträgt rund 9 Milliarden Euro.

Nicola Söhlke

Nicole Söhlke, 37, ist Geschäftsführerin Corporate Relations von AOL Deutschland. Als Vorstandsvorsitzende der Stiftung „Digitale Chancen" fördert sie Projekte, die bislang benachteiligte Bevölkerungsgruppen an das Internet heranführen. Seit vergangenem Jahr ist sie Mitglied im Vorstand der Initiative D^{21}.

Lothar Späth

Prof. Dr. h.c. Lothar Späth, geb. 1937 in Sigmaringen, war 1978–1991 Ministerpräsident des Landes Baden-Württemberg. Er ist Vorsitzender des Vorstandes der Jenoptik AG und seit 1996 Präsident der Industrie- und Handelskammer Ostthüringen zu Gera. Er erhielt die Ehrendoktorwürde der Universitäten Karlsruhe und Pecs und ist seit 2001 Honorarprofessor für das Fachgebiet Medien und Zeitdiagnostik an der Friedrich-Schiller-Universität Jena. Seine gesellschaftskritischen und zukunftsorientierten Gedanken hat er in zahlreichen Veröffentlichungen niedergelegt.

Erwin Staudt

Erwin Staudt wurde 1948 in Leonberg bei Stuttgart geboren. Nach dem Studium der Wirtschaftswissenschaften trat Staudt 1973 in den IBM-Konzern ein. Nach einer Reihe von nationalen und internationalen Führungsaufgaben wurde er 1998 Vorsitzender der Geschäftsführung der IBM Deutschland. 1999 rief er die Initative D^{21} ins Leben, in der sich 300 Unternehmen für die Informationsgesellschaft einsetzen.

Uwe Thomas

Dr. Uwe Thomas, geb. 1938 in Dresden, studierte Physik in München und war lange Zeit als Unterabteilungsleiter im Bundesministerium für Forschung und Technologie verantwortlich für die Bereiche Informationstechnik, Fertigungstechnik und Humanisierung des Arbeitslebens sowie Innovation. 1988 wurde er Staatssekretär und später Minister für Wirtschaft, Technik und Verkehr des Landes Schleswig-Holstein, 1998 schließlich Staatssekretär im Bundesministerium für Bildung und Forschung. Er erhielt die Ehrendoktorwürde der Technischen Universität Berlin.

Alfred Töpper

Alfred Töpper, Dipl.-Mathematiker, arbeitet seit Mai 1985 bei der Stiftung Warentest. Er betreute diverse Bildungstests als zuständiger Abteilungsleiter und war u.a. verantwortlich für die Erstellung einer Machbarkeitsstudie von Bildungstests im Dezember 2001.

Jürgen Zieger

Dr. Jürgen Zieger, 47, studierte Architektur sowie Stadt- und Regionalplanung. Er ist Oberbürgermeister der Stadt Esslingen am Neckar, die eine der drei Bundessiegerinnen im Projekt media@Komm wurde, dessen Ziel es ist, ein virtuelles Rathaus und einen virtuellen Marktplatz aufzubauen. Veröffentlichungen: „Demokratie braucht Zeit" in: „Der Gemeindetag" Nr.11/44. Jg., November 2001, „Die Zukunft ist digital" in: Kommune 211/2001.

Brigitte Zypries

Brigitte Zypries, geb. 1953 in Kassel, studierte Rechtswissenschaft in Gießen. 1997 wurde sie Staatssekretärin im Niedersächsischen Ministerium für Frauen, Arbeit und Soziales. Seit November 1998 ist sie Staatssekretärin im Bundesministerium des Innern.

Projektkoordination:

Prof. Dr. Norbert Kostede

KOSTEDE & PARTNER GBR
Holsteiner Ufer 16
10557 Berlin – Tiergarten
Tel +49 30 39 84 99 10
Fax +49 30 39 84 99 11
kostede@t-online.de

A.-W. Scheer, A. Köppen (Hrsg.)

Consulting

Wissen für die Strategie-, Prozess- und IT-Beratung

2., verb. u. erw. Aufl. 2001. XIII, 281 S. 88 Abb., 10 Tab. Geb. € 39,95; Sfr 62,– ISBN 3-540-42118-1

Für die Realisierung neuer Geschäftsstrategien wird Beratungswissen immer wichtiger. Damit steigen zugleich die Anforderungen an Consultants. Dies betrifft alle Bereiche von der Strategieberatung bis hin zur Prozess- und IT-Beratung. Hierzu werden dem Leser Vorgehensweisen für die Unternehmensanalyse und Problemlösung vermittelt. Einen weiteren Schwerpunkt des Buches bilden die Soft-Skills: Lernen Sie, wie durch effektive Kommunikation bessere Projektergebnisse erzielt werden können. Berater internationaler Consultingunternehmen zeigen den Anwendungsbezug der einzelnen Qualifikationen auf. Praktikern sowie Berufseinsteigern bietet das Buch umfassendes Orientierungswissen sowie konkrete Hilfestellung für das Erbringen professioneller Beratungsleistungen. Die zweite Auflage enthält neben Erweiterungen ein neues Kapitel und eine Fallstudie.

A.-W. Scheer

Unternehmen gründen ist nicht schwer...

2000. XI, 249 S. 36 Abb., davon 19 Fotos. Geb.
€ 19,95 Sfr 31,– ISBN 3-540-41063-5

Unternehmensgründungen sind „in". Mit dem erfolgreichen Aufbau eines Unternehmens sind aber neben Erfolgserlebnissen auch große Anstrengungen und Probleme verbunden. Der Autor, erfolgreicher Unternehmensgründer, Wissenschaftler und politischer Berater, fasst seine Erfahrungen zu spannenden Erzählungen und „Lebensregeln" zusammen. Das Buch wendet sich an Unternehmensgründer, Studenten, Wissenschaftler und Politiker. Die offene Schilderung der Gründungs- und Wachstumsphasen seiner Unternehmen lassen den Leser an dem Abenteuer des „Unternehmertums" teilhaben. Er erhält Einblicke in das Lebensgefühl der Menschen in der New Economy, in der PC nicht nur für „Personal Computer", sondern auch für das Kultessen Pizza und Cola während der Nachtarbeit steht. Die erfolgreiche Gründung der IDS Scheer AG, sowie über 20 weitere Spin-off-Unternehmen aus seinem Institut zeigen aber auch, welche Möglichkeiten für unternehmerische Initiativen trotz der noch schwerfälligen Rahmenbedingungen bestehen.

„„...Ein verständlich geschriebenes Buch, das nicht nur eine Erfolgsgeschichte dokumentiert, sondern zeigt, dass Unternehmensgründer auf dem Weg zum Erfolg viele Aufgaben meistern müssen - ein guter Ratgeber!..."

success newsletter

Springer · Kundenservice
Haberstr. 7 · 69126 Heidelberg
Tel.: (0 62 21) 345 - 217/-218
Fax: (0 62 21) 345 - 229
e-mail: orders@springer.de

Die €-Preise für Bücher sind gültig in Deutschland und enthalten 7% MwSt.
Preisänderungen und Irrtümer vorbehalten. d&p · BA 65823/1a

Kundenbindung
in der digitalen Welt?

A. Berres, H.-J. Bullinger (Hrsg.)

E-Business - Handbuch für Entscheider
Praxiserfahrungen, Strategien, Handlungsempfehlungen

Wer es versteht, die Möglichkeiten des E-Business effizient zu nutzen und in die Unternehmensstrategie zu integrieren, wird auch auf umkämpften Märkten erfolgreich sein.

2., vollst. neu bearb. Aufl. 2002. VIII, 860 S. 176 Abb., 29 Tab. Geb. € **99,95**; sFr 155,- ISBN 3-540-43263-9

A. Förster, P. Kreuz

Offensives Marketing im E-Business
Loyale Kunden gewinnen - CRM-Potenziale nutzen

Die vier Schlüsselprinzipien zum dauerhaften Markterfolg:
▶ Attract
▶ Convert
▶ Serve
▶ Retain

2002. XI, 276 S. 97 Abb. Geb. € **44,95**; sFr 69,50 ISBN 3-540-43164-0

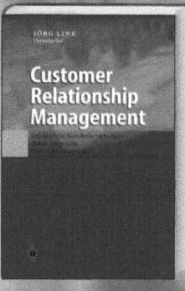

J. Link (Hrsg.)

Customer Relationship Management
Erfolgreiche Kundenbeziehungen durch integrierte Informationssysteme

Um dem Kunden zahlreiche Kommunikationskanäle und hohe Reaktionsgeschwindigkeit bieten zu können, muß ein hoher Integrationsgrad innerhalb und zwischen Front-Office-Bereich und Back-Office-Bereich realisiert werden.

2001. VIII, 325 S. 84 Abb., 9 Tab. Geb. € **44,95**; sFr 69,50 ISBN 3-540-42444-X

P. Vervest, A. Dunn

Erfolgreich beim Kunden in der digitalen Welt

Das vorliegende Buch bietet eine Anleitung für eine erfolgreiche Nutzung der Chancen der neuen digitalen Technologien.

2002. XX, 222 S. 36 Abb. Geb. € **34,95**; sFr 54,50 ISBN 3-540-42073-8

www.springer.de/management-de

Springer · Kundenservice
Haberstr. 7 · 69126 Heidelberg
Tel.: (0 62 21) 345 - 217/-218
Fax: (0 62 21) 345 - 229
e-mail: orders@springer.de

Die €-Preise für Bücher sind gültig in Deutschland und enthalten 7% MwSt.
Preisänderungen und Irrtümer vorbehalten. d&p · BA 42902

Druck: Strauss GmbH, Mörlenbach
Verarbeitung: Schäffer, Grünstadt

MIX
Papier aus verantwortungsvollen Quellen
Paper from responsible sources
FSC® C105338

If you have any concerns about our products,
you can contact us on
ProductSafety@springernature.com

In case Publisher is established outside the EU,
the EU authorized representative is:
**Springer Nature Customer Service Center GmbH
Europaplatz 3, 69115 Heidelberg, Germany**

Printed by Libri Plureos GmbH
in Hamburg, Germany